你一定爱读的中国战争史

4

小温侯 **著**

台海出版社

图书在版编目（CIP）数据

你一定爱读的中国战争史．西汉 / 小温侯著．— 北京：台海出版社，2021.6

ISBN 978-7-5168-2989-9

Ⅰ．①你… Ⅱ．①小… Ⅲ．①战争史－中国－西汉时代－通俗读物 Ⅳ．①E291-49

中国版本图书馆 CIP 数据核字（2021）第 074097 号

你一定爱读的中国战争史·西汉

著　　者：小温侯

出 版 人：蔡　旭　　　　责任编辑：王慧敏
装帧设计：周　杰　　　　策划编辑：朱章凤

出版发行：台海出版社
地　　址：北京市东城区景山东街 20 号　　　　邮政编码：100009
电　　话：010－64041652（发行，邮购）
传　　真：010－84045799（总编室）
网　　址：www.taimeng.org.cn/thcbs/default.htm
E－mail：thcbs@126.com

经　　销：全国各地新华书店
印　　刷：重庆长虹印务有限公司
本书如有破损、缺页、装订错误，请与本社联系调换

开　　本：787毫米×1092毫米　　1/16
字　　数：289千　　　　印　　张：21
版　　次：2021年6月第1版　　　　印　　次：2021年7月第1次印刷
书　　号：ISBN 978-7-5168-2989-9

定　　价：99.80元

版权所有　翻印必究

序

展开中华上下五千年的历史画卷，许多个朝代，无数个政权，其间分分合合，聚散无常。战争便是这一切的背后推手。

上古时代炎黄与蚩尤决胜的涿鹿之战，奠定了中华文化的道统；夏商周之间嬗代的“汤武革命”，论证了“天道有常”的历史周期律；春秋战国周代分封制的崩盘，喻示着没有任何一个特权阶级是可以永恒不变的。

秦皇廓清六合，为封建王朝之滥觞；群雄竞逐秦鹿，开将相无种之先河；汉武帝通西域、击匈奴，成就了“汉武盛世”；东汉末分三国、争正统，首开天下三分之格局。

西晋之际的八王相争、北方游牧民族内迁、永嘉南渡，刷新了三个历史第一：西晋成为第一个国祚不足百年的大一统王朝，北方游牧民族第一次在中原地区建立政权，东晋成为第一个具备前朝正统的偏安政权。

南北分裂三百余年，最终在隋朝手中复归统一，中华沉寂近四百载，得以在唐朝之际扬威异域。

五代承唐末藩镇之遗祸，割据分裂五十余载。宋祖思唐末五代之殷鉴，启“以文驭武”之国策，结果武备不振，两宋亡而元朝始。

及至元末，红巾之军首倡义帜，群雄豪杰乘势而起。明太祖朱元璋龙飞淮甸，定鼎应天，一十五年而肇纪立极，遣将北伐，直捣黄龙，恢复汉家故地。

逮及明末，烽烟四起，清立明亡。清朝成了中国历史上最后一个封建王朝。

以上种种历史事件，多因战争而起，亦因战争而终。战争吞噬着一切，又在创造新的辉煌。无论是中原农耕文明圈与北方游牧文明圈之间的持久冲突，还是历代王朝内部的压迫与反抗，在不断引发新战争的同时，又促使中华文明在血与火的考验中发展壮大，一步一步演变成今天的模样。

在史书以及形形色色的小说笔记的渲染下，战争故事看起来极具戏剧性，或让人血脉偾张，或让人拍案叫绝。但本质上，它残酷而暴虐，既不风光，也不浪漫，因为战争总是伴随着血流成河、尸横遍野、瘟疫横生，“白骨露于野，千里无鸡鸣”。

随着人类历史逐渐迈进一个个新阶段，战争的规模也在不断扩大，从数千人、数万人的战斗升级为牵涉数十万、数百万人的大决战。尤其古代交战，除了战场上的死伤，还伴随攻城之后的烧杀抢掠。每次浩劫之后，最显而易见的恶果便是人口的大幅度减少。东汉鼎盛时期人口 6500 万，经过汉末的各种战乱，到了三国时期仅存 800 多万。唐朝天宝十四载的人口为 8050 万，一场“安史之乱”，短短几年下来，人口就锐减至 1700 多万。明朝万历年间，中国的人口过亿，但经过明末清初的战乱，到顺治九年，全国人口仅存 1448 万，可谓是十不存一。其中尤以四川最为惨烈，到康熙三十六年发布《招民填川诏》时，全省人口仅剩 9 万，成都的大街上尽是老虎出没。

战争不因胜败结局不同而改变嗜血的本质。汉武时期穷兵黩武远征匈奴，在极大地压迫了匈奴人的生存空间的同时，也给当时的汉人百姓带来了沉重的负担，引起了社会的极大不满。战争的破坏性巨大，以至于人们会发出“宁为太平犬，莫作乱离人”的辛酸感慨。

但悲哀的是，人类社会始终无法回避战争。普鲁士著名军事理论家克劳塞维茨曾在他的著作《战争论》中说过：“战争，无非是政治通过另一种手段的延续。”中国古代最著名的军事著作《孙子兵法》则说：“兵者，国之大事，死生之地，存亡之道，不可不察也。”《中国军事百科全书》对“战争”一词进行了更详细的释义：“战争是用以解决民族和民族、国家和国家、阶级和阶级、政治集团和政治集团之间矛盾的最高斗争形式，是政治通过暴力手段的继续。”

一切战争的背后，都不过是政治的角逐和较量，当政治遇到不能解决的问题时，往往以战争来达到目的。通常来看，战争的起因反映了政治、经济等方面的矛盾发展，而战争的结果则反映了一个势力乃至一个时代的综合实力。

有人的地方就有江湖，战争的种子在人的私欲中萌芽。战争确实能让一些人获得他们想要的东西，然而，一旦战争爆发，它只会朝着一个极端的方向发展，不到无仗可打时，并不会自动停下来。秦始皇灭六国，为的就是结束中原各国之间无休止的征伐。可是六国既灭，他又将战争的触角深入了南方的丛林与北方的大漠。最终，更大的战乱在他死后的短短几年内爆发，曾经强大到不可一世的秦王朝轰然倒下。

早在两千多年前，我们的祖先就看清了战争与和平的辩证关系。先秦兵家经典《司马法·仁本第一》有言：“故国虽大，好战必亡。天下虽安，忘战必危。”

想要预防战争、遏制战争，首先得了解战争。固然，现代战争无论在技术水平上还是规模上都是古代战争无法比拟的，但这并不意味着古代战争已经失去了研究探索的价值——在时间的验证下，它更便于我们提纲挈领地总结历史发展的基本规律。有赖于中华民族对历史虔诚而谦恭的态度，自古及今的各段历史多被完美地记录了下来，后人们才能将这些点滴尽数披阅。这是文化自信的内核，是无价的瑰宝。神州大地上的长达数千年的战争史，用前人的胜败兴亡为后人留下了无数政治智慧和血的教训。

从远古的石峁古城开始，我们的先民修筑了非常复杂的防御工事。中华大地上星罗散布的文明雏形，经过战争的不断兼并和壮大，形成了夏商周这样的广域王权政治核心。周王朝向各地派遣军事集团，在诸侯的带领下修筑城堡、控制战略要地，逐渐实现对周边荒野之地的军事控制，形成诸侯国的雏形，这种模式被后世称为“分封制”。

分封制虽然扩大了周王朝的统治疆域，同时也给诸侯纷争埋下隐患。车战是这个时代的主要战争模式，兵车也成为衡量大国实力的硬指标。增强国力、开展外交、发展生产，列国的政治家们对其重要性的认知从朦胧到清晰，并将其作为政策进行长期贯彻。

从秦始皇时代开始，中央集权社会俨然成形，但对于地方的设置到底是实行分封制还是郡县制产生了无数复杂的争论。与此同时，四方边疆出现扰动，内部贫富不均、天灾人祸愈演愈烈。

秦汉两朝北击匈奴，南征百越，西通西域，东并朝鲜，初步奠定了中国的基本疆域，卫霍封狼居胥，窦宪燕然勒石，成为后世开疆拓土的标杆。虽然中途历经三国鼎立、北方游牧民族内迁、南北对峙这长达三百年的乱世，然而一个新的高峰又在大一统的隋唐帝国升起，煌煌巨唐，赫赫功业，直至近现代，海外仍有不少地区将中国人称为“唐人”。

大唐相继灭掉突厥、高昌等势力，控制西域，对外扩张也在天宝年间达到鼎盛，可随之而来的八年“安史之乱”，又拉开了其后两个多世纪藩镇动乱和五代乱世的序幕。赵氏宋朝有鉴于武人尾大不掉的经验教训，采取了矫枉过正式的“以文抑武”，终致在敌人来犯时往往抬不起头来，伴随着屡战屡败及其带来的恶果，民族的精神内核逐渐转为内在。

而闭关锁国带来的更大的灾难，你我已经都知道了。

越熟读历史，你越能从中领略，历代中国人为了赢得战争和平息战乱付出了多么巨大的代价，也越发能明白中华民族对太平盛世的强烈执念从何而来。

战争当然是残酷的、反人类的，但战争历史却可以是精彩的、引人深思的。《孙子兵法》有云：“兵者，诡道也。”意思就是说，用兵的人要讲谋略。纵观中国历史上的诸多战争，其中不乏奇谋妙计，后人在回顾的时候，往往也会回避战场上真刀真枪的厮杀，而对战场之外精彩的谋略对决津津乐道。

古代史书的编纂模式，一般是以年代为顺序的“编年体”，或者是以人物传记为中心的“纪传体”。还有一种以事件为中心的写法称为“本末体”。本末体虽然是以事件为中心，但对战争的描写还是相对简单的。

现代人如何通过几千年的文字与古人产生共情呢?《你一定爱读的中国战争史》给出的答案是：在保证原意不变的基础上，以当代最流行的文风和笔法将文字、情节再加工，使冰冷的条款式记载变得鲜活，这也是我们编撰这套丛书的初衷。就譬如汉赋、唐诗、宋词、元曲、明清小说，随着历史进程的滚滚向前，中华民族的文学体裁经历了由简至繁、由“雅”至“俗”的转变，这种转变无疑是积极正面的，因为它顺应了时代，使越来越多的人能够无障碍地了解中华文化。同理，做到绝大多数人喜闻乐见，大俗即大雅，这也是编撰者们斗胆提笔写这套书的信心所在。

本系列图书涉及春秋、战国、秦朝、西汉、东汉、三国、两晋、南北朝、隋朝、唐朝、五代十国、北宋、南宋、元朝、明朝和清朝等不同时期的重要战争事件。一方面，选取最具有代表性的各场战役，记述那些在残酷战争中涌现出来的英雄、枭雄和“狗熊”们，把那些政治家们的雄才大略、经天纬地，军事家们的战略战术、狠心仁心，野心家们的阴险毒辣、丧心病狂，以及战乱之苦，统统剖析出来。另一方面，在笔法上尽量采取一种相对轻松的方式，力求通过精妙笔力的裁剪，用轻快而不失风趣的语言，如同“蒙太奇”手法那般，拼贴出一幅幅精华战争集锦，以并不沉重的方式向各位读者呈现厚重的战争主题。

丛书的每一卷都有其独立性，脉络清晰，可以从第一卷先秦时代看起，也可以从其他任意朝代切入，每一卷都相对独立又相互关联。虽然所有战役都有史料来源，所有观点都是以史为据，但本系列图书并不追求大而全，只想通过作者们通俗风趣的语言，将一场场精彩绝伦、酣畅淋漓的战役，将各个朝代在战场上绽放光芒的名将一一展现。读者们如果看完能了解一些旧事，认识一些故人，并因此激起对历史的兴趣，就再好不过了。

周书灿[①]

2020 年 12 月

① 周书灿：1967 年生，河南省新密市人，1992 年—1998 年先后在河南大学、南开大学师从著名历史学家唐嘉弘、朱凤瀚教授攻读历史学硕士、博士学位，先后供职于河北师范大学、河南大学、湘潭大学，2004 年被破格聘为教授，2006 年 8 月至苏州大学工作，现为苏州大学社会学院教授，苏州大学第三批东吴学者，博士生导师。

目录

目录

第一章 楚汉争雄

秦末余烬：天下大混战

秦二世元年（公元前 209 年）秋七月，被征往渔阳郡（治渔阳县，今北京市密云区西南）戍边的陈胜在大泽乡（今安徽宿州市埇桥区大泽乡镇）喊出了“王侯将相宁有种乎”这一口号后，正式举兵反秦。一时之间，早就不堪忍受暴秦苛政的六国遗民云集响应。未来的大汉天子刘邦也在沛县（今江苏沛县）举起了抗秦大旗，开始了自己的艰苦创业。

秦虽无道，但当年横扫六合的大秦军队依旧十分强大。而且，颠覆一个王朝，靠的从来不是某一个人或者某一支部队的力量。因此，遍地开花的起义者们需要一个召集盟友、凝聚人心的同盟组织。

很快，这个组织就出现了，众人纷纷会聚而来。有了同盟，自然就需要盟主。首举义旗的陈胜自然成了当之无愧的盟主。然而木秀于林，风必摧之；行高于人，众必非之。陈胜遭到了大秦帝国最猛烈的打击。在经历了一系列的失败后，终于有人开始怕了。秦二世二年（公元前 208 年）十二月，仅仅起兵六个月的陈胜就被自己的车夫庄贾杀害，首级更是被其作为投名状交给了负责剿平叛乱的秦将章邯。

说到这里，很多人可能会有疑问。陈胜在秦二世元年七月起兵，二年十二月被杀，中间不应该有一年多吗？是不是少算了一年！有必要给大家解释一句，还真不是算错了，而是里面涉及一个非常重要的问题——正朔。这里就给大家简单介绍一下，因为不弄清楚这个，就没法对当时各种战争的时间进程形成清晰而具体的概念。

在古代，每次改朝换代之后，都会有大量的表面工程要做。说白了就是革旧鼎新，表示本朝和已经覆灭的前朝不一样，这其中最重要的就是改正朔。正朔就是一年的第一天，改正朔的意思就是确定每年的第一天，也就是岁首。比如，夏朝以一月一日为一年的第一天，商朝以十二月一日为一年的第一天，周朝以十一月一日为一年的第一天，秦朝则以十月一日为一年的第一天。

所以秦二世元年到九月份就结束了，到了十月一日，就变成了秦二世二年。因此才说陈胜从秦二世元年七月起兵到秦二世二年十二月败亡，中间只有六个月的时间。

言归正传，我们还是说说盟主的问题。陈胜起兵时，为了号召同道，减少反对力量，曾经打出了两个人的旗号：一个是始皇帝长子扶苏，一个是楚国大将项燕。扶苏为人仁厚，因和性情暴戾的始皇帝政见不合，而被派往蒙恬军中做监军。秦始皇临死前，曾留下遗诏让扶苏回咸阳继承帝位，主持丧事。只可惜人走茶凉，始皇一死，说的话就不管用了。中车府令赵高和丞相李斯为了自己日后的地位，篡改遗诏，改立秦始皇最小的儿子胡亥为太子。为了防止蒙恬拥立扶苏拨乱反正，他们还伪造一封遗诏送往蒙恬军中。遗诏上不仅列举了扶苏和蒙恬的各项大罪，还命令他们自杀。

君要臣死，臣不得不死，父要子亡，子不得不亡。扶苏既是儿子又是臣下，完全找不到抗命的理由，就这样抹脖子自杀了。扶苏身为始皇长子，本就有巨大的威望，如今却稀里糊涂地死了。赵高、胡亥若是能将天下治理得当便也罢了，一旦有点儿风吹草动，那些淳朴的秦国百姓难免会念叨着要是扶苏来当皇帝该有多好啊。显然，陈胜打着扶苏的旗号是为了获取秦人的好感。同样的道理，打着项燕的旗号自然是为了得到楚人的支持。项燕作为楚国最后的名将，先是打败了秦国的将军李信，后来又为保卫楚国死在战场，在楚国百姓心中威望奇高。

陈胜死后，新的盟主很快出现了，此人正是项燕的儿子——项梁。项梁起义后，为了表达项氏对楚国的忠心，便在谋士范增的建议下，从民间找到了已故楚怀王的孙子熊心。项梁尊熊心为楚怀王，自称武信君，以此来换取楚人的支持。

此时是秦二世元年六月，名义上的反秦盟主是熊心，实际上的盟主是项梁。三个月后，项梁被秦将章邯打败，死于定陶（今山东菏泽市定陶区）。熊心从名义上的盟主升级成了实际上的盟主。击败项梁后，章邯转而攻赵，围赵王歇于巨鹿（今河北平乡县平乡镇）。此时摆在楚怀王熊心面前的有两件大事，一是北上救赵，一是西进破秦。

先说破秦，这是陈胜、项梁、刘邦等人起兵的最终目的。但是在陈胜、项梁接连战死的情况下，秦军已经用战绩向世人证明他们还有着强大的战斗力。在这种情况下，敢率兵西向攻秦的人真没多少。为了激励三军将士，熊心拿出了重量级的奖赏："先入定关中者王之。"也就是和诸将约定，谁先攻进关中，灭掉秦国，就把关中这块地盘封给他。

关中是什么地方？学过《过秦论》的都知道，正所谓"据崤函之固……践华为城，因河为池，据亿丈之城，临不测之渊，以为固。良将劲弩守要害之处，信臣精卒陈利兵而谁何……关中之固，金城千里，子孙帝王万世之业也"。可以说，秦国以西陲边鄙之地，最终能够称霸天下，和关中易守难攻的地形是有很大关系的。

拥有了关中就拥有了地利，再加上灭秦带来的巨大声望，不得不说，这是一个极大的诱惑。重赏之下，必有勇夫。终于，有人站了出来，向楚怀王熊心表示自己愿意西向灭秦，打进关中，杀了胡亥。

此人，正是日后的西楚霸王——项羽。项羽倒不是为了关中的土地，他想要攻秦只有一个原因，那就是为叔父项梁报仇。可惜的是，楚怀王最终拒绝了项羽的请缨。

原因很简单，熊心刚摆脱项梁的控制，好不容易从傀儡盟主转正，可不敢放项羽这匹猛虎单独领兵。另外，项羽为人残暴，动不动就心情不好。匹夫之怒不过流血五步，项羽一怒就要满城被屠，喜欢屠城的项羽很容易激起秦人的反抗之心，不太适合这种灭国战争。

在楚怀王心中，灭秦的最佳人选，是砀郡长刘邦，怀王认为派刘邦这样的忠厚长者灭秦是最合适的。当然，上面只是史书里的说法。我个人对此，是嗤之以鼻的。说项羽残暴喜欢屠城没错，但刘邦这个无赖怎么就成了忠厚长者了呢？在此之前，刘邦和项羽一起屠过城阳（今山东菏泽市东北胡集乡），在此之后，刘邦也屠过颍阳（今河南许昌市西南）、武关（今陕西商南县）。大家都是屠城，怎么项羽是残暴不仁，刘邦却是忠厚长者？不要说项羽不服，就是我这个两千年后的读者也觉得楚怀王这是严重的双标。

其实说到底，还是楚怀王不放心项羽，不想让项羽打进关中，毕竟此时的楚军完全称得上是项家军，军中很多部将都是项梁的旧部，楚怀王远没有达到掌控这些人的地步。相比起来，刘邦就简单多了，他虽然也有班底，但终究人数太少，而且在楚军之中也没有多少号召力，所以最终敲定的西进攻秦人选是刘邦。

项羽虽然没能捞到破秦任务，但是这种战场上的绝世猛将，该用的时候还是要用。前面说了，摆在楚怀王面前的有两件事情，一件是西进破秦，另一件是北上救赵。项羽分到的任务就是率军北上救赵。然而，项羽仅仅得了个次将的身份，换句话说，是个二把手。为什么呢？还是之前说过的，楚怀王不相信项羽，他对项羽的看法以及当时人对项羽的看法，可以用此次救赵部队一把手上将军宋义的一个军令来概括：“猛如虎、很如羊、贪如狼，强不可使者，皆斩之。”

既然说到这里，就顺便解释下这句话的意思。“猛如虎”“贪如狼”很好理解，就是单纯的字面意思。但是关于“很如羊”，历来是众说纷纭。一般对这句话不做深究的，都认为“很”就是“狠”，“很如羊”就是说像羊那样凶狠，但羊性温和，并不凶狠。强行这么理解，难免有牵强之嫌。倒是另一种说法，个人认为颇有道理。《说文解字》云：“很，从彳，小步也。”“很，不听从也。一曰：‘行难也。’”也就是说，“很如羊”是从羊走路这个角度来形容羊的性格。羊平时虽然性情温和，但脾气来了也很倔强，不喜欢受人摆布，人牵着它走愣是不肯走。再联系后面的“强（倔强）不可使”，就很贴切了。

客观地说，楚怀王和宋义还是很有眼光的，他们对项羽的看法没有任何毛病。项羽确实是那种猛如老虎，不愿屈于人下的狠人。很快，项羽就借故在军中发动兵变，干掉了宋义。紧接着，就发生了“破釜沉舟”的故事，楚军在巨鹿之战中以少胜多，九战九捷，灭了王离从北方边境带回来的十万大秦精锐。这一战，让项羽压抑许久的怒气发泄了出来，也让项羽的声望一时之间如日中天。由于项羽在战场上的表现太过精彩与刚猛，一同前来救赵的其余诸侯被项羽的勇气所折服，甚至不敢和项羽对视，用《史记》的说法就是“无不膝行而前，莫敢仰视”。

这一战，奠定了项羽在诸侯中的霸主地位，也让秦朝的灭亡，再无任何侥幸。

巨鹿之战后，项羽的对手就只剩下章邯了。这两位当世名将，终于对上了。按理说，章邯和项羽之间有血仇（项梁和项羽感情深厚，关系绝不比一般父子差），这两人应该是不死不休的，然而在军国大事面前，个人情仇终究是次要的。在对峙了八个月之后，项羽终于凭借自己略不世出的军事才能以及秦朝内部对章邯的猜忌，迫使章邯投降了。

从秦二世二年后九月（也就是闰九月），楚怀王发兵救赵，到章邯投降，已经过去了十个月的时间，此时已是秦二世三年（公元前 207 年）七月。项羽这边打得风生水起，刘邦那边也没闲着。到这年八月的时候，刘邦已经攻破武关，正式进入关中了。汉元年十月，秦王子婴素车白马出降刘邦，秦朝正式灭亡。

关于这个汉元年十月，这里又要多嘴说一句了。还是前面已经说过的正朔问题。十月，是新的一年。而秦二世三年八月的时候，赵高就指使女婿阎乐杀了胡亥，所以不存在秦二世四年；子婴没有即位称帝，所以也不存在秦三世元年。新的一年该怎么称呼，这是个问题，最终，司马迁在《史记》里选择了汉元年这个说法，因为这一年，是刘邦受封汉王的第一年。但要提醒大家的是，这个时候的他，依然只是砀郡长、武安侯，距离项羽宰执天下分封十八诸侯，还有两个月。

接下来的事情很简单了，刘邦率先打进关中，完成了与楚怀王的约定。这就让项羽很不爽了。本来也是，项羽在前线出生入死，硬仗一场接一场，秦军精锐基本都是他干掉的。结果打完发现，刘邦这小人侧线打野，居然一路畅通无阻，成功推塔摘了桃子。别说脾气暴躁的项羽了，换成是谁都会十万个不乐意。

心头不爽的项羽想要发脾气，于是带着四十万诸侯军一路向西狂奔，准备好好教训刘邦一顿。接下来的事情大家就比较熟悉了。刘邦军中的左司马曹无伤认为项羽来势汹汹不怀好意，在衡量刘邦和项羽双方的实力后，觉得还是项羽比较厉害，就派人跟项羽说刘邦的坏话，比如刘邦想当关中王，不想放你们进关什么的。项羽听了很生气，要打刘邦，刘邦觉得真打起来自己肯定不是对手，决定先认㞞再说，于是就有了历史上著名的鸿门宴。

鸿门宴上，刘邦主动做低伏小，表示愿意给项羽当小弟，项羽抹不开面子没有直接干掉刘邦。鸿门宴后，没理由揍刘邦的项羽，心里憋屈没处发泄，于是放了一把大火。壮丽堂皇的咸阳城终究挡不住楚人一炬，成为焦土。秦王子婴以及其余皇室成员也被项羽杀了个一干二净。

秦朝终于灭亡了，到了该分享胜利果实的时候了。本来，凭着楚国在诸侯军中最为强横的实力，理应由楚怀王熊心主持对天下的划分，但这个时候的项羽已不是当初那个叔父死后处处受排挤的次将项羽，立下不世功勋的他心态开始变了。在他眼里，楚怀王不过是叔父项梁从民间找到的牧羊人，灭秦是自己和诸将的功劳，和他熊心没有半毛钱的关系。天下这块大蛋糕，应该由自己来分。

项羽这么想，也这么做了。首先，当然是要给自己划一块大大的蛋糕，不然对不住自己这几年的出生入死。项羽也不黑心，给自己分了九个郡的地盘，自称西楚霸王。

接下来要安排的，是楚怀王熊心。虽然项羽已经决定不理睬他了，但对方怎么说也是当初的反秦盟主，事情不能做得太难看。久经考虑之后，项羽终于替熊心想出了一个恶心人的名号——义帝。在项羽看来，这已经给足了楚怀王面子。

我是王，你是帝，面子已经给你了，谁也不能说我的不是。至于为什么在“帝”前面加个“义”字，也很简单。那是告诉熊心，你虽然是帝，但也就是名义上的而已，就像义父不是真的父亲，义帝也不是真的皇帝。希望你熊心认清自己的角色，老老实实，不要搞事。说起来，如果不考虑项羽日后派人杀掉义帝的话，这个时候的项羽还算是个厚道人，不管熊心这个帝是真的还是名义上的，起码他的封号比其他人，包括项羽的“西楚霸王”都要高一个级别。

熊心的问题解决了，接下来就该轮到刘邦了。按照楚怀王和诸将的约定，“先入定关中者王之”，刘邦的分封好像已经内定了——关中王。但是很明显，项羽不怎么认可当初那个约定，因为他向怀王请缨西向破秦，却被怀王无情地拒绝了。这代表什么？代表着从一开始，怀王设置的这项冠军奖励就和项羽无关！项羽永远记得自己在怀王面前卑躬屈膝却依旧被断然拒绝的那天。他不爽怀王，也不爽这个约定，自然不爽达成“先入关中”成就的刘邦。此外，刘邦占据关中之后，还擅自派人占着函谷关（今河南灵宝市东北）不让诸侯军入关，这笔账项羽一直记着呢。所以，他不想让刘邦当关中王，即便他自己对关中这块地盘并没有什么想法。正如他对劝自己占据关中的韩生所说，“富贵不归故乡，如衣绣夜行，谁知之者”，他只想回老家和乡亲们吹牛，安心当自己的西楚霸王。

项羽的心理大约是这样的：“当初我想要关中的时候，你们不给我，觉得刘邦比我更合适，现在我发达了，不稀罕了，但是关中这块地盘，对不起，我不会给刘邦！纵然关中是刘邦打下来的，但那又怎样？没有我在前线出生入死，没有我挡住章邯的刑徒军、王离的长城军团，他刘邦就是有九个脑袋，也不够秦兵砍的！我项羽才是灭秦第一功臣，我绝不同意把关中分给刘邦！”

既然项羽不想把关中分给刘邦，关中就肯定不会分给刘邦。但是“先入定关中者王之”这个约定，全天下人都知道，项羽当初既然没有提出反对意见，就代表已经默认了。现在要是不遵守，舆论上肯定是要被谴责的。虽然以霸王之勇，谁也不敢当面说什么，但是悠悠之口，谁又能堵得住呢？

项羽终究还是个要面子的人，他接受不了自己走在街上，被人指指点点。“看！这就是那个不讲道义、不守信用的西楚霸王！”一边想要面子不违反约定，一边又不想把关中封给刘邦，陷入两难的项羽现在很头疼。还好，办法总比困难多。没读过多少书的项羽绞尽脑汁、搜肠刮肚后，还真想到了办法。

他的办法其实并不高明，就是一个简单的文字游戏。但是最起码，项羽可以向天下人解释，他没有违反楚怀王当初的约定，也可以安慰自己：我项羽绝不是不讲信用的人！

不是“先入定关中者王之”吗？那就让你在关中当王，但没说偌大一块关中，全部给你刘邦，只要我分给你的地方在关中，不就可以了？

项羽最终决定封刘邦为汉王，封地为巴郡（治江州县，今重庆市）和蜀郡（治成都县，今成都市）。按照他的说法，巴蜀是秦朝关押罪犯的地方，也属于关中之地，不算违反先入关中者为王的约定。

天下人都知道项羽在玩文字游戏，但没有人反对，包括刘邦自己。如果非要问刘邦此时的心情，我想应该是喜悦之中夹杂着些许恼怒吧。刘邦知道，项羽很不爽自己，其实他也不爽项羽。

不过现在人为刀俎我为鱼肉，保住性命才是最重要的。项羽既然肯封自己为王，就代表暂时不会找自己麻烦。巴蜀之地穷是穷了点，偏是偏了点，但是只要人还活着，其余的问题还能算是问题吗？再难，还难得过当初去大嫂家蹭饭吃遭受白眼的日子吗？

刘邦没有恼怒，没有抗议，但也没有认命，他竭尽所能地为自己谋求更大的利益。

关中大地，那是别想了，刘邦深知项羽不可能把关中给自己。倒不是说项羽真的恨他入骨，只是当初楚怀王和诸将约定的时候，对项羽太不公平。项羽把自己封在巴蜀，就是想在不明着违反当初约定的情况下狠狠扇楚怀王的脸。但是关中之外的地盘，不触及项羽心里的那根刺，还是可以商量的。比如，毗邻巴蜀的汉中郡（治南郑县，今陕西汉中市），是不是可以厚着脸皮向项羽讨要呢？毕竟当初也是一个战壕里的兄弟，刘邦觉得还是有很大希望的。

刘邦是个行动派，他觉得汉中郡可以争取一下，就开始琢磨怎么和项羽说这事。自己去说的话，项羽会觉得这是对他的安排不满，容易碰壁。所以，这个话最好还是由项羽身边的人去说。

很自然地，刘邦想起了项伯。鸿门宴上，他能逃得性命固然是因为项羽优柔寡断、妇人之仁，但如果没有项伯舍身相救，能不能活下来还真是难说。而项伯之所以愿意帮助自己，是因为他和张良是割头换颈的兄弟。

刘邦找来张良，给了他一大笔钱，让他拿着这些钱去找项伯，请项伯帮忙在项羽面前替自己说说好话。项伯同意了。

现在脑补一下项伯怎么劝项羽的：“刘邦当初在二哥（项梁）帐下的时候，和你关系也不错，我没记错的话，你们还约为兄弟。我知道二哥战死的那段时间，你被熊心这忘恩负义之徒刻意打压，心里有气。但说到底，这些事和刘邦没什么关系。他毕竟还是先入关中的破秦功臣，你就给他巴蜀这么块又穷又偏的地方，说实话我都看不过去了，这也有违兄弟之义。我看，要不你把汉中划给刘邦算了。三个郡的地盘，也算对得住他了。”

项羽终究耳根子软，同意了项伯的建议。于是，刘邦最终封有三郡之地：巴郡、蜀郡、汉中郡。

现在简单说说项羽对其余诸侯的分封。

首先是关东地区。

西魏王魏豹：魏景湣王之子，正儿八经的六国王室后人。因为魏国都城所在的砀郡（治睢阳县，今河南商丘市睢阳区）被项羽划给了自己，所以魏豹只能委屈一下，把魏国往西边移一下。魏豹被封为西魏王，定都平阳（今山西临汾市西南）。

常山王张耳：张耳在起义军中资历很老，也是赵国实际上的掌舵人，这次项羽直接把他扶正了。他的封地就是原来赵国的地盘，定都襄国（今河北邢台市西南）。

代王赵歇：赵歇就是之前巨鹿之战时被秦军围困的赵王歇，因赵国故地被封给了张耳，于是项羽改封赵歇为代王，封地在张耳的常山国以北，定都代县（今河北蔚县东北）。

河南王申阳：对这段历史不怎么熟悉的人可能不太了解申阳这个人。这也难怪，虽然他也是戏下分封的诸侯王之一，但确实没什么名气。在此之前，他是张耳的手下，因为巨鹿之战后率先攻下河南地区，之后在项羽面前表现得又比较好，就被封了个河南王，定都洛阳。总的来说，这是个没什么名气也没什么实力的人。

殷王司马卬：司马卬本是赵国将军，因为平定河内地区有功，项羽就把这片地方封给了他，定都朝歌（今河南淇县）。

九江王英布：项羽麾下猛将，定都六县（今安徽六安市东北）。

衡山王吴芮：吴国后人，定都邾县（今湖北黄冈市西北）。

临江王共敖：曾任楚怀王熊心的柱国，定都江陵（今湖北江陵县）。

韩王韩成：和魏豹一样，也是六国王室后人，定都阳翟（今河南禹州市）。

燕王臧荼：定都蓟县（今北京市西南）。

辽东王韩广：定都无终（今天津市蓟州区）。前面讲到，由于赵国地盘被封给了张耳，所以原赵王赵歇只能被封为代王。现在同样的情形出现了，臧荼本是燕王韩广的部将，现在臧荼被封为燕王，原来的燕王韩广就只能让位了。

齐王田都：和臧荼一样，田都本来只是齐国的一名将军。巨鹿被围的时候，田都认为应该发兵去救，齐国实际掌权人田荣却只想自扫门前雪，不愿意发兵。田都为了大局着想，私自带兵赶往巨鹿。事实证明，他的选择是对的。项羽没有亏待从巨鹿就跟着他一起打进函谷关的诸将，田都被封为齐王，定都临淄（今山东淄博市临淄区）。

胶东王田市：跟赵歇、韩广同病相怜，田市因为相同的原因，从原来的齐王变成了胶东王，定都即墨（今山东平度市东南）。不过关于田市这个名字，有一点需要注意，市读 fú，而不是市长的市。

济北王田安：和田都、田荣、田市他们一样，田安也是齐国王室之后。早在项羽干掉宋义夺取军权的时候，田安就投奔了项羽。投奔得早，在项羽这边就是资历，田安既有资历又有身份，再加上和项羽关系不错，项羽就给他也封了一个王。封地当然还是在原来齐国的地盘里挑，定都博阳（今山东泰安市东南）。说到田安，有必要再提到一个人，那就是日后篡了西汉政权的王莽，他就是田安的后人。

接下来，就是关中了。项羽没让刘邦当关中王，他自己对关中又没什么兴趣。于是他把关中一分为三，封给了三个人，这三位都是秦朝降将。

雍王章邯：章邯的投降是压倒大秦的最后一根稻草，论身份，论功劳，这个天下都应该有他的一份，而且当初章邯投降时，项羽就曾答应要封他为王。霸王不是食言之人，把咸阳以西的土地封给了他。章邯定都废丘（今陕西兴平市东南）。

塞王司马欣：司马欣能封王，跟他当年曾帮过项梁有关。项羽是个念旧之人，对项梁有恩就是对自己有恩，所以也不吝封赏，把咸阳以东的土地分给了他。司马欣定都栎阳（今西安市临潼区）。

翟王董翳：和司马欣一样，董翳也是章邯军中将领，他之所以能封王是因为劝章邯投降有功，当然还因为项羽不想让关中势力太过统一。董翳定都高奴（今陕西延安市）。

另外，项羽封赵将成安君陈余为南皮侯，番君将梅铜为十万户侯。

至此，天下这块大蛋糕，已经瓜分完毕。

总结起来，此次分封，除项羽为“西楚霸王”，熊心为“义帝”之外，共有十八人封王。

三秦王：雍王章邯、塞王司马欣、翟王董翳。

三齐王：济北王田安、胶东王田市、齐王田都。

赵分二王：常山王张耳、代王赵歇。

燕分二王：燕王臧荼、辽东王韩广。

韩分二王：韩王韩成、河南王申阳。

魏分二王：西魏王魏豹、殷王司马卬。

楚分三王：临江王共敖、九江王英布、衡山王吴芮。

再加上汉王刘邦。

现在来评价一下项羽的这次戏下分封。

客观来说，项羽的分封，问题不是很大。他没有大肆分封龙且、项庄这些心腹，而是尽可能地考虑其余六国的情况。根据总的分封原则“灭秦定天下者，皆将相诸君与籍（项羽名籍）之力也”，他在具体分地盘的时候，倾向选择那些和他一起上过战场，为抗秦大业出过血流过汗的将军们。比如赵国丞相张耳、燕国将军臧荼、齐国将军田都，都在这次分封中被项羽扶正封王，并且项羽还把本国最富饶的地方给了他们。至于这些国家之前的王，比如原齐王田市、燕王韩广，项羽本着多一事不如少一事的原则，也没有废黜他们，只是把他们的封地迁到偏远之地。

也就是说，项羽虽然没有提拔自己真正的心腹，但还是在一定程度上把好地盘分给了和他走得比较近的人。不过项羽的做法并没有问题，他分封的都是在灭秦之战中立下过赫赫战功之人，田市、韩广之流，当初既然为了保存实力，没有参加巨鹿之战这种关键性战役，就别怪现在被当成边缘人物。

凭什么田都、臧荼他们在前线出生入死，胜利果实却要交给躲在后方的田市、韩广呢？

项羽虽然算盘打得好，但分蛋糕这种事，向来不可能让所有人都满意。最起码有四个人对项羽的分封不满，他们是齐相田荣、南皮侯陈余、燕王韩广以及汉王刘邦。

刘邦不满我们都知道，本该属于自己的关中丢了，被封在穷乡僻壤的巴蜀之地不说，还要被章邯等三秦王严密监视，一举一动都在别人的眼皮子底下。虽然靠着厚脸皮卖惨又要了个汉中郡，但那又如何，比得上肥沃富饶的关中大地吗？不过刘邦这会儿并没有考虑重新夺回关中的问题，他还在汉中蹲着呢，因为进汉中时烧毁了栈道，现在想出来都难。

田荣为什么会不满呢？当年陈胜揭竿而起之后，云集响应者数不胜数，其中就有田荣和他的堂兄田儋。后来，田儋在临济（今河南封丘县东）城下被秦将章邯袭杀，田荣率领残部逃亡，章邯紧追不舍。最后在东阿（今山东阳谷县东北阿城镇）这个地方，田荣被章邯大军重重围住。可以说，如果没有援军的话，以章邯之勇猛善战，田荣是绝无可能幸免的。幸而这时候项梁率领楚国精锐千里驰援，击败章邯，救田荣于危难之中。

在田荣被围的这段时间里，齐国局势发生了变化。齐人听说田儋已死，田荣被围，紧急之下立最后一位齐国君主齐王建的弟弟田假为齐王，又命田角为丞相、田间为将军。本来这件事情怪不得田假他们，大家都是田氏子孙，紧急时刻出任齐王乃形势所需。但田荣就是不爽，他觉得田假、田间他们是在趁火打劫，妄图霸占自己堂兄打下的基业。于是在东阿之围解除后，田荣没有跟着项梁继续和章邯死磕，而是赶紧回齐国稳定后院。带着大军回到齐国的田荣，很快就开始了对田假兄弟的反攻倒算。最终田假逃到楚国，田角、田间逃到赵国。如果说到此时，田荣的做法还只是为了保全自己兄弟的基业，那么接下来他的做法就不那么地道了。

虽然项梁在东阿击败了章邯，但是章邯并没有被一战击溃。在得到关中派来的援军后，军势复振的章邯稳扎稳打，和项梁对峙起来。项梁虽然勇猛过人，但章邯也是不世名将，仓促之间还真拿他没办法。为了尽快消灭章邯，项梁赶紧召集援军。其他国家的援军能不能来，项梁心里没底，但他相信齐国的田荣一定会派兵帮忙的，因为自己刚刚救了他一命。

事实证明，项梁想多了。田荣倒也没说不发兵，不过他提出了两个条件：第一，楚国干掉田假；第二，赵国杀死田角、田间。只要干掉这三个人，我马上发兵。

田荣想杀田假兄弟的心情可以理解。但是在大家一起抗击秦军的节骨眼上，不应该这么来考虑问题，田荣的做法至少有三大不妥之处。第一，别的什么都不说，项梁刚刚救了你一命，现在让你出兵帮忙，怎么还好意思提条件？就算人家施恩图报，那也是人之常情，可你忘恩负义怎么说？第二，虎狼之秦犹在，大家的第一目标难道不应该是暴秦吗？当初把脑袋别在裤腰带上做这种刀头舔血的事，不就是为了灭掉暴秦吗？消灭暴秦，人人有责。怎么现在秦军就在那里，叫你去打，你还要提条件呢？第三，当初田儋被杀，你自己被围东阿，齐国虽大，却没有一个主心骨。关键时刻，田假兄弟站了出来。对你来说，他们确实是想霸占你的基业，但是对齐国来说，他们有功无过。而且，现在他们已经被你赶了出去不敢回国，怎么就非要置人于死地呢？大家都是田氏子孙，骨肉相残不是让外人看笑话吗？

站在项梁的位置上考虑，田假等人原本就是他立的，怎么可能现在为了一个田荣就杀了田假，这样做未免会大失人心。最终田假活了下来，但田荣也没有派兵增援，只可怜项梁还来不及收拾忘恩负义的田荣就战死在了定陶城下。

到了巨鹿之战时，田荣不光没有出兵，还跟楚国的上将军、卿子冠军宋义结盟。宋义最初能够上位就是靠齐国的高陵君显一番鼓吹，所以他与齐国人之间关系一直比较密切，他更打算将儿子宋襄送去齐国为相。而在田荣看来，他间接害死了项梁，早已经得罪了项氏，自然巴不得与宋义联手牢牢压制项氏。只可惜这一切都被项羽毁了，他杀掉宋义，自己担任上将军，率军北上救援赵国。这一次田荣依然没有出兵，不过却有两个齐国人积极响应，一个是田荣的部将田都，他没有听田荣的指示，自己带着人马渡河跟项羽闯天下去了，在十八路诸侯受封时被封齐王。另一个人则是十八路诸侯之一的济北王田安，田安的身份要比田氏旁支的田儋兄弟高多了，他是齐国末代国君齐王建的孙子，不过因为没有抢先起兵，齐国反而落到了田儋兄弟手里。到项羽渡河北上救援赵国时，田安敏锐地察觉到机会来了，他意识到齐国与项羽之间的矛盾终将导致双方一战，便抓住机会起兵，一连攻下济北郡（治博阳县）数城，然后带人北上投奔了项羽。事实证明，田都与田安都赌对了，他们在入关后双双封王，占据了齐国最肥沃富饶的土地，反而将原来的齐王田市赶到了胶东。一无所获的田荣，自然非常不满。

与田市情况差不多的还有燕王韩广，他本来是陈胜的部将，跟随武臣等人一起北上平定了赵地。后来武臣派韩广攻打燕地时，韩广在燕地豪杰们的拥戴下做了燕王。武臣讨伐失利，也只得捏着鼻子承认了这个燕王。项羽分封诸侯时，韩广因为没有带兵入关，被一脚踢到辽东做了辽东王。相反，他的部将臧荼因为入关之功做了燕王，这让韩广怎么咽得下这口气。

比起韩广等人，陈余就更是不满了。作为反秦的元老级人物，陈余早在陈胜时代就出来闯荡了，他与张耳、邵骚等人一起辅佐武臣攻取赵地，在武臣死后又拥立赵王歇为王。巨鹿之战中，陈余作为诸侯联军的一支参加了这次大战。到项羽分封十八路诸侯时，陈余却一点儿好处都没有捞到，反而他的老朋友张耳摇身一变做了常山王。不少人因此为陈余感到不平，他们纷纷劝说项羽：“陈余与张耳功劳差不多，现在张耳做了常山王，陈余什么都没有得到，实在太不合适了。”项羽看这么多人为陈余说情，又听说陈余正在南皮一带讨生活，便将陈余封为南皮侯，管辖南皮附近的几个县。

在项羽看来，陈余虽然有功劳，但毕竟没有带兵入关，给个侯爵已经非常给面子了。然而陈余却不这么看，他认为自己的功劳和张耳差不多，之所以没有带兵入关也不是他的责任，而是兵权让张耳给缴了，不然定会跟着入关。更何况当年章邯与项羽对峙之时，陈余曾写过一封信劝章邯投降，而章邯最终真的归降了项羽。他认为光是这份功劳自己就可以封王，结果却只得到一个侯爵，昔年的老朋友张耳反而做了王，心里自然非常不平衡。

就在分封完诸侯后不久，田荣和陈余这一对不高兴组合就迫不及待地拉开了新一轮大战的序幕，天下再次陷入了混乱之中。

暗度陈仓：刘邦夺取关中之战

汉高祖元年（公元前 206 年）五月，新任齐王田都迫不及待地离开项羽，独自前往临淄上任去了。早已对项羽不满的田荣，哪能看田都这个自己以前的部将跑来做齐王，他干脆先下手为强，带人在半道上伏击了田都。事实证明田都真不禁打，一战之下竟然大败，可怜他白跑了一路却连临淄城都没看到，只好转身去找项羽继续讨生活。

田都被田荣伏击的消息传开以后，项羽还没有什么表示，有一个人就先被吓坏了。这个人不是别人，正是田儋的儿子、田荣的好侄子——曾经的齐王、现在的胶东王田市。田市一看堂叔打了项羽的人，一下子就慌了。这项羽是什么人？连几十万秦军都没能奈何他，自己这区区几万齐军哪是楚国虎狼之师的对手！原本在接到项羽的分封任命之后，田市就想老老实实去即墨上任，只不过因为一直被田荣拦着才没有上路。这时候一看田荣惹怒了项羽，田市哪还忍得住，干脆不理田荣，自己带着人马偷偷摸摸前往即墨上任去了。

田荣回来后才知道田市已经跑了，心里那个气啊，他眼看堂侄这么不争气，干脆带着人赶到即墨，将田市一刀砍了，自立为齐王。转眼间，项羽分封在齐地的三王就逃了一个，死了一个，只剩下济北王田安。这一次田荣倒没有亲自动手，而是找上了另一个人，这个人就是在大野泽一带游荡的彭越。

天下诸侯都没有听说过彭越这号人物，这个人又是从哪冒出来的呢？

彭越，字仲，砀郡昌邑（今山东巨野县南昌邑乡）人，长期以来一直在大野泽做盗贼。如果是天下太平的年代，彭越一生最多也就是一个小小的贼首，不过他赶上了秦末天下大乱。陈胜吴广起义以后，对秦朝不满的六国贵族、豪杰纷纷起兵响应，昌邑地区的无赖少年们也打算趁机干一番大事。既然要干事自然得推一个头目出来，众人便想到了在大野泽做盗贼的彭越，便派人找上他劝道："陈胜吴广起义后，天下豪杰纷纷响应，秦朝眼看就要完了，不如您站出来学学他们，我们也跟随您干一番大事。"彭越虽然只是个强盗头子，但对现实却有很清晰的认识，他深知陈胜起义远远没到能推翻秦朝的时候，便以"二龙才刚刚开始相斗，需要再等些时候"为理由拒绝了昌邑的这帮年轻人。

就这么等了一年多时间，眼看着后起的魏王咎、齐王田儋、楚怀王、项梁等人相继冒了出来，昌邑的年轻人们再也忍不住了，他们干脆组织起了一百多号人，直接跑到大野泽中找到彭越，表示要跟随他干一番大事。没想到的是，彭越竟然还是拒绝了，他大概觉得这帮年轻人不靠谱，直接表示不愿意跟他们一起干。这一下这帮年轻人就不乐意了，他们坚持要彭越做他们的老大，就这么反复推让半天后，彭越没办法终于答应了下来，并与他们约好："明天太阳升起时前来集合，如果有人迟到，立斩不赦！"这些人虽然当场答应了下来，但心里却没有当一回事。等到第二天早上集合时，有十多个人迟到了，最晚到达的一人甚至到中午才赶来。

彭越脸色慢慢沉了下来，说道："我年龄已经大了，本来不想做你们的首领，但你们却再三恳求，无奈之下我才答应下来。昨天约好今天日出时集合，结果你们这么多人迟到，我也不能将这些人全都杀死，就杀最后到达的那个人好了。"说完，他便命手下负责军法的校长（秦代下级军官）将最后赶来之人拖出去砍了。到了这时，年轻人们还以为彭越在开玩笑，于是笑着说道："何必搞得这么严格呢？我们明天不迟到不就行了吗？"彭越一看更生气了，干脆自己上前把人拖出来一刀砍了。

这一刀下去可就把年轻人们吓坏了，他们虽然心里想干一番大事，但一辈子最多也就杀过鸡，哪见过杀人这等血腥场面，被吓得不敢动弹。他们知道彭越这是玩真的了，再也不敢胡闹，纷纷跪在地上向彭越表示臣服，连头都不敢抬起来看彭越一眼。收服了这些人之后，彭越就带着人马离开大野泽出去闯荡了。他沿途收罗各诸侯军队溃散下来的败兵，竟然很快就召集了一千多人。这时候正好赶上楚怀王派刘邦率军西征关中，两人在路上撞到了一起。一番交谈之后，彭越干脆与刘邦联手，一起攻打家乡昌邑。可惜的是，虽然有彭越这个本地人带路，刘邦却依然没能打下昌邑，无奈之下只得率军继续西进。

彭越没有跟随刘邦西进入关，他选择留在昌邑附近继续游荡。就这么过了一阵子之后，大概觉得外面也没什么意思，彭越又回到了根据地大野泽，一边收集周围四散的魏国士兵，一边观望形势。到项羽分封十八路诸侯时，彭越手下已经有了一万多人马了，不过因为长期混迹于大野泽，只怕项羽连他的名字都没听说过，自然也不会给他安排什么官职。反倒是彭越的邻居田荣看上了彭越手下的这支人马，他派人授予彭越齐国将军印，让他带着人去收拾田安。彭越做了一辈子草寇，哪有被诸侯们瞧得起的时候，于是一直蹲在大野泽里。这时候眼看有人送来了官职，简直大喜过望，他立刻就带人前往攻打田安。田安在彭越面前不堪一击，不光封地没保住，就连项上人头也没保住。

转眼之间三齐全部回到了田荣手里，他却并不满足这点成就，甚至想连项羽一块儿收拾了，于是干脆让彭越乘胜带人攻打楚国。项羽哪肯吃亏，一看彭越找上门来，立刻就让萧公角带着人去收拾彭越。只可惜萧公角这人实在是不禁打，不光没收拾掉彭越，反而被彭越打了个大败。

眼看齐国形势大好，南皮侯陈余忍不住了，他也想趁机去招呼招呼老朋友张耳。只不过陈余与田荣不同，田荣好歹有自己的军队，陈余的军队却早已被张耳给带走了，靠他手里那么几十号人打猎还差不多，打张耳纯粹就是找死。陈余虽然手里没人却脑子灵活，他敏锐地察觉到田荣现在孤立无援的处境，便派部下张同、夏说前去游说田荣：“项羽搞的这什么分封太不公平了！他把好地方全部留给了跟随自己入关的将领们，原来的诸侯却反而被他弄到了偏远的地方，实在是过分！我们的赵王也被项羽给扔到了北面的代郡（治代县）做代王，我对此非常有意见，只苦于手底下没有什么兵马。听说大王您已经起兵反抗，还把项羽任命的人打了个落花流水，简直是大快人心。希望大王您能够考虑我们赵国现在的困苦，借一些兵给我，让我带人迎接赵王回来复位。等赵王复位以后，我们赵国也可以作为齐国的外围屏障，帮助你们一起对抗楚国。”田荣自己也没有多少信心能战胜项羽，眼看有人主动赶着做盟友，代价仅仅是一些军队，便爽快地答应了陈余，很快就派出军队前去供陈余驱使。陈余得到人手后，迫不及待地踏上了寻仇之路。

就在关东一片混乱之际，蹲在汉中数了几个月星星的刘邦也终于行动了。在刘邦的心目中，自己应该做秦王，结果却被踢到了鸟不拉屎的汉中做了一个汉中王，他对此是万分不满。早在刚分封诸侯时，刘邦就忍不住想要去跟项羽干上一架，他手底下的大将周勃、樊哙、灌婴等人也不愿意去汉中喝西北风，纷纷表示：“我们与其去汉中，不如跟项羽拼上一场，赢了关中就是我们的了。”关键时刻还是萧何头脑清醒，他赶紧拉住刘邦劝道：“您考虑清楚，我们现在是项羽的对手吗？南郑条件虽然差了点，但做汉中王也比现在去送死强吧？”刘邦却不服气：“我就是去找项羽练练，怎么就是送死了？”萧何冷笑道：“您现在军队没项羽多，军事才能也不如项羽，打一百次也只有输的份，这不是送死是什么？商朝的开国君主商汤曾屈居于夏桀之下，周朝的开国君主周武王也曾屈居于商纣王之下，这两人后来都得到了天下。我希望大王您能学学商汤和周武王，安心立足于汉中，安抚汉中百姓，四处招揽人才，收集巴、蜀二郡的钱财物资，然后再挥师东进，扫平关中的雍、翟、塞三王，这样一来天下就可以平定了。”刘邦听后渐渐冷静下来，接受了萧何的主张，带着人前往南郑上任去了。

汉中的日子比刘邦想象中还要艰难许多，很多跟随刘邦前往汉中的人忍受不了艰苦的环境，纷纷离开刘邦逃走了。原本分封结束后，项羽只给了三万军队给刘邦，但因刘邦一贯有忠厚长者的名声，楚国和其他诸侯国的士兵竟然有几万人因为仰慕他的为人跟随前往。这些人大多是关东之人，随着时间的推移，他们开始想念关东的生活，纷纷成群结队地逃回关东。对于这些人的离去，刘邦也是无可奈何，就连他自己都不愿意在汉中这种鸟不拉屎的地方蹉跎下去，怎么好意思要求别人？更何况这些人也不是自己的核心班底，跑了也就跑了。

直到有一天，忽然有人前来报告：又有人跑路了！刘邦大吃一惊，这次跑路的不是别人，正是此前建议刘邦前来南郑上任的萧何！萧何是刘邦的老乡，在秦朝治国时担任过沛县的主吏掾，官职还在刘邦之上。但从那时起萧何就一直高看刘邦一眼，按当时的规矩，刘邦作为亭长经常需要押解犯人前往咸阳，县里的官吏们往往会送钱给他做路费，一般人都只给三钱，只有萧何会给五钱。到秦末大乱时，又是萧何和曹参等人力推刘邦为主，所以刘邦对他极为信任，一直将他视为左膀右臂，更让他做了汉国的丞相。刘邦怎么也没想到萧何竟然也会跑路，这让他惊骇莫名，觉都睡不安稳。

一两天以后，刘邦忽然再次接到消息：萧何竟然回来了！这简直让他又惊又喜，赶紧让人把萧何叫来。等萧何到来后，刘邦开口大骂道："是你建议我到这汉中来做什么周武王的，为什么现在自己却要逃跑？"萧何一听便知道刘邦误会了，赶紧解释道："我怎么敢逃跑呢，只是去追赶逃跑的人而已，因为怕追不上他，所以来不及禀告大王就擅自追了出去。"刘邦纳闷了："到底是谁跑路了，竟然能让丞相你亲自前去追人？"

萧何给出的答案让刘邦惊讶不已："跑的人是韩信。"刘邦反而不信了："你别想蒙我了，我们到汉中以后逃跑的将领数不少，从来没有见你去追过谁，现在一个小小的韩信跑了，你竟然要去追他，你这分明就是在耍我吧，赶快老实交代你到底去干什么了！”也不怪刘邦惊讶，实在是韩信这个人的经历有些尴尬，甚至经常被军中其他人暗地里笑话。那么韩信到底是什么样的人，又有什么样的经历呢？

韩信出生于淮阴，从小家境贫苦，但他非常喜欢读兵书，种地务农却一概不会。当时读书只有一条出路，那就是做官，但秦朝哪怕是做一个小小的亭长也得有人推荐，韩信一穷二白自然没人推荐。除了种田、做官外，经商也是一个比较好的出路，可惜韩信对经商之道一窍不通，根本不是做生意的料。无奈之下韩信只好整天跟着别人混饭吃，结果闹得其他人都非常讨厌他。

韩信当时有一个朋友担任南昌亭长，韩信无奈之下便每天掐着饭点跑去他家混饭吃。一顿两顿也就算了，韩信大概是找不到别的办法了，竟然就这么混吃了几个月。一来二去亭长的老婆非常不满，她干脆每天提前做好饭，然后全家一起吃了，等韩信掐着饭点跑来时，哪还有什么饭吃。如此几次之后，韩信心里也明白是亭长老婆在针对自己，一怒之下干脆再也不去南昌亭长家了。

离开了亭长朋友之后，韩信的生活更加没有着落了，他只好每天跑到城外去钓鱼吃，就这么饥一顿饱一顿地活着。当时河边经常会有一些老大娘在那洗衣服，其中有一个比较善良的老大娘看到韩信每天挨饿，便动了恻隐之心，将自己的食物分给韩信吃。就这样，老大娘一连接济了韩信几十天，让他非常高兴。一天吃完饭后，韩信告诉老大娘：“谢谢您给我饭，我以后一定会重重报答您。”老大娘一听就生气了：“堂堂男子汉大丈夫竟然连自己都不能养活，我不过是看你可怜才给你饭吃，难道是希望你以后能报答我吗？”一番话说得韩信尴尬不已。

韩信除了穷之外，还有一个不光彩的名声——胆小怕事。韩信虽然饭都吃不饱，却依然不改名士之风，每天喜欢佩剑出门，这让城里许多人非常看不惯。一天一个看韩信不顺眼的年轻屠夫便在路上拦着他：“你虽然长得高大，又喜欢佩戴刀剑，但其实胆小如鼠。你要是不怕死就用你那把剑来杀我，如果怕死就从我胯下钻过去，我便放你一马。”

韩信看了屠夫很久，他心里虽然很想杀死屠夫，但也知道按照秦律一旦杀人自己也难逃一死，他实在不愿意将有用之躯这么白白牺牲掉。良久，韩信终于下定决心，从屠夫胯下钻了过去。这件事情很快就传开了，听说的人都以为韩信胆小怕事，心底里十分看不起他。

项梁渡过长江北上时，韩信意识到自己期待已久的机会终于来了，便带着剑投奔项梁。遗憾的是，韩信虽然带着满腔雄心壮志去从军，却没有得到项梁的重用，他在军中始终寂寂无闻。项梁死后，韩信又跟随项羽，并被项羽任命为郎中。韩信以为自己飞黄腾达的机会来了，便屡次向项羽献策，希望能够得到重用。项羽本身就是非常出色的将领，又不怎么喜欢读兵书，对韩信的计策自然看不上，更谈不上采纳了。

项羽分封诸侯以后，不少楚军将士都自愿跟随刘邦去了汉中，韩信觉得自己在楚军之中没什么发展前途，便也混在众人之中去了汉中。进入汉军之后，韩信的境遇没有丝毫改变，刘邦仅仅封了他一个连敖的小官。大概因为郁郁不得志，韩信在连敖任上做得也不好，很快就犯了事，按照刑法应该被处斩。处斩当天，与韩信一起犯事的十三个人先后被斩，轮到韩信时，他不甘心这么死去，便大喊起来："汉王不是要一统天下吗？为什么现在就要杀壮士？"

负责在刑场监斩的是刘邦的亲信太仆夏侯婴，他一听此言断定说话之人非同寻常，再一细看长相，果然是仪表堂堂，只怕非寻常之辈。夏侯婴惊奇之下便干脆放了韩信，把他拉到一旁交谈一番之后更是惊为天人，深觉自己发现了一个人才。

离开刑场的夏侯婴迫不及待地找到刘邦，向他推荐道："我今天发觉军中有个叫韩信的人非常有才，只让他做一个连敖未免大材小用，希望大王能提拔重用他。"刘邦一听便回答道："不就是韩信吗？我也听说过他的事情，不过是甘受胯下之辱的胆小鬼罢了，有什么值得重用的。"不过刘邦最终很给老朋友面子，任命韩信为治粟都尉。

一个治粟都尉的职位显然不能让韩信满意，虽然刘邦没有发现韩信的过人之处，但丞相萧何与韩信几次谈话下来，早已被韩信的才华所折服，他不断请求刘邦重用韩信，却都没有下文。韩信料到萧何已多次推荐自己，但既然没有任何升迁，自然是刘邦不愿意重用自己，那还留在汉中做什么？于是韩信决定离开汉中返回关东，这才有了萧何月下追韩信的一幕。

萧何自然知道刘邦对韩信有所误解，便对刘邦解释道："大王您有所不知，其他逃跑的将领都是些寻常之辈，想要找一些这种将领太容易了。而韩信，国士无双！如果大王您只求一辈子在汉中做一个诸侯王，自然是用不到韩信，但如果大王要率军东出争夺天下，那除了韩信，就没有人能帮大王完成雄图霸业了。用不用韩信，就看大王您的志向是什么。"

刘邦当然不愿意一辈子待在汉中这个鸟不拉屎的地方，他立刻就回答道："我想的当然是东进争夺天下了，怎么可能一直待在这种鬼地方。"萧何一听心里有谱了，便趁热打铁道："大王既然要争夺天下，就必须用韩信才行，如果您不用他，他肯定还会逃走，到那时后悔就来不及了。"刘邦想了一下才回答道："既然是这样，那我就看在你的面子上，让韩信做个将军好了。"

没想到的是，萧何依然没有满足："就算您让韩信做了将军，依然不能让他留下来。"刘邦此时终于意识到韩信这人可能不一般，否则萧何不可能一再为他索要职位，于是便道："那我就封韩信做大将军好了，你快叫他来拜领将印。"萧何赶紧劝阻道："大王您对人向来傲慢无礼，任命大将军这种大事弄得好像儿戏一样呼来喝去，这就是韩信要离开的原因。您如果真想任命他为大将军，就应该选择黄道吉日，沐浴斋戒，设置拜将的坛台和广场，正式举办登坛拜将的仪式，这样才可以。"刘邦一听也觉得自己此前的做法太过儿戏，就答应了萧何的请求。

刘邦要封坛拜将的消息很快就在汉军之中传开了，将领们大喜过望，全都以为这个大将军的职位非自己莫属。等到登坛拜将当日，汉军众将大吃一惊，被封为大将军的人竟然不在汉军将领之中，而是此前的治粟都尉韩信！

拜将仪式结束后，刘邦迫不及待地询问韩信："丞相屡次向我推荐你，说你才华出众、国士无双，你有什么计策可以帮助我呢？"韩信却没有回答，而是反问了一句："大王如果向东争夺天下，对手自然是项羽，大王觉得自己与项羽相比，在勇气、彪悍、仁爱、刚强等方面谁更胜一筹？"刘邦听后尴尬不已，但还是硬着头皮回答道："我不如项羽。"

没想到的是，韩信听完后立刻拜了两拜，称赞道："我也觉得大王在这些方面都不如项羽，大王能勇于承认自己的不足，实在难能可贵。我曾跟随过项羽一段时间，就让我先分析一下他的为人好了。项羽在战场上勇猛无敌，阵前一声呼喊就可以让上千人不敢动弹，但他却不能任用有才能的将领，不过是匹夫之勇罢了。项羽对待别人，一向友善仁慈，有人生病了，他能为其伤心流泪，还把自己的食物分给病人；但一旦有人立功应该封赏爵位，项羽却变得吝啬起来，他把刻好的印章留在手里，一直到磨平了棱角都舍不得给对方。这就是人们所说的妇人之仁。项羽现在虽然称霸天下，但所作所为却注定不能长久，主要是犯了以下几个错误：第一，放弃关中险要之地，带着人跑到四面无险可守的彭城（今江苏徐州市）建都；第二，分封诸侯时没有按照义帝的要求分封，反而将自己手下一些亲信将领分封为诸侯，很多诸侯暗地里对此非常不满；第三，驱逐原先的诸侯王到别的地方，而将这些诸侯王的将领、大臣任命为新的诸侯王，又将义帝迁到长江以南，很多人对此不服；第四，项羽对待百姓残暴，他的军队纪律极差，所经之地的百姓没有不被残害的，闹得现在百姓都不愿意归附于他，只是迫于他的威势不得不从罢了。就凭以上四点，项羽虽然名义上还是天下的霸主，实际上早已经失去了人心，内里虚弱不堪，想要灭亡他很容易。现在大王您只要反其道而行，任命天下能征善战的人才，哪还有什么对手是不能被诛灭的呢？把天下的城邑分封给有功之臣，哪还有人会不心悦诚服的呢？用正义的军事行动去号召渴望东归的将士们，哪还有什么敌人是打不垮的呢？"

分析完项羽之后，韩信又分析了三秦的三位诸侯："分封在秦地的章邯、司马欣、董翳三人都是秦朝旧将，他们率领关中子弟与关东义军作战，几年下来，战死的人不计其数。后来他们三人又带着关中军队投降了诸侯军，结果到达新安（今河南义马市）时，二十多万秦军将士被项羽全部坑杀，只留下了章邯、董翳、司马欣三人。秦地的父老们非常痛恨这三人，只不过项羽仗着自己的威势，强行将这三人分封在秦地担任诸侯，秦地的百姓没有一个愿意归附他们的。与他们相反的是，大王您在进入武关时秋毫不犯，又与关中百姓约法三章，关中百姓没有不希望您能在关中称王的。况且按照当初义帝与诸侯们的约定，大王您本来应该是关中王的，这一点关中百姓们都知道，结果大王您被强行封到汉中，百姓们没有不痛恨项羽的。如今大王您只要起兵东进，三秦地区传檄可定。”

刘邦听后大喜过望，长期以来的荫翳一扫而空，对前途终于有了一个明确的方向。他深觉韩信是个人才，自己要是早点用他只怕也不用在汉中空耗这几个月的时间了。不久后，刘邦便依照韩信的计策，分别给汉军诸将安排任务，又让萧何收取巴郡和蜀郡的赋税充作军用，为进军关中做准备。

刘邦想要进军关中，面临的第一个难题就是道路不通。汉中地区原本是靠着栈道与关中联系的，但刘邦前往汉中时，为避免项羽猜忌，张良便建议刘邦烧掉栈道，以此向项羽表示自己没有东进的意思。这一番下来，项羽的猜疑是消除了不少，但现在却成了刘邦东出的一大难题。

项羽虽然对刘邦的猜疑减少了，却没有放松对刘邦的戒备，他在汉中外面给刘邦安置了三把大锁——雍王章邯、塞王司马欣、翟王董翳，希望用这三个人将刘邦永久锁死在汉中。关中三王里，尤以雍王章邯才能最为突出。他本是秦朝少府，在陈胜的大将军周文率军攻入关中时，毅然率领骊山囚徒组成的军队与起义军交手，最终大破起义军，打得周文不得不自杀。在章邯的猛攻下，陈胜、魏咎、田儋、项梁等名噪一时的风云人物先后败死。直到巨鹿之战后，章邯因不敌项羽，再加上秦二世、赵高等人的猜忌，才不得不与诸侯军结盟归降。到项羽分封诸侯时，关中虽然名义上是三王，但章邯这个雍王地盘最大、兵力最多，他定都废丘，占有咸阳以西的大片土地，还包括陇西（治狄道县，今甘肃临洮县南）、北地（治义渠县，今甘肃庆阳市西南）两郡，实力远超其余二王。显然，他是项羽安置在关中堵截刘邦的主力。但项羽没想到的是，他杀光二十万秦军后，章邯等人早已在关中失去了人心，分封这三人到关中实在是打错了算盘。一旦兵败，三王恐怕会立刻崩溃，再也没有还手之力。

此时的刘邦和韩信还顾不得考虑章邯，他们急需确定的是怎么东进关中。汉中到关中地区有五条道路，分别是子午道、傥骆道、褒斜道、陈仓道、祁山道，刘邦这时候的选择却没有这么多。傥骆道和褒斜道都还是小道，远没有拓宽到能大规模进军的地步。子午道倒是距离关中最近，可以直插关中平原腹心，但笔者推测刘邦入汉中走的就是这条道，之后就被一把火烧毁了。祁山道则通往陇西郡，那里距离关中地区十分遥远，行军难度很大。而且，就算通过了祁山道，东进之路还被绵延不绝的陇山阻挡着，选择这条路线在军事上极为不智。所以，刘邦实际能选的只有陈仓道这一条路了。

陈仓道又称“故道”，是汉中通往关中的主要道路之一，作为关中本地人的章邯不可能不知道，更何况陈仓道的出口陈仓就在章邯的国土范围内。要想顺利进军关中，就得麻痹章邯。最终，还是韩信想出了计策。在韩信的谋划下，汉军一面派出部分军队和民夫佯装重新修建栈道，摆出准备从子午道进军关中的姿态，一面暗中集结主力大军准备沿陈仓道突入关中。

听说汉军忙着修栈道后，章邯大笑不止。修栈道哪是一时半会儿能搞定的，当初刘邦烧得欢快，没几个月又跑来重修，简直就是瞎胡闹。不过子午道的出口在塞王司马欣的地盘上，他在三秦王中地盘最小，兵力最弱。章邯自然不敢大意，立刻就派兵东进增援司马欣，以防止汉军东出。

虽然派了军队增援，但章邯并没有就此放下心来，作为征战多年的老将，他自然知道修栈道从子午道东进是多么不明智，等汉军费尽气力修好路后，哪还有力量对付严阵以待的三秦军队！章邯虽然不知道汉军大将军韩信是何方神圣，但对刘邦还是有一定了解的，他怎么也不信刘邦会做出如此不明智的选择。在这种疑心下，章邯四处派出斥候，打探汉军动向。结果还真让章邯查到了，原来汉军在子午道布置的只是疑兵，真正的进攻方向是陈仓道。这一下章邯终于放下心了，没想到刘邦竟然给自己玩这么一出声东击西，不过既然现在自己已经知道了，断不会给刘邦任何机会。

刘邦和韩信千辛万苦率领大军快走完陈仓道时，一看眼前的景象简直吐血，章邯早就率领大军在陈仓列阵等着呢！合着之前一出大戏白演了，这下子还得为怎么出去头疼。章邯不仅占据着地势，而且手底下兵马众多，正面交手显然极为不利，但现在也没有什么别的办法了，总不能再退回关中吧？关键时刻，刘邦的好名声帮了大忙，一个叫赵衍的当地人赶到军中拜见刘邦，给刘邦指出了另一条道。原来陈仓道除了正面出陈仓这一条大道之外，还有一条隐蔽的小道可以从陈仓道直插陈仓后面。刘邦听后大喜过望，他一面派樊哙率领大军从正面进攻章邯，一面派曹参带着部分精锐从小道偷偷绕到陈仓后面。

看到樊哙等人发起进攻后，章邯简直又惊又喜，以为汉军是来送死的，立刻就率领全军迎战樊哙。双方厮杀了半天，竟然谁也没能奈何得了谁。关键时刻，曹参率军从章邯后方发起了突袭！章邯做梦也没想到自己后面会忽然冒出一群汉军，猝不及防下全军大乱。章邯在关中早就不得人心，他手底下的军队又全是秦人，谁还愿意给他卖命？一看大军混乱，众人纷纷逃散。在汉军的追击下，章邯大败，被迫率军退守废丘。但章邯不愧是百战名将，兵败之下竟然还让弟弟章平率领部分军队退守好畤（今陕西乾县好畤村），两军以犄角之势防备汉军进攻。

看到章邯与章平守望相助，韩信并不慌张，他一面派出少量军队牵制废丘的章邯，一面派主力南下进攻兵力更为弱小的章平。没想到的是，章平的军队虽然弱小，但也不好对付，汉军一连攻打数日竟然没能攻下好畤。就在这时，司马欣和董翳两人派来的援兵也赶到废丘增援章邯，章邯大喜之下立刻率军南下救援好畤。韩信得到消息后，留下周勃等人继续围攻好畤，自己则亲率大军迎战章邯，双方在壤乡（今陕西武功县东南）之东和高栎（今陕西武功县东南）一线展开决战。这一次依然是不得人心的三秦军大败，章邯只得率残部退守废丘。随后，汉军主力再度围攻好畤，这一次章平再也撑不住了，在外无援兵的情况下，他选择突围而去，好畤就此落入汉军手中。

为了尽快平定三秦之地，韩信随后重新进行了部署。他将汉军分成了两部分：樊哙率领部分汉军围攻废丘，曹参率军向东攻取咸阳。镇守咸阳的是原秦朝将领赵贲和内史保，内史保此前的经历不得而知，但这个赵贲可算得上汉军的老熟人了。早在刘邦西进关中时，内史保对上樊哙等人就多次打了败仗，现在他一如既往地不禁打。很快，赵贲和内史保两人就被击败。曹参顺势占领咸阳，并将其改名为新城，自己则率军驻扎在景陵。三秦军当然不可能坐看咸阳沦陷，咸阳可是三秦的腹心，一旦被汉军占据，等于是在三秦之间打入了一颗钉子。不久后，三秦军就在章平等人的率领下向曹参发起了反攻，结果反而被曹参打了个大败。一看曹参不好惹，章平只好跟姚卬等人转而进攻汉军占据的漆县（今陕西彬州市）。漆县果然防守空虚，眼看就要被章平等人攻下了。关键时刻，周勃率军赶到，再次击败章平等人，挽救了漆县。这两战之后，三秦军剩余的一点力量几乎被消耗殆尽，再也无力对汉军发起反攻，章平只得逃到北地郡避难。

见三秦已无力反扑，韩信再次做出分兵计划。他派大将建武侯靳歙率军向西攻取陇西郡，信成君郦商率军北上攻打北地郡，灌婴则率领部分军队向东进攻塞王司马欣所在的都城栎阳。只剩下残兵败将的三秦，哪还有能力对抗汉军，再加上他们本身不得人心，汉军所到之处军民纷纷献城归降。很快，靳歙便攻下了陇西郡，郦商也攻下了北地郡，屡战屡败的章平这一次没能逃脱，被郦商生擒。郦商随后率军进攻上郡（治肤施县，今陕西榆林市东南），翟王董翳无力抵抗，只好选择投降。不久后，塞王司马欣在灌婴兵临城下时，也选择了投降。至此，关中就只剩下章邯据守的废丘这一座孤城了。

虽然只剩下了一座孤城，但章邯依然顽强地抵抗着，他本人非常有军事才能，汉军主力围攻多日，竟然拿废丘没有办法。就在这时，关东的形势发生了变化，刘邦不待灭掉章邯，便率领大军向东进发，新一轮大战就此展开。

东入中原：楚汉彭城之战

汉高祖元年八月，刘邦率军从汉中入关后，仅半年多的时间就横扫了三秦之地，塞王司马欣、翟王董翳先后归降刘邦。转眼间，项羽放置在关中锁死刘邦的三把大锁就只剩下了章邯一人，更惨的是章邯也只剩下废丘一座城池。

面对章邯据守的废丘，刘邦没有选择继续强攻，而是留下部分军队将城池重重围困起来，不让章邯突围而走，他自己则准备率军东出函谷关。刘邦之所以急于东出，是因为在他进攻关中的这段时间里，关东的局势发生了翻天覆地的变化，让他看到了东进争夺天下的机会。

这时，十八路诸侯中又有两位出局了。其中一位是曾经的燕王、现在辽东王韩广，他之所以被除名是因为对分封不满，不愿意前往辽东这个荒凉之地。结果，他的老部下臧荼心狠手辣，直接就将韩广砍了，自己兼并辽东做了新的燕王。另一位被除名的则是常山王张耳。他做了诸侯王后一时间沉迷于享乐，对周围的潜在威胁放松了警惕，等陈余率领三县兵和齐军发起突袭时，毫无防备的张耳不仅大败，连常山国都丢了。张耳虽然成功逃了出来，地盘却一个也没保住，再也无力参与天下争雄了。他没有选择跑去彭城投奔项羽，而是西入关中投奔了刘邦。张耳之所以投奔刘邦是因为两人之间有一段渊源。刘邦年轻时曾做过张耳的门客，双方交情非同一般，甚至刘邦的亭长一职都有可能是张耳举荐的。落魄的张耳跑到关中，果然受到了刘邦的热情接待，比去项羽手下讨生活强多了。张耳逃走后，陈余派人前往代地将原来的赵王歇接了回来，让他重新担任赵王。赵王歇能够复位自然对陈余感恩戴德，便封陈余为代王。不过陈余并没有前往上任，他考虑到赵国才刚刚稳定下来，国力又十分衰弱，自己必须得留下来辅佐赵王，因此只派了亲信夏说以相国的身份前去镇守代国。

这之后不久，义帝熊心也归天了。分封诸侯之后，义帝虽然被项羽安排到了郴地（今湖南郴州市），但并没有立刻前往，而是依然居住在彭城。项羽大概是觉得义帝太碍眼了，就强行逼迫他前往郴地，自己则趁机收拢义帝身边的人马。义帝无力反抗项羽，只得前往郴地做天子。只可惜项羽并不是真的想让他前去，等他横渡长江时，就被项羽暗中派遣的九江王英布、临江王共敖、衡山王吴芮三人杀死在了江中。

解决了碍眼的义帝之后，项羽便准备出门收拾不听话的人。他的目标主要有两个，一个是东面横行齐地的田荣，另一个则是正在扫荡关中的刘邦。按照项羽最初的想法，他是要找刘邦麻烦的。一方面，刘邦威胁比较大，又在项羽分封的三秦闹事；另一方面，则是刘邦自己主动找上门来踢场子。

刘邦之所以找上项羽也是无可奈何。他虽然去了南郑做汉中王，但当初入关时没有带家人一起上路，后面也一直找不到机会将家人接到南郑，现在眼看就要和项羽开战了，家人还在项羽眼皮子底下，安全肯定得不到保障。基于这种情况，刘邦在攻打三秦的同时，暗中派了薛欧、王吸两位将领带着少数人马偷偷潜出武关，准备神不知鬼不觉地将家人接到关中。

这等重要之事单靠薛欧和王吸两人自然是很难搞定的，刘邦又特意为他们找了一个帮手，这个帮手就是占据南阳郡（治宛县，今河南南阳市）的王陵。王陵也是沛县人，与刘邦是老乡，两人从小就认识，因为王陵年纪比较大，刘邦一直将他当成兄长一样对待。秦末天下大乱以后，王陵并没有跟随刘邦一起入关，反而自己拉了一票人马占据了南阳郡。刘邦的计划，是想派人从南阳郡出发，偷偷去沛县将自己的父亲刘太公和老婆吕雉接来，具体方案则由熟悉自己家中情况的王陵想办法，只有一点要求，那就是不能惊动了项羽。

沛县就在项羽的眼皮子底下，王陵等人的活动怎么可能瞒得过他，他们派出的人马还没到达沛县，就在阳夏（今河南太康县）被项羽派人拦下，再也无法前进一步。这一来，计划失败了不说，还害苦了王陵。王陵占据着南阳郡，如果他归降了刘邦，就等于让刘邦在关东楔入了一颗钉子，南阳郡将成为威胁关东地区的桥头堡，这显然不是项羽希望看到的。论感情，项羽跟王陵的交情自然没法和刘邦比，但他有自己的办法，那就是将王陵的母亲抓起来关在军营之中。这一下王陵没招儿了，只好派使者前往项羽军营求和。项羽一看自己的计划成了，异常高兴，立刻就将王陵的母亲放出来与使者相见。在宴会上，项羽特意将王陵母亲的座位设置在西面（秦汉时期以面向东面而坐最为尊贵），以此向王陵表示自己对其母的敬意，希望他就此死心塌地跟随自己。

只可惜项羽所做的一切，王陵母亲全不买账，她在宴会结束后假装为使者送行，暗地里却偷偷告诉使者："你替我告诉王陵，让他好好侍奉汉王，汉王宽厚大度，以后定会夺取天下，千万不要因为我而对汉王怀有二心。我现在就用一死为你送行，也让我儿就此摆脱项羽的威胁。"说完，王陵母亲趁着周围侍卫不注意，一把拔出剑自杀了。这一下轮到项羽目瞪口呆了，他怎么也没想到自己苦心策划的宴会居然发生了这样一幕！王陵的母亲死了，和王陵的关系也彻底崩了，项羽愤怒之下连王陵母亲的尸体都没放过，直接扔入鼎里烹了。项羽的气是出了，但与王陵却就此结为死仇。王陵听说母亲死得这么惨，干脆归降了刘邦，一心与项羽对着干。

拉拢不成反而结仇的项羽，打算先西进将刘邦和王陵收拾了再说。项羽如果此时西进，很可能将还未在关中站稳脚跟的刘邦连根拔起，但这时有人站出来阻止了项羽，这个人就是韩国的司徒张良。张良，字子房，祖父张开地和父亲张平都做过韩国的丞相。韩国灭亡以后，年轻的张良便一心为韩国复仇，他甚至带着大力士在博浪沙用大铁锥偷袭秦始皇车驾，但只误中副车，没能杀死秦始皇。

博浪沙刺杀失败后，张良就成了逃犯，被迫逃到下邳（今江苏睢宁县西北）避难。也就是在这里，他意外遇到了黄石公，得传《太公兵法》，自此深通谋略。陈胜吴广起义以后，陈胜的部下秦嘉因与陈胜派来的监军武平君畔有矛盾，便杀了武平君畔，与宁君一起拥立一个叫景驹的旧楚贵族做了楚王。张良听到消息后，也组织起一百多人准备前往投奔，结果在路过留县（今江苏沛县东南）时遇到了去找景驹求救的刘邦，两人就此结下情谊。在此后的日子里，张良虽然做了韩国的司徒，但依然率军跟随刘邦入关，并在鸿门宴上靠着与项伯的交情救了刘邦一命。不过分封诸侯之后，张良作为韩国司徒，没有跟随刘邦一起前往汉中，而是跟韩王成一起东归。

此时眼看刘邦即将遭遇灭顶之灾，张良赶紧站出来帮了他一把，他写信告诉项羽："汉王之所以进攻三秦地区，是觉得自己没有得到应得的封地，此次无非是要把本属于自己的秦地拿回来。一旦汉王拿下关中，他肯定会停止作战，不敢再向东一步。"为了增强说服力，张良又把田荣和彭越号召天下英雄反抗项羽的檄文送给了他："您看看田荣他们写的是什么，他们分明是想联合赵国一起灭掉楚国！这威胁比汉王大多了！他们距离彭城都不远，不收拾掉他们，只怕彭城的安全难以保障。"项羽一听，认为很有道理，于是就暂且放过刘邦，带着人马前去找田荣的麻烦了。

项羽走后，张良怕项羽察觉真相，便偷偷从韩国跑到关中投奔了刘邦，并告诉他项羽东征齐地的消息。刘邦正是接到张良带来的消息，才下定决心先放过章邯，准备率军出关一举扫荡关东诸侯。

函谷关外，摆在汉军面前的第一个阻碍是河南王申阳。不过，对刘邦而言，这个阻碍根本不存在。原因很简单，申阳本是常山王张耳的宠臣，因为在巨鹿之战后先攻下河南地区，迎接项羽渡河南下，这才被分封为王。此时申阳的故主张耳就在刘邦军中，他哪敢抵抗，毫不犹豫地就选择了投降刘邦。

搞定申阳之后，接下来的韩国也非常容易拿下。此时的韩国已不是旧韩王族的地盘了。由于在灭秦之战时张良一直跟在刘邦身边，韩王成又没有什么战功，所以在诸侯罢兵东归时，项羽并没有让韩王成回韩国，而是将他带去彭城囚禁起来。到后来，项羽又将韩王成降为穰侯，最后更是杀了他。韩王成死后，他的韩王位置被项羽交给了一个叫郑昌的人。这个郑昌其实也没有什么战功，只不过他以前做过吴县县令，跟项羽关系比较好。郑昌此前一直跟在项羽身边混日子，没想到竟然一下子被封为诸侯王。

刘邦自然不会将这个忽然冒出来的韩王郑昌放在眼里，他手里早就有了一张对付韩国的牌，那张牌就是韩信。这个韩信与大将军韩信同名同姓，出身却是天壤之别，他是韩襄王的孙子、最后一任韩国国君韩王安的堂叔，实实在在的贵族出身，与平民出身的韩信大不一样。由于这个韩信后来做了韩王，为了与大将军韩信区分，他又被称为“韩王信”。韩王信算得上是刘邦的老班底了，早在刘邦西进关中路过韩地时他就带人跟随一起入关。后来刘邦去汉中上任，韩王信也一路随同前往。

初到汉中的刘邦对前途非常迷茫，不知道自己什么时候才能重回关东，每天都非常焦虑。韩王信看到这种情况后便去劝告刘邦：“大王不要为我们的未来担忧，项羽分封众将为王，却偏偏将您分封到汉中这里，摆明了就是针对您，天下间谁不知道您的功劳，他们心头都为您感到不平。现在我们虽然到了汉中，但手底下的将士都是关东之人，他们也非常渴望能够返回关东，我们只要能利用好这股力量，很快就可以东出争夺天下。”刘邦听了韩王信的话后才渐渐安下心来。

为了对付郑昌，刘邦任命韩王信为太尉，让他率军东征韩地。韩王信是旧韩贵族，在当地自然远比郑昌更得人心。他到达韩地后，各地军民纷纷前来投降，很快就拿下了韩国十多座城池。韩王信继续东征，将郑昌重重围困在阳城（今河南登封市东南）之中。郑昌确实没有什么能耐，面对韩王信的进攻毫无办法，屡战屡败，最终只得选择投降刘邦。刘邦任命韩信为韩王，至此，关中通往东方的门户彻底向刘邦敞开。

汉高祖二年（公元前 205 年）三月，刘邦亲率大军从临晋（今陕西大荔县东）渡过黄河北上，以收服河北诸侯。挡在最前面的自然是魏王豹，不过魏王豹并不打算与刘邦为敌，原因很简单，他也对项羽非常不满。魏王豹是魏国贵族，他的哥哥宁陵君魏咎在陈胜吴广起义时投入了陈胜军中。当时，陈胜的手下大将周市攻下了旧魏土地，魏国人就想顺势拥立周市为魏王，没想到的是周市却拒绝了。他认为大家都在反秦，立魏国后人更有号召力，于是便去陈县（今河南周口市淮阳区）将魏咎接回来拥立为魏王。只可惜魏王咎没能支撑多久，在章邯的打击下很快就败亡了。哥哥死后，魏王豹逃到了楚怀王处，他靠着借来的数千楚兵，竟然将魏国的土地慢慢打了回来。因跟随项羽入关的功劳，魏王豹也是被封的十八路诸侯之一。不过在魏王豹这里，项羽打了个折扣，因为魏国原本的土地靠近彭城，项羽就想将这些土地并给自己，于是就将魏王豹迁到河东，做了一个西魏王。魏王豹对此非常不满，只不过不敢反抗项羽，此时一看刘邦要对付项羽，便立刻带人归降了刘邦。

除了魏王豹以外，原魏国的土地上还有殷王司马卬。司马卬本是赵国将领，因攻下河内郡（治怀县，今河南武陟县西南），为反秦事业做出了贡献，才在分封时得到了一个诸侯王的位置。不过司马卬的野心远不止一个诸侯王那么简单，他想做的是天下霸主。在刘邦东征前，司马卬就曾跳出来反叛项羽，结果被项羽所派的人马击败，这才不得不再次归降楚国。司马卬连项羽都不服，自然更不会服刘邦了，他看到刘邦进攻以后立刻率领全军抵抗。殷军早就被楚军打得伤筋动骨了，哪还是汉军的对手，很快就被打得大败。司马卬就此做了俘虏，最后投降了刘邦。

刘邦一路向东扫平四路诸侯时，项羽又在干什么呢？很遗憾，项羽这会儿还在齐地脱不开身呢。此时，最早跳出来反抗项羽的田荣已经归天了。项羽出兵后，很快就在城阳遇到了田荣率领的齐军主力。项羽不愧是天下闻名的一代猛将，一战就将田荣打得几乎全军覆没。无奈之下，田荣只好逃到平原（今山东平原县南）避难，只可惜平原的百姓并不买账，很快就杀了田荣投降了项羽。之后项羽便将曾经的齐王田假拉出来重新做了齐王。

原本齐国之乱就这么结束了，无奈项羽手下的楚军军纪实在是太差了。他带着人一路进军到北海（今山东北部），这帮楚军也就一路抢到了北海，他们不但沿途烧毁房屋、抢掠财物，还将田荣手底下投降的齐军全部坑杀了个干净。这等烧杀抢掠的暴行很快就激起了齐国百姓的反抗，他们纷纷聚集起来对抗项羽。一时间，楚军陷入了齐国义军的汪洋大海之中。楚军虽屡次击败义军，却无法将之全部剿灭，就这样陷入了僵局。司马印被俘的消息传来后，项羽惊怒异常，他无法出兵对付刘邦，就想将气撒到手下人头上，竟然准备将此前击败司马印的有功将领和官吏全部杀死。

这个消息传出去之后，有一个人被吓得出了一身冷汗，他就是击败司马印的主帅——楚军都尉陈平。陈平是阳武（今河南原阳县东南）户牖乡人，虽家境贫寒，却十分喜欢读书。他家里有几十亩田产，但所有农活都由陈平的哥哥一手包办，陈平则被哥哥送到外面去游学四方。年龄大了以后，陈平该娶妻子了，但富人们看不上陈平，陈平自己又看不上穷人，一来二去就耽搁了下来。后来，还是当地富户张负察觉到陈平非一般人，就将孙女嫁给了他。张负这个孙女此前已经嫁过五次人了，只不过刚嫁过去没多久丈夫就死了，闹得没有人敢娶，也就陈平愿意。娶了张负的孙女以后，陈平有了一些钱财，交游逐渐广阔了起来。

周市立魏王咎时，陈平意识到自己成名的机会来了，便离开家乡投奔魏王咎。只可惜魏王咎虽然任命陈平做了太仆，但从来不用他献上的计策，甚至还听信谗言准备收拾陈平。无奈之下，陈平只好离开魏国，辗转投入项羽麾下，因跟随项羽入关破秦，也渐渐受到了重用。司马印反叛时，项羽见陈平原先在魏国做过官，就封他为信武君，让他率领楚军之中以前跟随过魏王咎的人一起讨伐司马印。陈平不负所托，很快就击败司马印，逼得他不得不投降楚国，陈平也因功被封为都尉。

陈平没想到的是，他刚刚被重用，转眼间司马印就出事了，而且项羽还想要他的命。这一下楚国是待不下去了，陈平只好将官印和赏金全部封好还给项羽，独自携剑逃亡。就算是这样，陈平的厄运也还没完，他乘船渡过黄河时，船夫见他独身一人带剑逃亡，就猜他是从哪个军队里面逃出来的将领，身上肯定带有金银财宝，于是便时常盯着他看，准备找到他身上藏财宝的地方后就将他杀掉。陈平被船夫看了半天，哪还不知道船夫心里想的是什么，眼下在黄河上面，跑是跑不掉，能做的只有打消船夫劫财的念头。陈平将衣服脱下来，赤着身体帮船夫摇桨。船夫看他这个样子，知道他身上没有什么金银财宝，便放了他一马。

过河以后，陈平便投入了汉军军营，并在好友魏无知的引荐下拜见了刘邦。当时和陈平一起觐见刘邦的还有六人，刘邦按照惯例赐给他们食物，让他们吃完饭就下去休息。陈平心知刘邦只是把自己当成前来投奔的普通人看待，如果就这么离开，很可能再也没机会得到重用，于是他大喊起来："我来这里有事相告，这件事不可以等到明天再说。"刘邦听了觉得奇怪，就留下了陈平。一番交谈之后，刘邦认定陈平是个人才，在得知他曾在楚军中担任都尉后，便也将他任命为都尉，又将他留在身边担任参乘（随车护卫），负责监督众将。此时的刘邦还没有意识到，陈平会对他产生多么重大的影响，项羽也没有意识到自己损失了什么样的人才。

在河内郡休整了一段时间之后，刘邦再次率军从平阴津（今河南孟津县东北）渡河南下，一直到达洛阳附近的新城（今河南伊川县西南）。在这里，又有人主动找上刘邦，这个人就是新城县的三老董公。董公之所以来见刘邦，是为了给他献策，他告诉刘邦："我听过两句古话，'顺德者昌，逆德者亡'，'师出无名，事情就不可能成功'，因此一定要宣扬被讨伐之人身上的罪行，才能够号召天下人共同诛灭他。现在大王讨伐项羽，可曾想过项羽的罪行是什么？"这一点刘邦还真没想过，不由得呆住了。董公既然找上门来，自然早已想好了一切，他一看刘邦愣住便接着说道："项羽最大的罪行就是行事大逆不道，放逐并杀死了天下共主——义帝，这等背主之人不是天下人痛恨的逆贼，还是什么？仁德之人不逞匹夫之勇，正义之师所依靠的也非一己之力。

现在大王您最该做的事情，就是率领三军将士为义帝发丧，然后向天下昭告项羽的罪行，号召天下诸侯一起讨伐他。这样一来，四海之内还有谁不仰慕您的德行？这可是像夏、商、周三代圣王一样的功业啊！”

刘邦听了董公的话后醒悟过来，立刻穿上丧服为义帝发丧，并率领全军举哀三日。就这样，刘邦通过发丧成功赢得了天下人的好感。随后，他向各诸侯通报：“原本天下人共同拥立义帝，我们都是义帝的臣子，现在项羽竟然杀死了义帝，实在是大逆不道！我准备出动关中的全部兵马，征发河南、河内、河东地区的士兵，乘船沿着长江、汉水南下，与天下诸侯一道去攻打项羽这个杀害义帝的逆贼！”

此时的十八路诸侯，除了归降刘邦的几位外，还活着的只有雍王章邯、燕王臧荼、九江王英布、临江王共敖、衡山王吴芮、赵王歇六人。其中，章邯坐困废丘，臧荼又是被项羽提拔封王的，英布、共敖、吴芮三人甚至是杀死义帝的直接凶手，他们自然不会响应刘邦。刘邦所谓的号召天下诸侯，实际上只针对赵国一家，赵国名义上的国君是赵王歇，但实际掌权人却是代王陈余。陈余对项羽非常不满，但他和刘邦之间也有问题，那就是张耳的存在。很快陈余就让使者带话给刘邦：“要我们率军跟随汉王讨伐项羽很简单，只要汉王把张耳杀掉就行。”刘邦自然不可能为了陈余把自己的老朋友张耳干掉，他思来想去有了办法，那就是暗地里找一个和张耳长得像的人杀掉，把头颅送给陈余。陈余看到冒牌的张耳首级后，信以为真，立刻就率军南下与刘邦会合，准备一举灭掉项羽。

这一年四月，刘邦率领汉军以及各诸侯联军共约五十六万人东征楚国。这时候的项羽又在哪呢？很遗憾，项羽还在齐地没有脱身。这时候，他所面对的已经不仅仅是齐地百姓自发的反抗了，齐国贵族们在醒过神来之后也纷纷进行抵抗，他们的领导人就是田荣的弟弟田横。城阳之战后，田荣虽然死了，但田横却逃了出来。经过一段时间的休整，他收集到了几万人马，占据城阳，拥立田荣的儿子田广为齐王。这一下可把项羽惹火了，这齐国还真是没完没了，他还不信自己搞不定齐国！而且现在撤军也太没面子了，于是项羽下令诸将先灭掉齐国，再回师收拾刘邦。

项羽不肯撤军回来，楚国又没有多少军队，想抵抗刘邦的几十万大军无疑是痴人说梦。当然，项羽也并非完全不顾彭城，他下了一道命令给自己的老部下九江王英布，让他率军前去彭城拖住汉军。英布是秦末著名猛将，曾多次立下赫赫战功，如果他肯出马即便无法击败刘邦，至少也能拖住汉军的脚步。可惜的是，英布当上诸侯王后已经不想再过刀口舔血的生活了，于是接到命令后只假称有病，无法带兵前去彭城。

英布不肯来，彭城就要完蛋了！刘邦将东征大军分成了三路：北路军为曹参、樊哙、灌婴、郦商等人率领的汉军以及魏王豹、司马卬、陈余等率领的诸侯军，他们沿着黄河北岸行军，在围津（即白马津，在今河南滑县东北）一带渡河南下，攻取楚国北部的东郡（治濮阳县，今河南濮阳市西南）、薛郡（治鲁县，今山东曲阜市）等地，以切断正在齐国作战的楚军归路；中路军为刘邦亲自率领的汉军主力以及韩王信、张耳、申阳等率领的诸侯军，他们直接经成皋（今河南荥阳市汜水镇）一线东下攻打彭城；南路军则由当初奉命去接刘邦家小的王陵、薛欧、王吸三人所部组成，他们从南阳郡出发再次攻打阳夏，以图从南面包抄彭城。

北路军渡过黄河后，很快就在曹参的率领下击破了楚军龙且、项它的防御军队，成功占领楚国北部重镇定陶。随后，该路军又在胡陵（今山东鱼台县东南）再次击败龙且等人，将胡陵也攻了下来，成功断绝了楚军的归路。

刘邦所部中路军走到外黄（今河南民权县西北）时还得到了新的帮手，那就是一直在梁地闹腾的彭越。他这时候手下已经有三万多人了，但任命他为将军的田荣已经作古，于是再次沦为无主之军，因此在看到刘邦东征后，他立刻就率领部下前往投奔。刘邦见到彭越非常高兴，告诉他：“我听说彭将军你已经攻下了梁地十多座城池，正所谓‘名不正则言不顺’，你还是要拥立魏国国君的后裔做国君才有号召力，现在我手下的西魏王魏豹就是真正的魏国王室后裔，你可以用他的名号去攻略梁地。”随后，刘邦便将彭越任命为魏国的相国，让他率军去夺取梁地各城，自己则率军继续东进。

此时，南路军也攻下了阳夏。三路大军正式在彭城东面会师，随后一起开进了几乎是一座空城的彭城。

彭城失陷的消息很快就传到了项羽的耳朵里，他怎么也没想到齐地还没有打下来，自己的都城就先丢了。这时候项羽也意识到自己不能再放任刘邦不管了，必须率军回攻彭城，否则楚军很可能被困死在齐地。然而此时齐地也不是想走就能走的，田横等人还在激烈地抵抗，项羽也不愿意让之前的战果白白丢掉。思来想去，他留下楚军诸将继续在齐地攻打田横，自己则从楚军之中挑选出三万精锐，带着这些人南下救援彭城。

原本刘邦攻打彭城后，应该分兵把守各处要地，严防项羽反攻，但他并没有这么做。原因很简单，刘邦的老毛病又犯了。大概是在汉中待久了，进入彭城后刘邦看到满城尽是美女财宝，便干脆下令众将四处抢掠，自己则住进了项羽的王宫里，天天与美女们饮酒作乐，每天大摆宴席与诸将庆贺胜利，根本没有做出任何军事部署。

刘邦的不作为给了项羽突袭的机会，他率军从鲁县（今山东曲阜市）一路南下，很快就夺回了胡陵，打通了楚军南下的通道。大概是太过痛恨刘邦，项羽这一次连退路都不想给刘邦留，他没有率军从东面发起进攻，而是趁着夜晚出其不意地绕到彭城西面，一举攻下了萧县（今安徽萧县西北）。次日一早，项羽亲自率军从萧县出发，一路向东反攻彭城。

刘邦做梦也没想到项羽来得这么快，一觉醒来西面的退路和补给线都被项羽给切断了，这时候想撤已经来不及了，只能匆忙率领全军在彭城西面列阵抵挡楚军。虽然应战仓促，但刘邦觉得自己手下有五十多万人，想要收拾项羽还是很容易的。等他登上城楼观战时，发现楚军竟然只有三万人，这一下刘邦更高兴了，自己手下的军队是楚军的十余倍，就算一人一口唾沫也能把楚军淹死，于是便在城楼上搂着美女，准备仔细观看项羽是怎么死的。

事情的发展却超出了刘邦的预料。楚军人数虽少却是精锐之师，他们中很多人的家小都在彭城，因此人人同仇敌忾，想要与诸侯军决一死战，战斗力格外高涨。反观刘邦这边，人数虽多，却是汉军与各路诸侯军临时拼凑出的杂牌军，这些人进入彭城后一直忙着四处抢掠，发了不少财，哪还有多少作战的心思。于是两军正式开打后，人数更多的诸侯联军竟然被楚军打得节节败退，很快就退到了彭城门口。这一下刘邦坐不住了，他赶紧带人撤出彭城，狼狈地向南逃跑。刘邦这一跑，诸侯联军也撑不住了，纷纷四散而逃。在楚军的追击下，诸侯联军伤亡惨重，不少人在逃亡中竟然被挤入了穀水、泗水之中。彭城一战，诸侯联军竟然阵亡了十多万人。

原本刘邦率军南逃是想借助彭城南面的吕梁山区抵挡楚军，然而在楚军的快速追击下，汉军残部还没有来得及列阵就又被击溃了，只得再次逃亡。随后楚军一路追击到灵壁（今安徽灵璧县一带）东面的睢水边上，这一下汉军再也无路可逃了，只得回身与楚军交战。然而在楚军的猛攻下，汉军再次溃败，不少人被楚军挤轧，落入了睢水之中。淹死的汉军将士不计其数，竟然将河水都完全堵塞住了。这一回汉军又损失了十多万人。

刘邦也遇到了极大的危险，他被楚军重重围困在水边，完全无法突围。关键时刻老天爷帮了一把忙，忽然从西北面刮来了一阵大风，风势极猛，所过之处墙倒屋塌，一时间天昏地暗、飞沙走石，连面对面的人都看不清楚。位于上风位置的楚军被这阵风吹得阵脚大乱，包围圈露出了一丝空隙。刘邦抓住机会，带着几十个随从骑兵逃了出去。

逃出生天的刘邦并没有第一时间往西逃回自己的势力范围，因为他忽然想起来自己还有一件事情没有做，那就是去沛县接自己的父亲、妻儿。攻下彭城以后，刘邦整天忙着饮酒作乐，早就将家中的父亲妻儿抛到了九霄云外，从来没有想过要去接他们来享福。等到兵败如山倒的时候，刘邦总算是想起了他们，想要回去带家人一起逃命。但哪有这么容易，项羽显然不会放过他的家人，同样派了人马去捉拿刘邦的家小。

刘邦在赶往沛县的路上，差点儿被丁公率领的楚军追上。为刘邦赶车的夏侯婴虽然是驾车的高手，但一路逃亡从来没有休息的机会，马自然难以跑过丁公率领的骑兵，渐渐被追了上来。关键时刻，刘邦急中生智，他回头对丁公大喊道："我们两个都是贤人，为什么要互相为难呢？"丁公一听大喜过望，他闯荡江湖这么多年还从来没人觉得他是贤人，现在天下闻名的汉王刘邦竟然这么夸奖自己。既然都是贤人，那也不必再相互为难了，丁公干脆不再追赶刘邦，直接带着本部人马收兵回营了。

摆脱了丁公之后，刘邦终于赶回了沛县家中，然而映入眼帘的不是父亲、妻子，只有一地狼藉，家中一个人都没有！彭城兵败的消息传来时，刘太公等人知道自己处境危险，就在审食其的带领下离开家门，前去彭城寻找刘邦。可惜的是，双方阴差阳错没能碰上，刘太公一行反而遇上了楚军，就此成了楚军的俘虏。

没找到家人的刘邦顾不得难过，此刻楚军正在沛县附近到处搜寻自己，得赶紧逃命才行。在逃亡路上，刘邦等人意外遇到了一群从沛县逃出来的难民，更巧的是，他们在难民之中还发现了两个熟悉的身影，那就是刘邦的女儿鲁元公主和儿子刘盈，他们不知道怎么和母亲走散了，混到了难民之中。刘邦见到儿子女儿无恙后大喜过望，立刻就将两人拉上马车一起逃命。

只可惜刘邦还没高兴多久，楚军再次追了上来。刘邦这边还是老问题，马跑太久了，自然跑不快，于是渐渐就要被楚军骑兵追上了。眼看楚军越追越近，刘邦一咬牙一脚就将儿子和女儿踢下了马车。在刘邦看来，马本就跑不了多快，多加两个人很容易被楚军追上，要是少了他们，马会跑得更快一点。令刘邦没想到的是，他刚把人踢下去，夏侯婴就停下马车，将两个孩子拉了上来。刘邦一看，赶紧又把人踢了下去，夏侯婴只得再次停车把人拉上来。就这么反复几次之后，刘邦再也忍不住，大吼起来："你不要再捡这两个累赘了，马车本就跑不快，我减少两个累赘也是让马车跑得更快一些，不然我们一个都跑不掉！你要是再捡人，我一剑砍了你。"夏侯婴没办法，回答道：

“现在虽然形势危急，但也不能就这么抛下两个孩子逃命。更何况马车跑得慢只是因为长时间奔跑导致马儿疲惫，多两个孩子和少两个孩子根本没有区别。”说完后就再也不理刘邦，一心一意驾车前进。刘邦这一下也没办法了，他几次拔出剑想要砍了夏侯婴，但终究不敢，他清楚自己驾车技术远不如夏侯婴，要是杀了他，自个儿也跑不出去，最终只得咬牙忍了下来。夏侯婴驾车的技术实在是高，竟然很快就把楚军甩掉了，刘邦与儿女终于成功脱身。

虽然摆脱了楚军，但刘邦的前途依然一片迷茫，彭城之战后，汉军四散而逃，一时间他竟然不知道去哪寻找自己的人马。幸好此时传来消息，吕后的哥哥周吕侯吕泽正率军驻扎在下邑（今安徽砀山县），刘邦赶紧带着人走小路前往投奔，沿途又收集了一些溃散的汉军将士。不少汉军将领、大臣听说刘邦在下邑，纷纷赶来会合，刘邦这才终于在下邑暂时安定下来。

背水一战：韩信灭魏、破代、击赵

彭城之战中，刘邦率领的五十多万联军被项羽打得丢盔弃甲、损兵折将，他本人虽然侥幸逃过一劫，但手下军队却损失惨重。之后，关外的形势发生了翻天覆地的变化。原本见刘邦势大倒向他的诸侯王们，再次投入了项羽的怀抱。

彭城一役，殷王司马卬当场战死。战后，塞王司马欣和翟王董翳再次转向项羽，河南王申阳不知所踪。之后不久，陈余得知了张耳没死的消息，愤怒之下立刻与刘邦绝交，和赵王歇一起站到了汉军的对立面。靠着刘邦吸引项羽的火力，田横终于成功将田假赶走，再次占有三齐之地。鉴于此时的刘邦已经成了自己的头号大敌，项羽根本顾不上对付田横，他干脆杀死逃亡到楚国的田假，转而和田横讲和。转眼间，还站在刘邦一边的就只剩下韩王信和魏王豹两个诸侯了。

刘邦也知道夺取天下任重而道远，并非一朝一夕可以完成，便在下邑召集众臣商量对策。刘邦率先在会上做了发言：“现在楚国势大，光靠我一个人肯定不能够击败他，我打算将函谷关以东的土地用来封赏有功之臣，你们看天下间有谁可以与我一起建立功业？”话音刚落，张良就开口回答道：“依我所见，有三个人可以帮助大王您完成霸业：第一个是楚国昔日的猛将九江王英布，他现在与项羽之间有一些矛盾，我们正可以利用；第二个则是以前跟着田荣一起反楚的彭越；再有就是大王手下的大将军韩信，目前汉军众将中只有他可以托付大事，独当一面。如果您能把关东的土地作为赏赐，封赏给这三个人，那楚国定然能够被打败。”

刘邦却有些疑惑：“韩信是我的大将军，自然不必多说，彭越也是我的旧交，联合他不是问题，只是这英布一直是项羽的心腹，跟我又并无交情，他怎么会帮助我呢？”张良对此胸有成竹：“您说的那是以前，当初项羽讨伐齐国时，曾想征调九江国的军队一起前往，但英布却借口生病不肯去，只派了一个将领带了几千人随行。后来汉军攻打彭城时，项羽再次让英布前往救援，他依然托病不肯去，项羽对他非常不满。这两人早晚会翻脸，那时候我们的机会就来了。”

张良的判断大致不差，但他猜错了一件事，那就是项羽虽然对英布非常不满，却没有攻打他的打算。原因非常简单，现在项羽面对的不光是刘邦的汉军，北面的齐国和赵国实际上跟他关系也不好，于是他所能任用的诸侯王就只剩下英布了。再加上英布这人非常有才干，项羽对他还是比较看重的，所以只是派使者前去责备英布，希望他能够改过自新，前去彭城觐见。英布对项羽的为人有几分了解，项羽虽然对部下非常仁慈，但对敌人却心狠手辣。英布弄不清自己现在算是项羽的敌人还是部下，哪敢去彭城冒险，于是再三推脱。

另一边，刘邦显然不可能继续等下去，这时候的汉军刚刚经历过大败，非常需要时间进行休整，而项羽是天下闻名的猛将，自然不可能放过这个机会，楚军随时有可能西进。刘邦虽然已经安排缯贺等将在彭城一线袭扰楚军，以阻碍他们西进，但光靠这些人马想长期拖住项羽显然是不现实的，此时如果能说服英布帮助自己，无疑能够争取到更多的时间。话虽如此，但刘邦始终想不到说服英布的办法，于是忍不住骂起了身边人："你们这些人，就没有一个可以和我商量天下大事！"

谒者随何忍不住站了出来，问道："不知道大王说的大事是什么，您不说出来又怎么知道无法和我们商量呢？"刘邦便说出了自己心中的难题："我现在需要人替我出使九江，让九江王英布起兵叛楚，只需要他拖住项羽几个月，我就有把握夺取天下！"随何一听笑了起来："这等小事交给我便是。"刘邦大喜过望，没想到自己随口发发牢骚竟然真能找到去办事的人，便派了二十个人跟他一同前往。

事实证明，刘邦这一次还真是找对了人，随何到九江后成功说服了英布。不过这都是后话了，刘邦现在哪里还顾得上英布，他急需重整旗鼓，准备迎接楚军的到来。就在随何等人出发后不久，刘邦率军转移到荥阳（今河南荥阳市东北）驻扎下来。此前失散的汉军众将听说刘邦到了荥阳后，纷纷带领手下前来会合。萧何在得知彭城兵败的消息后，将关中所有没有列入军籍的老老少少全都送到了荥阳。随着汉军越来越多，士气终于慢慢恢复了过来。萧何派来的援兵来得正是时候，楚军骑兵很快就从彭城向西攻来。

当时的汉军没有成建制的骑兵部队，面对楚军的骑兵往往会吃大亏。关于这一点，刘邦在彭城之战中深有体会。在楚军骑兵的快速奔袭下，他只能疲于奔命，差点儿连自己的命都丢了。为此，刘邦下定决心要组建一支属于自己的骑兵队伍。想组建骑兵部队，自然得有骑兵和指挥骑兵的将领。幸好汉军两样都不缺，汉军出关时吸纳了许多三秦子弟，里面不少人都是秦军骑兵出身。在得知刘邦在寻找骑兵将领后，众人很快推选出了两个人，他们就是曾经做过秦军骑兵的李必、骆甲。

刘邦得知后大喜过望，立刻召见李必、骆甲二人，准备任命他们担任骑兵将领。没想到李必和骆甲竟然拒绝了，他们拒绝的理由很简单：“我们都是秦军出身，曾与汉军中不少人战斗过，如果我们俩做了将领，只怕军中将士不会服气，我们能辅佐大王身边善于骑射的将领就满足了。”

刘邦身边还真有一个擅长骑射的将领，那就是灌婴。灌婴原是睢阳（今河南商丘市睢阳区）的一个布贩，秦末大乱时投入刘邦军中，为刘邦立下了很多功劳。灌婴擅长骑射，刘邦就任命他为中大夫，负责统率骑兵，又将李必、骆甲两人任命为左、右校尉，让他们辅佐灌婴。在灌婴等人的努力下，汉军的骑兵队伍很快就建立了起来。

不久后，楚军骑兵大举西侵，灌婴等人率领汉军骑兵前往迎战，双方在荥阳东面的京邑、索亭一带展开了激烈交锋。楚军骑兵一向压着汉军打，怎么也没想到汉军中忽然冒出了一支骑兵，竟然被汉军打得大败而逃。至此，汉军终于打破了彭城之战以来楚军气势汹汹的攻击，为自己赢得了喘息之机。京索之战后，楚军不得不后撤回彭城休整，短时间内无力向西侵犯。刘邦趁机在荥阳驻扎下来，修筑了一条通往黄河的甬道，用来运送敖仓的粮食到前线，与楚军进行长期对峙。

京索之战后不久，刘邦阵中仅存的诸侯王魏豹也跑路了，他觉得刘邦现在干不掉项羽，平时对自己也非常不礼貌，就萌生了重新回西魏国的想法。想回去也不是随便就能回去的，首先得经过刘邦的同意才行。魏王豹为自己找好了理由：他的母亲生病了，想要回去看望一下。刘邦自然无法拒绝这种要求，立刻就答应了下来。没想到的是，魏王豹一回到西魏国就派人封锁黄河渡口，倒戈到了楚国那边。

刘邦当然不愿意失去最后一个盟友，赶紧让郦食其前去平阳劝说魏王豹，希望他能重新倒向自己这边。哪承想，魏王豹竟然毫不犹豫地拒绝了：“人的一生如白驹过隙一样短暂，自然渴望安然自在的生活。你看看汉王什么样？他为人傲慢无礼，动不动就骂人，我们这些诸侯臣子在他面前经常被骂得像奴仆一样，这是对待诸侯臣子的礼遇吗？我再也不想见到汉王这个人了。”郦食其看说不通，只好返回向刘邦汇报。

刘邦这时刚回关中送走了“老朋友”章邯。汉军水淹攻城之下，坚守了几个月的废丘终于撑不住了，章邯被迫自杀。此时意气风发的刘邦，一看魏王豹不肯和解，便决定打上门去，他任命韩信为左丞相，让他率领曹参、灌婴等人前往攻打西魏国。

郦食其去西魏国这一趟并没有白走，他成功打听到了魏军的将领情况。在战前的军事会议上，刘邦便问郦食其：“现在魏军的大将是谁？”郦食其回答道：“是柏直。”刘邦听后大喜过望：“柏直不过是个乳臭未干的小孩，就凭他怎么抵挡得了我大汉的大将军韩信。”随后刘邦又问：“魏军的骑兵将领是谁？”郦食其答道：“是冯敬。”刘邦心头一阵狂喜：“冯敬是前秦朝将军冯无择的儿子，他虽然非常贤能，但论打仗肯定不是灌婴的对手。”刘邦接着再问：“魏国的步兵将领又是谁？”郦食其道：“是楚国将领项它。”刘邦兴奋道：“就项它这种屡战屡败的将领也能指挥步兵？他肯定不是曹参的对手！这一战我没有什么可担心的了，我们必定能灭掉魏豹。”

与刘邦考虑的不一样，韩信知道西魏将领周叔非常有才能，便向郦食其确认道：“你肯定魏国不会用周叔做大将吗？”郦食其非常肯定地答道：“周叔现在得不到重用，魏军大将肯定是柏直。”韩信也放下心来：“柏直不过是个毛头小子，不足为惧。”

汉高祖二年八月，韩信正式率领大军出发，他调集各路大军到达临晋，准备从此处渡河攻打西魏国。上一次刘邦就是从临晋渡河进攻西魏的，魏王豹自然有所防备。他在得知韩信率领汉军到达临晋后，立刻派出大军在对岸的蒲坂（今山西永济市蒲州镇）摆开阵势，严密防守，以防汉军渡河。看着自己放在蒲坂的重兵，魏王豹得意非常，如此阵势看他韩信如何过来！

这一切早就在韩信的预料之中，他知道魏王豹不可能放自己从临晋渡河，所以根本没有从临晋渡河的想法。看到魏军主力被吸引到蒲坂后，韩信便展开了自己的部署。他将所有船只摆在临晋附近，做出一副将要渡河的姿态，使对面的魏军不得不严加戒备。实际上，临晋只有少数汉军部队，这些人每天做的事情就是到处插上旗帜，在军营中不断擂鼓呐喊，做出一副主力部队在此，将要发起进攻的样子。

至于汉军真正的主力，早已在韩信和曹参等人的率领下沿着黄河一路向北到达了夏阳（今陕西韩城市南），准备从这里渡过黄河。夏阳一带河道宽阔，水流平缓，非常适合渡河，再加上魏军的注意力全都放在了临晋，夏阳一线防守十分薄弱，非常容易击破。可能很多人会好奇，韩信为了故布疑阵，将船只全部留在了临晋，那又拿什么从夏阳渡河呢？韩信对此早有准备，他暗中命人赶制了大量木桶，并将这些木桶和木板、绳子一起运送到了夏阳。等到要渡河时，韩信便命人用木板、绳子将木桶捆起来做成一个简易木筏，汉军将士便乘坐这种木筏渡过了黄河。

黄河对岸的魏军果然没有丝毫防备，曹参等人渡河后很快就在东张（今山西临猗县东张镇）击败了魏将孙遬，接着兵锋直指西魏国重镇安邑（今山西夏县西北）。安邑作为战国时期魏国都城之一，战略位置十分重要，可以说是魏国的核心所在，不过因为魏王豹把军队全都拉去了蒲坂，安邑的防守非常薄弱。在汉军的猛攻之下，安邑很快就失陷了，连守将王襄也做了俘虏。

安邑失陷的消息不久就传到了魏王豹的耳朵里，他不由大惊失色，万没想到汉军竟然玩了一套声东击西！无奈之下，魏王豹只得带着蒲坂的人马北上，企图夺回安邑。曹参等人攻下安邑后没有停下，而是打算南下收拾魏军主力。双方一路急赶，最终正面撞上。正如战前预料的那样，西魏这边的几个将领相当不能打，很快就被汉军打得节节败退。关键时刻，西魏军后方竟然又杀出了一路汉军！在两路汉军的夹击之下，西魏军再也抵挡不住，被汉军杀得大败而逃，全军死伤无数。这一路忽然杀到的汉军不是别的部队，正是韩信放在临晋的疑兵。魏王豹急着夺回安邑，就将蒲坂的军队全部带走了，临晋的汉军一看有机会，便也趁机渡过黄河，一路追在西魏军后面，最后在关键时刻将西魏军打得彻底崩溃。

这一战之后，魏王豹带着溃不成军的西魏军退至曲阳（今山西夏县与垣曲县之间）。在那里，曹参再次大破西魏军。虽一路东逃，但魏王豹没跑多远便在东垣（今山西垣曲县西）被汉军骑兵追上，就此做了俘虏。魏王豹被生擒后，西魏境内的城池再也没了抵抗下去的勇气，纷纷选择投降汉军。不久，韩信与曹参等人便攻下了平阳，俘虏了魏王豹的妻儿，西魏国就此被平。随后，刘邦将西魏国改为河东（治安邑县，今山西夏县西北）、太原（治晋阳县，今山西太原市西南）、上党（治长子县，今山西长子县西南）三郡，正式纳入汉国的版图。对于再次被俘的魏王豹，刘邦也没有为难他，只是派人将他带到荥阳，留在身边担任将领。

平定西魏国之后，韩信并没有停止前进的步伐，他心中有更宏大的计划，那就是顺势南下灭掉同样背叛汉国的陈余和赵王歇。不过赵王歇和陈余坐拥赵、代两国，手下兵多将广，单靠韩信手下这些人是没办法拿下的。于是韩信上书刘邦，希望他能派些兵马前来增援，一鼓作气攻下代国、赵国。这时候，楚国已经与英布开战，短时间内很难抽身西攻荥阳，刘邦考虑一番后认为可以抽兵北上，便派了三万军队前去与韩信会合。为了能够一举荡平赵地，这一次刘邦不光派了兵，还派了一个对赵地异常熟悉的人前去帮忙，这个人就是常山王张耳。

陈余之所以背汉附楚就是因为刘邦没有杀张耳，现在张耳自然得来解决陈余这个麻烦。说起张耳和陈余两人的关系，真是叫让人感叹不已。两人都是魏国大梁（今河南开封市西北）人，同样喜欢交游，同样娶了富家女，张耳甚至做过信陵君的门客，后来还担任了外黄县令。陈余因为年龄较小，一直把张耳当作父亲一样看待，张耳对这个同乡小老弟也格外照顾。张耳和陈余两人的关系可以“刎颈之交”来形容，但没想到的是，两人最终闹翻，结成了死仇。

秦统一天下后，征召各地豪杰。张耳和陈余因为名头太响，都在应召名单上，但两人并不愿意西迁到关中，于是改名换姓跑到陈县做了个里门监。

陈胜吴广起义后，张耳和陈余前往投奔陈胜，又协助陈胜部将武臣一起北上平定了赵地。后来，周文兵败戏地（今西安市临潼区戏水西岸），张耳和陈余便趁机劝说武臣在赵地独立，自己做赵王。武臣做了赵王没多久，就被部下李良所杀，张耳、陈余便拥立赵国后裔赵歇做了赵王。

定陶之战中，章邯大破楚军，楚国主帅项梁当场战死，这让章邯认为楚国不足为惧，便率军北上进攻赵国。张耳等人率领的赵军自然不是章邯的对手，更何况来的不只章邯，还有秦将王离率领的十万长城军团，这可是秦军驻边的精锐部队，赵国自然难以抵挡。很快赵军就打了败仗，连首都邯郸都丢了，张耳只好带着赵王歇逃入了巨鹿城中，被随后赶来的秦军重重围困在城内。战败后，一路跑到常山郡（治东垣县，今石家庄市东）的陈余，收集常山驻军和一些逃散的赵军，很快便拥有了一支数万人的武装力量。陈余带着这支军队驻扎到巨鹿北面，观望形势。

也不怪陈余不直接南下救援巨鹿，章邯和王离两路人马加起来有三十多万，他手里只有几万人，哪是秦军的对手，所以便想看看形势再说。陈余在城外蹲多久都没有影响，只苦了巨鹿城内的张耳，很快城里的粮食就要吃完了，陈余却还没有动静。张耳自然是恼怒异常：说好共患难的兄弟呢？现在我被围困在城里，你陈余居然还在旁边看戏！愤怒之余，张耳派部下张黡和陈泽偷偷出城，一路北上找陈余出兵。张黡和陈泽找到陈余，替张耳带话道："我们俩可是生死之交，现在我和赵王被困在巨鹿城里，眼看着就要完蛋了，你带着几万人还在旁边看热闹，我们同生共死的交情到底上哪去了？如果你还念着我们昔年的交情，就应该南下与秦军决战，大家同生共死，这样我们还有一两成的获胜机会。"

陈余听完却是一阵苦笑，就靠他手底下这么点儿人，凭什么去与秦军决战！不要说十分之一的机会了，就连一分胜算都没有，于是他便告诉张黡、陈泽："我何尝不想南下救援呢？只不过没有胜算罢了，眼下就算我南下也救不了巨鹿，只能白白牺牲。我本人并非怕死，只是想留着有用之身将来为赵王和张耳报仇。现在你们一定要我南下，这简直是将肉送给饥饿的猛虎，有什么好处呢？”张黡、陈泽二人铁了心要陈余出兵，他们表示：“眼下形势迫在眉睫，需要的就是大家同生共死以全情义，哪管得了以后如何？”

陈余一看说服不了两人，便给了他们五千人，让他们作为先锋试探秦军的战斗力。正如陈余所料，张黡和陈泽很快就全军覆没，战死在了乱军之中。

巨鹿之战后，项羽成功击破王离，救下了张耳和赵王歇。张耳一出城就找到了陈余，责怪他不肯出兵，并让他把陈泽、张黡两人交出来。陈余如实告诉张耳：“张黡、陈泽坚持要我出兵，我就派了五千人给他们，让他们作为先锋去进攻秦军，结果不幸全军覆没。”张耳死活不肯相信，一心认为陈余不想南下救援自己，张黡和陈泽已经被对方偷偷杀掉了。

这一下陈余也火了，你张耳就这么想我死吗？明知道南下是送死还一而再再而三让我出兵，更何况没有出兵的又不只我一人，你的好儿子张敖也带着兵马在城外，不敢救援，凭什么就单单责怪我？陈余越想越气，干脆一拍桌子站了起来：“没想到你对我居然有这么深的怨恨，难道你是觉得我舍不得将军的位置吗？”说完，他就把将军印信解下来交给张耳。张耳没想到陈余这么大反应，惊愕之下不肯要将印。关键时刻，陈余忽然内急，只好先离开去了一趟厕所。

陈余一走，立刻就有人跳出来劝说张耳：“有道是‘天与不取，反受其咎’，现在陈将军将印信交给您，您要是不肯接受，只怕会遭遇祸患，还是赶快收下吧。”张耳一听觉得是这个道理，就收下了将印。陈余本是一时气愤，结果回来发现将印被张耳收走了，心里非常怨恨，干脆离开了赵军。张耳和陈余两人从此便成了死敌。

这一年九月，韩信带着张耳、曹参等人出发了，他们的目的地是位于太行山以西的代国。代国原本是赵王歇封给陈余的封地，但由于陈余长期待在赵国，负责的只有陈余的亲信夏说。见汉军来犯，夏说不甘示弱，立即率领大军前往迎战。代军弱小，哪是汉军的对手，很快就在邬县（今山西介休市东北）东面被汉军打得溃不成军。夏说一路跑到阏与（今山西和顺县），企图借助阏与的地势再次抵挡汉军。只可惜代军早已人心涣散，根本没有心思再战，很快阏与就被汉军攻了下来，夏说也做了俘虏。

灭亡代国后，刘邦迫不及待地将精兵调回，只留下几万人让韩信和张耳东征赵国。不怪刘邦着急抽兵，实在是南面的英布处境越来越危险，眼看就要撑不住了！楚军随时可能西进，不加紧防守荥阳一线实在是不行。韩信并没有因为失去精兵而丧失信心，他深信靠手上这些人马也足够灭掉赵国。

想要东征赵国自然得翻越太行山。当时，穿越太行山的通道总共有八条，也就是所谓的“太行八陉”。韩信一番思索之后将进军路线定在了井陉道上。井陉道是穿越太行山最主要的通路，也是最适合大军行进的通路，秦统一天下时，王翦就是从井陉道出击，一举攻下邯郸的。赵王歇和陈余自然知道秦灭赵的故事，他们听说韩信准备走井陉道后，集结起号称二十万的大军赶到井陉口（今石家庄市鹿泉区西土门村）东面驻扎起来，准备以逸待劳，在汉军东出井陉口时将他们一举歼灭在太行山以东。

陈余手下有一个叫李左车的将领，他是战国时期赵国名将李牧的孙子，非常懂兵法谋略，他找到陈余建议道：“我听说汉大将军韩信渡过黄河以来，先是俘虏了魏王豹，后又生擒了夏说，最近刚刚拿下阏与，正准备东征攻下赵国。眼下，他又有张耳这个熟悉赵国地貌的人作为辅助，这支乘胜远征的军队兵锋锐利，不可抵挡。常言道，千里运送粮饷，士兵们必会面带饥色，临时砍柴割草、烧火做饭，军队定然吃不饱饭。这井陉道极为险要，两辆战车不能并行，骑兵也无法排出队列，这样的军队难以首尾呼应，运送粮食的队伍定会远远落在后边，希望您能派给我三万人马，好带着他们偷偷潜入井陉道西面，从小路劫掠他们的粮食。您只管在前面深沟高垒，不要和汉军交战。到那时，汉军没有粮食，既不能前进也不能后退，我再截断他们的退路，与您前后夹击他们，汉军必定会大败。这样一来，不出十天，韩信和张耳的人头就可以送到将军帐下。”

李左车的分析非常在理，计策也相当高明，如果实行，虽不可能像他预料的那般一定能击破韩信，但至少也能对汉军造成很大的阻碍，大大延缓汉军东征的时间。可惜的是，李左车忽略了一个问题，那就是陈余本人是研究儒学的，身上有一股儒生之气，他认为自己是义兵，不愿意用李左车献上的“旁门左道”。他回绝李左车说：“兵书上有言，‘十则围之，五则攻之，倍则分之’。现在韩信虽然号称数万人，但充其量不过几千人而已，他能千里奔袭于我，就已经是极限了，我手里的军队是他的几十倍，难道还能怕了他不成？要是韩信这么点儿人马我都不敢出兵交战，那等以后汉军主力来了，我还拿什么去抵挡？诸侯们听说这件事后肯定也会嘲笑我胆小无能，到时必会借机来攻打我，你的计策显然是不可行的。”李左车只得无奈退下。

张耳长期在赵国掌权，对赵国有很深的影响力，陈余手下依然有张耳的人。很快，韩信就通过张耳的间谍得知了李左车的计划，这个计划确实有几分棘手，幸好陈余不肯采纳，他也就大大松了一口气，放心率领大军向前进入井陉道中，一直到距离井陉口三十里的地方才停下来驻军。当晚，韩信连夜挑选两千名骑兵，让他们每人携带一面红旗，从附近隐蔽的小路上山，躲在山上观察赵军的情况。出发前，韩信还特意交代他们：“等我们交战以后，如果赵军看到我军败逃，肯定会全军出击，前来追击我们，你们需要做的就是趁机冲入赵军大营之中，拔掉他们的旗帜，把我们的红旗插到他们军营之中。”

这支伏兵走后，韩信召集全军开饭，并告诉他们：“大家先吃早饭，等我们打垮了赵军回来，再来吃大餐。”韩信自己信心十足，但他手下的将领们却不这么认为，他们想不明白怎么靠自己这点儿人马打败人多势众的赵军，但他们也不敢明说，只好假装应下。韩信当然知道手下将领们是怎么想的，但他并没有在意这些，而是展开了自己的部署，准备派一万人先行东出井陉口。此言一出，众将吓了一跳，本来汉军人数就比赵军少，现在分出一万人出击，这不是白白让他们去送死吗？韩信解释道：“赵军现已占据险要的地势构建营垒，他们没有看到我军大将的旗帜、大鼓，是不会先攻击我们的先头部队的，因为他们害怕我们直接撤军而走。”

这一万先头部队，韩信也是安排了任务的，倒不是去攻打赵军，只是让他们背靠河水列阵。这一下汉军众将看不懂了，不知道这背水列阵是个什么用意。赵军看到后则是大笑不已，背靠河水就完全没有了退路，如此排兵布阵无异于自投死路，看来韩信这个大将军也不过如此！他们摩拳擦掌，想抢先收拾汉军争夺功劳。

天刚刚亮，韩信便带着大将专用的旗帜、大鼓，率领汉军主力大摇大摆地出了井陉口。陈余一看韩信送上门来，认为歼灭汉军的时机到了，立刻率领赵军出营迎战。双方在井陉口外展开了一场大战！随着时间的推移，人数处于劣势的汉军渐渐支撑不住，韩信率军且战且退，撤往在河边列阵的汉军处。由于撤得太过匆忙，韩信和张耳竟然连大将所用的旗、鼓都丢了。陈余见状，以为汉军败局已定，立刻率领大军追击韩信等人。留守大营的赵军以为抢夺功劳的时候到了，纷纷离开大营前去攻打河边的汉军。汉军虽然人数较少，又打了败仗，但此时前面是赵军，后面是河水，众将士连跑都没法跑，只得硬着头皮拼死与赵军展开激战。双方在河边大战良久，赵军始终无法击溃汉军。

就在汉、赵两军主力在河边短兵相接时，韩信此前埋伏起来的两千骑兵行动了，他们飞快冲入赵军的营垒，将赵军的旗帜全部拔掉换上汉军的红旗。赵军激战多时都无法击败汉军，便想着先回营休整，结果回头一看，立刻魂飞魄散：自家军营竟然全都插满了汉军的红旗！军营已经被汉军攻占了，赵王和留守众将肯定做了汉军的俘虏！一念至此，赵军哪还提得起丝毫战意，纷纷四散而逃。陈余等人虽然拼命阻止，但也拦不住一心要跑的士兵，就算他们接连杀死十多个逃兵，依然无力阻止溃散的势头。韩信一看赵军乱了，立刻率领汉军从后面追击，两千骑兵也从赵军营垒中杀出。两面夹击之下，赵军大败，死伤无数，就连陈余也战死阵中，剩下的人更是纷纷逃散。击溃了赵军主力之后，韩信才率军对赵军大营发起了进攻，此时早就被吓破了胆的赵军哪还抵挡得住，很快大营就丢了，赵王歇也做了俘虏，赵地就此被攻占。

虽然仗打完了，但汉军众将依旧云里雾里，到现在都没有搞明白到底是怎么打赢的。大战一结束，汉军众将就迫不及待地询问韩信："按兵法上说的，行军布阵应该是右边和背后靠山，前面和左边靠水，这样才能打胜仗，将军竟然反其道而行之，还告诉我们能战胜赵军，我们当时都不相信，没想到竟然真的打赢了，这其中到底有什么奥秘呢？"韩信回答道："我这个战术其实兵法上也有，只是诸位没有留意罢了，兵法上不也说过'陷之死地而后生，置之亡地而后存'吗？现在我军大多都是没有经过严格训练的士兵，带着他们作战就跟赶着街市上的老百姓上战场一样，非得把他们放到死地之中，他们才会为了自己的存活拼死作战，一旦给他们留了退路，那肯定全都跑了，我们还拿什么作战呢？"众将听完后叹服不已："将军的谋略果然不是我等赶得上的。"

战争结束后，韩信没有忘记一个人，那就是曾给陈余献计的李左车，他特意下令悬赏千金让人活捉李左车。很快，李左车就被人抓到，送到了汉军营中。韩信倒不是要打击报复李左车，而是觉得这人非常有才能，想要把他收为己用。韩信一看到李左车，立刻亲自解开绑着他的绳索，将他请到西面坐下，自己则坐到东面，像学生请教老师一样询问他："我现在想要向北攻打燕国，向东攻打齐国，有什么办法可以取得胜利呢？"李左车推辞一番后，经不住韩信的再三请求，回答道："我觉得不应该攻打燕国和齐国，为什么这么说呢？将军虽然接连灭掉了魏王豹和夏说，又只用了一个上午就击溃了赵军，阵斩陈余，生擒赵王歇，但留下的却是百姓劳苦、士兵疲惫的乱局。在这种局面下，是很难继续作战的。如果将军强行带着疲惫的军队前去攻打燕国，肯定会止步于燕国的坚城之下。哪怕您经过长时间的作战攻下城池，也会把自己的虚弱暴露给燕国，他们就不会惧怕您连战连胜的威势了。弱小的燕国都不肯屈服，那么强大的齐国肯定更不会屈服，将军到那时又能怎么办呢？”

韩信一听觉得是这个道理，自己的部队眼下确实不适合继续远征，便又问道：“那先生您觉得我现在应该怎么办呢？”李左车心中早有了主意，回道：“将军不如按兵不动，留在赵国抚慰百姓，犒赏士卒，同时对外摆出一副要进攻燕国的姿态，然后派说客前去劝说燕国投降。燕国在您屡战屡胜的威势下肯定害怕不已，他们必定会选择屈服。等燕国一屈服，那剩下的齐国自然不敢有所动作了。”

韩信大喜之下立刻按李左车的计划行事，不出所料，臧荼果然选择了倒向汉国。随后，韩信又向刘邦请命，立张耳为赵王，并留下来与张耳一起镇抚赵国百姓，很快河北各地相继安定了下来。

血战成皋：楚汉中原大对决

汉高祖三年（公元前 204 年）十二月，已经数月没有向西发起攻击的楚军，再次西进攻打荥阳。自从京索之战后，楚军已经很久没有与刘邦交战了，这段时间里汉军不但恢复了元气，还在韩信的率领下相继灭掉西魏、代国、赵国，又降服了燕国。

这倒不是项羽不想收拾刘邦，实在是脱不开身，楚军被人绊住了手脚。绊住楚军的不是别人，正是昔日的楚军猛将英布！英布已经反叛项羽，站到了刘邦一边，这一切说起来还是随何的功劳。

随何一行人到达九江国之后，英布并没有召见，只是让手底下的太宰接待他们。就这么一直等了三天以后，随何终于坐不住了，他告诉太宰：“我知道九江王为什么不肯见我，不就是觉得楚国强大，汉国弱小吗？这也正是我来九江国的原因，如果我说得对，可能那正是大王现在想听的话，如果说得不对，大王可以杀掉我们，向项羽表示大王绝对没有背叛之心。”

英布听到这番话后，知道再也躲不下去了，他也想听听随何到底要说些什么，便接见了他。随何一见面就语出惊人：“汉王派我前来送书信给您，是因为我们私底下都有一些疑问，不知道您跟项王到底是个什么关系？”英布一听就愣住了：“这天下间谁不知道，我此前一直是项王的部下，肯定与他是君臣关系，我是他的臣子。”

这个回答在随何的意料之中，他接着就说道：“大王和项王都是诸侯王，按理说彼此之间身份应该完全平等，您现在却以臣子的身份侍奉他，肯定是认为楚国更加强大，自己必须依附他才能够存活。不过这么一来我就更好奇了，此前项王攻打齐国时，他自己身先士卒、率军作战，大王您作为他的臣子，本应率领九江国的全部兵马充当先锋前去攻打齐国，但事实上大王只派了一个部将带着四千人去凑热闹。作为一个臣子，难道应该是这个样子的吗？汉王攻打彭城时，大王您应该在项王从齐国回师之前，调集手下全部兵马北上渡过淮水（即淮河），替项王守住彭城，与汉军决战。结果大王坐拥数万精兵，却没有派一兵一卒前往彭城参战，只是坐在旁边看楚汉之间打得热闹。这是依附别国之人应该做的吗？在我看来，大王您不过是挂着楚国臣子的名头而已，私底下依然是只为自己考虑。依我之见，大王目前的做法是不可取的，为什么这么说呢？大王依靠着楚国不肯背叛，不过是觉得楚国强大而汉国弱小罢了，但实际上真是这样吗？”

英布一听就愣住了：“汉国比楚国弱小不是事实吗？前不久汉王率领的五十六万联军还在彭城被项王三万楚军杀得大败，不少诸侯也倒向了项王，这样难道还是汉国更强不成？”随何却是一笑：“我有三点理由证明楚国不如汉国。第一，楚国名分不正，正所谓‘名不正则言不顺’，项王背弃盟约杀害义帝的事情天下皆知，没有人不痛恨项王的。汉王得知消息后亲自为义帝发丧，号召天下讨伐逆臣，天下人站在谁的一边显而易见。第二，楚军虽然看似强大，似乎轻易就可以灭掉汉国，其实却不然，汉王眼下已经回到荥阳、成皋一线驻扎下来，不但从关中调来兵马，还从巴、蜀二郡运来了粮食，此刻正在边境深沟高垒，严防楚军进攻。楚军想要反攻荥阳、成皋一线，就必须深入反楚的梁地八九百里，依靠老弱残兵从千里之外转运粮草到前线，其中的困难可想而知。而汉军，只需要坚守不出就行了。到那时，楚军进不能攻下荥阳，退又无法脱身，甚至还会被汉军追击，这样又如何能战胜敌人呢？第三，就算楚国战胜了汉国，那它就会从此安稳吗？这当然是不可能的，项王为人残暴、赏罚不公，天下诸侯对他早有不满，汉王败了只会使天下诸侯人人自危，从而团结起来对抗楚国。这么一来，楚国的强大反而会给它招来全天下军队的敌对，项王难道还能杀尽天下人不成？从这三点来看，楚国明显不如汉国有利，现在大王您不与更稳妥的汉国交好，反而要将自身托付给将要灭亡的楚国，这种做法实在是不智。现在汉王想要拉拢您，并不是认为靠您就能灭掉项王，只是觉得如果您起兵反楚，那项王肯定只能留在彭城不敢妄动。只要能够拖住项王几个月，那汉王夺取天下的计划就万无一失了。到那时，我再与您一起归降汉国，汉王肯定会划分一块土地给您作为赏赐，九江国也还是归您所有。”

这一番入情入理的分析还真将英布给说服了，他权衡了半天之后，终于答应与汉国结盟反楚。英布虽然答应反楚，但到底惧怕项羽，不敢打出旗号正式反楚。随何不由得心里着急，英布虽然答应了，但明摆着还在骑墙观望，对于楚汉交锋的形势根本没有丝毫影响，眼下最需要做的就是让英布站出来跟楚国干上一架。

说来也巧，京索之战结束后，楚军因为作战不利，项羽又派使者前来，不断催促英布出兵相助，眼下英布正在宴请他们。随何得知这个消息后立刻意识到机会来了，他直接带着人闯进了宴会，然后大摇大摆地坐到了楚国使者上首的位置上。楚国使者一看愣住了，不知道随何到底是何方神圣，竟然就这么闯了进来。不待他开口责问，就听随何说道：“听说你们是来叫九江王出兵的，但九江王已经归附了汉王，楚国凭什么让他出兵！”楚国使者一听就明白了，难怪九江王一直对出兵推三阻四，原来早就暗中归降了汉王，他们赶紧站起身来准备回去报告项羽。

英布没有想到随何会忽然闯入，还说出了这么一番话，一时之间不由得呆住了，竟然没有阻拦楚国使者。随何作为始作俑者，自然对事情的发展了如指掌，他赶紧劝英布："楚国使者要跑了！等他们回去告诉项王，一切就都晚了。您赶快派人杀掉楚国使者，不能让他们回去，然后赶在项王知道前投奔汉王，与汉军齐心协力对抗楚国。"事情已经到了这一步，再由不得英布反悔，他赶紧派人杀掉楚国使者，就此起兵反楚。

接到英布反叛的消息后，项羽心中久久不能平静，从巨鹿之战开始，英布就是他手下最得力的将领，楚军众将中因功劳得以封王的实际上也只有英布一人。项羽实在是想不通，为什么英布竟然会背叛他。要知道英布此前已多次违背项羽的命令不肯出兵了，但项羽始终因为爱惜英布的才能，又顾念昔年的交情，一直没有过对付英布的想法，最多也就是派使者去责备了他几句。只可惜，就算这样也没能留住英布。愤怒之下，项羽立刻抛开刘邦，集中全力，准备先把英布收拾掉。

项羽因为要攻打坚守下邑的吕泽等人，并没有亲自带人去收拾英布，而是派了龙且和项声两位将领率军前往。龙且虽然眼下号称楚军头号战将，但终究只是一个擅长冲锋陷阵的猛将而已，在他之前，楚军头号猛将不是别人，正是这次反叛的英布。比起英布，龙且还是差了一个级别，他曾先后被曹参、樊哙等人击败过，英布却是纵横天下罕逢败绩。在秦末最著名、影响力最大的巨鹿之战中，率领楚军率先过河的便是英布和蒲将军，他们面对秦军精锐依然能够屡屡获胜，单凭这一点龙且就比不上。如果按照龙且和英布往日的战绩来看，龙且无疑将再一次被吊打。只可惜，事实却让人大跌眼镜，败的人竟然是英布。

英布之所以失败，原因非常简单，那就是他以往纵横天下的那股勇猛、锋锐之气已经消失了。英布原本是骊山囚徒，受过黥刑，所以又被称为"黥布”。后来，他带着一帮人逃出骊山沦为强盗，一直到秦末农民起义时才带着人出来参加起义军，一贯以作战勇猛闻名于诸侯之间。但被分封为九江王后，英布变得耽于享乐，曾经的勇猛再也找不到了。就这么一直打了几个月后，英布终于支撑不住了，他被龙且杀得在九江国都混不下去了，只好前去投奔刘邦。屡战屡败之下，曾经作战勇猛的英布因为害怕楚军截击，居然不敢带着手下军队一起撤退。他抛下所有军队，跟随何两个人从小路跑去荥阳投奔了刘邦。

英布到达荥阳后，刘邦立刻就召见了他。不过令英布失望的是，刘邦不但没有表现出一副求贤若渴的模样，还一边洗脚一边接见他，连一个欢迎宴会都没有。英布瞬间感到自己受到了羞辱，心中万分后悔背叛了项羽，一时之间竟然想拔剑自杀。幸好刘邦给英布安排的住所还很不错，英布发现所有的陈设、饮食、侍从官员都和刘邦自己的一模一样，这么一看刘邦还是挺重视自己的，也就再不提自杀的事了。英布到荥阳后自然没有闲着，很快就派人前往九江国联络自己的旧部。不久，英布的使者就带回了英布的旧友、部属几千人，可惜的是英布的家小全都没了，他们被项伯杀死了。这一下英布和项羽的梁子算是结下了，他干脆带人驻扎在成皋，与刘邦一起对抗项羽。

击败英布之后，项羽带着楚军向西进军。作为一代名将，项羽并没有像随何猜测的那样直接攻打荥阳、成皋这两处坚城，而是将目标瞄准了汉军防线上的薄弱环节——从敖仓运粮到前线的甬道。在楚军的袭击下，汉军的粮道屡次被切断，很快前线的汉军就开始缺粮了。

刘邦发现自己苦心构筑的防线在项羽面前竟如此不堪一击，不由得头痛不已，他忍不住和身边的谋士郦食其商量起来，想知道怎样做才能削弱楚国的力量，战胜项羽。郦食其对此有一番自己的想法，他告诉刘邦：“昔日商汤灭掉夏桀后，将夏桀的后裔分封在杞国；周武王灭掉商纣王后，将商纣王的子孙分封在宋国。秦朝之所以这么快灭亡就是因为它灭掉天下诸侯后，没有再分封诸侯的后人传承祭祀，如此丧失德行，背弃道义，自然不能长久。假如大王能分封六国后人为诸侯，那这些人肯定会一心拥戴大王，到那时大王的仁德传颂于天下，必将使天下归心，只怕就连项王也会转过头来朝拜您。”刘邦听后大喜过望，立刻让人赶刻诸侯印信，准备将土地分封给六国后人。

郦食其的想法并不是什么新论，在秦末起义军反秦时期，陈胜便在张耳、陈余的建议下这么干过。可惜的是，郦食其的思想没有跟着时代进步，这一套现在已经行不通了。秦末分封六国后裔做诸侯，是因为大家有一个共同的敌人——暴秦，自然需要多拉拢与秦有过节的六国后人，借助他们的号召力一起灭秦。更何况，陈胜当时并没有多少地盘，所谓分封六国后裔，更多是开空头支票让对方自己去打地盘。到楚汉之争时形势已经不一样了，现在分封六国后人就是要把刘邦自己占据的土地拿出去封给其他诸侯，等于削弱了自己的力量。更何况，分封的诸侯们也未见得会帮刘邦，眼下楚强汉弱，这些诸侯没准儿会当墙头草倒向楚国，魏王豹就是比较典型的例子，这样一来所谓的分封等于平白为自己树立敌人。

如果刘邦按照郦食其的计策执行下去，别说统一天下了，只怕自己都难以保全。幸好关键时刻张良赶了回来，当时刘邦正在吃饭，他高兴地向张良说出了郦食其的计划，还炫耀道：“我这个计划简直完美，不光会削弱楚国的力量，还能让我得到天下人的拥戴。”张良一听大吃一惊：“是什么人出的计策，如果按照它来执行，大王您就完了！”刘邦一听呆住了，他怎么也想不出这个计划有什么问题。

张良分析道：“我有八个理由认为这个计划不可行。第一，以前商汤、周武王之所以敢分封夏桀、商纣的后人，是因为自己统一了天下，能掌握这些人的生死，现在不说别的，大王能掌握项羽的生死吗？第二，周武王进入殷商的都城后，表彰了商纣王时的贤人商容的德行，释放了被囚禁的箕子，翻修了比干的坟墓，现在大王能这么做吗？第三，周武王曾发放商纣王存放在巨桥的粮食，又将鹿台的钱财拿出来赈济百姓，大王现在能这么做吗？第四，殷商灭亡之后，周武王将战车改为乘车，又将刀枪收入府库，向天下人表示从此不再用兵，大王现在能这么做吗？第五，周武王将战马放到华山南面，以示让它们休息不再驱用，大王做得到吗？第六，周武王将牛放到桃林北面，以示不再用它们运送粮食辎重，大王做得到吗？第七，现在很多人远离家乡亲人，前来投奔陛下，所希望得到的不也是封地吗，如果这时候重新扶持六国后人，这些人必定会回到自己的国家侍奉他们的君主，大王到时候又靠谁去夺取天下呢？第八，现在的局势是楚国更加强大，要是分封的六国后人再次倒向楚国，那又该怎么办呢，大王又拿什么去约束他们？如果按照这个计划行事，您想要统一天下的大业可不就完蛋了！”刘邦听后，饭也吃不下了，他将口中的食物吐出，大骂道："这个腐儒差点儿坏了我的大事。”说完就赶紧让人去销毁那些刻好的印玺，分封六国后人的事就这么不了了之了。

分封六国后裔的风波虽然过去了，但刘邦还是没有找到削弱楚国的办法，而楚军的进攻却越来越急迫。这一年四月，楚军重重包围荥阳。随着城里的形势越来越危险，刘邦再也撑不住了，只好派人出城去找项羽议和，希望双方能以荥阳为界，就此达成和解。楚、汉两国打了这么多年，项羽也不想再打下去了，他本来打算接受刘邦的求和，但有人跳出来反对，这个人就是历阳侯、亚父范增。范增是项羽最重要的谋士，秦末天下大乱时他已经七十岁了，但还是积极投身到了反秦的事业中去，项梁拥立楚怀王就是出自他的建议。项梁战死后，范增继续辅佐项羽，并被项羽尊称为“亚父”。鸿门宴上，范增看出刘邦非同一般，强烈建议项羽灭了刘邦，却没有被接受。范增还让项庄借着舞剑之机想办法刺杀刘邦，却被项伯阻止。眼下终于有了灭掉刘邦的机会，范增自然不可能放过，他告诉项羽："现在汉军的局势越来越危险，想要拿下他们非常容易，如果这时候放走他们，以后你肯定会后悔的。”项羽听从了范增的建议，再也不提议和之事，转而更加猛烈地攻打荥阳。

刘邦议和不成自然被范增气得牙痒痒，但他很快就找到了一个人来对付范增，他就是陈平。陈平这些年在汉军中日子非常不好过，他虽然很得刘邦信任，却因此招致周勃、灌婴等人的嫉恨。他们一起诬告陈平以前在家时与嫂子私通，做官后又屡次背叛旧主，担任都尉后又喜欢收受手下人的贿赂，钱给得多就能得到他的帮助，钱给得少则会被他报复。总的来说就一句话，陈平这人私德不行，肯定不是什么好人！

刘邦为此还特意找到陈平的推荐人魏无知询问情况，魏无知回答道：“我推荐陈平，是因为他的能力，现在大王问的却是他的德行。现在天下大乱，就算有尾生、孝己这种德行出众的人，对局势又有什么帮助呢？陛下会用这样的人吗？眼下楚汉交战，我推荐的是有奇才的谋士，考虑的只是他的才能能不能对汉国有所帮助，就算他私通嫂子、收受贿赂，又有什么妨碍呢？”随后陈平也对自己的行为做出了解释：“我之所以离开魏国、楚国，不过是因为才能无法得到君主的欣赏，听说大王您擅长用人，才前来投奔。至于收受贿赂的事确实是有的，那是因为我两手空空前来，身上没一点儿钱，如果不收贿赂根本无法生存。如果我的计谋有可用的地方，那就请陛下采用，如果没有，那钱财都还在，我将它们还给大王，就此辞官归隐。”这场风波之后，刘邦不但没有疏远陈平，反而对他越来越信任了。

刘邦的信任很快就得到了回报，荥阳被围时，他苦恼地向陈平抱怨道：“这天下战乱不息，不知道什么时候才能够安定？”刘邦只是随口一说，没想到陈平认真做了回答：“现在的天下无非就是大王您和项王两人争锋，只要能打败项王就能平定天下。项王为人谦恭有礼，很多志向高远、廉洁好礼的士人都投入了项王麾下，然而项王在论功行赏、赏赐封爵时却又万分吝惜，使渴望建功立业的人不愿意归附于他。大王与项王正好相反，您因为对人傲慢无礼，廉洁好礼的士人都不愿意前来归附，但您对待有功之臣又格外大方，丝毫不吝惜土地爵位，这就让渴望建功立业的人纷纷前来投效。假如你们哪方能改掉自己的短处，学习对方的长处，那么只要招一招手，天下就可以安定了。”

刘邦的脸色一下子就难看了起来，他不是不知道自己对人傲慢无礼，但这哪是想改就能改过来的。陈平仿佛知道刘邦在想什么，接着说道：“大王喜欢随便侮辱人，这样肯定很难招揽到节操清廉的人，不过我们可以试着在楚军那边玩手段，让他们失去这些人，这样对我们同样有利。项王那里刚直的臣子数来数去其实也就范增、钟离眜、龙且、周殷这么几个人而已，只要大王舍得花钱，拿出几万斤黄金施行反间计，让人去楚军那边散播谣言，以此来离间楚国君臣之间的关系。一贯多疑的项王很容易听信谗言，他听到谣言后必定会猜疑钟离眜等人。到那时，不等我们出兵，楚国内部就会自相残杀，我们趁机发兵攻打他们，必定可以一举灭掉楚国。”

刘邦听后非常高兴，立刻让人拿出四万斤黄金交给陈平，让他拿去随便使用。陈平得到钱后重金雇用间谍到楚军之中散播谣言：“楚军将领钟离眜等人为项王征战天下，立下了许多战功，却无法分封为诸侯得到一块土地，他们心中十分怨恨项王，想要跟汉王联合起来，一举灭掉项氏，瓜分楚国的土地自立为王。”这一番话很快就传到了项羽的耳朵里，他信以为真，从此不敢重用钟离眜等人。

项羽心中对钟离眜等人与刘邦勾结之事多少有些怀疑，很想知道事实真相到底是怎么样的，但他不可能直接去问钟离眜或者刘邦，只能采取别的办法去打听。思来想去，项羽打算派使者去刘邦那里假装和谈，然后旁敲侧击打听钟离眜等人的事情。只可惜项羽没想到的是，他这个自以为高明的计策不但没有探出实情，反而将范增送上了不归路。

得知项羽派使者前来之后，陈平敏锐地意识到除掉范增的机会来了，他立刻找到刘邦，做了一番周密的部署。很快，陈平就让人准备了一桌丰盛的宴席送给楚国使者，并让人假装无意间问起：“亚父现在怎么样了，他派你们来是有什么事吗？”楚国使者就纳闷了，自己明明是项王派来的，怎么被当成亚父的使者了，于是便老实回答道：“我们是项王的使者，前来求见汉王。”此言一出，送饭的人立刻就变了脸色：“我还以为你们是亚父的使者，没想到是项王的使者。”说完，侍者居然将酒菜全都端了出去，只留下了一脸莫名其妙的楚国使者。不一会儿饭菜又被重新端了上来，不过却不是什么好酒好菜，只是一些粗茶淡饭。刚吃完饭，楚国使者还没有见到汉王就被送了出去。

回到楚军大营后，使者将此行遇到的怪事全都告诉了项羽。项羽可不是什么呆子，一听就察觉出了问题，这分明是范增和刘邦也有勾结，不然汉国何至于独独礼待他的使者。恰巧在这时，范增又来劝项羽加紧攻打荥阳，这次项羽怎么也不肯听从，他认为范增急于攻城，肯定是和刘邦设下了什么圈套算计自己。如此反复几次后，范增心知项羽对自己有所猜忌，不由得心灰意冷，他怎么也没想到自己一心辅佐的人，居然连自己都猜疑了起来。愤怒之下，范增很快就找到项羽，告诉他："现在天下大局差不多已经定下来了，剩下的事你自己就可以解决，请允许我辞职回家吧。"这原本是一番气话，范增还指望项羽能看在往日的情分上挽留自己，但项羽此时一心怀疑范增，反而觉得他是在耍什么手段，所以干脆就让他直接走人了。失落的范增踏上了归途，但他却再也走不回家乡了。还没到达彭城，失意的范增就在忧郁中病倒了，他这时年龄已经非常大了，很快就病死了。

范增的死终于让项羽醒悟过来，他意识到自己此前受了刘邦的欺骗，于是率领全军再次对荥阳发起了猛烈的攻势。刘邦怎么也没想到项羽这一次打得这么凶猛，很快荥阳的汉军就顶不住了。眼看荥阳就要被楚军攻破了，汉军急需帮助刘邦逃出去，以便将来卷土重来，但城外的项羽肯定不可能轻易放刘邦跑路。关键时刻，还是陈平有办法，他很快就想出了一个主意能够让刘邦脱身，但有一个难题，那就是需要有一个人代替刘邦去见项羽。当陈平将计划告诉汉军众将之后，众人一时间沉默了。冒充刘邦不难，但问题是这个冒充之人十有八九难逃一死。半晌之后，还是老部下纪信站了出来："现在形势这么紧急，还是让我来冒充汉王去迷惑楚军吧，汉王可趁机悄悄溜出荥阳城。"刘邦看着这个早早跟随自己的部将，久久不能言语，他心知此刻不能犹豫，便答应了纪信的请求。

当天夜里，陈平偷偷组织起城内两千多个妇人，让她们穿上汉军的盔甲，簇拥着汉王的车驾从荥阳城东门出城。城外的楚军一看有汉军出城后，立刻从四面八方赶来将这队人马重重围困起来。没想到的是，这些汉军没有一点抵抗的意思，身上更是连武器都没有。惊疑不定之际，坐在车驾中的人说话了：“我军粮食已尽，荥阳无法再守下去，我汉王刘邦前来请降。”楚军跟汉军打了好几年仗，早就厌烦不已，他们一听说汉王刘邦前来请降，都以为大战已经结束，不由得纵情欢呼起来。声音很快就惊动了各路楚军，他们得知消息后纷纷赶到东门，想看看这个汉王到底是个什么样的人。

趁着楚军都聚集在东门外的机会，陈平与刘邦一起偷偷打开西面的城门，带上几十个骑兵一溜烟儿逃回了关中。不久后，得到消息的项羽在东门受降，他只看了一眼就知道坐在马车中的人不是死对头刘邦，而是曾经在鸿门（今陕西临潼区东）有过一面之缘的纪信。虽然明知上了当，但项羽还是忍不住问道：“怎么来的人是你！汉王人在哪里？”纪信冷笑一声：“你上当了，汉王早就抓住机会逃出城去了。”项羽一听自己忙活了这么久，还是让刘邦跑了，不由得怒从心起，干脆把纪信扔进火里烧死，以泄心头之恨。

虽然杀死了纪信，但项羽还是没有攻下荥阳。留守荥阳的韩王信、周苛、枞公等人坚守着城池，楚军一时间未能破城。荥阳没有打下，有一个人的生命却走到了尽头，那就是曾经的西魏王魏豹。魏王豹自从被韩信生擒后就一直留在荥阳，刘邦逃走后，他作为将领接下了守城的重任。偏偏周苛和枞公两人一商量，都觉得魏豹这人以前就投靠过项羽，为人反复无常，谁知道他这次守城会不会把大家都卖了。周苛和枞公越想越觉得魏豹这人不可靠，干脆就将魏豹杀了。

回到关中的刘邦很快集结起军队，准备再次出关与项羽争雄。原本按照刘邦的计划，他将要率军东出函谷关，直接前去救援危难之中的荥阳，一个人的建议却让他打消了这个念头，这个人就是辕生。辕生在这之前并不出名，在此之后也无其他事迹，但他却向刘邦提出了一个关键性的意见：“楚军和汉军已经在荥阳对峙了好几年，汉军屡屡陷入困顿之中，此时您率军救援荥阳，也不过是重新陷入以往的境地，并不足以制服楚军。依我之见，大王您不如率军绕道从武关出关，驻扎到宛城（今河南南阳市）一线，项羽看到您南下后肯定会跟着率军南下，而您需要做的就是深沟高垒，坚决不与楚军交战，只尽量拖延时间，使荥阳、成皋一线的汉军得到喘息之机。与此同时，大王可以让韩信等人安抚北面的赵地，再联合燕国和齐国一起出兵攻打楚国，这时候您就可以再次率军回到荥阳与他们一起发起进攻。这样一来，楚军各个方向上都是敌人，他们只能到处设防，兵力自然会越来越分散，而汉军却能得到休整的机会。到那时，再与楚军交锋，肯定可以一举将他们击败。”刘邦采纳了辕生的这一建议，很快就带着人马绕道武关，与英布等人一起在宛城、叶县（今河南叶县西南）一线驻扎下来。刘邦到了宛城，就意味着他既可以与英布一起南下收复九江国，也可以沿着昔日王陵、薛欧等人的进军路线偷袭彭城，项羽当然不可能放任这种事情发生，他跟着率军南下，再次与刘邦在宛城一线对峙起来。这一次，刘邦怎么也不肯与项羽交锋，只专心防守，尽量拖延时间。

项羽率领楚军主力西去之后，身后的楚国腹地，防守顿时变得空虚起来，这给了一个人机会，那就是彭越。彭越这些年来日子非常不好过，原本借着刘邦攻打彭城的东风，他已经拿下了梁地不少地盘，但随着楚军反攻，彭越一路战败，此前拿到的城池全都吐了出去，只能带着自己的军队在黄河一线游荡，作为汉军的游击部队不断袭扰楚军的粮道。看到楚国腹地防御空虚之后，彭越再次活跃起来，他率军渡过睢水，在楚军后方四处出击，扰得楚国境内不得安宁，很多囤积的粮草都被毁了个干净。为了对付彭越，楚国派出项声和薛公两人率军前往阻截，但这两人实在是不争气，在下邳被彭越杀得大败而逃。

与此同时，刘邦还派出灌婴和靳歙两人率领骑兵赶来支援彭越，他们同样在楚国后方展开了袭扰行动。留守的楚军自然不可能眼睁睁看着汉军在自家地盘上撒野，很快就在项冠的组织下向西迎战灌婴等人。最终，双方在鲁县相遇，楚军抵挡不住，右司马和一名骑兵将领被汉军阵斩。项冠虽然侥幸逃了出来，但也无力再次组织反攻，无奈之下只好写信给项羽，请求他率军回师救援。

项羽接到信之后恨得牙痒痒，但又不能放着彭城不管，只好扔下刘邦，率军向东返回楚地收拾彭越。为了防止刘邦再次东进，项羽临行前特意留下将领终公，让他率军驻守在成皋一线，以抵挡汉军东进。靠这么一个无名之将就想阻挡刘邦，项羽显然是要大失所望了，他刚一走，刘邦就把终公杀了个大败，再次在成皋驻扎了下来。

回师东进的项羽，一举挫败了彭越，结果回头一看，刘邦又跑到成皋了。没办法，项羽只好再次向西攻打荥阳。屡次挨打的荥阳这一次终于没有挺住，很快就被项羽攻下，守城将领周苛、枞公、韩王信做了俘虏。因周苛等人靠着少数人马坚守了荥阳这么长时间，项羽觉得他们有些才能，而他一向惜才，便想趁机招揽这些人为己所用。项羽开出的招降条件异常丰厚，他告诉周苛："如果你能归降于我，我不但任命你为上将军，还将分给你三万户的封地。"一贯吝惜封赏的项羽能开出如此条件实在是有些难得，没想到的是周苛毫不犹豫地拒绝了，不但如此，他还转过头来痛骂项羽："你这个杀死义帝的反贼，还不赶紧投降汉王，就你这点本事早晚要做俘虏，你绝对不是汉王的对手！"项羽做梦也没想到自己难得的慷慨不但没有让周苛归降，反而招了一顿臭骂，愤怒之下他再也顾不得什么礼贤下士，直接下令将周苛扔进锅里烹杀了。周苛不降，枞公同样不降，于是被项羽一并杀了。另一个被俘的将领韩王信明显就识相多了，他一看周苛等人出事了，立刻就答应归降项羽，项羽大喜之下让韩王信做了手下大将。只可惜韩王信所谓的归降也是假的，他趁着项羽放松警惕，再次逃回了汉军这边。

项羽对于韩王信的逃走并没在意，他很快就率军西进，将成皋重重包围起来。在楚军的猛烈攻击下，刘邦抵挡不住，再一次选择了逃走。一天半夜，刘邦坐着夏侯婴驾驶的马车，偷偷溜出了成皋北面的玉门，并赶在楚军发现之前，一溜烟儿渡河北上，直跑到修武县（今河南获嘉县）东面的小修武馆舍才停了下来。

刘邦之所以来到修武县，是因为赵国被灭后，项羽派楚军北上企图夺回赵地，汉军则在张耳和韩信的率领下在黄河一线屡屡击败楚军，而修武就是这些军队的大本营。刘邦此来不为别的，正是要借用张耳、韩信手下的兵马再次返回成皋与项羽交锋。虽然刘邦对张耳和韩信非常信任，但到底人心隔肚皮，他这次要收缴两人手下的精兵，并没有把握他们会心甘情愿。要是韩信和张耳愿意交出兵权还好，一旦不愿意，光靠刘邦和夏侯婴两个人，死都不知道怎么死的。

思来想去，刘邦还真想出了一个稳妥的办法。第二天一大早，刘邦就和夏侯婴两人跑到修武军营，自称是汉王派来的使者，要见张耳和韩信。守卫营门的士兵一看来者是汉王使者，自然不敢留难，立刻就放两人进了军营。刘邦进去之后直奔张耳和韩信的卧室，趁着两人还没有起床先行取走他们的兵符，然后前往大营召集众将，对他们的职位重新进行了分配，就这样将军队的指挥权牢牢握在了自己手里。等张耳和韩信睡醒以后，才发现兵符丢了。等到了大营，才发现刘邦不仅亲自来了，还把他们的兵符收了，就连手底下的将领也被打乱重新进行了安排。刘邦看到张耳和韩信来了，也不多说废话，直接给两人安排了任务：张耳负责巡视赵地，守卫赵国本土；韩信则被任命为相国，负责在赵地重新征召士兵，然后率领这些人前往讨伐齐国。刘邦自己则率领修武的军队留在原地，准备随时南下救援成皋。不等刘邦有所行动，留守成皋的汉军众将就撑不住了，他们听说刘邦在修武后，纷纷带人从成皋逃了出来，一路北上投奔刘邦，成皋就此被楚军攻陷。失去成皋以后，刘邦只好在西面的巩县（今河南巩义市西南）组织起新的防线，暂时阻挡楚军西进的步伐。

按照刘邦的想法，得到韩信这支军队后，他会带着人南下直奔成皋，与楚军展开新一轮的厮杀。郎中郑忠知道刘邦准备南下后，立刻站出来表示反对，他认为：“如果南下再次与楚军正面交锋，汉军占不了什么便宜，与其白白折损人马，不如暂时驻扎黄河北岸，深沟高垒防守楚军进攻，同时派出部分人马前往楚军后方捣乱。这样一来，楚军后方必然大乱，项王定会领军回师救援楚地，我们便可以趁此机会加固西面的防线。”

刘邦仔细思考了一番郑忠的话，觉得他说的非常有理。所谓“汉军占不到便宜”纯粹就是给自己脸上贴金，他率军在成皋、荥阳一线与项羽打了这么久，基本上屡战屡败，手下军队折损了无数，再这么南下也难以战胜项羽，于是决定采纳郑忠的建议。很快，刘邦就派遣堂弟刘贾和发小卢绾两人，带着步兵两万人、骑兵几百人从白马津渡过黄河，一路绕到楚军后方。他们的任务只有一个，就是在楚地到处捣乱，破坏沿途的道路及楚国囤聚的粮草物资，让前方的楚军得不到补给。留守楚地的楚军自然不可能放任刘贾等人捣乱，他们迅速组织起人手反攻刘贾，但刘贾始终坚守不战，楚军对此毫无办法。

刘贾等人的到来，让彭越一下子活跃了起来，他再次组织军队向梁地发起反攻，一连攻下了睢阳、外黄等十七座城池。随着梁地的陷落，荥阳、成皋一线的楚军补给线算是完全被切断了，唯一能做的就是赶紧派人回军夺回后方。至于攻打彭越的人选，项羽盘算了半天，发现除了自己竟然没有一个人是彭越的对手，但他要是率军去攻打彭越，荥阳一线又没人防守了。此时在楚军众将中，竟然找不到一个可以独当一面之人，再加上项羽不信任钟离眛等人，最终守卫成皋的重任被交到了项梁的好友、大司马曹咎手里。项羽知道指望曹咎击败汉军实在不切实际，便特意交代曹咎：“我走之后，不管发生什么情况，你都只管防守成皋。即使汉军主动前来挑战，你也坚决不要出战，只要不让汉军东进就可以了。只需坚守十五天，我一定可以击破彭越，重新将梁地夺回来。到那时我们再一起出兵，将刘邦打败。”

项羽果然不负第一猛将之名，他率军东进后，真的不到十五天就连续攻下了陈留、外黄、睢阳等城，再次将彭越打得狼狈而逃。遗憾的是，项羽虽然完成了十五天击败彭越的承诺，但曹咎却失约了。就在项羽回师攻打梁地以后，刘邦再次率军渡过黄河南下。原本按刘邦的意思，准备放弃成皋以东的地区，只率军在巩县、洛阳一线组成新的防线对抗楚军。关键时刻，郦食其站出来反对，他表示："我听过一句话，'知道天命的人，一定可以成就王图霸业'。什么叫天命？对帝王来说，百姓就是天，而对百姓来说，粮食就是天。敖仓在秦朝时就一直是天下转运粮草的地方，这里囤聚了非常多的粮食，但楚军攻下荥阳后竟没有重兵把守敖仓，只派了一些罪犯充当士兵防守，这简直就是老天爷要将敖仓送给大王。这种情势下，汉军向东击败楚军是非常容易的，大王竟然还想要向西撤军，简直是让天下人看笑话。况且楚汉两国已经对峙很久了，天下人都因两国交兵得不到安宁，他们时刻盼望着天下归于一统，却不知道自己应该归属于何方。我请求大王再次东进夺回荥阳，占据敖仓的粮食，扼守成皋一线的险要地带；然后断绝太行山的通道，在飞狐口（今河北蔚县东南恒山峡谷口之北口）设下重兵防守；同时派兵把守白马津，就此向天下诸侯展示大汉已经占据了有利形势，随时可以击破楚军。这样一来，天下人也就知道自己应该归属何方了。"

刘邦听从了郦食其的主张，率军东进攻打成皋。对于留守成皋的曹咎，刘邦根本就没有放在眼里。曹咎虽然贵为楚国大司马，但本身却没有什么才能，无非是因为早年做狱吏时帮过项梁才得以重用。对付曹咎的办法非常简单，就是不断派人去城下挑战。刚开始，曹咎还能够按照项羽的命令坚守不出，但刘邦自有办法，他不断派人去城下大骂曹咎，连他的祖宗十八代都骂了个遍。一连几天下来，曹咎终于忍不住了，他愤怒地和塞王司马欣一起带着人马出击，准备横渡汜水收拾刘邦。等到楚军半渡时，早已埋伏在对岸的刘邦趁机发起进攻，一举将楚军杀得大败。曹咎和司马欣自觉无颜再见项羽，自裁于汜水岸边。曹咎死后，刘邦顺利攻下成皋，将楚军历年来囤聚的金银财宝抢了个干净。之后刘邦挥军向东，一路前进到荥阳南面的广武山驻扎下来，同时从敖仓运粮过来，以防楚军再次进攻。

项羽听说曹咎阵亡、成皋失守的消息后，震怒非常，立刻率军返回。汉军众将本来都在荥阳东面围攻钟离眛所部，他们一听说项羽又回来了，便赶紧各自退到险要的地方严加防守，根本不给项羽交手的机会。这一下项羽没有办法了，只好率军南下到达广武山，与刘邦隔着广武涧对峙起来。此时刘邦占据着敖仓，运粮极为方便，但楚军就难了，他们必须从后方梁地、楚地转运粮食到前线，沿途还得被彭越、刘贾等人袭扰，运输极为困难。就这么对峙了几个月后，楚军便渐渐缺少粮食了。

为了逼刘邦出战，项羽想了个办法，他将此前俘虏到的刘太公绑了放在案板上，然后让人告诉刘邦："今天你要是不出来投降，我就把你爹煮了！"刘邦虽然想救父亲，但也不愿投降项羽，于是使出了自己惯用的无赖方法，派人告诉项羽："我们俩以前做楚怀王臣子时，曾结为兄弟，我的父亲就是你的父亲，如果你一定要杀自己的父亲，那也分一杯肉羹给我。"项羽怎么也没想到刘邦竟然这么无耻，愤怒之下就想将刘太公直接砍了。关键时刻，与刘邦约为儿女亲家的项伯站了出来，他告诉项羽："天下间的事情都是不可预料的，志在争夺天下的人又怎么会顾及自己的家人呢？我觉得就算杀了刘太公也没有什么好处，只会惹怒刘邦，还不如留在手里，也许以后还有些用处。"项羽听从了项伯的话，放了刘太公一马。

一计不成再生一计，项羽派人告诉刘邦："这几年烽火四起、干戈遍地，说来说去都是因为我们两人长期相持不下。我现在向你挑战，我们俩单挑决一胜负，不要再让天下人受苦受难了。"项羽可是当世第一猛将，力能扛鼎，刘邦哪敢接受他的挑战。项羽早就料到刘邦不敢接受挑战，不过是想趁机打击汉军的士气罢了。没想到刘邦的回答更是高明："我宁肯与你斗智，也不比什么力气。"项羽没办法只好再三派人去阵前挑战，刘邦便从军中找了一个擅长射箭的楼烦人埋伏在阵前，将楚军前来挑战的勇士一一射杀。

项羽看到出去挑战的手下一个接一个地被射死，又惊又怒，干脆亲自披甲持戟来到阵前，向汉军发起挑战。楼烦射手一看项羽亲自来了，大喜过望，只要能射杀项羽，自己就是汉军的首功之臣了，于是张弓搭箭准备射死项羽。

哪怕见到有人要射自己，项羽也毫不慌张，他双目圆睁，大声呵斥楼烦射手。可怜的楼烦射手竟然被项羽一声大吼吓得连弓都拉不开了，他不敢与项羽对视，狼狈逃回大营，再也不敢出来。

刘邦听说楼烦射手被吓得不敢露面，很好奇来的是楚军中的哪位厉害人物，结果一打听才知道是项羽亲自到阵前了。既然项羽到了阵前，刘邦自然不能示弱，他也来到阵前，与项羽隔着广武涧对峙起来。项羽一看刘邦来了，大喜过望，当即向刘邦发起挑战，希望两人来个单挑。没承想刘邦不仅不理会，还自顾自地数落起了项羽的十大罪状："第一，你项羽违背诸侯盟约，强行将我封到巴蜀、汉中为王。第二，你假传楚怀王的命令，杀死楚军主帅、卿子冠军宋义。第三，救赵之后，你不等楚怀王指示，就擅自胁迫救赵的各路诸侯军一起入关。第四，你不但焚烧秦朝宫室，还挖掘秦始皇陵墓，盗取财宝据为己有。第五，秦王子婴分明已经投降，你居然杀死了他。第六，你在新安活埋了已经归顺的二十万秦军。第七，分封诸侯时，你把好的地方封给各路将领，而将原来的诸侯王全部迁徙放逐。第八，你一边将义帝赶出彭城，自己在那里定都；一边夺取韩王的土地，在梁、楚一带称王称霸，大肆扩张自己的势力。第九，你派人在长江暗杀了义帝。第十，你执政不公，主持盟会不守信义。如此大逆不道之人，天地不容！"

到了最后，刘邦还总结了一句："现在，我率领正义之师和天下诸侯一起讨伐你这个逆贼！我让那些囚犯收拾你就够了，又何必要亲自和你单挑呢？"项羽一听大为光火，他忽然想起此前楼烦射手的事，觉得机会来了，便让人偷偷用弩箭射杀刘邦。刘邦没料到项羽会让人下黑手，立刻胸口中箭。刘邦反应迅速，他怕自己中箭的消息传出去后有损士气，立刻蹲下身来，摸着脚大喊道："这个逆贼竟然放暗箭射中了我的脚指头。"汉军众将士一听以为刘邦伤得不重，便放下心来。

实际上刘邦伤得非常重，他回到军营后立刻躺下不起。张良心知刘邦阵前的表现只是暂时稳住了军心，如果这么一直躺在军营里，很快众将士就会知道刘邦伤重，到那时军心必定涣散，楚军得到消息后，也会趁机发起进攻。他不顾刘邦重伤，坚持要求刘邦出营抚慰将士，安定军心，以免给楚军可乘之机。刘邦也知道这是关键时刻，于是咬牙坚持出营，在汉军营地之中巡视抚慰了众将士一番。汉军众将士一看刘邦这么快就出来了，都觉得他没受什么伤，一时间欢声雷动。这一番表演之后，刘邦的伤势更重了，他只好借口巡视成皋的军队，一溜烟儿跑回成皋养伤去了。

项羽虽然让人偷袭射了刘邦一箭，但他并不清楚到底有没有射中，更不知道刘邦到底伤势如何，于是派间谍前去汉军军营中打听。消息传回后，项羽大吃一惊，原来刘邦根本没有受伤，居然还能跑出来抚慰将士，只好自认倒霉，没能趁机对广武山的汉军发起攻势。

不等项羽采取下一步行动，一个惊天消息传来：东面的齐国竟然被韩信打败了！

巧袭潍水：韩信灭齐之战

汉高祖四年（公元前 203 年）九月，大将军韩信率军向东进发，准备渡过黄河攻取齐国。韩信手底下的士兵大多是新招募的，刘邦知道靠这支军队去打强大的齐国不切实际，所以他不光将此前南下参与成皋之战的左丞相曹参、御史大夫灌婴所部人马全部划给了韩信，还将自己本部的右骑将傅宽所部人马调给韩信指挥。

韩信率领这支汉军一路向东，准备按计划从平原渡过黄河前去攻打齐国。没想到的是，还没等韩信渡河，就传来了一个重大消息：齐国竟然归降汉国了！到底是怎么回事呢？说起来这还是郦食其的功劳。

郦食其是陈留高阳（今河南杞县高阳镇）人，非常喜欢读书，但因家境贫寒，一直也没能混上一官半职，最后竟然只能到高阳做了一个看门的。郦食其为人桀骜不驯，当地人都称之为狂生。与秦末很多有才华的人一样，郦食其也在等待时机。秦末农民起义爆发后，各路起义军的许多将领先后率军路过高阳，郦食其对这些人一一进行了观察，觉得他们成不了大事，便一直没有出山的打算。直到刘邦奉楚怀王之命西入关中，路过陈留附近，郦食其观察一番后认为刘邦就是自己等待的明主。他有心前去归附，却苦于没人引荐。

说来也巧，刘邦手下有个骑士正好是郦食其的同乡，此人刚好回家探亲。郦食其找上门去，告诉这位骑士："我听说沛公一向傲慢看不起人，但我知道他志向远大，想要追随他，却苦于无人引荐。希望你回去后，能替我告诉沛公，你家乡有一个郦生，年龄已经六十多岁了，身高八尺，人们都称之为狂生，但他却说自己不是狂生。"骑士一听为难了："这事有点难，沛公非常不喜欢儒生，曾经有一些戴着儒生帽子的人前来拜见沛公，沛公就将他们的帽子摘下来，往里面撒尿。他与人交谈时喜欢动不动就破口大骂，您还是不要以儒生的身份去见他了。"郦食其毫不介意，让骑士只管按他的话去说。由于骑士是本地人，刘邦经常向他询问当地有名的豪杰和有才之士，骑士便顺势推荐了郦食其。

刘邦召见郦食其时，果然表现得很不礼貌。郦食其一进来，就看到刘邦坐在床上，让两个美貌女子替他洗脚。见此情形，郦食其也不行礼了，问道："您到底是要帮助秦灭掉各路诸侯呢，还是想要率领诸侯灭秦呢？"刘邦一听就火了，谁不知道他是楚怀王派去攻秦的，郦食其这么说分明是在嘲笑他。他立刻骂道："你这个该死的儒生乱说什么，天下人在秦的统治下长期受苦，诸侯们才相约一起攻打秦，你凭什么说我是帮秦的，你这分明就是在骂我！"

郦食其也不惊慌，解释道："您如果是要聚集百姓组建义兵讨伐秦，那就不应该用这种态度来接见年长之人。"一句话说得刘邦尴尬不已，他赶紧让两个美女下去，接着穿好衣服，将郦食其请到上宾的位置坐下，并对他道歉。郦食其见刘邦态度改变，就与刘邦谈论起了六国合纵连横的故事。刘邦一听觉得这个儒生与以往见过的那些腐儒都不一样，便虚心请教道："我想入关灭秦，应该怎么办呢？”郦食其分析道：“您现在手下连一万人都没有，靠这么点儿人想入关灭秦简直是痴人说梦。依我之见，不如先拿下陈留，陈留地处要道，城里又囤积了许多粮草，可以用来招募士兵。我跟陈留县令是熟人，我愿意替您去说降他，如果他不肯投降，您就发兵攻打，有我做内应，也能够拿下陈留。”刘邦依照郦食其的话，果然拿下了陈留。

楚汉之争中，郦食其多次为刘邦出谋划策，刘邦再攻成皋就是出自他的建议，并因此改变了此前的被动局面。攻下成皋之后，郦食其再次主动请命：“眼下燕赵地区已经全部平定了，剩下的只有东面的齐国还没有降服。田氏一族在齐地的势力非常强大，不仅有东海、泰山作为依靠，还有黄河、济水作为屏障，南面更是有楚国进行支援，并且当地百姓狡诈多变。这样的地方即使您派几万大军前去攻打，没有几个月甚至一年只怕难以攻下。不如让我出使齐国，替大王游说齐王田广，让他就此归顺，免去一场恶战。”刘邦一想，说降齐国肯定比费力去攻打省事，便答应了郦食其的请求。

郦食其一路东行，很快就到达临淄，见到了齐王田广，他一见面就劈头盖脸地问道：“大王可知道天下人心现在归属于谁吗？”田广听得一愣：“不知道。”郦食其回答道：“依我之见，天下人心归于汉国。”田广一听就纳闷了，现在楚汉交兵还没有分出胜负，楚国甚至一直在大战中占据优势，屡屡击破汉军，怎么人心反而归属汉国了？他问郦食其：“你怎么能断言天下人心归属汉国？该不会你为了替汉王说话故意蒙我吧？”郦食其成竹在胸，解释道：“我自然是依据事实做出的分析，你们应该清楚项王的所作所为。当初项王与汉王受命于楚怀王，共同率军攻秦。楚怀王曾与诸将约定，谁先攻入关中就是关中王。汉王最先攻入关中，项王却违背约定，把汉王赶到汉中去做诸侯王。分封天下诸侯后，项王又觉得义帝碍事，就派人将义帝杀死在长江上，这等叛逆行为让天下人气愤不已。汉王正是听说了义帝被害的消息，才集结汉中的兵马夺取三秦之地，之后兵出函谷关，为义帝向项王讨一个公道。汉王收聚天下兵马的同时，扶持诸侯的后人担任诸侯，并将土地封赏给攻下它的将领作为封邑，将财物分给士兵们作为赏赐。因汉王愿意与天下人共享利益，天下间的英雄豪杰和有才之士无不乐于效忠汉王。反观项王，他不但有背信弃义的恶名和杀害义帝的罪行，还吝啬奖赏别人的功劳，对别人的过失耿耿于怀。将士们打了胜仗得不到赏赐，攻陷了城邑得不到封赏，只要不是姓项的就不能当权主事，闹得天下人都反叛他，有才能的人也不愿意为他效力。我汉军之中的韩信、陈平等人都是因为在项王那里不得志，才转投到汉王麾下，由此得到了重用。所以现在怎么看都是汉王将赢得胜利，就算是瞎子都能看出来。更何况，汉王自出兵以来，先后灭掉三秦、西魏、赵国，这些显然不是单靠人力就可以做到的，必定有上天的帮忙。”听完这一席话，田广陷入了思考之中，显然是有所触动。

郦食其知道，单靠一番空话想要说服齐王肯定是不现实的，他接着分析局势道：“现如今汉军已经夺取了敖仓的粮食，正全力防守险要的成皋地区。汉军北面控制了白马津，断绝了太行山的道路，并在飞狐口一带设防。依照这个形式来看，天下诸侯最终都要归服于汉王。到那时，后来归服的肯定难逃灭亡的命运。假如大王您现在抢先降服汉王，齐国必然能够得到保全，不然的话，也许很快就要遭遇灭顶之灾。”

郦食其这番话满含威胁，田广自然听得明白。随着楚汉之争的局势越来越明显，齐国终究是要做出选择的：不是归降汉国，就是归降楚国。正如郦食其所说，项羽这个人以往的经历怎么看也不如刘邦靠谱，而且他为人残暴，实在不怎么好相与。更何况，现在的战局逐渐在向着对汉国有利的方向发展，如果跟楚国结盟，很可能与它一起灭亡。而且楚国也未见得能保证齐国的安全，当年背汉投楚的西魏国和赵国都已不存在了，齐国又拿什么来对抗汉军？倒向楚国显然是不明智的。更别提齐国和楚国之间有着血海深仇，就连田广的父亲田荣也是被项羽打败后才遭人杀害的。齐地百姓同样痛恨楚军，选择汉国无疑更为明智。田广和叔叔田横经过一番考虑之后，终于下定决心与楚国断交，转而与汉国结盟。

先前，田广得知韩信将要率军攻打齐国，便集结齐军主力，交给齐将田解和华无伤两人，让他们率军驻扎在历下（今山东济南市西），以防汉军进攻。现在既然和汉国达成了和平协议，自然就不需要再做戒备了，于是田广下令历下军中解除戒备，以此向汉国表示诚意。田广自己则将郦食其当成替齐国解除危机的大恩人，将他留在临淄日夜不停地饮酒作乐。

接到齐国归降的消息后，韩信本打算撤军回赵国，手下却有一人站出来反对，这个人就蒯（kuǎi）彻。蒯彻是范阳（今河北定兴县）人，也是秦末著名的纵横家。在武臣攻打赵地时，蒯彻曾主动站出来先后游说武臣和范阳令徐公两人，让他们各自得到了好处，到韩信灭赵以后，他便投入了韩信麾下。蒯彻听说韩信想要退兵，劝道："此刻千万不能退兵！将军您是先接到汉王的命令，率军向东攻打齐国的，只不过后来汉王另有打算，才派人去齐国说服田广投降。但汉王并没有下令让您停止进兵，为什么不继续向前进攻呢？更何况，将军您想一想，郦食其不过是个说客罢了，他乘着车进入临淄，靠着三寸不烂之舌说服齐王田广投降，让汉王不废一兵一卒得了齐国七十多座城池。而将军当初率领几万人攻打赵国，前后用了一年多才打下五十多座城池。这么一比较起来，岂不是让汉王觉得您做了几年大将军，还不如郦食其一个腐儒功劳大？"

韩信本就不愿平齐的功劳被郦食其抢去，蒯彻的话更是坚定了他的想法，于是决心继续进攻齐国。很快汉军就在韩信的率领下渡过黄河，一路南下直抵历下。虽然此时齐军的主力都集结在历下，但他们收到了齐王田广的传话，以为与汉国已经结成了同盟，因此没有丝毫防备。韩信自然不可能错过这样的机会，他迅速带人发起了突袭，历下守军在没有防备的情况下很快打了败仗，全军死伤无数，幸存下来的人四散而逃。转眼间，齐军主力就这么烟消云散了，以华无伤为首的四十六位齐将连跑都没有跑掉，做了灌婴的俘虏。随后汉军在曹参等人的率领下，向临淄奔袭而去。

历下大败的消息不久就传到了临淄，田广又惊又怒，他做梦也没想到自己竟然会被郦食其耍了，如果不是轻信了郦食其的鬼话，历下的齐军主力何至于这么快就被汉军击溃！不过眼下田广也顾不得找郦食其的麻烦，他急需郦食其为他退掉汉军，于是便告诉郦食其：“虽然你之前骗了我，但我还是愿意给你一条活路。假如你能阻止汉军继续向前进攻，我就让你活着，否则不要怪我不客气！你看到外面那锅热水了吗？那是为你准备的，你自己想清楚。”田广以为是郦食其出卖了自己，但郦食其知道根本不是这么回事，他心知韩信是为了抢功才发起进攻的，根本不可能是汉王下的命令，而他没有办法让韩信退兵。郦食其心知难免一死，干脆就强硬了一把：“干大事的人从来不拘小节，有大德的人也从来不害怕别人指责，你想杀就杀，我反正不会替你去游说韩信。”田广听完再也忍耐不住，下令将郦食其烹杀。

田广虽然杀死了郦食其，但终究只能泄愤而已，对阻挡汉军的进攻毫无帮助。临淄的军队大多已调去历下军中，此时的临淄几乎是一座空城，肯定抵挡不了汉军的进攻。无奈之下，田广只好放弃临淄，一路逃到高密，并派人前往广武（今河南荥阳市东北）找项羽求援。齐国高层也跟着出逃，分别逃亡各地，其中田横逃到了博阳，丞相田光一路逃到了城阳，大将田既则跑到了胶东一带驻扎。不久，曹参等人就来到了临淄城下，进入了没有守军的临淄城中。临淄就此落入汉军手中。

项羽接到齐国的求援后大惊失色，他怎么也没想到齐国居然这么容易就被韩信击败了。当时的北方，除齐国以外都被汉国收入了囊中，再失去齐国，楚国将彻底陷入汉军的包围之中，汉军随时可以从齐地向西进攻彭城，使楚国大后方受到威胁。对项羽来说，齐国不容有失，必须出兵救援才行。楚军最好的主帅人选自然是项羽自己，但他此刻正在广武涧与汉军对峙，根本脱不开身，只能另选主帅。经过一番挑选后，项羽选中了龙且。龙且作为楚军头号猛将，虽然在汉军手底下吃过不少亏，但好歹击败过英布，算得上楚军中最拿得出手的将领了。为了能让龙且彻底击败韩信，项羽也是下了血本，他将手下大部分精兵分给龙且，组成了一支号称二十万人的庞大援军。

不久，龙且便与楚将项它、周兰、项冠等人一起率军到达齐国高密。田广见楚军援兵来得这么快喜出望外，立刻大摆宴席迎接龙且等人。看到热情的齐王，龙且心头感动异常，当即表示要替齐王收拾掉韩信，重新夺回临淄。休整几天后，龙且迫不及待地率军出发了，准备一举击溃韩信，作为主人的田广也带着这段时间集结的齐军一起北上。韩信听说楚军主力前来救援后并不慌张，他将此前分散各处攻略齐地的汉军全部召了回来，带着军队至潍水西岸驻扎下来。龙且和田广很快率军到达潍水东岸，与韩信隔河对峙起来。

两军交战之前，龙且手下有一个谋士给他出了一个主意："眼下汉军将士人数虽少，但他们远离故土远征，打起仗来肯定会拼死力战，这样的军队很难阻挡其锋芒。相反，楚国和齐国的联军虽然人数更多，却是在自己的地盘上作战。本土作战固然能够激励士兵们保家卫国、同仇敌忾，但也容易让士兵们心生懈怠，一旦交战不利就有可能逃散。依我之见，我们不如在高密一线深沟高垒，坚决不与汉军交战。与此同时，让齐王派出亲信大臣，前往汉军后方安抚那些已经沦陷的齐国城池。这些城池的官员和百姓们一旦听说齐王还在，楚国又派遣大军救援齐国，肯定会立刻反叛，不再为汉军提供粮食。到那时，汉军在远离本土两千多里的地方欲战不得，欲退同样不得。这么一来，汉军进退两难，除了投降还有别的选择吗？"

此人的计策，无疑会对远在齐地的汉军造成重大威胁，可惜龙且并没有采纳。原因很简单，他认为："我跟韩信又不是不认识，我非常了解他这个人，无非就是一个胆小怯弱之辈，还受过别人的胯下之辱，这种人非常容易对付，根本不用这么麻烦。何况项王派我前来救援齐国，如果韩信不战而降，那我又有什么功劳？只要我战胜了韩信，项王肯定会把齐国的一半分封给我，我为什么不打？"

在龙且看来，韩信就是送上门让他刷战功的，根本不需要任何计谋就可以击败。也不怪龙且自大，楚军中除项羽外的第一猛将英布都被曾他打得惨败，他自然看不上名气与英布差了十万八千里的韩信了。这一年多以来，韩信虽然先后击败了魏王豹、夏说、陈余等人，声势威震河北；但对长期跟在项羽身边的龙且而言，魏王豹、陈余不过是当年在巨鹿城外吓得不敢前进之流，他丝毫没将这些人放在眼里，击败他们的韩信同样不值一提。龙且眼中的韩信，依然是当年楚军中的小角色，他丝毫没有意识到韩信身上的变化，还以为对方和当年一样碌碌无为。

龙且自己虽然也在汉军手底下吃过几次亏，但他将这些归结为自己兵马不多，一时大意下才会被汉军击败。在击败英布以后，龙且的自信心更是膨胀到了极点，自以为除了项羽以外天下无敌，根本没有将其他人放在眼里。况且，龙且还有自己的私心，那就是想要封王。此时距离戏下分封已经过去好几年了，楚军之中得以封王的将领依然只有一个英布。在龙且看来，既然当年的楚军头号将领能够封王，那么作为楚军如今的头号将领，自己也能够封王。项王一直不给分封不外乎是嫌弃自己功劳不够，要是这次能够击破汉军救下齐国，项王很可能一高兴就会封自己为王。正是在这种心态下，龙且才会急于求战，根本不愿意错过与汉军决战的机会。

面对龙且的二十万大军，韩信自然有所准备，他心知龙且没有将自己放在眼里，而且求战心切，所以料定楚军第二天必定会发起进攻。为此，韩信特意让人连夜赶制了一万多个口袋，然后将这些口袋全部装满沙子。韩信弄这些沙袋自然不是为了加固阵地，而是命人将其全部运往潍水上游投入河中拦截河水。

第二天，韩信没有被动等待楚军进攻，而是借着上游被堵，潍水水浅的机会直接率军渡河挑战楚军。不过这一次韩信只带了一半人渡河，曹参、灌婴等人率领剩余一半汉军精锐埋伏在潍水西岸。龙且原本就想找韩信的麻烦，现在一看韩信主动送上门来，自然大喜过望，立刻率领全军出战。双方随即在潍水东岸展开了一场激战，人数处于绝对劣势的汉军渐渐抵挡不住。韩信一看时候到了，赶紧一声号令，让汉军跟随自己假装不敌，一路跑回了潍水西岸。

龙且见这么轻松就打得韩信狼狈逃走，简直欣喜若狂，他对身边的人说：

“我就知道韩信这个人胆小怯懦，现在一看果然如此，就这么点儿小挫就能吓得他狼狈逃走。”龙且当然不可能就这么放过汉军，他立刻带人跟在韩信后面渡过潍水继续追击。结果齐楚联军刚渡过一小部分人，韩信就下令在上游待命的汉军士兵挪开河中的沙袋，积蓄已久的河水瞬间奔涌到了下游。在大自然的伟力面前，齐楚士兵们显得格外渺小，大水不但将正在渡河的士兵全部冲走，还将余下的一大半齐楚联军拦在了潍水东岸。齐楚联军本身没有携带船只，因水流过大，一时间竟然没有办法渡河。这一来只苦了最先渡河的那小部分人马，靠着这么点儿人去追击汉军显然是不现实的，但想要撤退又回不去，一时间愣在了原地。更惨的是，龙且因为急于立功，与副将周兰两人最先冲过潍水，正好在这一小部分倒霉的人里面。龙且等人根本没有时间思考下一步如何行动，韩信便令曹参、灌婴等人发起突袭，自己也率领此前佯装败退的军队发起反击。在汉军的夹击之下，慌乱的楚军很快就被杀得大败，任龙且如何勇猛也无法改变战局。最终，潍水西岸的楚军被全歼，龙且被曹参所部当场斩杀，周兰也做了灌婴的俘虏。

此时的东岸虽然还有很多楚军，但他们看到主帅和副帅都完蛋了，哪还有什么打下去的勇气。正如此前那位门客所料，东岸的楚军将士眼见西岸的军队无力回天，第一反应就是跑回自己的家乡，因此不等汉军渡河，这些人就跑了个干净。田广手下的齐军情况也差不多，他们本来就是跟着楚军来凑热闹的，现在楚军溃败，他们哪还敢留在原地，也跟着四散而逃。田广这一次没能跑多远，他跑到城阳就被韩信率领的汉军追上，从此沦为阶下囚。灌婴率领的骑兵军团一路捷报频传，很快就俘虏了齐国丞相田光，另一路汉军也在曹参的率领下向胶东进发，并顺利击破胶东的齐军残部，此前跑到胶东的齐将田既也被当场斩杀。

田横这时候还在博阳，眼前的局势变化之快让他多少有些措手不及，他怎么也没想到楚军的救援居然无法挽救齐国，就连他的侄子、现任齐王也被俘了。愤怒的田横不甘心失败，立刻自立为齐王，率领手下军队再次发起反击，准备教训教训汉军。这一次田横面对的是灌婴所部汉军精锐骑兵，双方在嬴下（今山东济宁市莱芜区西北）展开决战。田横所部都是这段时间聚集拼凑起来的残兵败将，哪是汉军精锐骑兵的对手，很快就被灌婴杀了个全军覆没，汉军乘胜攻下博阳。这一下田横连齐国都待不下去了，干脆一路向西逃往梁地，投奔老朋友彭越。田横一走，齐国就更难组织起有效的抵抗了，很快各地先后被汉军攻下。最终，灌婴攻下千乘（今山东高青县东北），斩杀齐将田吸，齐地就此平定。

平定齐地后，韩信立刻派人向刘邦报捷，顺便讨要封赏。这一回韩信要的可不是什么官职，他希望得到的是割据一方，裂土封王。韩信没法明着告诉刘邦，便要了一点儿手段，他让使者告诉刘邦："齐国之人诡诈多变、反复无常，它南面又挨着我们的大敌楚国，为避免其国子民再生反复，急需一位重臣镇守齐国。我愿领下这个艰巨的任务，希望大王能让我暂时代理齐王，镇抚齐地。"韩信虽然说得委婉，但刘邦怎么可能听不明白他的意思，当即就火了："我被困在广武这么久，一直等着你带人来救我。你倒好，不但不来救援，反而想自立为王！"张良和陈平此时正好在刘邦身边，他们一听这话不对，赶紧偷偷踩刘邦的脚，在他耳边说道："我们目前处于不利形势，就算韩信擅自称王，我们也管不住他。不如封他为王，让他镇守齐地，从此对主上感恩戴德，以后对我们定会有所帮助。如果我们不同意封他为王，只怕会逼得他立刻造反。"刘邦这才反应过来，知道自己已经控制不住韩信了，遂改口骂道："大丈夫既已平定诸侯国，要做就做真正的诸侯王，他来求个代理齐王，真是不争气！"之后刘邦让张良前去册封韩信为齐王，并让他率军南下进攻楚国。刘邦这一次封王可谓及时，项羽的使者很快也找上了韩信，如果他不答应封韩信为齐王，后果将不堪设想。

广武涧另一头的项羽也接到了龙且兵败的消息，他心头终于开始害怕起来，这场惨败不但让他失去了手下最得力的猛将，还损失了楚军大部分精锐部队，以致元气大伤。更糟糕的是，齐国也落入了刘邦手里，这意味着他已经完成了对项羽的战略合围。倘若汉军从东西两路同时夹击彭城，以楚军此时的兵力根本抵挡不住。眼下最关键的，还是争取齐地的归属权，如果韩信不帮刘邦，楚国还有争雄天下的机会，于是项羽便派了一个叫武涉的人前往游说韩信。

武涉见到韩信后，开门见山地说道："天下人苦于秦的暴政已经很久了，因此大家一同起兵，齐心勠力灭掉了秦。秦灭以后，有功的诸侯将领们按照各自的功劳裂土封王，士兵百姓也因此得到了休养生息的机会。但后来汉王为了一己之私，带着军队一路东进，沿途抢夺诸侯王们的土地，他夺取了三秦之地还不满足，又出函谷关抢夺土地，率领诸侯们的军队一起向东攻打楚国。我看他不吞并整个天下是绝不罢休的，真没想到有人能贪得无厌到这种地步。而且，汉王这个人本身就靠不住，当初他曾多次落入项王手里，但项王每每念及以往的交情都放了他一马，没想到他一脱身就立刻掉头来攻打项王，其为人竟然无耻到了这等地步。就您现在的情况而言，您虽然和汉王交情深厚，为他征战天下立下了许多功劳，但终究还是会被他收拾掉，汉王断不会允许您世袭割据。您现在之所以好好的，是因为项王还在，汉王还需要您帮助对付项王，因此不敢对您下手。项王如果今天灭亡，明天就轮到您了。目前虽然是楚汉两国相争，但决定胜负的关键却在您的身上，您帮助汉王则汉王胜，帮助项王则项王胜。您曾在项王手下做过事，彼此之间有很深的交情，为什么不干脆反叛汉国，与楚国联合起来，到那时汉王奈何不了你们，三家就此瓜分天下不也很好吗？按照目前的形势，您如果继续帮助汉王对付楚国，那最终的结果只能是大家一起被汉王灭掉，这难道是智者会做的事情吗？"

韩信知道武涉说的是实情，但就情感上而言，刘邦对他始终有知遇之恩，非到万不得已，他实在不愿意背叛刘邦。韩信思考良久，最终还是辞谢了武涉："我以前在项王手底下时，不过是个郎中，地位跟执戟郎差不多。我曾屡次向项王进言，替他出谋划策，但从来没有被采纳过，所以我才选择离开楚国投奔汉国。汉王与项王不一样，他封我为大将军，分配了几万人马让我征战天下，脱下他的衣服给我穿，推过他的食物给我吃，而且对我言听计从，我才能走到今天这个地步。汉王对我如此之好，如果我背叛他肯定不吉利，我即使死也不会改变对汉王的忠心，请你替我答复项王，希望他能够体谅我的决定。”韩信说得如此坚决，武涉毫无办法，只得回去复命。

不止武涉看出了天下大势，韩信手下的谋士蒯彻也看出了如今的局势，他与武涉的看法一致，希望韩信能趁机自立，与楚、汉三分天下。不过有了武涉失败的先例，蒯彻自然不敢直接劝说，他便假借看相为名，告诉韩信：“我曾学过看相的技巧，这些天也偷偷为您看过相。您的相非常奇怪，如果看您的面相，不过是封个侯，而且还非常不安全，但如果看您的背相，那就贵不可言了。”韩信一听就纳闷了：“这前后怎么会有两种不同的相，你这到底是什么意思？”

蒯彻一看韩信来了兴致，便拿出了准备已久的说辞：“刚开始兴兵反秦时，大家担忧的只是能不能推翻秦朝。现在是楚汉两国争夺天下，连年来战火不断，无数百姓惨遭横死，父子老少的尸骸暴露于荒郊野外的，数也数不清。楚国人自从彭城起兵以后，辗转各地，所到之处无往不胜，一度威震天下从无败绩。但自从受挫于京索之战后，长期被困在荥阳、成皋一线无法前进一步，这种情况已经三年了。另一边，汉王率领几十万军队在巩县、洛阳一带抵御楚军的进攻，虽然占据着险要地形，但一天之内要打好几次败仗，迟迟无法取得一点儿成绩。如今，天下的形势是智者、勇者受困其中，百姓被折腾得精疲力竭、怨声载道，民心无所归倚。依我所见，现在这形势如果没有圣贤之人出现，根本不可能平息战乱。目前楚汉二王的命运都掌握在您的手里，您帮助汉王则汉王胜，帮助项王则项王胜。如果您肯听从我的意见，那最好两不相帮，让楚汉两国就此停战，大家一起三分天下，鼎足而立。这种形势一旦形成，便没有人敢轻举妄动。您的能力之强，手下的军队之多，再加上占据着强大的齐国，足以向北迫使赵、燕两国顺服，然后出兵进攻楚、汉兵力薄弱的地方以牵制他们的后方。如此，顺应天下人心，阻止楚汉两国纷争，为天下百姓解除疾苦，肯定会得到天下人的拥戴，到那时还有谁敢不听从您的号令呢？您可以分割强大的诸侯国，将它们封给新的诸侯，这些诸侯自然会顺从于您。您坐拥强大的齐国，控制着胶河、泗水流域，其他诸侯必定会前来归顺，这就是万世的霸业！我听说过一句话，‘天与不取，反受其咎’，现在正是您争夺天下的大好机会，希望您仔细考虑，千万不要就此错过。”

韩信又何尝不知道蒯彻所说的机会呢，但他还是非常犹豫：“汉王对我非常好，我怎么能因为贪图一点儿私利就忘恩负义呢？这实在是不吉利啊。”蒯彻听完却是一声冷笑：“您自认为和汉王交情非常好，将来能够共享万世富贵，这种想法实际上是错的。常山王张耳和成安君陈余两人的交情如何？他们俩还是平民的时候，被人称为刎颈之交。后来因为张黡、陈泽那么点儿小事，两人就彼此交恶，非要置对方于死地。先是常山王被成安君杀得大败，狼狈投奔汉王，靠汉王的保护才活了下来。后来，常山王借助汉军终于击败了成安君，在泜水南面将他斩杀，常山王虽然赢得了胜利，却因此沦为笑柄。这两人的交情，可以说是全天下最好的，但到头来却互相攻击，这是为什么呢？盖因人的欲望无穷无尽，一旦有了欲望，人心就很难揣度了。现在您想要靠忠诚与信义同汉王交往，但你们两人的交情不可能比常山王、成安君二人更好，而挡在你们俩之间的又是争夺天下的大事，这远比张黡、陈泽之死复杂多了。所以我才觉得，您认为汉王不会害您，实在是大错特错。再说远一点，当年越国快要被吴国灭亡时，是大夫文种挺身而出保住了越国，他后来又帮助越国击败吴国，让勾践称雄于诸侯。就算是这样，文种的结局又如何呢？他依然没有逃过被勾践杀死的命运。就像俗话说的那样，一旦野兽被捕杀完了，没有用处的猎狗就会被烹杀。论交情，您和汉王肯定比不上张耳和陈余；论忠诚，您对汉王也比不上文种对勾践。光这两点就值得您去考虑了。更何况，我曾经听说过这样一句话，‘因为勇猛和谋略过人而让君主感到震动的人，自身肯定会遭遇不测之祸；功业卓著，称雄于天下之人，肯定无法给予封赏’。这说的就是您这样的人啊，您曾渡过西河，生擒魏王豹，俘虏夏说，东下井陉口斩杀成安君，攻占赵国，震慑燕国，平定齐国，向南击破楚国二十万大军，向东斩杀楚将龙且，西向汉王报捷。如此功劳，放眼天下独一无二！您的威势威胁着君主，功劳大到无法被封赏。归附楚国，项王不会信任您；归附汉国，汉王同样会猜忌您。天下哪里又是您的容身之所呢？”韩信思考良久，答复道：“你先别说了，让我好好考虑考虑这件事。”

韩信这一考虑就没了下文。几天后，蒯彻忍不住再次劝说韩信：“善于听取意见，就能预见事情发生的征兆；善于谋划思索，就能把握住事情成败的关键。而善于听取意见、长于谋划思考的人，还能安全长久地活下去，天下少有。办事坚决是聪明人果断的表现，犹豫不决只会让事情越来越糟。如果一味在一些旁枝末节的小事情上精打细算，就会遗漏掉那些关乎生死存亡的大事。预知到将来的事情、明白应该如何去做却不去行动，做出决定又不敢去执行，必会为将来埋下祸根，功业难得成功而容易失败，时机难以把握却容易贻误。机会一旦错过，再想要找回来就难了。”

韩信听完蒯彻的话只是一笑而过，他实在不愿意背叛刘邦，但他心里也认为自己功劳非常大，应该封为诸侯王，而刘邦不可能来抢夺自己的地盘，于是便回绝了蒯彻。蒯彻知道韩信终究难成大事，不由叹息一声，就此离去。蒯彻离开之后，为怕将来韩信出事牵连自己，干脆假装发疯，做了一名巫师，希望能就此避祸。

韩信不可能继续保持中立，他终于下定决心要帮刘邦对付楚国。另一边，项羽在知道韩信回绝自己之后，明白大势已去，再战下去已经没有什么意义了，便转而想向刘邦寻求和解。然而项羽跟刘邦交战多年，彼此互不信任，想要和解实在困难。就在这时，一个人的出现成功化解了危局。

垓下楚音：西楚霸王的覆灭

汉高祖四年（公元前 203 年），纵横天下多年、从无败绩的西楚霸王项羽终于感到了恐惧。这一年里，汉军不但灭亡了齐国，还击溃了楚国大将龙且率领的二十万大军，龙且当场身死，战局对楚国越来越不利。

项羽自然知道眼前的形势对自己有多么不利，他也曾努力改变局势，但终究失败了，楚国就此陷入了汉军的包围圈里。此时项羽所考虑的已经不再是如何消灭刘邦了，而是如何挣脱眼前的困局。刘邦自然也看出了楚军的难处，他并没有趁机与楚军决战。一方面，他依然畏惧项羽，且汉军自身疲惫不堪，与楚军决战未必能够获胜。另一方面，他更希望能够先和楚军达成和解，以便接回自己的父亲和妻子。为此，刘邦特意派遣手下擅长游说的陆贾前去劝说项羽，请求双方就此讲和。没想到的是，这位日后曾靠一张嘴让南越武王赵佗臣服的游说高手竟然失败了，项羽毫不犹豫地拒绝了这一请求。这固然是因为项羽放不下面子与刘邦求和，但更深层次的原因在于项羽希望能够寻找机会，再次击溃刘邦。何况，在吃了那么多次亏后，项羽根本不敢信任刘邦。

战局虽然没有发生任何改变，但随着时间的推移，汉军从关中得到的增援越来越多，部队不断得到壮大，粮食根本吃不完。形势对楚军越来越不妙！此时的楚军远在广武，离后方非常遥远，想要获得补给极为困难。更糟糕的是，广武和彭城之间的梁地不断遭到彭越的袭扰，楚军的补给线岌岌可危。很快，楚军不但开始断粮，连兵力都难以得到有效补充。这种情况下，一个叫侯公的人出现了，此人并非刘邦的手下，只是一个读书人，他发现楚汉之间微妙的处境后，果断去汉军大营拜见刘邦，请求让他出使去说服项羽。刘邦并没有将侯公放在心上，他不认为项羽会接受求和，只抱着姑且一试的心态派了侯公前去。没想到，这侯公还真有些本事，他不知用了什么法子，竟然说服项羽答应与刘邦讲和。

这一年九月，项羽与刘邦正式达成协议：两人平分天下，双方以鸿沟为界，鸿沟以西归刘邦，鸿沟以东归项羽。为了表示诚意，项羽在达成协议后就将刘太公和吕后放回，两人一被接入军营，汉军立刻欢声雷动，庆祝这一胜利。另一边，项羽万分愁苦，他从未想过自己会有战败的一天，他在心头暗暗发誓，等回到楚地恢复元气之后，他一定要报今日之仇。不久，项羽便从广武涧西面撤军，率部东归彭城。

刘邦见项羽走了，也打算回到关中。关键时刻，张良和陈平站了出来，他们拉住刘邦："您还真打算履行约定退兵啊？现在汉国已经得到了大半个天下，各方诸侯前来归服，我们兵强马壮，楚国却军队疲惫、粮食匮乏，这正是老天爷给我们机会，好趁机灭掉楚国！如果现在就这么放走了项羽，势必养虎为患，等他回到楚地恢复元气之后，我们再想对付他就困难了。"刘邦本就不是什么守信的君子，撕毁盟约的事他不是没干过。当年西进入关时，刘邦原本与峣关（今陕西商洛市商州区西北牧护关）守将约定好一起向西灭秦，但在张良的建议下刘邦不顾盟约，打了峣关守将一个措手不及，就此顺利入关。一旦下定决心，刘邦立刻展开了新的战略部署：他派此前刚被封为淮南王的英布与刘贾一起率军南下，进攻南面被楚国占据的九江国故地，以断绝项羽南下的道路；又命韩信领兵从齐国南下，从东面包抄彭城；彭越则攻击梁地，沿途不断袭扰撤退中的楚军；自己则亲率大军从荥阳出发，向东追击楚军。最后，四路大军将在梁地会合，将项羽围歼于此。

对于刘邦的背盟，项羽没有丝毫察觉，他依然按照原定计划，准备向东经过三川郡（治雒阳县，今河南洛阳市东北；一说治荥阳县，今河南荥阳市东北）回到彭城。但沿途遭到彭越所部的袭扰后，项羽敏锐地察觉到情况有变。他意识到，汉军可能已经对自己发动攻击了，如果再按原计划回彭城，很可能在梁地陷入汉军的重重包围之中。到那时，前有韩信后有刘邦，中间还有一个捣乱的彭越，就是神仙也难救了。于是项羽当机立断，立刻沿着鸿沟一线向南撤退，准备绕一大圈回到彭城。项羽这一走，彭越可就高兴了，他原本只领了袭扰任务，现在见有机可乘，立刻开始攻城略地。梁地一直是彭越和刘贾等人重点搞破坏的地区，此前就曾多次陷落，哪还有多少楚军防守，彭越发起攻击后没多久，就拿下了老家昌邑和附近的二十多座城池。不但如此，彭越还从这些城池里白白得了楚军囤积的十多万斛粮食，他将这些粮食全部运送给了汉王做补给。

项羽虽然见机得快，果断率军向南而走，但他依然没能逃过刘邦的追击。刘邦的速度极快，很快就在阳夏追上了楚军的后卫部队。楚军没料到汉军来得这么迅速，猝不及防之下被汉军打得弃甲曳兵。这次战役中，樊哙的表现最为突出，在他的拼死力战下，以楚国将领周将军为首的四千多名楚军士兵全都做了俘虏，阳夏城就此落入了汉军手中。

突袭阳夏得手之后，刘邦没有继续向前追击，而是停了下来。原因很简单，他发现原本计划中要前来会师的各路人马竟然一路也没到！刘贾、英布还没有拿下九江，情有可原；但彭越和韩信根本没有多少敌人，竟然也没来！刘邦心里把彭越和韩信两人骂了千百遍，但也没有办法强逼两人前来，更何况时间也不允许继续等下去，如果再等只怕项羽真就要跑掉了。此时的刘邦顾不得等人了，赶紧带领汉军继续追击。

事实证明刘邦实在多虑了，他一路追到固陵（今河南太康县南），发现楚军在前方严阵以待。项羽根本没有继续撤退的打算，这不符合他的性格，他从来没有过在敌人面前狼狈后撤的时候。更何况，此时的项羽已经被刘邦完全激怒了，他怎么也没想到刘邦竟然这么无耻，直接撕毁刚刚签订的盟约，再次开战。这种人要是还不教训一顿，西楚霸王的脸往哪儿放？再说了，想要顺利撤回彭城，就必须先解决掉跟在后面的刘邦所部，如果不这样做，一旦前方出现其他汉军，楚军很可能会陷入汉军的包围之中。只有在这种最坏的情况出现之前，抢先击败后面的刘邦所部，才能保证自己顺利脱身。想明白一切之后，项羽便开始有意识地改变行军路线，他的目的地不再是彭城，而是陈县。

陈县对楚国来说意义非常特殊。在战国时期，楚国曾一度以陈县作为首都；而秦末农民起义后，陈县作为起义军最早攻下的大城，陈胜在这里建立了张楚政权。楚国定都彭城之后，陈县作为楚国境内的重镇，长期驻扎着重兵，此时防守陈县的是陈公利几。到达陈县以后，项羽立刻展开新的军事部署，他命令钟离眜率军进驻陈县北面的固陵坚守，以阻挡汉军南下；自己则与利几合兵一处，准备对汉军发动反击。

刘邦南下固陵后，首先遇到了钟离眜所部军队。双方围绕着固陵城展开了一场激战，汉军未能破城，暂时被钟离眜击退，只能在城外驻扎下来。这个时候，彭越和韩信等人的军队依然没有赶到，刘邦心知单靠自己恐怕不是项羽的对手，想先退去。然而不等刘邦退兵，项羽就率领楚军主力开始了反攻，他到达固陵后，立刻与钟离眜夹击围城的汉军。一场激战下来，汉军大败，全军死伤无数，刘邦无奈之下只得率军退回阳夏。

战败的刘邦愤怒异常，他气的不是自己输给了项羽，而是气彭越和韩信没有来。一直以来，刘邦都知道单靠自己是万万不能收拾掉楚军的，需要彭越、韩信等人的协助，大家一起群殴才能把项羽干掉。然而刘邦没想到的是，自己拼死拼活追了半天，竟然连彭越和韩信的影子都没看到。同时，他也有些奇怪，为什么一贯听自己指挥的韩信和彭越这一次不听话了。这个问题很快就被抛给了张良："不知道为什么诸侯们一个都没有来，我们想击败楚军肯定要靠诸侯军帮忙，现在他们都不肯来，我们该怎么办？"张良自然知道彭越等人不来的原因，便向刘邦解释道："彭越和韩信不肯前来的原因很简单，因为现在楚军败局已定，但您并没有分给他们土地，所以都不愿意效命，这是很正常的。只要您能与他们共享天下，这两人立马就会赶来。现在韩信和彭越虽然各自都有封赏，但两人并不满足。先说韩信，他现在虽然贵为齐王，但他知道这个分封并非出于您的本意，只不过是迫于形势不得不封他罢了，所以他并不放心，非常担心您什么时候就会把齐地收回去。彭越比韩信更要不满，他本来已经夺取了梁地，但因为您当时顾念魏王豹的关系，只给了他一个魏国相国的官职。现在魏王豹已经死了，彭越却依然只是一个相国，他也想被封为诸侯王，但您却一直没有动静。依我之见，不如将睢阳以北到谷城一带的土地分封给彭越，将陈县向东到大海的土地分封给韩信，韩信本就是楚地人，心里一直非常想要得到家乡的土地，只要您愿意将这些土地分给他们，他们俩肯定会立刻前来。到那时，他们为了自己的利益也会拼死与楚军作战，楚国就很容易被击破了。”刘邦听完恍然大悟，赶紧让使者分别前去册封彭越和韩信。与此同时，为了防止楚军追击，刘邦又在阳夏外面广挖堑壕以增强防御。

刘邦这一次白忙活了一场，项羽根本就没有追来，这倒不是他好心想要放刘邦一马，只是因为老巢彭城出了大事，此时已经顾不得再追击刘邦了。这件事还要从刘邦围歼项羽的部署说起，韩信接到命令之后，虽然没有按照刘邦的安排率军南下会合，却派了灌婴率领所部骑兵南下。灌婴南下后，很快进入楚国境内，在鲁县北面击破了楚将公杲所部军队，接着向南攻入薛郡境内。薛郡虽然是楚国北面的重镇，但因为与齐国许久未曾开战，本身并没有布置多少防守兵力，而潍水之战又消耗了楚军太多的有生力量，此时的薛郡防御非常虚弱。再加上项羽一直没来得及返回楚国重新调整战略，薛郡在灌婴面前不堪一击，薛郡郡守率领的楚军很快被打了个大败，一名楚军骑将也被灌婴俘虏。之后灌婴继续向南，一路攻下了傅阳（今山东枣庄市南）、僮县（今安徽泗县东北）、取虑（今安徽灵璧县东北）、徐县（今江苏泗洪县南）等地，渐渐对楚国首都彭城形成了包围之势。此时坐镇彭城的是楚国柱国、项氏亲族项它，他的履历可谓异常“辉煌”。章邯攻魏时，项它曾作为楚军将领率军前去救援，结果不幸在临济被章邯杀了个大败，只得狼狈逃回。魏王豹倒向项羽以后，项羽又把项它派往魏军之中担任步兵将领，结果又被韩信击败，魏王豹没有跑掉，项它却一溜烟儿跑回了彭城。后来项羽救援齐国时，项它又与龙且等人率军前往，结果潍水一战楚军全军覆没，主将龙且等人或死或俘，只有项它再次逃了出来。要论跑路的本事，恐怕楚汉时期很少有人比得上项它了，但要论打仗，项它实在是没多少本事。更何况，外面来的是他的老对手灌婴。彭城里大多是潍水之战后逃出来的残兵，靠这么一个庸将带着一堆残兵去对付汉军，简直是痴人说梦。项它知道自己没有打败灌婴的能耐，便一面坚守彭城，一面派人给项羽送信，希望他能派人增援。

接到项它的求援时，项羽正在陈县厉兵秣马准备收拾掉刘邦，他心知如果不先把刘邦所部除掉，自己前往救援彭城必定会陷入两路汉军的夹击之中，但不救援彭城的话，光靠项它又守不住。思来想去，项羽决定兵分两路，自己率主力继续按原计划收拾刘邦，项声、薛公、郯公所部兵马则去救援彭城。项声等人接到命令后，很快就进入了淮北地区，他们惊喜地发现，以彭城为中心的淮北一带并没有汉军的影子！

灌婴这时到哪去了呢？其实灌婴并没有撤退，他看彭城短时间内难以攻下，便干脆率领军队继续南下，竟然一路渡过淮水，攻下了南方重镇广陵（今江苏扬州市西北）。趁着灌婴不在的机会，项声等人四面出击，将淮北一带的土地又全部夺了回来。灌婴听说自己苦心拿下的淮北地区全部丢了以后，异常愤怒，赶紧带着军队再次北上，很快就渡过淮水直逼彭城。项声等人接到灌婴北上的消息后，也不甘示弱，立刻集结全部兵马前往迎战。双方最终在下邳相遇，一场激战下来，楚军大败而逃，薛公被当场斩杀，项声和郯公仅以身免。如此一来，楚军再也无力抵挡汉军了！很快，下邳等地就落入了汉军手里。灌婴随后率军乘胜追击，在平阳再度击败楚军，兵锋直指彭城。此时的彭城一片愁云惨淡，城里的楚军大多是项它从潍水带回来的残部，根本没有多少战斗力，这时看到楚军援兵大败，士气就更加低落了，想要靠他们守住彭城，显然是不现实的。在灌婴发起攻击后不久，彭城就陷落了，这一次逃跑高手项它再也没能跑掉，做了灌婴的俘虏。此后灌婴以彭城为中心四面出击，先后拿下了留、薛（今山东滕州市南）、沛、酂（今河南永城市西）、萧、相（今安徽濉溪县西北）、苦（今河南鹿邑县）、谯（今安徽亳州市）等县，几乎将彭城周围的楚国地盘扫荡了个干净。

彭城失陷的消息不久传到了项羽的耳朵里，他不由大惊失色，再也顾不得去阳夏找刘邦的麻烦，打算趁着刘邦暂时无力出击的机会，先行前往攻击灌婴，一举夺回彭城。然而还不待项羽有所行动，噩耗再次传来，九江国也丢了！九江国原本是英布的地盘，在英布被龙且打得弃军而逃之后，剩下的九江军队便被项伯收编了。项羽派大司马周殷率军在此镇守，以作为楚军南方的战略要点。由于此处是英布原来的封地，其旧部极多，刘贾一路推进神速，很快就到达了寿春。到达寿春后，刘贾并没有立刻发起攻击，而是在英布的建议下准备不费一兵一卒地说服周殷投降。刘贾派出使者，借着英布的关系游说周殷，希望他能率军投降。周殷并不是笨人，项王虽对他有知遇之恩，但眼前的形势显然不是自己能够逆转的。为了谋求活路，周殷干脆同意了使者的游说，决定投降刘贾。当时九江国内还有一支忠于项羽的楚军，正驻扎在六县。周殷为建立功劳，便率领舒县之兵前往六县，在守军没有防备的情况下将之歼灭。有了六县楚军作为投名状后，周殷打开寿春城门，带着九江国投降了刘贾。就这样，楚军南面最重要的战略要点寿春落入了汉军手里。

九江国的丢失，不但意味着楚军无法从南面得到援助，还意味着楚军即将陷入四面八方都是汉军的糟糕境地。在这种情况下，如果再率军去收复彭城是极不明智的，贸然前往很可能陷入汉军的包围圈中。项羽意识到陈县一带不再安全，断不能继续留在此地，便率军向南而去，准备返回江东，以图将来东山再起。为了防止刘邦等人追击，项羽特意把大将钟离眜留在固陵，让他与守卫陈县的利几一起，再次组成防线阻击汉军，项羽自己则率军沿颍水南下。

刘邦这时还不知道项羽已经走了，但形势的变化他还是看在了眼里。彭越和韩信虽然依旧未到，但灌婴和靳歙却率军到了，他们与刘邦在颐乡会师后，再次南下攻打固陵。面对人多势众的汉军，不少楚军将士的心态发生了变化，开始有了别的想法。长期以来的征战早已让他们疲惫不堪，眼下楚国大片领土丢失，覆灭只是早晚问题。再加上固陵和陈县的楚军都是项羽用来阻挡刘邦继续追击的，在主力远去又没有其他支援的情况下很可能成为弃子。

不少人并不甘心就这么白白死掉，便想投降汉军，楚国令尹灵常就是其中一位。灵常是被留在固陵一线阻挡汉军的将领之一，他干脆带着人向北投降了刘邦。灵常这一投降，不但大大削弱了楚军的力量，还让刘邦尽知楚军虚实。刘邦得知项羽已经离开，立刻率军南下攻打固陵。有了灵常这个熟门熟路的人带路，固陵显然没能阻挡住刘邦前进的步伐，钟离昧的军队很快就全军覆没了，而他自己仅以身免。固陵一丢，陈县也很难再坚持下去了，利几初战不利后也干脆投降了刘邦。项羽打造的固陵防线就这么崩溃了，完全没有起到多少拖延时间的作用。

项羽怎么也没想到，留在后面的楚军竟然这么快就崩盘了！固陵、陈县落到刘邦手里后，汉军再次南下追击项羽。项羽原计划率军向东南渡过长江返回自己长大的地方——此时尚在楚国手里的江东地区，但汉军来得这么快，再想按原计划撤退已行不通了。于是他干脆不走了，转而向东到垓下（今安徽灵璧县东南）驻扎下来，在此休整军队，恢复力量，以图与汉军决一死战。垓下位于淮北平原上，可谓沃野千里。项羽之所以将战场选在这里，是想利用自己的野战优势彻底击溃刘邦。从巨鹿到彭城，凭借项羽无坚不摧的勇力，楚军一次又一次地在野战中创造了奇迹，哪怕是刘邦面对楚军也不敢轻易与之野战，几乎全是以坚守险地为主。

刘邦看到项羽主动在垓下摆开阵势后，也率军南下垓下，这一次他没有选择避让。原因很简单，双方的强弱已经大不一样了。楚军虽然还有十万人，表面上看人数比彭城之战时的楚军还多了几倍，但当时的楚军全都是精挑细选的精锐，现在这十万人连年征战下来早已疲惫不堪，战斗力很弱。楚军大将龙且、周兰、周殷、项它、项悍、项冠等人或死或降，钟离昧、项声等人被汉军击溃后不知所踪，没有跟上楚军主力，项羽所能依靠的将领几乎丧失殆尽，他能指望的只剩下自己。相比起来，汉军却比彭城之战时更加强大了。接到刘邦封赏土地的诏书后，韩信留下曹参守卫齐国，自己亲率大军南下陈县与刘邦会师，然后进军垓下。不久后，彭越也率军到达，英布、刘贾等人亦从淮南赶来。此时的汉军不但有着七十多万军队，还有大将韩信、彭越、英布、周勃、灌婴、樊哙等，战斗力远比楚军强大。在这么有利的形势下，刘邦再无避让的道理。

在与楚军决战之前，经过一番商议，刘邦将七十多万汉军做了如下部署：彭越率领所部梁军列阵在垓下以北，英布、刘贾率领所部汉军列阵于垓下东南，刘邦自己则亲率主力列阵在垓下西面迎战楚军。刘邦所率主力又分为几个部分：韩信率领三十万大军作为前锋，列阵在最前面；孔藂和陈贺二人各率本部兵马分别列阵于韩信两侧，以为策应；刘邦率领的汉军中军列阵于韩信的军阵后方；作为预备队随时进行增援的周勃、柴武所部则布置在刘邦后面。之所以这样安排，是因为刘邦深知项羽为人，料定他既然选择了决战，必定会同以往一样直插中路，以便一举击溃敌人的指挥中枢。

项羽这边确实没有进行多少部署，他按照一贯的作风，选择向西直击刘邦本阵，恰好落入了刘邦的算计之中。事实证明，以项羽为首的楚军将士在野战中勇猛无匹，哪怕是在这种逆境中依然能发挥惊人的战斗力。最先与项羽交上手的是韩信所部三十万人，双方展开了一场激烈的厮杀，哪怕韩信这边在人数上占了巨大的优势，依然被项羽打得节节败退。眼看韩信被打得往后败逃，刘邦坐不住了，赶紧下令两侧的孔藂、陈贺发起攻击。孔藂和陈贺并没有直接增援韩信，而是选择避开楚军锋芒，绕到楚军后方发起突袭。楚军虽然气势如虹，但后方的防御实在薄弱，很快就被孔藂、陈贺二人偷袭成功，阵脚大乱。一看后路被断，前方冲锋的楚军顿时混乱起来，韩信趁机重整旗鼓，率军发起反击，终于击退了楚军。眼看楚军败退，刘邦赶紧指挥中军与周勃、柴武的预备队发起攻势，英布、彭越等人也纷纷赶来助阵。一场激战下来，楚军大败亏输，伤亡惨重，折损了好几万人。然而项羽不愧是天下第一猛将，在这种不利情况下，他依然带人杀出重围，返回了垓下的营垒之中。

经此一役，楚军元气大伤，再也无力主动发起攻势，刘邦趁机指挥各路汉军将垓下重重围困起来。随着时间的推移，楚军的粮食越来越少，眼看就要断粮了，军队的战斗力也随之越来越弱。然而楚军在项羽的率领下依然有着一定的战斗力，汉军屡次发起攻击都被一一打退，自身反而伤亡惨重。为了一举击溃楚军，张良向刘邦提出了一个建议，他请求将汉军和诸侯军中擅长楚歌、楚辞的人全部集中起来，让这些人在垓下四面夜夜吟唱楚歌、楚辞。

楚军将士都是楚地人，他们常年在外作战，听到家乡的民歌后不由潸然泪下，思念起了家乡的亲人，都不想再打下去了。就连项羽听到四周联军营垒中传来的楚歌后，也开始疑神疑鬼："难道汉军已经攻下了楚国的全部领土？不然为什么会有这么多楚人？"项羽完全是自己吓自己，虽然确实有大片楚国土地被汉军攻占，但还远没有到被全部占领的地步。汉军之中楚人多也不奇怪，不提一路投降的楚军，刘邦、韩信手下本就有不少楚人，更别提还有周勃这种吹鼓手出身的人，唱楚歌自然不在话下。此外，还有英布率领的九江兵团，这支部队全部由楚人组成。有这么多楚人在军中，唱楚歌自然不是难事。

张良的攻心计起到了作用。项羽坐不住了，他回到大营后便坐在营中饮酒，想到眼前的形势，一时间悲从中来，自己也唱了起来："力拔山兮气盖世，时不利兮骓不逝。骓不逝兮可奈何，虞兮虞兮奈若何。"这就是著名的《垓下歌》，其中的"骓"指的是项羽的坐骑乌骓马，"虞"指的则是项羽宠幸的一个虞姓美人，大意是："我这样有拔山之力和无双气概的英雄，如今时运不济，竟然连坐骑乌骓马都不敢往前闯了。乌骓马不再前行又能怎么办呢？虞姬啊虞姬，我该怎么安排你呢？"

亲历过楚汉之争的陆贾在其所著的《楚汉春秋》中提到，听到《垓下歌》之后，虞姬也曾和歌一首，表示自己要与项羽同生共死："汉兵已略地，四面楚歌声。大王意气尽，贱妾何聊生。"两人就这么对唱许久，盖世英雄项羽潸然泪下，周围听到的楚军将士莫不落泪。虞姬事后有没有自杀不得而知，项羽却在当天夜里做了一个惊人的决定——弃军而逃。

如果换了刘邦弃军而逃，谁都不会意外，毕竟他确实多次这么干过，但这事发生在项羽身上就有些不可思议了，长久以来都只有他把别人打得狼狈逃跑的份儿，何曾有过为了逃命连一直跟随自己的楚军将士都顾不上的时候。项羽也是无可奈何，他知道靠着手下的几万残兵，想要突围万分困难，但如果只带少部分精锐跑路，逃出去的概率就要大得多，只要返回了江东，他就有机会东山再起。

当天夜里，项羽挑选出八百名精锐骑兵连夜从南面突围而走。汉军毫无所觉，直到第二天一大早再次发起攻击时，楚军竟然一触即溃，这才发现项羽已经跑了。刘邦当然不可能放虎归山，他赶紧让灌婴带着所部五千骑兵前往追击，自己则与韩信等人留在垓下继续围歼溃散的楚军。垓下一战，楚军阵亡了八万多人，剩下两万人最终放弃抵抗，在项伯等人的率领下选择投降。

项羽虽然抢了个先手跑路，但逃跑路上并不顺利，沿途不断有人掉队，等他渡过淮水时，手底下竟然只剩下一百多人，其余人要么逃散，要么来不及渡河。再往前走，项羽就更倒霉了，他走到阴陵（今安徽定远县西北）时竟然一不小心迷了路，不知道该往哪边走了。无奈之下，项羽找到一个在路边种田的老农问路。这个老农也许以前吃过楚军的亏，对楚军非常痛恨，他竟然给项羽指了一条向左的错路。项羽往左走非但没能走对路，反而陷进了大沼泽。就这么一耽搁，灌婴所部就追上来了，项羽靠着自身的勇猛，带着人向东突围而去，但所部骑兵损失惨重，等他到达东城（今安徽定远县东南）时，手下只剩下二十八名骑兵。

追上来的汉军骑兵有几千人，项羽知道自己很难脱身，便干脆停了下来，告诉手下仅剩的骑兵：“从我会稽起兵到现在，差不多已经有八年了。这八年里，我率军南征北战，经历了七十多场大小战役，不管是谁来抵挡都会被我击垮，只要我出面攻击敌人，就没有谁是不能降服的。正因为我每战必胜，从未败北，所以才能够成为天下的霸王。但现在我却受困于此，我认为这并不是征战出了错，只不过是上天要亡我罢了。我估计今天很难走掉了，既然要拼死一战，我就为诸位痛痛快快打上一场。今天我一定要战胜汉军三次，并斩杀汉军将领，砍倒他们的军旗，以此来向诸位证明真的是老天要亡我，并不是我作战不利。”说完，项羽将这二十八人分成四队，每队七人，各自朝着一个方向等着汉军的到来。

汉军骑兵见项羽等人摆开决战架势，纷纷从四面聚拢到一起，将项羽等人重重包围起来。项羽知道时候到了，就下令道：“等会我当先率领一队骑兵出击，斩杀一名汉军将领，你们则趁机突围赶到四隤（tuí）山东面，分为三处等我前来会合。”说完后，他就一声呼喊，当先带人杀入汉军之中。汉军果然抵挡不住项羽的猛烈冲击，很快就被打乱了阵脚，项羽趁机斩杀了一位汉将，然后突围而走，其余三路骑兵也趁机突围而去。汉军当然不能让项羽跑了，他们很快就重组攻势，再次发起了进攻。汉军骑将杨喜追得最快，已经要到项羽身边了，项羽一看干脆转身双目圆瞪呵斥他。杨喜吓得人马俱惊，一直往后跑了好几里才停下来。

杨喜被吓跑后，其余汉军自然不敢前进，项羽便趁机赶往四隤山东面与分散在三个地方的骑兵小队会合。项羽跟第一队骑兵会合后，汉军骑兵再次追了上来，他们见楚军分散在三个地方，不知道项羽到底在哪，只好也分成三队分别将三个地方围了起来。项羽一看对方兵力分散，便再次带人杀入汉军阵中，先后将三个地方的汉军击溃，杀死了一名都尉和数百骑兵，这才重新聚拢手下骑兵。经过点算，项羽发现只损失了两个人，便询问众骑：“你们看我这一战打得如何？”骑兵们纷纷道：“真的就像大王您说的那样。”

随后项羽带着二十六名骑兵一路向东南而去，来到乌江（今安徽和县东北），想要从这里渡过长江返回江东。乌江亭长早已停船等待在此，他告诉项羽：“我知道大王兵败以后就在此等待，希望能够接大王返回江东，幸好老天保佑，真的让我等到了。渡过长江就能返回江东了，江东虽小，但纵横也有一千多里的土地，民众亦有几十万，足够称王割据一方。现在还请大王快快上船渡江，这附近只有我有船，汉军就算到了也没有船，根本没法过江。”

一直以来拼命突围的项羽不知道因为什么，这时候竟然停了下来，不愿意渡江而去，他笑道：“现在是上天要灭亡我，我还渡江回江东做什么？再说当初我和叔父率领八千江东子弟一起渡江北上，现在却没有一个人能跟随我回来，就算江东的父老百姓依然愿意拥立我做王，但我还有什么脸面去见他们呢？就算他们不说什么，难道我就不会因此感到羞愧吗？”随后项羽告诉乌江亭长：“我知道您是一位忠厚长者，还是早点离开吧，以免受到我的牵连。我只有一事相托，这匹乌骓马跟随我征战天下已经五年了，我们驰骋沙场，所向无敌。它能日行千里，我实在不忍心杀掉它，所以想将它送给您，还请您带着它离开。”说完就将马交给亭长。乌江亭长知道自己劝不动项羽，只好叹息一声就此离去。

乌江亭长走后，汉军重新追了上来。项羽下令所有骑兵全部下马，拿着短兵器与汉军交战。双方大战许久之后，二十六个楚军勇士先后战死，项羽自己也受了十多处伤。汉军的伤亡就更加惨重了，光项羽一人就杀死了几百个人。恰好在这时，项羽在汉军中看到了一个熟人，不由得问道：“你不是我以前的朋友吕马童吗？”吕马童此时在汉军中担任骑司马，他是不久前才从楚军倒戈到汉军中的，他见项羽喊出他的名字，便避开对方的目光，转头对旁边的王翳说道：“这就是项王。”项羽不理会吕马童的反应，继续喊道：“我听说刘邦悬赏千金、万户侯来求取我的首级，我今天就把它送给你吧。”说完后，项羽就自杀了。项羽一死，汉军众骑拥上前去疯狂抢夺他的尸体，争夺之中被砍死的竟然有几十人。最终，王翳得到了项羽的头，杨喜、吕马童、吕胜、杨武四人各得了项羽尸体的一部分。刘邦没有食言，他将万户食邑分给了这五人，并将五人一起封为列侯。

随着项羽的死去，长达四年多的楚汉之争就此落下帷幕，虽然此时一些楚地和临江国还在继续抵抗，但对刘邦已经不构成威胁了，很快各地就被先后平定。这一年十二月，临江王共尉被卢绾、刘贾击败，刘邦完成了一统天下的大业。不久，刘邦就在定陶附近的汜水北面登基称帝，建立了一个新的王朝——汉朝。

第二章 汉初风云

初会匈奴：白登之围

汉高祖六年（公元前 201 年）秋天，天下初定，刘邦刚分封完功臣，就有手下挨了打，写信前来求救。被打的不是别人，正是跟随刘邦已久的韩王信。

这时候的韩王信已不在原韩国的地盘，即阳翟一带了，而是迁移到了遥远的北方城市马邑（今山西朔州市朔城区）。韩王信之所以跑到北边去，不是因为他觉悟够高，想要为新生的王朝戍守边疆，而是被刘邦赶出去的。韩国的国土在中原地带，管辖的地区北面紧靠巩县、洛阳，南面挨着宛城、叶县，东面还有重镇淮阳郡（治陈县，今河南淮阳区），全是可以驻扎重兵的险要之地。更何况，刘邦当时还打算定都洛阳，哪敢放韩王信在自家门口当定时炸弹。再加上韩王信本人雄才伟略，在楚汉之争中立下了赫赫战功，刘邦很是忌惮，于是干脆将太原郡三十一县划为新韩国，让韩王信迁到新韩国去管辖晋阳（今山西太原市晋源区）以北的地方。新韩国的都城就设在晋阳，至于原韩国的地盘，韩王信就不用想了，刘邦全都划给了自己。

刘邦要让韩王信搬家，当然不可能直说是因为忌惮他，想要将他踢远一点儿，他告诉韩王信：“兄弟，你长期跟着我，立下了许多战功，我深知你才能出众，现在中原太平，留你在此未免有些屈才。这里有一个光荣而艰巨的任务要交给你，那就是替大汉守卫好北部的边疆，好好教训教训匈奴人，千万不要让他们进来伤害中原的百姓。”这一番话虽然说得冠冕堂皇，但韩王信哪还不明白刘邦到底是什么意思。他自己当然不愿意去北面吃风沙，可又有什么办法呢？那位和他同名同姓的韩信此前不久刚刚落马，要论起功劳，韩信在汉朝功臣里当仁不让功居第一，结果却被刘邦猜忌，项羽一死就被夺了兵权，从自己的地盘齐国被赶到楚国做楚王。在楚王任上，韩信没待多久就被人告发窝藏楚将钟离昧想要造反。这么一来，一直猜忌韩信的刘邦便趁机出手了。韩信连楚王也没得做了，被直接抓回长安贬为淮阴侯。虽然表面上好歹是个侯，但韩信哪儿都去不了，又没有别的官职，等于枯坐长安。

有这么一个活生生的例子在前，韩王信当然不敢拒绝刘邦，去新韩国虽然会吃风沙，但好歹还是一个诸侯王，怎么也比淮阴侯韩信那样在长安混吃等死来得强。为了展示自己的才能以及对大汉的忠心，韩王信干脆来了个更狠的，上书跟刘邦说：“我的封国挨着边境，时常受到匈奴的骚扰，而国都晋阳距离边塞太过遥远，一旦有什么事情，想要增援非常困难；马邑是块福地，而且靠近匈奴，支援起来方便，能不能让我在马邑定都？”

这一下连刘邦都有些傻眼了，他本来纯粹是想将韩王信踢远一点，没想到对方的思想觉悟这么高，竟然真的愿意身在第一线保卫大汉边疆。韩王信的大义之举让刘邦有些感动，他既然肯为国出力，刘邦当然不会拒绝，立刻就同意了韩王信迁都到马邑的请求。

正所谓希望越大，失望就越大，刘邦这边刚刚被韩王信的报国之举感动，希望他能做一个合格的边境守护者，北面就出事了。消停许久的匈奴人竟然真的南下了，而且很快就打到了马邑。韩王信苦战不敌，只好写信向刘邦求援。

这个忽然间威胁到汉朝边境的匈奴是从哪儿来的呢？据《史记 · 匈奴列传》记载，匈奴人原本是夏朝后裔，祖先名字叫作淳维。商汤灭亡夏朝后，建立了一个全新的王朝——商朝，淳维因在中原混不下去，就带着族人跑到北边，逐水草而居，以拉弓狩猎为业，逐渐在北面强大起来。到了周朝时，淳维的后人有了一个新的称呼，叫作犬戎。从周文王开始，周人就屡屡进攻犬戎，周武王甚至将犬戎驱逐到了泾水和洛水北面，并让他们作为五服之中的“荒服”，必须定期向周王上贡。周穆王即位以后，因为好大喜功，再次发兵攻打犬戎，自此以后，犬戎和西周之间的战争就没停止过，双方互有胜负。到了周幽王时，因为宠信褒姒，周幽王想废掉太子宜臼，改立褒姒的儿子伯服。这一来就惹怒了宜臼的外公申侯，他愤怒之下干脆联合缯侯，又拉上周朝的大敌犬戎一起进攻镐京。由于周幽王烽火戏诸侯，犬戎攻来时，诸侯们都没有派兵前来。很快犬戎就攻破了镐京，杀死了周幽王和伯服等人。自此以后，犬戎长期占据着周朝故地，使得周平王不得不迁都洛邑。整个春秋时期，各诸侯国与周边各族之间战争不断，到了战国时期已经逐渐将他们驱逐到了北面。也就是从这时起，北迁的各族开始彼此融合，并被称为“匈奴”。随着实力的不断壮大，匈奴人开始经常南下，闹得与匈奴接壤的秦、赵、燕三国纷纷修筑长城进行抵御。

秦朝统一天下以后，秦始皇嬴政不但将秦、赵、燕三国长城连接在一起，修建了宏伟的万里长城，还派大将军蒙恬率领三十万秦军向北讨伐匈奴。蒙恬是一位非常有才能的将领，他率军出征后，很快就挫败了匈奴人，一直将他们驱赶到黄河以北的地方才退回来。对于新占领的黄河以南的大片区域（即秦汉时期的“河南地”，也就是河套地区），秦始皇在这里设置了一个新郡——九原郡（治九原县，今内蒙古包头市西北），又从全国各地迁徙囚犯前来开荒。秦始皇死后，秦二世杀死了蒙恬，使得北方形势再度大变。巨鹿之战中，王离率领的长城军团全军覆没，北方再也没有了秦军把守，迁徙到河南地的罪犯们便纷纷逃回中原，九原郡再次荒废。匈奴抓住机会南下占据河南地，重新来到了长城边上。

此时的匈奴单于叫作头曼，也正是从他开始，匈奴开始有了准确的历史，匈奴在他手里再次恢复了以往的实力。不过这时匈奴面临的外部环境并不好，虽然南面的中原王朝正在为争夺天下互相征伐，没有工夫理会北面，但它的东面和西面分别有一个强大的国家——东胡和月氏。这两个国家当时都比匈奴强大，时时让头曼单于头疼不已。

比外患更糟糕的是，匈奴内部也有问题。跟当初周幽王的情况差不多，头曼单于宠爱一个阏氏（匈奴王妻妾的称号）生的小儿子，就想将太子冒顿废了，改立小儿子。头曼单于知道贸然废掉冒顿肯定会遭到很多人的反对，便想了一个主意：将冒顿一脚踢到月氏国去做人质，来个眼不见为净。这还不算完，不久之后，头曼单于就不顾冒顿的安危，率军攻打月氏。这一下月氏人愤怒了，第一反应就是要将匈奴派来的人质冒顿砍了祭旗，这也正是头曼单于希望看到的，他派冒顿到月氏做人质就是想借刀杀人。只可惜头曼单于没有料到冒顿这人竟然非常有本事，他见父亲忽然进攻月氏便明白了一切，赶紧偷了一匹马，一溜烟儿跑回了匈奴，这才逃过一劫。冒顿逃回去后，头曼单于不再生出收拾掉这个儿子的想法，反而觉得他勇猛过人，干脆给了他一万骑兵，让他带着这些人四处征战。

头曼单于没想到的是，冒顿不但清楚他以前想弄死自己的心思，还有了报仇的想法，只不过因为实力弱小，暂时没有表现出来而已。冒顿得到一万骑兵以后，立刻对这些人展开了训练。他发明了一种叫鸣镝的响箭，教这些人射箭，并告诉他们:“只要是我用鸣镝射击的目标，你们也必须一起跟着射击，谁要是不射，立斩不饶！”

刚开始练习射箭时，冒顿用鸣镝射击鸟兽，有骑兵没有跟着射击，立刻就被斩杀了，其余人从此再不敢违背规定，争相射杀冒顿射击的目标。第一阶段的培训完成之后，冒顿便将自己的坐骑牵了出来，然后发箭射击它，这一下有骑兵犹豫了，这是主上的宝马，怎么能射呢？这些人最终难逃一死。用马做完试验后，冒顿又把自己的妻子拉了出来，用鸣镝射她，很多人都犹豫了，之前射战马就算了，他们哪敢真射主上的妻子。结果，没跟着射的人又被赐死了。就这么训练了一段时间后，剩下的骑兵再也不敢违背冒顿，他的鸣镝射向哪儿，手下骑兵的箭也必定跟向哪儿。冒顿对此非常满意，为了检查训练成果，他特意将头曼单于的爱马牵了出来，然后用鸣镝射它。这一次所有骑兵没有丝毫犹豫，立刻跟着射箭，瞬间将这匹战马射成了刺猬。冒顿心知手下这些骑兵已经死心塌地忠于自己了，便展开了下一步行动。有一天，冒顿与父亲头曼单于一起出去打猎。望着父亲在前方奔驰的身影，冒顿张弓就是一记鸣镝，手下骑兵一看，立刻跟着鸣镝朝目标射箭，转眼之间头曼单于就被射成了刺猬。杀死头曼单于后，冒顿还不解恨，又带着军队将自己的后母、弟弟还有其他不听话的大臣全部杀掉，自立为单于。

冒顿自立为单于后，旁边的东胡就跳出来找事。东胡王知道冒顿刚刚弑父即位，根基还不稳固，就想来占一点儿便宜，于是派使者告诉冒顿："我听说你父亲有一匹千里马，能不能把它送给我？"冒顿立刻召集群臣商量此事，众臣认为："千里马是我们匈奴的宝贝，怎么能随便给东胡呢？"冒顿却不同意："东胡毕竟是我们的邻居，怎么能因为一匹马而得罪对方呢？"于是就将千里马送给了东胡王。东胡王没想到这么容易就赚到了匈奴的宝贝千里马，他还以为冒顿是怕了自己，于是开始得寸进尺。过了一段时间之后，东胡王又派使者找到冒顿，表示自己想要单于的一个阏氏。冒顿再次询问大臣们，大臣们气愤非常："东胡居然想要单于的阏氏，这分明是在羞辱我们，我们赶紧出兵教训他们一顿。"冒顿还是不同意："不就是一个女人吗，怎么能因为她而得罪邻居呢？"随后就挑选了一个自己喜欢的阏氏送给东胡王。

东胡王一见冒顿连女人都送了，越来越骄横起来，觉得冒顿不过是个胆小怕事的懦夫，这样的人不欺负还去欺负谁？当时匈奴和东胡之间有一块方圆一千多里的空地，双方为争夺这个地方打了无数次仗，最终也没有争出这块地到底应该归谁所有，闹得这块地彻底成了无人区，双方都在空地两边修建起了哨所，时刻防着对方来抢地。看冒顿这么懦弱，东胡王便觉得有机可乘，他派使者告诉冒顿："我们两国之间有一块空地，一直没有人居住，我想要得到这块地，希望你能将它送给我。"冒顿再次询问大臣们，有了前两次经验，大臣们对这件事都不怎么积极，反正不管自己怎么说，单于最终也是要将土地送给东胡的，甚至有大臣干脆建议："那里是一块荒废的空地，给他们也行，不给他们也行，没有多少区别。"哪知道冒顿一听就变了脸色："你们胡说什么！土地是国家的根本，怎么可以随便送人？”说完就让人把建议将土地赠给东胡的人拖下去砍了。随后冒顿召集手下战士，告诉他们：“东胡人想要我们匈奴人的命根子——土地，我现在就要带领你们去教训他们，希望你们能跟随我拼死向前作战，谁敢退回一步，立斩不赦！”前段时间东胡人屡屡上门羞辱，早已让匈奴将士愤怒不已，这时候见报仇的机会到了，众人轰然应诺。

冒顿领兵向东胡袭来的时候，东胡王又在干什么呢？他什么都没有干，还在家里等着冒顿主动将土地送来呢。他做梦也没想到冒顿竟然攻击自己，以至于连一点防备都没有。冒顿出兵以后，很快就突入东胡境内，将没有防备的东胡打了个措手不及，东胡王当场被杀，百姓和牲畜全都成了冒顿的俘虏。吞并东胡之后，匈奴一跃成为草原上最强大的国家，冒顿随后向西击破月氏国，迫使月氏人向西远迁。接着，他南下渡过黄河，吞并了河南的楼烦王、白羊王两部人马。不久后，冒顿又将秦朝设立的九原郡完全吞并，并不断派兵袭扰燕国和代地。当时，楚汉两国正忙于争夺天下，都没工夫理会冒顿，他便趁机做大做强，手底下很快就聚集了三十万骑兵，并先后征服了北面的浑庾、屈射、丁零、鬲昆、薪犁等国，一统北方草原。这也是中国历史上有记载的第一次草原统一，强大的匈奴人在北方再无敌手，逐渐将目光放在了南方的中原身上。

韩王信迁都马邑的这年九月，秋高马肥，冒顿率领匈奴铁骑南下，韩王信顿时遭到了匈奴的毒打。接到韩王信的求援信后，刘邦自然不能坐视不理，毕竟韩王信也是为自己站岗放哨，如果匈奴干掉了他，对汉朝没有一点儿好处。刘邦派大将周勃、樊哙、灌婴、夏侯婴四人率军北上救援马邑。还没等周勃等赶到马邑，他们就听说了一件骇人听闻的事情：韩王信居然没有忙着守城，而是不断派使者到冒顿军营，不知道想干什么。这一下周勃等人心里犯了嘀咕：“这韩王信该不会是跟匈奴勾结，设下圈套想收拾我们吧？”于是众人停止前进，并派人传信给刘邦。

刘邦接到周勃等人传来的消息后，又惊又怒。好你个韩王信，我就说你怎么会那么好心愿意去马邑这种鸟不拉屎的地方站岗放哨，原来不是想去御敌，而是这里更容易跟匈奴人勾结！愤怒之下，刘邦写了一封信给韩王信："你身为一国之主，坐镇一方，难道不知道贪生怕死、谨慎求生不能承担重任的道理吗？现在匈奴大军前来攻打马邑，难道以你的兵力不足以抵挡敌人吗？虽然你现在处境艰难，但也要恪守忠义、信守诺言，才能生存下去！"言外之意是，你韩王信当初是怎么说的？要在马邑为大汉守卫边疆！现在匈奴人真的来了，你居然跑去和冒顿勾结，把以前的承诺扔哪去了？

这封信很快就送到了韩王信手里，他是有苦说不出。刘邦说得倒是轻松，但匈奴来了那么多军队，光靠韩国这么点儿人，给人家塞牙缝都不够，正面作战肯定是挡不住的，所以韩王信才不断派使者去见冒顿，希望双方能就此讲和，并借此拖延时间，争取汉军援兵到来。没想到，议和没议出个结果，反而让刘邦误会了，不光援兵没了，还迎来了一顿劈头盖脸的怒斥。刘邦是个什么样的人，韩王信再清楚不过了，他既然怀疑自己与冒顿有所勾结，那将来自己肯定没好果子吃，只怕难逃一死。韩王信始终想不到一个自救的办法，干脆一咬牙开城投降了冒顿，与匈奴人联兵南下攻打汉朝。有了韩王信所部韩军带路，匈奴军队进展神速，很快就越过句注山（今山西代县雁门山）攻入太原郡境内，兵锋一度指向了晋阳城附近。

刘邦原本只是写封信去吓唬吓唬韩王信，想让他收敛一点，但怎么也没想到韩王信竟然真的叛乱了，还把战火引到了南边。这一下刘邦再也坐不住了，他知道光靠周勃、樊哙等人还不足以对付匈奴这等强敌，放眼望去，汉朝竟然找不到一个能够独当一面的统帅。当然并不是真的没有将帅人选，但这时候韩信肯定是不能用了，英布和彭越也做了一方诸侯，让他们做统帅也不合适，无奈之下刘邦只好以皇帝之尊御驾亲征。

汉高祖七年（公元前 200 年），刘邦刚刚在新落成的长乐宫中完成庆典，便迫不及待地率军离开长安，北上讨伐韩王信。这一次出兵，刘邦集结起了汉军主力，汉军众将除了远在齐地镇守的曹参外，其余将领大多奉命北伐。闹出这么大的阵势，当然不仅仅是为了对付一个韩王信那么简单，刘邦想的是趁机将北面的匈奴一块儿收拾掉，从而一举解决北部边患。

这段时间里，此前派出的援兵也没有闲着，他们兵分两路：一路由樊哙、夏侯婴、周勃三人率领，向北面迂回进攻匈奴军队的侧翼，他们先是打下了霍人（今山西繁畤县东），随后又向北直取云中（今内蒙古托克托县东北），进入武泉县（今内蒙古呼和浩特市东北）北部地区；另一路人马则是由灌婴率领的汉军骑兵，他们一路迂回杀到韩王信的老巢马邑附近，随即转向北面攻下了楼烦（今山西宁武县）以北的六个县城，还斩杀了一位韩军将领。之后灌婴率领所部进入武泉北部地区，与樊哙等人在此会师。两路汉军会合之后，士气大振，击破匈奴一部骑兵。周勃等人得知刘邦率军出发的消息后，立刻分成两部分：一部分由樊哙率领，继续留在北边攻打云中；一部分则由周勃等人率领，南下与刘邦所部汉军主力会合。南下的汉军再次分开行动：周勃率领汉军步兵南下与刘邦会合，共同围攻已经南下的韩王信所部人马；夏侯婴、灌婴率领机动性很强的汉军车骑兵部队（以车兵和骑兵组成），前往救援被匈奴人攻打许久的晋阳城。

刘邦率军出发后，很快就到达了铜鞮县（今山西沁县南），此时韩王信正率领韩军攻打铜鞮县，但迟迟没有攻下。韩王信没想到刘邦竟然会亲自前来解围，无奈之下只好率军背靠铜鞮，转身列阵阻挡刘邦。韩王信本就不是刘邦的对手，所部韩军更是比汉军少了许多，哪里抵挡得了汉军的进攻。屋漏偏逢连夜雨，关键时刻周勃率军赶到，从侧面对韩军发起了突袭，这一下韩军再也抵挡不住，纷纷四散而逃。韩军被汉军杀得尸横遍野，就连韩军大将王喜也被当场斩杀。这一战之后，韩军主力基本被歼，韩王信一看无力回天，只好逃往北面投奔冒顿。

比起韩王信，他手下的将领曼丘臣、王黄等人就坚挺多了，他们没有跟着韩王信一起跑路，反而找了一个叫赵利的赵国后人出来，拥立他做赵王，希望凭借赵王的影响力在昔日的赵地拉起一票人马。事实正如曼丘臣等人所想的那样，赵王这杆大旗下很快就聚集了不少人马，再加上此前逃散的韩军士兵，他们再次拥有了一支军队。韩王信一看曼丘臣等人成事，也就不在匈奴这边混了，赶紧南下收集旧部，准备与汉军再次决战。为了增援韩王信等人，冒顿让自己手下的左、右贤王率领一万多骑兵南下，与王黄等人驻扎在广武（此广武在山西朔州市，非河南广武山）以南。

这时候刘邦与周勃已经率军北上了，他们一路上连续攻下此前被韩王信占据的几座太原郡县城，最后到达了晋阳城下。灌婴、夏侯婴所部到达时，晋阳已经陷落了。此时两军顺利在晋阳城下会师，随即对晋阳城展开了围攻。另一边，经过一段时间的休整以后，王黄等人仗着有匈奴撑腰，再次南下救援晋阳，企图与汉军决战。汉军不甘示弱，立刻背靠晋阳列阵，与王黄等人展开决战。王黄等人怎么也没想到有了匈奴人帮忙依然不是汉军的对手，韩军大败，被迫向西逃走。汉军一路追赶，在离石（今山西吕梁市离石区）追上王黄等人，又一次将其打得望风而逃。随后韩王信等人与匈奴军队联手，屯兵于硰石（今山西宁武县）阻挡汉军的进攻。其间，汉军兵力得到了补充，刘邦征召的燕、赵、齐、梁、楚五国车骑兵已全部赶到，他们被编入灌婴、夏侯婴所部车骑部队，奉命与周勃等人进攻硰石。这一次依然是韩王信和匈奴人惨败，他们被迫向北逃亡。周勃乘胜率领所部人马继续北上，狂追八十多里，一直追到了楼烦境内。灌婴和夏侯婴率所部车骑兵回师晋阳，因为刘邦已经有了新的军事计划。

汉军自出师以来，屡战屡胜。一连串的胜利让刘邦心中万分得意，觉得匈奴人不过如此，远远没有项羽难打，不由得起了轻视之心。就在这时，刘邦听说了一个消息：冒顿正率军驻扎在代谷（今山西代县西北）一带。本着“擒贼先擒王”的原则，刘邦想直接进军代谷，收拾掉冒顿。只要冒顿一死，匈奴和韩王信、赵利等人将不战自溃。刘邦之所以急于搞定冒顿也是无可奈何，自出兵以来，汉军虽屡战屡胜、风光无限，但背后却付出了非常大的代价。

汉军将士大多来自黄河以南，此前也一直在黄河以南作战，根本没有体验过黄河以北的严寒，再加上这一年天降大雪，竟然有十之二三的汉军士兵冻掉了手指头。正是因为这种艰难的处境，刘邦才急于发动一次斩首行动，以图一举解决北方战乱。

为了进一步了解冒顿的情况，刘邦派出使者前往代谷，表面上是想让两边和谈通好，实际上则是想打探匈奴虚实，以便发动突袭。对于汉朝使者的到来，冒顿并不意外，因为这种局面很大程度是由他一手引导的。冒顿知道汉军人多势众，正面交手自己肯定占不了多少便宜，于是就想把汉军引诱到北面的埋伏中，聚而歼之。正是出于这样的目的，此前无论是晋阳之战还是砦石之战，匈奴人没打几下就溃败了，为的就是示敌以弱，麻痹刘邦。

为了将伪装进行到底，冒顿干脆将自己手底下的精兵良将、肥牛壮马都藏了起来，只留下了一些老弱病残以及四肢无力的牲畜在外面。汉朝使者一看，原来匈奴竟然弱成了这样，于是赶紧回去报告刘邦自己看到的情况，最后还加了三个字:“可以打！”刘邦毕竟久经沙场，实在不敢想象这么弱的匈奴居然可以扫荡草原，南下入寇中原。将信将疑的刘邦先后派出了十多个使者，得到的答案无一例外，都是匈奴很衰弱，可以出兵攻打。这一下刘邦终于上当了，相信匈奴还真是这么弱，于是召集汉军主力，准备北上直击冒顿。就在这时，刘邦发现了一个问题，他最后一次派出去的使者刘敬还没有回来。刘邦想着既然前面十多个使者的报告都是一样，那肯定不会有错，刘敬回来也不过是再确认一遍而已，要是拖延太久，没准儿冒顿就跑路了，那时自己上哪儿找他去。于是刘邦决定不等刘敬回来，下令大军出发。

刘敬可不是一般人，他本名娄敬，是齐国戍卒。他奉命前往陇西郡戍守边塞时，正好路过洛阳。当时刘邦刚刚称帝不久，正打算定都洛阳，刘敬得到消息后赶紧通过同乡虞将军见到了刘邦，坚决反对定都洛阳，理由非常简单：周朝虽然建都洛阳数百年，但那是因为周朝有十多代人积累下的深厚根基，不容易被动摇，所以建国不久就有了成康盛世，可以在洛阳号令天下诸侯；但刘邦的情况不一样，此时天下初定、根基不稳，需要在关中这种四处都是险塞的地方建都，一旦有事也能坐拥关中镇压叛乱。最终在张良等人的劝说下，刘邦决定定都长安，刘敬也因此被赐姓刘，升任郎中，受封奉春君。

刘敬之所以回来晚了，是因为他并不相信这就是匈奴的真实实力，所以多留了几天想仔细查探一番。可惜几天下来，刘敬依然没能找出破绽，只得先行回去禀报刘邦。遗憾的是，刘敬回来得太晚了，等他再见到刘邦时，三十二万汉军已经越过句注山，正在向北面进发。刘敬见状赶紧拉住刘邦，劝说道:“自古以来两国交战，就应该炫耀自己的优势长处才对，结果我们去匈奴大营看到的居然全是老弱的士兵和瘦弱的牲畜，这摆明了是把自己的虚弱暴露在我们面前，实在不符合常理。依我之见，匈奴只怕是故意用虚弱的表象蒙骗我们，暗地里却埋伏着精兵猛将企图伏击我们，实在不宜冒进。”这一下刘邦就有点左右为难了，刘敬说得固然有理，但现在几十万大军已经出动，还能怎么办？再往回撤只会惹人笑话，就算前面是刀山火海也只能硬着头皮往前闯了，万一匈奴真就是这样呢？刘邦一腔怒火无处可泻，干脆就发到了刘敬身上:“你这个齐虏，不过是靠着一张嘴皮子才得到一官半职，现在竟然跑来胡言乱语企图乱我军心，阻挡汉军前进，实在是不可饶恕。”说完，他直接将刘敬扔到广武监狱里关了起来。

其实不止刘敬反对进攻匈奴，刘邦身边有一个名叫成的御史也反对，他更多是从匈奴本身的习性出发，认为:“匈奴这个民族，胜利时就像群兽聚集，败退时就像众鸟飞散，我们想追捕他们就好像捕风捉影一样困难，如今虽然是靠陛下的盛德去进攻他们，但我也认为非常危险。”可惜的是，刘邦也没有听从御史成的意见，继续率军北上进击匈奴。

汉军虽有三十二万人，但大部分都是步兵，行进速度极为缓慢，按照这样的速度去突袭冒顿进行斩首行动，无疑是不现实的。刘邦思索一番后，决定留下步兵在后缓慢前进，自己与灌婴、夏侯婴等人率领车骑兵快速向北进发。就这样，刘邦带领先头部队很快就到达了平城（今山西大同市东北古城村）。

冒顿见刘邦上当，立刻将埋伏起来的四十万精锐召唤出来，准备打汉军一个措手不及。等刘邦率领军队到达平城东北面的白登山（今马铺山）时，匈奴骑兵一拥而出，将汉军重重围困起来。刘邦没想到匈奴人还真有伏兵，自己居然就这么撞进了匈奴的埋伏圈。这时候再想退回平城已经来不及了，刘邦只好带人先退到白登山上的白登台坚守，以等待后续汉军赶来，冒顿随即率军将白登山围困起来。

到了这个时候，刘邦才看清楚匈奴到底有多少军队。从白登山上往下望去，遍野都是匈奴骑兵，西面的骑兵全都骑着白色的战马，东面的骑兵全都骑着青色的战马，北面的骑兵全都骑着黑色的战马，南面的骑兵全都骑着红色的战马。被围在山上的刘邦是一筹莫展，叫天天不应，叫地地不灵，与后方的汉军主力完全断绝了联系。由于大雪天气，汉军步兵行进速度极为缓慢，他们甚至还不知道前方的皇帝遇到了危险。西面的平城倒是驻扎有部分汉军，但人数实在太少，甚至连突围到白登山与刘邦取得联系都做不到。白登山上的汉军日子就更艰难了，他们轻兵突袭，根本没有带多少粮食，在被困了七天七夜之后，终于断粮了。饥寒交迫的汉军士兵渐渐连弓都无法拉开，再这么下去，等待刘邦的只有全军覆没的命运。

关键时刻，陈平站了出来，一贯善于出奇计的他这一次也没有让人失望，于关键时刻向刘邦献策。陈平到底献了什么计策，后世不知，大概是这个隐秘的计谋见不得人，事后无论是刘邦还是陈平本人都不愿提及。所谓的“使用美人计”引起匈奴阏氏妒忌，只是后人附会之说。就当时来看，刘邦派使者携带了很多礼物送给冒顿宠爱的阏氏，不知道是靠贿赂还是言辞说服了这位阏氏。等到晚上，收下礼物的阏氏就劝说冒顿：“我听说两位君主之间不应该互相迫害，现在我们困住汉朝皇帝并没有什么好处，就算得到了汉朝的土地，单于您也不可能去那里居住，更何况汉朝皇帝肯定也有神灵保护，贸然加害只怕神灵会责怪。”

冒顿当然不可能因为一个女人的话就放过刘邦，毕竟他可以将自己宠爱的女人送给别人，阏氏心知肚明，所以在游说时特意强调“神灵保护”。匈奴一直是一个崇拜天神的民族，哪怕是单于也不例外，后世无论是乌孙质子昆弥，还是汉朝的苏武、李广利，都因为匈奴单于坚信他们有神灵庇护而不敢迫害。另一方面，冒顿也有自己的疑虑，那就是赵利等人没有来。原本按照计划，赵利、韩王信、王黄等人应该率领所部人马赶到白登山一起收拾刘邦，但不知道什么原因，等了七天他们都没有前来，这让冒顿不由怀疑赵利他们是不是跟刘邦有什么阴谋，想要阴自己一把。更何况汉军主力步兵距离平城越来越近，刘邦虽然不知道汉军主力的情况，但冒顿却清楚，他深知自己在汉军主力到达前想要消灭掉白登山上的汉军极为困难，等汉军主力到达后，哪怕最终能够获得胜利也必定会付出惨重的代价。出于这些考虑，冒顿最终听从了阏氏的主张，决定放刘邦一马。

大概刘邦真的有“天神”相助，白登山附近居然起了大雾，以致匈奴人连汉军使者的往来都察觉不到，刘邦借此与平城建立了联系。不久后，冒顿便故意解开包围圈的一角，放刘邦一行跑路。包围圈出现空缺后，刘邦立刻带人向外突围。按照刘邦的意思，自然是有多快跑多快，幸亏驾车的是夏侯婴，他深知跑得太快极容易引来周围匈奴军队的攻击，所以坚持放慢车速前行。陈平则建议汉军将士将强弩拉满，箭矢上弦，一直对着外面，以防不测。就这样，汉军结成紧密队形缓缓向外突围，回到了平城。不久后，汉军主力也到达了平城，刘邦终于安全了。

冒顿看到汉军主力到达，心知自己无机可乘，干脆带着人马就此离去。经过白登之战，刘邦知道不能小看匈奴，心里再没有了继续打下去的意思，就留下樊哙继续平定代地，其余各路汉军全部班师回朝。

回去的路上，刘邦将此前建议出兵的十多个使者全部砍了，路过广武时又将刘敬放了出来。在刘敬的建议下，刘邦一改想要灭掉匈奴的想法，转而与匈奴和亲，并让刘敬出使匈奴，与冒顿缔结盟约。大汉与匈奴之间的第一次交锋就这么结束了，两国之间暂时实现了和平。

功臣风波：刘邦平叛

汉高祖十一年（公元前 196 年），讨伐完陈豨回到长安不久的刘邦就得到了一个消息：淮南王英布意图谋反！状告英布的不是别人，正是淮南国的中大夫贲赫。

贲赫之所以告发英布，倒不是因为两人有什么深仇大恨，实在是被英布所逼。英布又为何要为难自己的中大夫呢？

英布有一个非常宠爱的姬妾，她因为生了病，便前往医生那里就医。说来也巧，这个医生的家正好就在贲赫家对面，他一看上司的宠姬在此，自然不愿意放过讨好的机会，立刻携带大批礼物前去探望。宠姬一看有人前来送礼，非常高兴，当即借着医生家设置酒宴感谢贲赫。贲赫一看自己得到了宠姬的好感，暗道离升迁不远了，于是高兴地返回了家中。

贲赫没有料到的是，他拍马屁拍错了对象。宠姬得了贲赫的好处，自然要为他说话，某次闲谈中她告诉英布："您手下的中大夫贲赫，是一个仁厚长者，应该得到重用才对。"偏偏英布是一个多疑之人，自己这宠妾从未听说与贲赫有什么关系，怎么会知道贲赫？于是他一拍桌子大吼起来："你怎么知道贲赫是一个仁厚长者？你们该不会有什么见不得光的事情吧？"宠姬一听知道英布误会了，赶紧将贲赫去医生家向她送礼的事情和盘托出。英布依然不相信宠姬的话，仍旧觉得她与贲赫之间有私情。贲赫怎么也没想到事情居然会变成这样，他赶紧假装生病，躲在家中不去上班。没想到这么一来，英布反而更加怀疑，如果不是心虚怎么不敢来上班呢，于是立刻让人前去抓捕贲赫。

见英布不肯放过自己，贲赫干脆一咬牙，赶在英布的人抓到他之前，坐上驿站的传车，一溜烟儿跑去了长安，气得英布徒呼奈何。贲赫到达长安后，干脆来个狠的，直接向刘邦告状道："英布在淮南准备造反了！请陛下趁他还没有准备好，先派人去杀了他，不然等他正式起兵就难以对付了。"刘邦接到贲赫的上书后，将信将疑，找来相国萧何商量这件事。萧何认为：“我觉得英布不大可能谋反，这很可能是因为贲赫跟他有仇，故意诬陷他。不如先把贲赫抓起来，再派人去淮南查探英布的情况，如果他真的要谋反，就释放贲赫重赏他；如果他没有谋反的意思，那贲赫就是恶意诬告，到时直接斩了，以儆效尤。”刘邦听从了萧何的建议，一面将贲赫抓了起来，一面派使者前往淮南打探情况。

刘邦并不觉得英布真的要造反，只是查探一下情况而已，英布应付得当，很容易就能遮掩过去，贲赫也会因此被杀。可偏偏英布心里有鬼。收到贲赫逃到长安告发自己的消息后，英布便怀疑贲赫将自己暗中部署军队防备刘邦的事情捅了出去。等得知刘邦派使者前来侦察后，他更加确定自己的推断没错，于是干脆抢先杀了贲赫全家，扯起大旗造反了。其实贲赫哪知道英布暗中调动军队的事，状告英布也不过是有这方面的猜想，但并没有什么证据，结果英布自己急不可耐地把事情坐实了。

也不怪英布这么惶急，连辩解都不做就直接扯旗造反，实在是汉朝的异姓诸侯王太难做了。项羽灭亡之后，天下总共有七位异姓王，分别是楚王韩信、梁王彭越、淮南王英布、燕王臧荼、韩王韩信、赵王张耳、长沙王吴芮。然而短短六年里，好几位异性王先后出了事。第一个倒霉的是燕王臧荼，就在汉高祖五年（公元前 202 年）七月，项羽刚被灭掉后不久，刘邦还沉浸在定都长安的喜悦之中，臧荼就跳出来造反了。没有人知道臧荼为什么选择在这时候造反，怎么看他也不像能干掉刘邦。唯一的可能就是，楚国灭亡后，刘邦对项羽旧部的搜捕甚是严厉，季布、钟离眛等人被迫到处逃亡。臧荼原是燕国将领，因跟着项羽入关才成为燕王，后虽投降了刘邦，但一直没有什么功劳，看到刘邦搜捕楚国将领后心头不安，才会跳出来铤而走险。不论出于什么原因，臧荼的反叛都像是以卵击石，仅仅两个月时间，他就做了刘邦的俘虏。

臧荼之后，第二个倒霉的是楚王韩信。虽然韩信已被夺去了兵权，封地也从齐国改到了楚国，但刘邦依然不信任他，正好当时有人诬告韩信收留钟离昧想要谋反，刘邦便下定决心要收拾掉韩信。在陈平的建议下，刘邦借口南下巡游云梦泽，在陈县召集诸侯前来相会。韩信根本没有想到刘邦是来收拾自己的，加上陈县在楚国的地盘上，实在没有什么理由不去。这一去韩信就回不来了，他被刘邦当场拿下。虽然刘邦念在韩信劳苦功高并没有杀他，但楚王却没得做了，他被直接带回长安做了一个淮阴侯。

第三个倒霉的是韩王信。他比臧荼和韩信还要倒霉，原本是去马邑为汉朝边疆站岗放哨，结果却遇到匈奴人大举进攻。因韩王信常与冒顿互通使者，结果被刘邦怀疑与冒顿勾结，吓得韩王信直接投降了匈奴。白登之围后，匈奴虽然与汉朝实现了短暂的和平，但韩王信依然带着匈奴人屡屡寇边。就在这一年春天，韩王信再度入寇，与汉军将领柴武所部相遇于参合（今山西阳高县南）。柴武知道当年的事情多是出于误会，韩王信一开始并没有和匈奴勾结的想法，纯粹是被刘邦吓的。再加上大家又是并肩作战多年的战友，柴武便写了一封信劝韩王信："大王曾跟随陛下多年，自然知道陛下为人，陛下一贯宽宏大量，诸侯里就算有反叛之人，只要他们肯归顺朝廷，不但不会被诛杀，还会恢复以往的王爵。大王您当年的事情我们也知道，不过是因为战败才逃到匈奴去的，又不是什么大罪，还是赶快回来吧。"韩王信当然不愿意在匈奴吃风沙，但他还是不敢回去，只回信道："当年是陛下将我从闾巷中提拔起来，最后封为诸侯王的，陛下对我的恩德，此生我都不会忘记。然而我这一生却犯过三次大罪，实在是对不起陛下。第一是当年荥阳之战时，我被俘后没能学周苛、枞公他们死节，反而投降了项羽；第二是匈奴人进攻马邑时，我无法坚守城池，反而带着马邑投降了匈奴；第三是现在我不但不能为大汉建功，反而带着匈奴人来与将军决一死战。文种、范蠡没有犯下任何罪过，都不免一死一逃，我身上背负这三条罪行，想要在汉朝求得生存，就跟当年伍子胥想要在吴国活下来一样困难。我虽逃往匈奴，但心中无时无刻不想着回归中原，就像瘫痪之人想要起身行走、失明之人想要得到光明一样。只不过，现在形势不允许我这样做。”柴武接到信后叹息良久，双方随后在参合大战一场，韩王信当场身亡，头颅终于得以回归中原。

韩王信之所以不敢回去，实在是因为刘邦对异姓诸侯王出手太狠了，甚至连自己的亲戚都不放过。就在白登之围后不久，刘邦从平城退兵返回长安，途中路过赵国，赵王张敖听说后立刻带着手下前来迎接。张敖是赵王张耳的儿子，此时张耳已经死去，由他的儿子接替赵王之位。除了赵王这个身份外，张敖还有另一重身份，那就是刘邦的女婿，他娶的是刘邦的长女鲁元公主。为了迎接老丈人，张敖是大费周章，像子侄一样恭敬地对待刘邦。这时候的刘邦还在为白登之围生闷气，不由将一腔怒火发泄到张敖头上，将他骂了个狗血淋头。张敖的相国贯高、赵午等人都是张耳以前的门客，又是长期生活在燕赵地区的豪侠之士，一看主上受辱不由怒火中烧。等张敖回来后，贯高等人就劝说张敖：“天下群雄并起，有德行的人才能得到天下，但现在的陛下有什么德行？大王您这么恭敬地对待他，他却依然如此无礼，我们干脆替您杀了他！”张敖吓了一大跳，他哪敢打自己老丈人的主意，赶紧说：“你们可别乱来，当年先父亡国后，是靠陛下才得以复国的，陛下对我赵国恩重如山，你们怎么能有这种大逆不道的想法！”贯高等人一看张敖不同意，便干脆自己策划干掉刘邦。

第二年，机会来了。刘邦前往东垣（今石家庄市东北）讨伐韩王信余党归来，正好路过赵国境内的柏人县（今河北隆尧县西），贯高等人将刺客藏在柏人县驿馆的厕所里，准备趁刘邦上厕所的机会干掉他。刘邦的运气实在是好，到达柏人时，他忽然感觉心跳得厉害，好像有什么事要发生一样，便问身边人这是什么地方。身边人回答说是柏人县。刘邦一听脸色就变了：“柏人的意思不就是受制于人吗？”于是，当晚他没有留宿便直接离开了。不久，贯高的仇家听说了这件事，就向刘邦告发他。这一下事情闹大了，刘邦不但要抓贯高等人，还趁机将张敖也抓了起来。赵午等人得知事发，为免被捕受辱，全都争相自杀，只有贯高不肯，他气愤地大骂赵午等人：“谁叫你们现在自杀的？刺杀陛下这件事情本就是我们几个人私底下商量要干的，赵王并不知道，现在他与我们一起被捕，你们居然还想着自杀。你们如果都死了，那谁去替赵王申诉冤屈？”贯高说完，便主动坐上囚车，与张敖一起被押送到了长安。刘邦确实怀疑张敖有心谋反，想要趁机将他收拾掉，哪怕吕后屡次求情都没用。幸好贯高无论怎么受刑，都一口咬定张敖不知情。在贯高的以死力争之下，刘邦终于相信张敖没有谋反之意。然而死罪免了，但赵王的头衔却是没了，张敖被改封为宣平侯。至于赵王的位置，则被刘邦交给了小儿子代王刘如意。

就在这一年，曾经被张良称为能帮助刘邦解决项羽的三人中的两人——淮阴侯韩信和梁王彭越先后归天，两人的死都与赵国相国陈豨有很深的关系。陈豨是宛朐（今山东菏泽市西南）人，不知道因为什么投入了秦末起义，但并没有过什么突出表现，倒是他的家乡宛朐在一千多年后出了一个威震天下的起义领袖黄巢。白登之围后，刘邦将当时只是郎中的陈豨封为列侯，让他以赵国相国的身份在赵、代边境防备匈奴人和韩王信余党。由于陈豨这个人很仰慕战国时期的信陵君魏无忌，守边时就学着信陵君四处招揽门客。陈豨的门客非常多，他每次出行竟然有一千多辆车载着门客跟随，把邯郸的驿站都住满了。这件事落在了赵国丞相周昌眼里，他为人刚直，见陈豨有这么多门客便怀疑他图谋不轨。周昌也不查证，直接跑去长安向刘邦告发了陈豨，说他门客太多，在外领兵只怕会引发叛乱。再加上陈豨手下很多门客都干过犯法之事，一查之下就牵扯到了陈豨头上。陈豨害怕被刘邦干掉，干脆派人前去联合王黄、曼丘臣等人，准备一起干点大事。汉高祖十年（公元前 197 年），太上皇刘太公病逝，刘邦借口太上皇之死，让陈豨前来长安觐见。此时的陈豨哪敢去长安，干脆就联合王黄等人起兵造反，自封为代王，并派兵入侵赵、代地区。哪怕有韩王信等人的增援，陈豨依然不是刘邦的对手，很快就被汉军打得土崩瓦解、溃败而逃，甚至连韩王信、王黄、曼丘臣等老一辈反贼也先后或死或俘。

按理说远在代地造反的陈豨与困在长安的淮阴侯韩信八竿子打不着，这件事又是如何牵连到韩信头上的呢？陈豨曾在韩信手下任过职，他被安排去赵、代地区守边时，临行前顺路拜会了韩信，一方面是为了辞行，另一方面也是想听听这位老上司有没有什么指示。韩信看到陈豨到来很是高兴，立刻就拉着他的手来到庭院中，随即屏退左右，显然是要说些机密要事。韩信仰天长叹：“我有几句心里话，不知道能不能和你说。”陈豨赶紧回答道：“只要是将军您的指示，不管是什么，我都绝对遵从。”韩信便对陈豨当前的处境做了一番分析：“你现在要去的赵、代地区，我以前也镇守过，那里集中了天下间的精兵猛将，而你又是陛下现在最亲信的大臣，看似前途无量，实则危机重重。假如有人告诉陛下，说你想要占据赵、代地区造反，陛下肯定不会相信；然而再有人说你要谋反时，陛下就会起疑心了；等到第三次有人说你谋反，陛下只怕连你的辩解都不会听，就率领大军前来攻打你了。如果到了那种境地，请允许我给你做内应，这样一来天下就可以谋取了。”陈豨自然知道韩信话里的意思，也非常相信他的能力，于是立刻就答应下来：“一切就按您说的办。”

刘邦亲自率军北上讨伐陈豨时，因陈豨曾是韩信的部下，就想带着韩信一起前去平叛。韩信一心准备给陈豨做内应，当然不肯前往，只对刘邦说自己最近得了病，无法出征。刘邦也并不是非要带韩信一起去，于是没有丝毫犹豫地领兵上路了。刘邦一走，韩信就开始活跃起来，他一面派人暗中与陈豨联系，一面和手下人日夜不停地商量计策，准备伪造诏书赦免监狱里的罪犯和奴隶，然后带着这些人突袭皇宫，一举拿下吕后和太子刘盈等人，就此控制长安城。就在韩信焦急地等待陈豨一起行动的消息时，东窗事发了。韩信之所以被人揭发，是因为他手下一个叫栾说的门客因一点小事触怒了他，被他囚禁起来，准备之后处死。栾说当然不可能坐以待毙，他赶紧就让弟弟去把韩信准备造反的事捅给了吕后。

吕后接到韩信要造反的消息一时间慌了手脚，刘邦把汉军主要兵将全都带走了，长安城里哪还有人是韩信的对手？无奈之下，吕后只好把韩信的伯乐萧何请了来。还是萧何有办法，他出了个主意：派一个人假装从城外入城，谎称自己是刘邦的使者，通报陈豨已经战败被杀的消息。这个消息一出，长安城里的列侯、大臣们纷纷前往宫中道贺。按理说韩信也应该前去的，但他这时早已被陈豨的死讯惊得慌了手脚，一时之间根本不知道应该如何是好。关键时刻萧何写了一封信给韩信："现在陛下大获全胜，大家都入宫来道贺，就剩下你不肯来。就算你病了，也应该给陛下一点儿面子，强撑着来祝贺一下。"韩信一向信任萧何，立刻就独自入宫了。这一去就没回来，韩信刚入宫就被吕后命人拿下，直接拖到长乐宫钟室内斩杀，一代名将就此陨落。

韩信死前想起当年蒯彻说的话，悔不当初，只得叹息一声："我真后悔当年没听蒯彻的话，结果竟然上了妇人、小孩的当，这难道不是天意吗？"不久，刘邦回到洛阳。他听到韩信被杀的消息，表情非常奇特，又是欣喜又是怜惜，怜惜的是韩信的才能，欣喜却是因为对韩信的忌惮。正如蒯彻所说，韩信的不世之功注定会被君主忌惮。韩信死前的一番话给蒯彻带来了不小的麻烦，他很快就被抓到了刘邦面前，幸好凭借自己的才智逃过了一劫。

韩信死后不久，彭越也跟着上路了。彭越很冤枉，陈豨反叛时，刘邦也曾向他征调梁兵前往参战，但彭越跟韩信一样自称有病，只派了一个将军带兵去了邯郸。这一来就把刘邦惹怒了，他派人去将彭越痛骂了一顿。挨了骂之后，彭越觉得自己不应该开罪皇帝，便想亲自去长安谢罪。如果彭越真去了可能就没事了，偏偏他手下一个叫扈辄的人反对说："之前陛下叫您带兵去邯郸，您称病不肯去，现在因为挨了骂，忽然间就病好能去长安了，陛下能不猜疑您吗？我看您这一去肯定是有去无回，立马就会被拿下，不如就此反了吧。"彭越吓了一跳，他就想做个王爷享受享受生活，哪有做皇帝那么远大的目标，于是毫不犹豫就拒绝了扈辄的建议。

就在这时，彭越手下的太仆因为犯了罪要被处以死刑，他为了逃脱一死，干脆跑到长安去状告彭越和扈辄联合谋反。刘邦得到消息后不敢怠慢，亲自带人突入梁地。彭越根本没有谋反的打算，自然没有任何防备，很快就被刘邦俘虏了。随后，彭越被押到了洛阳。一番审讯下来，朝廷认定他有谋反的迹象，应该处死才对。刘邦顾念昔年彭越的功劳，并没有杀他，只是将他贬为平民，流放到蜀郡的青衣县（今四川芦山县）居住。如此一来，彭越虽然丢了爵位，但好歹人没事，偏偏他在去蜀郡的路上遇到了一个人，反而枉送了自家性命。彭越遇到的不是别人，正是从长安去洛阳的吕后。见到吕后，彭越仿佛见到了亲人一般，向她求情道："我根本没有谋反，现在无故被免职也就罢了，我也不求什么官职，只希望您能向陛下求情，希望他看在我年迈的分上，允许我回老家昌邑了此残生。"

吕后听完彭越的申诉，表示愿意帮他一把，带着他一起返回了洛阳。回到洛阳后，吕后立刻入宫去见刘邦，不过不是帮彭越求情，而是觉得刘邦做得不够干净："彭越这人是个壮士，您怎么能流放他到蜀地呢？万一他在蜀地聚众谋反，岂不是自留祸患？幸好我已带他回洛阳。我的意思是应该将他处死，以免他将来为祸。"为了斩草除根，吕后指示彭越手下人诬告彭越准备再次谋反，廷尉王恬开遂上奏请求诛杀彭越三族。刘邦很快批复，下令诛彭越三族。

刘邦不但杀了彭越，还将彭越剁成肉酱，赐给各地的诸侯王。这一手杀鸡儆猴很快就吓到了英布，韩信的死已经让他很惶恐了，这时又收到用彭越做成的肉酱，哪还不明白刘邦收拾异姓诸侯王的决心。从此以后，英布便开始暗中布置兵马，准备一有动静就抢先反叛。因而汉朝使者一到，英布就立刻举兵造反。

英布忽然扯起反旗，反倒是便宜了贲赫，他本是诬告，却因为英布被逼造反得了个将军的职位。为了对付英布，刘邦赶紧召集众将商量对策。汉军众将倒是信心十足："英布一个两面三刀的小人还敢造反？我们直接出兵灭了他好了，他能有什么能耐！"刘邦一听却是苦笑不已，他可没有这么强的自信心，英布毕竟是秦末名将，汉朝能对付他的除了刘邦自己外也就剩下彭越和韩信两人，而这两人都已经死去，能率军讨伐英布的实际上只有刘邦自己。然而此时的刘邦上了年纪，身体大不如前，击破陈豨主力后就回了洛阳休养，再坚持出征未免力不从心。于是刘邦并没有表达什么意见，只让诸将回去想想对策。

夏侯婴回到家中，找来门客，也就是曾经在楚国担任过令尹的薛公，谈起英布造反这件事，觉得不可思议。薛公并不惊讶，他很肯定地回答道："英布当然会造反，有什么可惊讶的？" 夏侯婴一听就不理解了："陛下割让土地给他，又分封他为诸侯王，如今富贵已极，还有什么理由谋反啊？" 薛公解释道："陛下前不久才杀了彭越，再往前又杀了韩信，英布与彭越、韩信二人功劳和地位差不多，其他两位都死了，他自然怀疑自己也要大祸临头了，他难道愿意坐以待毙吗？" 夏侯婴恍然大悟，很快就将这番话转述给了刘邦。

刘邦听说有人这么了解英布的心态，非常感兴趣，立刻让人把薛公找了来，询问他对英布造反的看法。薛公回答道："英布造反不奇怪，眼下这种情况他迟早都会反的。不过英布造反声势浩大，如果他采用上策，那崤山以东都将不再为汉朝所有；如果他采用中策，陛下与他谁胜谁负都很难说；如果他采用下策，那他必败无疑，陛下也不用再担忧什么了。"

刘邦一听更感兴趣了："这上、中、下三策分别是什么呢？" 薛公回答道："向东攻取吴地，向西夺占楚地，向北吞并齐地、占据鲁地，然后传信燕、赵地区，让其固守本土，那么崤山以东就不再为汉朝所有，这是上策；向东攻取吴地，向西夺占楚地，向北吞并韩地，占据魏地，然后占据敖仓的粮食，阻塞成皋的通道阻挡汉军，那么谁胜谁负就很难说了，这就是中策；向东攻取吴地，向西夺占下蔡（今安徽凤台县），然后将辎重送往越地，自己则回到长沙，那陛下就可以高枕无忧了，这就是下策。"

刘邦跟着问道："那你觉得英布会采取哪种计策呢？" 薛公对此胸有成竹："他必定选择下策。" 刘邦一听就纳闷了："英布好歹是一代名将，他怎么会舍弃上策和中策而采用下策呢？" 薛公却是一笑："英布这个人，原本就只是骊山上的一个囚徒罢了，他是靠自己一路拼杀到诸侯王的位置的，这就注定了他只会看重眼前的利益，不会顾及以后的事情，更加不会为百姓做什么长远的打算，这样的人不采用下策还会采用什么？”听了薛公的一番话，刘邦信心大增，不但封给薛公一千户的食邑，还提前将小儿子刘长封为淮南王，以示此战必胜的决心。

既然已是必胜的局面，刘邦就不愿亲自领兵了，他想派太子刘盈率军平叛。消息一出，太子这边的谋士们就慌了神，心知这事对太子毫无好处，但偏偏没有办法阻止。关键时刻还是吕后此前请来的“商山四皓”——东园公、绮里季、夏黄公、角里先生想出了办法，他们赶紧找到吕后的哥哥吕释之，告诉他：“此行千万不可让太子前往，太子领兵出征，就算立下再大的战功都不可能提升地位，一旦败了反而容易遭受不测之祸，希望您能赶快让吕后去阻止这件事。”吕释之却是苦笑不已：“我又怎么会不知道这件事对太子只有害处没有好处呢？只可恨想不出理由说服陛下。”商山四皓既然敢来，自然早有准备，他们回答道：“英布是有名的猛将，非常善于用兵，远非毫无领兵经验的太子可比。再者我军将领大多是陛下手底下的旧人，让太子去指挥他们，无异于让羊率领群狼，只怕到时候无人肯听命于他。更何况英布如果知道领兵之人不是陛下，肯定会以为陛下已无力出征了，必定一举向西，长驱直入攻入关中，那时再想抵挡他就不容易了。陛下现在虽然有病在身，但就算坐在车上也要勉力前往，只要有他在，诸将肯定没人敢不尽力作战。陛下虽然受着伤病之苦，但为了妻儿以及江山社稷，还是要振作一次。”吕释之听后大喜，连夜入宫告诉了吕后，吕后立刻照着这番说辞向刘邦哭诉。刘邦还有什么好说的，儿子不争气，只能自己出马，他叹息一声：“我就知道那小子不顶事，还是要我亲自出马才能搞定英布。”刘邦留下叔孙通、张良等大臣辅佐太子镇守关中，又征发三万关中军交给太子驻扎灞上（今西安市东），以防关中生变，他自己则带病率军远征英布。

刘邦的出征，打了英布一个措手不及。早在造反之初，英布就曾对手下人宣称:“陛下已经老了，身体肯定无法支撑他再度出征，能来的只有汉军将领。汉军众将中，我害怕的只有韩信和彭越两人，现在他们俩都已经死了，我根本不把其他人放在眼里。”英布正是因为笃定刘邦不会亲自前来，才会下定决心造反。造反以后，他果然按照薛公说的“下策”，先出兵攻打东面的吴地。当时坐镇吴地的是荆王刘贾，他也是汉初立下大功的战将，但因为毫无防备，竟被英布杀得大败，最终死在了逃亡路上。随后英布就兼并了刘贾的部队，渡过淮水攻打楚王刘交。

刘交对英布的进攻早有防备，他将军队部署在徐县、僮县一带的防线上抵挡英布的进攻。为了达到互为犄角、相互呼应的目的，刘交将楚军分成三个部分，以此来进行长期坚守。有谋士一看就知道刘交的战法不对，赶紧劝道:“英布一向善于用兵，天下百姓都惧怕他，楚军也不例外。兵法有云，诸侯在自己的领土上作战，士兵极易逃散。现在楚军本土作战，又分成三支，明显削弱了自身的防守力量，一旦英布击破其中一支，其余两支肯定也会溃散。”刘交却是不听，他始终认为自己才是对的。结果毫无悬念，英布很快就击破一支楚军，其余两路见状立马四散而逃，根本没有起到相互呼应的作用。

击破刘交后，英布率军一路向西，终于在蕲县（今安徽宿州市埇桥区蕲县镇）西面与刘邦所率的汉军主力相遇了。刘邦率领汉军在庸城县列阵坚守，他远远望去，只见英布排兵布阵的手法恍如当年的项羽，不由想起被项羽打败的日子，一时间气上心头，对英布喊道:“你为什么要造反？”英布的回答简单粗暴:“我想要做皇帝！”刘邦闻言极为愤怒，立即下令汉军出击。英布却慌了神，他根本没想过会遇到刘邦，刚才硬着头皮回答了一句，不但没让他镇定下来，还让他的心越来越乱。主帅都这样，其他人可想而知，一战下来，英布大败，只能渡过淮水向南逃窜。刘邦没有继续率军向前，只派了一位将领追击。在汉军的追击下，英布虽然屡次回身作战，但屡战屡败，等他渡过长江时只剩下一百多号人了。

原本英布打算继续逃亡，但有人写信阻止了他，这个人就是长沙王吴臣。

吴臣是英布的小舅子，当年英布刚起义时，吴芮就将女儿嫁给了英布，并支持他的反秦活动，所以两家关系非常好。吴臣正是吴芮的儿子，他在信中表示，自己也想舍弃王位，和英布一起逃到南越去避难。英布一听大喜过望，立刻赶往番阳（今江西鄱阳县东北），准备从长沙国逃去南越。这一去便踏上了不归路。英布走到兹乡时，在一个农舍里被吴臣派人杀死，头颅被送往长安。

英布死后，另一个诸侯王也快完蛋了，这个诸侯王就是卢绾。卢绾被封为诸侯王后，哪怕身为刘邦的好朋友也难逃猜忌，最终两人彻底闹翻。在刘邦的一生中，与他称兄道弟的人很多，甚至有像项羽这样结拜过的以及像王陵那样被他当成兄长对待的，但刘邦真正的兄弟始终只有一个，那就是卢绾。卢绾与刘邦是同乡，他家与刘太公原就有很深的交情，他又与刘邦同一天出生，两人长大后一起上学，感情非常好。刘邦年轻时喜欢闯祸，经常被官府追得东躲西藏，只有卢绾始终跟着他，不离左右。刘邦起兵反秦以后，卢绾作为第一批追随者参与了一系列战事，到克复三秦时，他更是被封为太尉、长安侯。太尉是秦汉时期最高军事长官，位置在众将之上，长安侯是项羽以前的爵位，足见刘邦多么厚待卢绾。当时的汉国众臣里，只有卢绾与刘邦关系最好，甚至可以随意进出刘邦的卧室，所得的赏赐也非其他人能比。论才能，萧何、曹参等人都远超卢绾，但论和刘邦的交情，他们都远远不如卢绾。楚汉争霸时，卢绾与刘贾一起行动，在楚国的大后方屡屡立功，后来又参与了灭亡临江王共尉和燕王臧荼的一系列军事行动。臧荼被灭后，刘邦并没有将燕国封给刘氏子弟，而是召集群臣，表示想要在有功的将相列侯里面挑选一个人担任燕王，请众臣推荐人选。当时的汉朝众臣里，除了韩信这个特例外，根本没有一人封王，哪怕功高如萧何、曹参也不过是列侯而已。刘邦想封王自然得封自己信得过的亲信，这个人是谁，大家心里有数，于是就一起上奏："长安侯、太尉卢绾跟随陛下平定天下，所立战功最多，应该封他为王。"刘邦自然知道论功劳肯定轮不到卢绾，但他一看众人都推举卢绾，也乐得顺水推舟，就这么封好兄弟卢绾做了燕王。

卢绾与刘邦关系破裂，很大程度上与陈豨有关。刘邦讨伐陈豨时，卢绾也曾派人攻打陈豨。陈豨眼看不敌，就让王黄替他去找匈奴人求救，卢绾一看也派部下张胜前往匈奴，声称陈豨已经败了，希望匈奴人不要出兵。这原本只是一次简单的出使，但偏偏张胜在匈奴遇到了臧荼的儿子臧衍。臧衍告诉张胜："你之所以被燕国重用，是因为你了解匈奴的事情，而燕国之所以存在，是因为诸侯王们经常反叛，朝廷希望燕国帮忙镇守北境。如果陈豨被灭，燕国就没了用处，到时候你们也要做俘虏。我看你不如让燕国暂缓攻打陈豨，转而与匈奴联合。只要陈豨没事，燕国自然能保存下来。"其实燕国纯粹是刘邦封给自己好兄弟卢绾的，跟陈豨或者匈奴没有半点关系，臧衍这么说纯粹是不安好心。偏偏张胜信了，他擅自改变自己出使的目的，转而说服匈奴人出兵南下。

卢绾听说张胜的事情后，第一反应就是张胜勾结匈奴造反，于是立刻上奏朝廷，请求刘邦将张胜一家族诛。结果张胜回来后，将臧衍的说辞转述给卢绾，卢绾竟然也信了。他用其他死囚顶替张胜受了死刑，并让张胜继续在匈奴做间谍。卢绾又派部下范齐暗中联络陈豨，表示大家一起来闹事。可惜的是，陈豨很快就被杀掉了，他的部将不少都投降了汉朝，于是卢绾派范齐勾结陈豨的事情就被捅了出来。这一下卢绾麻烦大了，好在刘邦不信卢绾会造反，便让卢绾前往长安。此时的卢绾哪还敢上京，赶紧以生病为由拒绝了。刘邦不死心，再次让审食其和御史大夫赵尧两人亲自前往燕地接卢绾。这两人审问了卢绾身边的人，这一下卢绾慌了神，干脆躲起来不肯出来。

卢绾之所以死活不肯去长安，怕的自然不是刘邦，而是吕后，他曾告诉过身边人："现在不是刘氏而得以封王的，只有我和长沙王而已。之前朝廷杀死彭越和韩信都是吕后的主意，现在陛下生病，朝堂全都落入了吕后的掌控之中。吕后这个女人非常狠毒，她一心要灭掉所有的异姓王和大功臣，我可不敢去长安。"这几句话很快就被人传到了审食其的耳朵里，他立刻就向朝廷做了汇报。就在这时，投降汉朝的匈奴人也带来了张胜不但没有死，反而作为燕国使者留在匈奴的消息，刘邦终于认定卢绾要造反了，便派樊哙率军前往攻打。很快卢绾就被樊哙击败，他便带着妻儿和手下数千骑兵跑到长城下等着，想等刘邦病好后就前往长安请罪。只可惜卢绾没有这个机会了，刘邦不久就病死了。卢绾只得逃往匈奴避难，短短一年多就郁郁而终了。

随着卢绾的覆灭，汉朝除了实力弱小的长沙王一脉外，再无其他异姓诸侯王。汉文帝后元七年（公元前 157 年），长沙王吴著去世，无子国除，汉初的异姓诸侯王最终烟消云散。

北境烽烟：汉军三战匈奴

白登之围后，汉朝与匈奴的关系发生了剧变。刘邦意识到了匈奴人的强大，再未轻易出兵与匈奴开战，而且汉军往往不会主动出塞，这也正是韩王信等人能长期活跃在边境的重要原因之一。甚至到陈豨叛乱时，樊哙等人也只是率军收复了代地，并未出塞一步。

汉朝的退让，让匈奴人越来越猖獗，他们在韩王信、王黄、利几等人的率领下屡屡入侵边境，刘邦对此非常苦恼，只是苦于毫无解决办法，只能置之不理。最后还是刘敬有办法，他认为："目前天下刚刚平定，百姓和士兵非常困顿，想要用武力去对付匈奴是不现实的，那就只能用其他方法了。春秋时期对付外族，除了战争征服之外就是通过仁义去感化他们，但这对匈奴是行不通的。为什么这么说呢？因为冒顿这个人是杀死父亲上位的，他把父亲的妻妾全部据为己有，又通过暴力在匈奴建立起了权威，这样的人不是仁义可以感化的。"

刘邦听后不由哀叹道："战争不行，感化也不行，难道没有其他对付冒顿的办法了吗？"刘敬回道："我有一个办法，不但能够遏制匈奴入侵，还能够让冒顿的子孙后代都做陛下的臣属，只不过我担心陛下做不到。”刘邦一听就感兴趣了：“你先说说是什么计策，有这样的好事我怎么会不答应呢？”刘敬便说道：“我的计策很简单，那就是将您的女儿长公主嫁给冒顿为妻，并送上丰厚的嫁妆。如此一来冒顿一定会因为仰慕汉朝而让公主成为匈奴的阏氏，等公主生下儿子，那肯定就是太子了。同时陛下可以一年四季派人带着汉朝多余而匈奴缺乏的东西去送给他们，并派一个能说会道的人趁机去向他们宣导、讲解礼仪。这样一来，冒顿活着的时候，他就是汉朝的女婿，他死后，您的外孙就是匈奴的新单于，难道外孙还敢和外祖父对抗吗？如此一来我们可以不用打仗就让匈奴人渐渐臣服。如果陛下舍不得长公主，我还有一个办法，那就是让宗室女子或者后宫其他女子冒充公主，让她嫁给匈奴单于。只不过这样一来有个坏处，那就是一旦匈奴人知道了真相，他们肯定不会亲附汉朝，那这一切都失去了意义。”

刘敬之所以犹豫原因很简单，刘邦只有一个女儿，就是鲁元公主。然而鲁元公主早已经嫁给了赵王张敖，让她再嫁匈奴实在有些说不出口，刘邦恐怕也很难答应。刘敬实在是不了解刘邦这个人，当年他为了活命不惜丢下女儿和儿子跑路，现在知道嫁女儿能让匈奴人停止入侵，自然乐意将女儿送出去。至于女婿张敖，根本不在刘邦的考虑之内。

虽然刘邦想让女儿嫁去匈奴，但吕后却死活不同意，她每天跑到刘邦跟前哭诉：“我就只有一个儿子和一个女儿，您现在却要把女儿送到匈奴那么远的地方去，这可让我怎么活啊！”刘邦从来没管过儿子和女儿，他们都是吕后一手带大的，此时听吕后这么说也觉得有些亏欠女儿，最终打消了让鲁元公主远嫁的念头。他找了一个平民女子，让她冒充公主嫁去匈奴，并任命刘敬为使者前往结盟。

从匈奴回来后，刘敬又向刘邦提了个建议：“经过我的观察，匈奴的白羊王、楼烦王部落，距离长安只有七百里，他们一天一夜就可轻骑到达关中。然而自秦末战乱以来，关中百姓非常稀少，实在不足以抵挡匈奴的入侵。不过关中历来土地肥沃，可以移民加以充实。以前诸侯起事灭秦朝时，齐国的田氏，楚国的屈、景、昭三氏都出了很大的力，没有他们很难成事。现在天下一统，陛下建都关中，但关中却没有多少人口，而崤山以东却有昔日六国的旧贵族，一旦出现什么变故，陛下在关中也不能高枕而卧。我建议陛下把六国后人及地方豪强、名门望族全部迁徙到关中居住，这样一来，国家没事时可以依靠他们防备匈奴，如果各地诸侯有变，也可以征召大军向东讨伐叛逆，这就是加强根本而削弱末枝的办法。”刘邦听从了刘敬的建议，陆续迁徙豪强、旧贵族共十多万人到关中，关中地区渐渐恢复了人气。

汉朝的不断退缩，非但没有使匈奴人有所收敛，反而助长了其骄横的气焰。刘邦死后，汉惠帝和吕后当政时，冒顿狂妄到了极点，他甚至给吕后写了一封信：“我这个孤寡独居的君王，生于沼泽草莽之中，长于平野牛马之地，之前有幸去过几次汉朝边境，对那里非常感兴趣，很想去中原游赏一番。如今你正好寡居，而我也是独居，两国君主郁郁寡欢、无以自娱，诚愿以我之所有，换取我之所无。”这一番赤裸裸的羞辱，让吕后当场大怒，立刻将丞相陈平和大将樊哙、季布等人找了来，商量应该如何对付匈奴。按照吕后的意思，应该立刻杀掉匈奴使者，派兵出塞讨伐冒顿。作为吕后的妹夫，樊哙表现得义愤填胸，他当场站出来表示：“请陛下给我十万大军，我愿意亲率大军出塞横扫匈奴。”

此言一出，很多人大惊失色，觉得樊哙这个牛皮吹得太过了，季布更是表示：“樊哙信口开河，应该斩首示众！以前朝廷发兵三十二万讨伐匈奴，结果高祖皇帝却被困平城七天七夜，樊哙身为上将军也曾参战，却无法解围，当时人们都在传唱：‘平城的日子真是辛苦，七天没有饭吃，连拉开弓弩的力气都没有。’到现在这首歌仍在传唱，受伤之人也未痊愈，樊哙居然跑出来说自己带十万人就可以扫平匈奴，这明显就是欺君！更何况夷狄野蛮无理，听他们说好话不值得欢喜，听他们说坏话也不值得动怒。”吕后没有真的处罚樊哙，但也没有了出兵的打算，她只是派大谒者张泽写了一封回信给冒顿：“单于不曾忘却寡人，幸蒙写来书信一封，寡人倍觉惶惶不安。寡人如今年老气衰、来日苦短、发落齿疏、举止失度、迈步维艰，单于兴许误听传闻，寡人实在不值得单于自污于此。传闻有误，非寡人之过，希望单于能够见谅。谨以御车二辆、良马八匹，奉送单于作为常驾。”这一来冒顿反而尴尬了，他赶紧告诉使者：“我生长于边远之地，从没听说过中原礼义，因此才会对陛下有所冒犯，还好陛下宽赦了我。”随后冒顿也献上宝马让使者带回，双方再次重申和亲修好的约定。

汉惠帝、吕后当权时期，匈奴和汉朝从未发生过大规模战争，直到汉文帝即位后，情况终于有了变化。汉文帝前元三年（公元前 177 年），匈奴右贤王忽然率领大军跑到河南地驻扎下来，不断派人掠夺周边百姓，大有长期割据此地的趋势。在匈奴的官职系统中，单于之下依次为：左、右贤王，左、右谷蠡王，左、右大将，左、右大都尉，左、右大当户，左、右骨都侯……其中，左贤王往往是单于的继承人，地位跟汉朝的太子差不多；右贤王的身份仅在单于和左贤王之下，可谓位高权重。右贤王带人跑到河南地，无疑是一件大事。

汉文帝接到消息后不敢怠慢，立刻召集大臣商量对策，大家都认为：“汉朝和匈奴和亲，约为兄弟，按照约定是不能入侵对方边境的，这也是汉朝每年送给匈奴那么多钱财的原因。现在右贤王忽然离开匈奴王庭，带着人跑到河南地定居，这是盟约上没有的事，我们断然不能让他在这里扎根，必须派兵前往讨伐。”经过一番商谈后，汉文帝任命丞相灌婴作为统帅，让他率领车骑兵共八万五千人北上高奴迎战右贤王，汉文帝自己则赶到甘泉宫（今陕西淳化县西北）坐镇，并让卫将军宋昌率领手下步兵镇守长安，以防有什么变故。

右贤王大概只是一时兴起跑到河南地溜达一圈，他一看汉军人多势众，稍一交战就带着人撤回了塞外，汉文帝也趁机让灌婴撤兵班师。汉文帝之所以立刻停战，倒不是因为惧怕匈奴，而是有人趁机闹事，这个人就是济北王刘兴居。

吕后死后，诸吕掌权，他们甚至妄图取代王室，但在宗室和功臣们的努力下最终失败了。在这次事变中，朱虚侯刘章和东牟侯刘兴居两人立功极大，周勃等人甚至承诺将刘章封为赵王、刘兴居封为梁王。刘章和刘兴居都是齐悼惠王刘肥的儿子，他们在政变中之所以表现积极，除了维护刘氏江山以外，还有一个原因，那就是想拥立哥哥齐王刘襄做皇帝。当时刘邦的嫡子汉惠帝刘盈已经死了，而刘盈的儿子则被认为是吕后冒认的，还活着的刘邦之子只有吕后养大的幼子刘长和代王刘恒。而如果挑选刘邦的孙子做皇帝，首选无疑是刘邦的长孙刘襄。周勃等人自然是不敢立刘长的，而此前被刘襄暗算过的刘泽则公开表示，刘襄的舅舅驷钧为人残暴，以后没准儿会是第二个吕氏，坚持主张让刘恒继承皇位。刘恒就是汉文帝，他即位之后，自然不可能给刘章和刘兴居好脸色，两人的“赵王”和“梁王”封号都没了。最终，汉文帝从齐国划出城阳（治莒县，今山东莒县）、济北两郡，封刘章为城阳王、刘兴居为济北王。如此封赏自然让刘家三兄弟非常不满，气愤的刘襄、刘章先后病死，只剩下一个刘兴居。

刘兴居看到灌婴率军北上，还以为匈奴要和汉朝开战了，立刻扯起了反旗，准备向西攻打荥阳。对汉文帝而言，追击右贤王远不如平定内乱重要，所以他才立刻终止对匈奴的军事行动，转而派柴武、缯（zēng）贺等人率军攻打刘兴居。至于匈奴，他只是写了一封信去斥责对方违约。刘兴居很快就败亡了，算是用一死换来了汉匈之间的又一次和平。由于双方都没有什么大的损失，冒顿很快写信表示已经惩罚过右贤王了，并再次重申了两国之间的盟约。实际上，冒顿当时正忙着攻打月氏和西域诸国，哪有工夫与汉朝开战，汉文帝则希望能够休养生息，这才是河南之战和平解决的根本原因。

不久之后，一代雄主冒顿去世了，他的儿子挛鞮稽粥继承了单于之位，这就是老上单于。谁也没想到，老上单于即位之后，汉匈之间的关系发生了重大变化，而这一切仅仅是因为一个宦官。

老上单于即位后，汉文帝按照和亲的惯例，在宗室女中选择了一位翁主前去匈奴和亲，并让宦官中行说一起前往。没想到的是，中行说觉得塞外条件太差，怎么都不愿意去。这种大事哪是一个宦官说不干就不干的，朝廷强行将他打包好送去了匈奴。因为这个，中行说非常气愤，他当即表示："这是你们逼我去匈奴的，我一定要让朝廷后悔这个决定！"到达匈奴后，中行说就归降了老上单于，由于他能说会道，很快就得到了老上单于的宠信。

取得匈奴人的信任后，中行说便开始执行自己的计划。首先，他断掉了匈奴人对汉朝的依赖。匈奴人非常喜欢汉朝的丝绸和食品，每年都想着汉朝派人送一些来。中行说劝老上单于："匈奴的人口还不如汉朝一个郡的人多，却能成为汉朝的强敌，这是为什么呢？原因在于匈奴的衣食与汉朝不一样，根本不需要依赖汉朝。假如单于改变以往的习俗，喜欢上汉朝的衣服和食物，那么汉朝只需要拿出不到十分之二的东西，就能将匈奴人全都收买过去，到那时单于又怎么办呢？我觉得最好的办法就是：让人穿上汉朝的丝绸衣服穿过草丛荆棘，在这个过程中衣服裤子定会划破，以此证明它们不如用兽毛制成的衣服完美实用；把所得的汉朝食物全部扔掉，以显示它们不如乳酪便利可口。如此一来，匈奴人自然不需要再依赖汉朝，汉朝对此将毫无办法。"中行说又教匈奴人学习汉朝的文字，用来统计匈奴的人口和牲畜，这使匈奴越发强大起来。对于匈奴和汉朝的通信，中行说也做了更改。任何书信、木札和印封，其规格都要增长加宽，而且信中还要带上傲慢不逊的言辞，落款也要自称：天地所生、日月所置匈奴大单于。

汉朝使者经常嘲笑匈奴人的习俗，鄙视他们不讲礼义，中行说全都予以反驳。他毫不客气地对使者说："匈奴人的政令简洁明了，非常容易实行，君臣之间坦诚相待，关系能维持长久。这样一来，一国政务就像一个人的身体那样容易协调。所以匈奴伦常虽乱，却必定会拥立宗室子孙做单于，中原的汉人虽然自诩守礼，但随着亲戚之间的关系日益疏远，彼此之间甚至会产生仇杀，以至于迁居改姓，这又怎么比得上匈奴呢？你们又凭什么沾沾自喜？你们只需把控汉朝送来的丝绸、食物，保证质量过关。如果这些东西质量差了，少不得我们匈奴的铁骑要南下践踏你们的庄稼！”除此之外，中行说还不断告诉老上单于入侵中原的好处，惹得老上单于大为心动。

在中行说的撺掇下，匈奴与汉朝的关系越来越差。汉文帝前元十四年（公元前 166 年）冬天，匈奴大举入侵。老上单于来势汹汹，总共出动了十四万骑兵攻入朝那县（今宁夏彭阳县西）和萧关（今宁夏固原市东南）。这两个地方都属于北地郡的管辖范围内，当地的汉军自然不会坐视不理。只可惜在匈奴大军面前，北地郡守军不堪一击，就连北地都尉孙印都战死了。匈奴骑兵一路南下直抵彭阳县（今甘肃镇原县东）境内，沿途抢夺了很多百姓和牲畜财物。随后，老上单于派出一支奇兵深入关中烧毁了位于朝那县附近的回中宫，而匈奴的侦察骑兵甚至到达了雍地和甘泉宫附近。

匈奴的悍然入侵多少让汉朝有些惊慌失措，一时间长安震动。汉文帝很快展开了军事部署，他任命中尉周舍、郎中令张武为将军，让他们带着一千辆战车和十万骑兵驻守在长安附近，以防匈奴骑兵进攻长安，又任命昌侯卢卿为上郡将军、甯侯魏脩为北地将军、隆虑侯周灶为陇西将军，分别驻守上郡、北地、陇西三郡。汉文帝自己则亲自慰劳、操练士兵，甚至打算亲率大军北上讨伐匈奴。消息一出，朝廷顿时就炸锅了，当年高祖皇帝讨伐匈奴就差点儿一去不回，他们哪敢再让汉文帝去冒这个险。只可惜汉文帝是铁了心要亲征，任大臣怎么劝说都不听，最后竟然逼得薄太后亲自站出来劝阻。汉文帝是个孝子，一看母亲发话，自然不敢再提亲征的事。最终，汉文帝任命东阳侯张相如为大将军，成侯董赤、内史栾布为将军，率领一支大军作为机动部队，北上寻找匈奴军队主力决战。

张相如等人虽然率军北上，但始终拿匈奴人没有办法，卢卿等人也只能坚守城池。最终，老上单于在汉朝边地活动了一个多月，才率领大军撤退。张相如等人所能做的只是将匈奴人逼出塞外，却无力向前追击一步，更谈不上对匈奴造成多少杀伤。老上单于看出汉军拿自己没办法，于是之后年年入侵边塞，杀死、抢掠百姓。这其中又以云中（治云中县）、辽东（治襄平县，今辽宁辽阳市）两郡情况最为严重，每个郡都损失了一万多人。在这种情况下，汉文帝意识到自己拿匈奴毫无办法，只好再次派使者前往匈奴和亲。老上单于入侵原本就是为了捞好处，现在既然对方赶着和亲，何必再冒险南下入寇呢，于是便答应了汉文帝和亲修好的请求。最终，汉朝与匈奴达成协议："匈奴不入塞，汉朝不出塞，双方和平共处，谁越过界线便格杀勿论！"

这一份和约替汉朝边境维持了几年的和平时光，但匈奴很快又发生了变故。老上单于也去世了！即位的是他的儿子军臣单于，中行说再度投入军臣单于麾下。汉文帝按照双方的约定继续派遣宗室女前往和亲。即位之初，军臣单于一切都按照当初老上单于与汉朝的旧例办事，这让汉朝君臣产生了匈奴不会入侵的错觉。结果一年之后，军臣单于在中行说的游说下与汉朝绝交，悍然发兵南下，汉匈之间再次开战。

比起老上单于时代，军臣单于的动静要小多了，他只派了六万骑兵，而且这六万人还兵分两路，分别入寇云中郡和上郡。面对匈奴的入侵，汉朝边境驻军毫无办法，根本追不上匈奴骑兵，让匈奴人大肆抢掠了一把。猖獗的匈奴人，甚至到达了代地的句注山一带。一时间，汉朝边境告急的烽火，从边境一直燃到了甘泉、长安一带，几个月都未停止。

汉文帝急召汉军进行新一轮军事部署，他命令张武等三位将军率军驻扎北地郡，防备匈奴人进攻此处；任命中大夫令免为车骑将军，让他率领赵国的军队驻扎飞狐，防止匈奴人入寇河北；任命曾经的楚相苏意为将军，让他率领代国军队驻扎句注山，防止匈奴人继续南下。首都长安附近，汉文帝也安排了三位将军，分别是驻扎细柳（今陕西咸阳市西南，渭河北岸）的河内郡守周亚夫、驻扎灞上的宗正刘礼、驻扎棘门（今陕西咸阳市东北）的祝兹侯徐厉，以防匈奴进攻长安。鉴于上一次张相如等人的出击，除了劳民伤财外毫无建树，根本没有达到决战效果，这一次汉文帝并没有派遣机动队出击，只是派出军队被动防御各地。匈奴在边境闹腾了一个多月后，各路汉军终于准备完毕开拔前线。军臣单于一看无机可乘，就带人撤回了塞外，汉军也没有进行追击。这一次战役就在汉匈双方没有做大规模较量的情况下结束了，之后双方再次回到了战前的对峙局面。战役结束后不久，汉文帝就病死了，太子刘启继承皇位，这就是汉景帝。

汉景帝登基不久，就派遣使者前往匈奴，再次提出和亲。这一次汉景帝不但送出了翁主，还开放边市与匈奴进行贸易。从此以后，很多以前需要匈奴人南下抢夺的东西在互市上就能交易到，军臣单于等人自然没了南下入寇的兴致。终汉景帝一世，匈奴人只是偶尔在边境上小打小闹，再也没有发生过大规模入侵事件。汉景帝也没有力气与匈奴人耗着，从他即位开始，就出现了一个更大的问题需要解决，因此汉匈双方实现了短暂的和平。

诸侯反叛：周亚夫平七国之乱

汉景帝前元三年（公元前 154 年）一月，彗星现于西方，接着洛阳皇宫发生火灾，这一切似乎都预示着这一年的不平凡。果然就在这一年，关东传来了一个骇人听闻的消息：以吴、楚为首的七个诸侯国起兵反叛，正式向朝廷发起挑战。

可能很多人会很奇怪，吴、楚这些诸侯国是从哪来的呢？这和汉朝的制度有关，汉朝并不像秦朝一样实行单纯的郡县制，而是郡县制与诸侯封建制并存。诸侯封建制在西汉主要分为王国和侯国两种，二者都是世袭，但有很大的不同。侯国只享有在自身食邑上征收租税的权力，行政权依然属于地方郡县，本身并没有军队和行政机构。王国则不一样，它完全掌握着一地的行政赋税权，国中不但有强大的军队，还有一套与中央朝廷类似的行政班子，相当于是汉朝内部的一个独立小王国。最早的诸侯王是楚汉之争时期分封的异姓诸侯王，那是刘邦为了战胜项羽、夺取天下，不得不分封土地以换取韩信、英布、彭越等人的支持。汉朝统一天下以后，刘邦便以各种各样的理由剪除异姓王，到最后只剩下了长沙王吴芮一系，其他几位异姓王先后被灭。吴氏长沙国也没有长期留存下来，汉文帝后元七年最后一任吴氏长沙王长沙靖王吴著去世，由于他没有后人，便就此除国，汉代的异姓王自此终结。

除了异姓王，汉朝还有同姓诸侯王。汉朝建立后，刘邦分封了十一位同姓王：族兄荆王刘贾，后被除国的刘邦二哥代王刘喜，刘邦四弟楚王刘交，刘邦之子齐王刘肥、赵王刘如意、代王刘恒、梁王刘恢、淮阳王刘友、燕王刘建、淮南王刘长，以及刘喜之子吴王刘濞。这些诸侯国全是刘邦建立起来维护中央的屏藩，在他看来，有这些同姓诸侯王在，就可以帮助中央维持江山稳固。

随着天下日益安定，诸侯国逐渐强大起来。这时，诸侯国维护中央的能力没有体现出来，反而越来越威胁到中央的统治。诸侯国内的官职，除了太傅、国相、内史等以外，全都由诸侯王自己任命。他们权势越来越大，如吴王刘濞等甚至可以自己铸造钱币，富甲天下。久而久之，不少诸侯王渐渐开始不满足于只做一个小小的王，他们想要夺取整个天下。汉文帝时期，济北王刘兴居和淮南王刘长先后策划叛乱，两人虽然都被镇压了下去，但这一切都预示着中央和诸侯国之间的矛盾越来越大。

从汉文帝开始，越来越多的人意识到了诸侯国的潜在威胁。汉初著名政治家、文学家贾谊就察觉到了这一点，他在上奏给汉文帝的《治安策》中阐述了自己的观点，认为诸侯国地盘越大，野心就越大，中央对这样的国家也就越发难以控制；相反，如果诸侯国地盘小了，人口收入都会相应减少，那自然就不敢有什么野心，只能够服从中央的安排。对此，贾谊特意提出了一个解决方案：“众建诸侯而少其力。”意思就是多分封诸侯，将大诸侯国的地盘全部切割为小的诸侯国，这样一来诸侯国的力量就减弱了，自然难以对中央形成威胁。这个方案就是“推恩令”的最初版本，汉文帝按这个建议推行了不少措施。

淮南王刘长死后，汉文帝将城阳王刘章的儿子刘喜改封为淮南王。后来因为思念弟弟，加上又想削弱淮南国，汉文帝便将刘喜改封到城阳，转而将淮南国分成三部分，封给了刘长的三个儿子淮南王刘安、衡山王刘勃、庐江王刘赐。当时，同姓王中地盘最大的是坐拥齐地七十多座城池的刘肥，吕后死后他的儿子刘襄还曾率兵讨伐诸吕，汉文帝对其忌惮颇深。刘襄的儿子刘则死后，因没留下子嗣，汉文帝便趁机将齐国分成六部分，封给刘肥的六个儿子齐王刘将闾、济北王刘志、菑川王刘贤、济南王刘辟光、胶西王刘印、胶东王刘雄渠。就这样，强大的齐国被分成了六个小国，再也不会因一国势大而对中央构成威胁了。

汉景帝即位后，中央政府与诸侯国之间的矛盾越来越大。其中，汉景帝与吴王刘濞之间的矛盾最大，双方早已结下了深仇。刘濞是刘邦二哥刘喜的儿子，原本刘喜被封为代王，但他实在不争气，匈奴人南下进攻代国时，他毫不抵抗直接南下避难，还一溜烟儿跑到了洛阳。眼看二哥这么不争气，刘邦气不打一处来，直接把刘喜贬为合阳侯，改封自己的儿子刘恒做了代王。刘喜虽然不争气，但儿了刘濞却非常争气，他勇力过人，才二十岁就以骑将的身份参与了平定英布之乱，立下了大功。再加上当时荆王刘贾已死，刘邦觉得吴地民风彪悍，需要一个宗室子弟镇守在此，但当时刘邦的儿子们大多年龄还小，他就干脆把侄子刘濞封到了吴地，地盘有三郡五十三城。

刘邦分封刘濞时，发生了一件事。刘邦仔细看了看刘濞的面相后，觉得这人好像有反相，但封赏已经给出，实在不好改口，就摸着他的背说道："我料到五十年后东南方将会有人造反，这个人该不会是你吧？大家都是一家人，千万不要造反。"这一番话说得刘濞冷汗直冒，赶紧连声说："不敢。"刘濞到了吴地后，仗着豫章郡（治南昌县，今江西南昌市东）有铜山，招纳天下亡命之徒铸铜为钱，又让人在东边煮海水为盐，吴国因此越来越富庶强大。

最初刘濞心里还记挂着当年刘邦的一席话，根本不敢有所异动。直到有一年，刘濞派吴国太子刘贤前往长安朝见天子，汉文帝遂让太子刘启宴请刘贤。两个年轻人聚在一起，自然要来点娱乐活动，于是便一边喝酒一边下棋。

刘贤的老师都是楚人，长期以来的教导让他养成了轻佻、彪悍的个性，再加上他平日里为人骄矜，与刘启下棋时便起了争执，言语之间对刘启非常不礼貌。大概是多喝了几杯，愤怒的刘启直接拿起棋盘猛砸刘贤，刘贤就这么被砸死了。汉文帝知道后，赶紧派人前往吴国说明情况，又将刘贤的灵柩一路护送回吴国。

刘贤的灵柩到达吴国后，气愤的刘濞竟然不要，他说："反正天下都是刘氏一家人的，死在长安就葬在长安好了，何必千里迢迢再送回来安葬？"于是他把刘贤的灵柩再次送回长安，汉文帝没办法，只得在长安将刘贤安葬了。出了这件事情以后，刘濞开始怨恨起了朝廷，再也不前往长安朝见天子了，每次到了要朝见天子的时候，都自称自己有病。全长安的人都知道，刘濞哪是有病，分明是心里对朝廷有了意见，因为儿子被杀才不肯前来朝见。为此汉文帝特意派人去吴国做了一番调查，发现刘濞什么病都没有，有的纯粹是心病。愤怒之下，他干脆把吴国派到长安的使者全部扣押下来，并派人审问吴国使者吴王不肯前来朝见的原因。

这一下轮到刘濞心里恐惧了，他原本只是发泄心中的不满，没想到真被当成谋反了。眼看就要出事了，无可奈何的他只得硬着头皮准备造反。到了惯例的秋季朝拜时，刘濞再次派使者前往长安，汉文帝又一次询问使者吴王不来朝见的原因。这一回使者比较聪明，他回答道："吴王其实根本就没有病，之所以不肯来长安，是因为之前派来的几批使者全都被扣押了，听说朝廷还要治他们的罪，吴王自然不敢前来，这才声称自己有病。俗话说得好，'察看深潭中的鱼是不吉利的'。朝廷如此逼迫只能让吴王越来越恐惧，希望陛下能不再追究吴王以前的过错，允许他改过自新。"汉文帝深知，自己要是逼急了，刘濞恐怕不得不铤而走险真的造反，于是就听从了使者的建议，将此前扣押的吴国使者全部放了回去，并派人赐给刘濞几案和拐杖，表示他年事已高，不必再来长安朝见。刘濞一看汉文帝不再怀疑自己造反，也就放下心来，暂时取消了谋反计划。在吴国境内，刘濞大肆收买人心。由于吴国有铜山和海盐这两项极为赚钱的产业，他根本不征收吴国百姓的赋税，因而很得当地百姓的拥护。吴国士兵需要按规定戍边时，刘濞也会给予奖赏，他还每年派人去慰问、赏赐吴国境内那些有才能的人。其他郡国的逃犯只要跑到吴国境内，刘濞全都予以包庇，不肯将犯人交出去，而是将这些人收归己用。就这么一直过了三十多年，吴国的百姓士兵全都为刘濞所用。

等到汉景帝即位后，刘濞与朝廷之间的矛盾再度激化，这与另一人有非常大的关系，这个人就是晁错。晁错是颍川人，早年曾学习申不害、商鞅的刑名之学，并以之进入仕途。汉文帝时，由于天下已经没有什么人懂得《尚书》，只剩下一个九十多岁的秦代博士伏生很有研究，汉文帝就派晁错前去跟随伏生学习。学成归来之后，晁错扶摇直上，被任命为太子家令，侍奉当时的太子刘启。因他非常善于辩论，大家都称他为“智囊”。汉文帝时，晁错屡屡上书言及时政，深受赏识，不过他提议治刘濞不朝之罪，请求汉文帝削减吴国封地一事，汉文帝并没有依从。

到汉景帝即位以后，晁错旧事重提，他上书汉景帝：“当初分封诸侯，是因为高祖皇帝刚刚得到天下，兄弟少，儿子们年龄又小，所以在大封同姓王时，分封给齐国七十多座城池、楚国四十多座城池、吴国五十多座城池，光这三个诸侯国，差不多就占了一半天下。现在吴王刘濞因为前太子被杀的事情，假装自己有病不肯来长安朝见天子，按照古代的刑法规定，是要被处死的。先帝仁厚，不忍心惩罚吴王，才赦免了他的罪行，又赐给他几案、手杖。吴王受了先帝这么大的恩德，应该改过自新才对，但他不但没有改过，反而越来越骄横不法。他利用矿山采铜铸钱，利用大海煮海成盐，以此招诱天下流亡人口，企图招徕将领发动叛乱。依我之见，现在削减吴国的封地吴王会叛乱，不削减吴国的封地他依然会叛乱。如果削减他的封地，他反得更快，这样祸患反而小一些；如果不削减他的封地，等他准备好了再反，到那时祸患就更大了。”

对于晁错的削藩观点，汉景帝不敢轻易答应，他赶紧召集公卿列侯们一起商议这件事情。很多大臣都认为晁错操之过急，但他们知道晁错善辩，自己说不过他，只好闭口不言。只有窦婴一人坚决反对，但终究未能说服汉景帝，汉景帝最终接受了晁错的削藩请求。之后晁错更改相关法令三十章，为削藩做好了准备。消息传出后，天下一片哗然，诸侯们都争相上书攻击晁错。就连晁错的父亲听说了这件事后，也专门从颍川郡（治阳翟县，今河南禹州市）老家跑到长安询问晁错："现在陛下刚刚即位，你也才掌权处理政事，如此着急地削弱诸侯的力量，离间刘家的骨肉亲情，并因此被人怨恨，你这么做到底是为什么呢？"晁错回答道："事情原本就应该这样做才对，如果不削弱诸侯，天子不会受到天下人的尊崇，汉朝的宗庙社稷也不会安稳。"晁父听后却是一叹："你这么做，刘家的天下是安稳了，只是我晁家就危险了。"随后晁父服毒自尽，他死前叹息道："我实在不忍心看到祸事降临到我晁氏身上。"

晁错顾不上为父亲的死难过，削藩的机会就来了。当时楚王刘戊正好到长安朝见，晁错就建议先把刘戊扣留下来，他告诉汉景帝："去年刘戊为薄太后服丧期间，在服丧的居室里淫乱，按照法律应该处死才对，可以让他割让土地来赎罪。"汉景帝依计而行，下诏可免去刘戊死罪，但需要他将楚国的东海郡（治郯县，今山东郯城县北）交给朝廷。人在屋檐下，不得不低头，刘戊现在在长安，哪敢不听汉景帝的话，只好乖乖把东海郡交了出来。初战告捷后，汉景帝和晁错又借口去年赵王刘遂犯罪的事，把赵国的常山郡削去，借口胶西王刘印卖爵之事，将胶西国的六个县削去。

这一切都只是小打小闹，汉景帝和晁错的最终目标依然是吴国，他们开始不断找借口准备将吴国的封地也削去一个郡。吴王刘濞自然不会坐以待毙，自从知道朝廷开始削藩后，他就明白麻烦早晚会找上自己。按朝廷今天削一个郡，明天削几个县的速度，只怕过不了多久他就一点儿封地都没有了。思来想去，刘濞决定拼死一搏，直接起兵与朝廷干上一场。刘濞也知道光靠吴国的力量不足以对抗朝廷，还需要拉拢其他诸侯国一起反叛才行。在各诸侯国中找了一圈之后，刘濞将第一个盟友锁定在了胶西王刘印身上。之所以选择刘印，一方面是因为刘印刚刚被削去了六个县，对朝廷有所不满；另一方面则是因为刘印本身就不是什么安分之人，他勇武好斗，又喜兵法，其他诸侯都很怕他，显然是拉拢的上佳人选。

为了能够成功游说刘印，刘濞特意派中大夫应高出使胶西国。应高是个能说会道之人，他一见面就告诉刘印："现在陛下重用奸邪大臣，听信手下人的谗言恶语，想要削弱本家的诸侯国，因此对诸侯王的惩罚非常严厉，而且一天比一天严重。俗话说得好，放任他人舔掉外面的糠，他就会一直舔掉里面的米。朝廷的惩罚只会越来越严酷，直到诸侯国被完全吞并掉。吴国和胶西国都是天下有名的诸侯国，早已引起了朝廷的注意，肯定不会有得到安宁的一天。吴王因为身体患病，已经二十多年不能去长安朝见天子了，因此时常担心自己会受到朝廷的猜疑，却苦于无法向朝廷表白自己的心迹。按照现在的局势，就算吴王缩紧肩膀、脚压着脚地自我约束，到最后只怕还是得不到朝廷的宽恕。我听说大王前段时间因为卖爵的事情受到了朝廷的处罚，失去了六个县的土地，其他诸侯也有封地被夺的事情发生。我曾仔细研究过法律，按照你们所犯的罪名，不应该受到如此严重的惩罚。依我之见，朝廷的用意只怕已不是削去诸侯王封地那么简单了。"

刘印听完后不由叹道："你说的没有错，我前段时间确实被朝廷削去了六个县的土地。只是朝廷要削藩，有什么办法可以避免呢？"应高等的就是这句话，他赶紧说道："吴王自认为与大王面临着共同的困难，才派我来这里，希望大家顺应时势，遵循情理，牺牲生命去为天下消除祸患。大王您对这种做法应该没意见吧？"刘印听出了应高的弦外之音，大惊失色道："我怎么敢做这么样的事啊，虽然当今天子对待诸侯很严苛，但我就算是一死，也不敢反叛朝廷。"

应高一听，赶紧说道："问题并不出在天子身上，而是御史大夫晁错，他整天蒙骗蛊惑天子，天子才会削夺诸侯们的土地，这全都要怪晁错。眼下诸侯王有了反叛之心，情势危急到了极点，且彗星出现、蝗灾发生，正是千载难逢的好时机！如此困苦的局势，正是圣人挺身而出之时！吴王准备向朝廷提出诛杀晁错的请求，在战场上则希望跟在大王您身后，与大王一起纵横天下。两国只要能联军向西，必定所向无敌，锋芒所指之处，没有人敢不服！如果大王真的愿意与我们一起干大事，吴王就和楚王一起率军攻取函谷关，再据守荥阳，用敖仓的粮食充作军需，以抗击朝廷大军。之后，吴王会找到驻扎的地方恭候大王前来会师。如果大王肯来，大家便可一起吞并天下。夺取天下之后，吴王和大王平分，何必再做朝廷的诸侯？”

刘印一听就心动了，赶紧答应了应高。接到应高的回复后，刘濞大喜过望，他怕夜长梦多，亲自跑到胶西国，与刘印正式结盟。两国将要起兵的消息很快就传了出去，一个胶西国的大臣听说后，立刻赶来劝阻道：“现在诸侯王的土地加在一起还不到朝廷的十分之二，贸然发动叛乱不但不容易成功，还会让太后担心不已，这实在不是什么高明的策略。更何况现在大家侍奉一个天子，都已经非常困难了，假如计划成功，吴国和胶西两国君主并立，天下人将面对的祸患就更严重了。”刘印一心要与刘濞干一番大事，哪儿听得进别人的劝说，他还派人去联络自己的兄弟齐王、菑川王、胶东王、济南王等一起叛乱。这几个诸侯王早就对晁错非常不满了，自然没有拒绝的道理，很快就答应下来，表示愿意跟着刘印一起反叛朝廷。

除此之外，刘濞对旁边的楚国也展开了游说。楚王刘戊答应得非常快。刘戊为人荒淫残暴，前次在长安被逼交出东海郡就已经对朝廷非常不满了，自然愿意跟刘濞一起造反。刘戊祖父刘交的同窗申公和白生此时在楚国担任中大夫，他们得到消息后立刻跑来劝谏刘戊。没想到刘戊非常不给面子，不但不听劝谏，反而把申公和白生两个人绑了起来，让他们穿着囚犯的衣服到街市上舂米。刘交的第四子休侯刘富听到消息后，也赶紧派人前来劝说刘戊，刘戊只一句回答：“叔父要是不肯和我合作，等我起兵后，第一个就攻打叔父。”刘富一听吓得不行，连封地也不敢待了，直接带着母亲逃去长安避难了。

对于吴国联合其他诸侯国准备造反的举动，汉景帝等人还不知情，但他们很快根据刘濞的罪行定下了处理方案，那就是一口气削掉吴国的会稽（治吴县，今江苏苏州市）和豫章两个郡。这道削藩诏书不久就传到了刘濞的耳朵里，他不再犹豫，当即杀死吴国中朝廷任命的两千石以下官吏，正式起兵反叛。刘濞宣布起兵之后，其他诸侯王纷纷站出来响应。楚相张尚、太傅赵夷吾站出来劝阻刘戊，结果双双被杀，赵相刘建德、内史王悍也因劝谏刘遂而惨遭杀害。只有齐王刘将闾后悔了，他不肯与刘濞等人一起造反，于是干脆率军据守都城临淄。刘印没想到自家兄弟会在关键时刻反悔，震怒之余顾不得其他，带着菑川王刘贤、济南王刘辟光、胶东王刘雄渠三人的军队直接杀向了齐国，把刘将闾围在临淄城里一通暴揍。济北王刘志就更惨了，他本来是想参加叛乱的，但济北国的城墙都还没修好，他就被由朝廷任命的郎中令给劫持了，想反叛也没有这个能耐。

不久，刘濞就集合了吴国上下所有军队，下令道："我今年已经六十二岁了，将亲自担任主帅；我的小儿子今年十四岁，也将成为士卒出征。所有上与我年龄相同、下与我小儿子同岁的人都必须一起出征。"就这样，刘濞拉起了一支二十多万人的大军，他还派人出使闽越、东瓯，想让这两个国家跟着一起叛乱。闽越和东瓯很快就起兵响应，并派人加入了刘濞的军队。刘濞率军从广陵出发，向西渡过淮水，在这里与楚王的军队会合，并派人向各诸侯国传书，控诉晁错的罪状，然后打着"诛晁错，清君侧"的旗号北上攻打梁国。刘遂将自己的赵军全部调到赵国西部边境，准备等吴楚两国大军到达后一起发起进攻。保险起见，刘遂还派人前往匈奴，准备联络匈奴人同时出兵。

此时的梁王是汉文帝的儿子刘武，也是汉景帝同父同母的亲弟弟，他自然不可能跟着一起叛乱。接到叛乱的消息后，刘武派出大军驻扎在棘壁（今河南永城市西北，一说今河南柘城县西北），以防备吴楚两国叛军发起进攻。只可惜吴楚两国叛军来势汹汹，很快就攻破了棘壁，梁军死伤了数万人。刘武又派出几支军队前往迎战，但都被刘濞等人先后击败，梁军死伤惨重。无奈之下，刘武只好率军坚守自己的都城睢阳，以阻挡叛军继续西进。

接到刘濞等人反叛的消息后，汉景帝紧急展开了行动。至于汉军主帅，他心目中早已经有了人选，这个人就是父亲汉文帝留给他的周亚夫。周亚夫是汉朝开国功臣周勃的儿子，早年曾担任河内太守。据说当时有一个擅长看相的人叫作许负，他见到周亚夫后就断言："你命相尊贵，三年后可以封侯，再过八年可以出将入相，地位显贵无比，但再过九年，你就要饿死了。"周亚夫自然不信："我的哥哥已经继承了父亲的侯爵，就算他死了，还有他的儿子，我怎么可能封侯？再说要是我富贵了，又怎么可能饿死呢？你可别骗我！"许负指着他的嘴角说道："您的嘴唇边缘有条竖直的纹路延伸到了嘴角，这是饿死的面相。"过了三年，周亚夫的哥哥绛侯周胜之因为杀人而除国。汉文帝感念周勃昔年的功劳，决定从他的儿子里选出一个贤能之人接替侯位。周亚夫被推举出来，果然得以封侯。

真正让周亚夫成名的是细柳阅兵。汉文帝后元六年（公元前 158 年），因军臣单于入侵边境，汉文帝便让宗正刘礼屯兵灞上、祝兹侯徐厉屯兵棘门、河内太守周亚夫屯兵细柳，防备匈奴人攻击长安。为了鼓舞士气，汉文帝亲自前往长安附近的三处军营犒劳士兵。他先到灞上和棘门，两处军营见到皇帝的车马后，不需通传就放其直驱而入，主将得到消息后更是立刻解除武装，率领手下人出来迎接圣驾。但到细柳营时，情况就不大一样了，全体将士身穿盔甲、刀枪出鞘、弓弩拉满，以防备外敌入侵。汉文帝派去的前卫到达营门口时被拦了下来，只好高声喊道："天子马上就要来了！"没想到把守营门的汉军依然不放行，负责守门的都尉更是答道："军中只听将领号令，不听天子诏书。"不久后，汉文帝的车马来到了营门口，但还是进不去。无奈之下汉文帝只好派使者持节赶到营门口让人给周亚夫传令："陛下要亲自来劳军了。"这一回周亚夫终于听令了，他赶紧下令让部下打开营门放天子进入。就算这样，守卫营门的士兵仍旧尽忠职守地告诉汉文帝的车驾："我们将领有命令，军中不能随意驱驰。"汉文帝一行只好缓缓前行，等到了中军帐时，周亚夫终于出来迎接了，他身着全副甲胄，只拱手作揖："末将甲胄在身，不能全礼，还请陛下恕罪，让我以军礼拜见。”汉文帝听了并不介意，赶紧派人前去慰劳。

劳军出来后，众大臣都埋怨周亚夫太严肃了，一点儿也不给皇上面子。汉文帝却不同意，他认为：“周亚夫才是真正的将军啊，灞上和棘门两处军营儿戏一般，要是敌人偷袭，轻松就能生擒两位主将，但像周亚夫这样的，谁还敢来侵犯。”众人一听汉文帝对周亚夫十分赞赏，赶紧跟着附和称赞，汉文帝更是为自己发现了一个了不起的将才而兴奋不已。虽然不久后匈奴就退兵了，长安附近的三路兵马实际上没起到什么作用，但周亚夫却从此进入了汉文帝的视线中，不久后就被提拔为中尉。汉文帝死前，特意交代儿子：“如果将来天下有事，可以任命周亚夫担任将军。”汉景帝将这一番话深深记在心里，眼下吴楚叛乱，正是需要用到周亚夫的时候。不久后，汉景帝就做出了战略部署：任命周亚夫为太尉，率领三十六位将军向东迎战吴楚叛军，又让曲周侯郦寄率军北上攻打赵国，将军栾布率军向东救援齐国。与此同时，汉景帝又任命窦婴为大将军，让他率军驻扎荥阳，督促郦寄和栾布两路人马进兵。

除了武力手段之外，汉景帝也在谋求和平解决叛乱的方法。很快，袁盎就提出了一个方案——砍了晁错，如此一来七国喊出来的口号就没有用了，只能乖乖退兵。袁盎当然不是真的觉得杀了晁错，刘濞等人就会退兵，他只是想趁机收拾掉晁错而已。这也怪不得袁盎落井下石，他也是被晁错逼出来的。晁错与袁盎两人在汉文帝时就不和，汉景帝即位后，晁错担任御史大夫，便派人去查袁盎担任吴相时收受刘濞财物的事情，导致袁盎被免职为民。就算袁盎丢了官职依然没有让晁错满意，他还想要了袁盎的命。刘濞起兵后，晁错旧事重提，让手下人状告袁盎收了刘濞的钱，肯定是刘濞的同谋，结果御史丞和侍御史都认为，袁盎不可能和刘濞同谋，晁错这才暂时没有上奏。消息很快就被人告诉了袁盎，他为了自保，索性先下手为强想把晁错给除去。

汉景帝此时对晁错非常不满，他与晁错商量出兵平叛的事时，晁错竟然出了这么一个主意：汉景帝率领汉军亲征叛军，自己留守长安。汉景帝听后无言以对，削藩是你先提的，现在居然让皇帝在前面讨伐叛军，自己却留在后方当缩头乌龟。更让人无话可说的是，晁错随后又提出，将徐县、僮县一带的土地全部割让给吴国，以此换取刘濞退兵。汉景帝对此大为不满，削藩已经做了，惹出了叛乱，居然就想打退堂鼓！因此袁盎提出杀晁错后，汉景帝立刻就答应了。可怜晁错对此毫不知情，在上朝路上被直接拉到东市砍了脑袋。晁错死后，汉景帝便让袁盎作为使者，前往吴楚军营中劝刘濞退兵。这时候刘濞已经率领吴楚大军将刘武重重围困在睢阳城内，眼看就要赢了，哪儿可能接受朝廷的求和，袁盎这一趟差点儿丢了命。

既然和谈不成，就只能用武力解决了。周亚夫向汉景帝提出了自己的建议："楚军彪悍轻捷，与他们正面交锋只怕很难获胜，我建议不直接救援梁国，先派人断绝吴楚大军的粮道，然后再找机会一举破敌。"征求汉景帝同意后，周亚夫率军出发了。大军走到灞上时，当地人赵涉找到了周亚夫，询问道："将军现在率军东征可谓举足轻重，得胜则使宗庙平安，失败则天下危急，不知道您能不能听我说几句话呢？吴王一直以来都非常富有，他收买了一大批刺客，现在得知将军将去前线，肯定会派人在崤山、渑池一带的险要地段埋伏，准备刺杀将军。军事行动一向讲究隐秘，将军为什么不改变路线，从这里向右走，经蓝田，出武关，直抵洛阳？这样一来虽然时间多花一两天，但肯定可以瞒过诸侯们的耳目。更何况，如此一来，可以直接进入武库，只要一擂响战鼓，参与叛乱的诸侯们肯定会大吃一惊，以为将军是从天而降。"周亚夫赶紧拜谢，任命赵涉担任护军，一起从武关到达洛阳，同时派人去崤山、渑池一带搜索，果然找到了刘濞埋伏的刺客。

周亚夫在洛阳还见到了当地豪侠剧孟，他为此大为兴奋："吴、楚等七国叛乱，我乘着传车千里赶往前线，没想到竟能平安到达。原本我还担心剧孟这样的豪侠为诸侯所用，现在看剧孟等人还在，我又占据了荥阳，荥阳东面的敌人不用再担心了。"随后周亚夫进军淮阳郡，并询问父亲以前的门客邓都尉，下一步应该如何行动。邓都尉建议道："吴楚叛军现在刚刚战胜梁军，气势正盛，我们与他们正面交锋只怕很难获胜。不过楚军一贯轻佻，他们锋锐的兵锋必定不能持久，依我之见不如先率领大军往东北而去，驻扎在昌邑，将梁地先丢弃给吴军。到那时，吴楚叛军必定集中全力攻打梁国，将军只需在昌邑深沟高垒防御敌人进攻就行了，同时暗中派遣精锐士兵前往淮、泗一带断绝吴楚两国的粮道。这么一来，吴楚叛军不但在梁地疲惫不堪，还没有了粮食，汉军却养精蓄锐已久。我们趁机发起进攻，必定可以一举击破叛军。”周亚夫听从了邓都尉的建议，率军移动到昌邑驻扎下来。同时，他派出一部分轻骑绕道吴楚大军后方断绝敌军粮道。为了能够一举建功，周亚夫还特意为深入敌后的轻骑挑选了一个优秀的骑将韩颓当。韩颓当是韩王信的儿子，因为出生在颓当城，才取名为韩颓当。韩颓当从小在匈奴长大，非常擅长骑射，正是深入敌后的好人选。

吴王刘濞这边有人也提出了进军方案。吴国大将军田禄伯建议道：“眼下我们率领全军一起向西进发，如果没有奇兵沿其他路线进行配合，恐难以取胜。我愿率领五万大军顺着淮水、长江一线西进，沿途收取淮南、长沙两国的兵马，然后在武关与大王会师。”刘濞本打算同意，但吴国太子刘驹却反对，他认为：“父王是以造反为名起兵的，这样的军队很难托付给别人。万一受托之人也造父王的反又该怎么办？更何况田禄伯的建议完全就是走另一条路，一旦沿途出现什么问题，对我们只能是有害无利。”刘濞因此拒绝了田禄伯的建议。吴国一个年轻将领桓将军也建议道：“我们吴国以步兵为主，步兵比较适合在险要之地作战；汉军大多为车骑，车骑比较适合在平地上作战。我请求大王，沿途所经城邑不必一一攻下，一定要长驱直入，赶紧向西占据洛阳的武库、据有敖仓的米粟，依仗山河之险号令诸侯。这样虽然还没有入关，但天下已经平定了。假如大王沿途慢慢开进，率军一一攻取所经城邑，那么汉军车骑一过荥阳便会驰入梁、楚的平坦郊野，我们想获胜就很难了。”刘濞便将这番话说给吴国的老将们听，想知道他们的想法，结果老将们都说：“桓将军的建议不过是年轻人想要崭露锋芒罢了，他又怎么知道天下大势所在呢？大王千万不要听从他的建议。”刘濞便拒绝了桓将军的建议。刘濞将这些建议都拒绝后，只能带着吴楚大军全力攻打梁国。

在吴楚大军的猛烈攻击下，刘武渐渐抵挡不住了，汉军的援兵却始终没有来，他只好派人前往昌邑向周亚夫求救。周亚夫已经决定放弃梁国，哪里还肯出兵，于是毫不犹豫地拒绝了刘武。无奈之下，刘武只好派人去长安向汉景帝求救。汉景帝一听弟弟处境危险，也顾不得此前答应过周亚夫不直接救援梁国的事了，赶紧派使者前往昌邑催促周亚夫出兵。没想到周亚夫接到圣旨后依然不肯出兵，他表示将在外君命有所不受，继续坚守不出。既然求不到援兵，刘武只好率军拼死守卫睢阳。幸好他的中大夫韩安国和大将张羽都非常有才能，韩安国计谋出众，非常善于指挥作战，张羽则作战勇猛、悍不畏死，他是楚相张尚的弟弟，与刘濞有血海深仇。正是在两人的密切配合下，梁军才得以屡屡击败吴楚联军。

随着时间的推移，韩颓当等人率领轻骑兵深入了吴楚两军后方的淮水、泗水一带，将叛军运送的粮食烧了个干净，就此切断吴楚叛军的粮道。这一下吴楚叛军的处境就尴尬了，后方粮道被断，前方又无法攻破梁军坚守的睢阳，而他们根本不敢越过睢阳向西进军。无奈之下，刘濞只得拼死一搏，索性率领吴楚叛军直接移军向东，准备与汉军主力来个大对决，于是双方最终在下邑相遇。由于粮道被断，刘濞求战心切，迫不及待地向周亚夫发起了挑战。周亚夫已经知道叛军粮道被断就要缺粮了，哪儿肯出去与叛军决战，无论刘濞如何挑衅，他都始终坚守不出。

无奈之下，刘濞出了一个计策，他偷偷派人乘着夜色，潜入汉军营中捣乱。汉军将士不明所以，阵脚大乱，内部不少人马开始互相攻击，甚至闹到了周亚夫的军营附近。然而周亚夫的军营始终没有丝毫动静，他依然照常睡觉。汉军众将士一看主将都这么平静，也就渐渐安定了下来，一场混乱就此消弭于无形。刘濞看一计不成，便又生一计，他将大军派出去攻打汉军营垒的东南角，暗中却挑选精锐部队准备从西北角突袭汉军。不料周亚夫早有准备，他发现吴楚叛军集中攻打东南角后，就派人在西北角加强了防备。如此一来，吴楚精兵的偷袭自然没有起到任何作用。刘濞对周亚夫是彻底没办法了。

两军对峙一久，吴楚军队的粮食就见底了，许多士兵或饿死或逃亡。无奈之下，刘濞只得下令撤兵。吴楚叛军一撤，周亚夫意识到机会来了，赶紧派出精锐部队前往追击。饥饿的吴楚军队哪里抵挡得了汉军精锐，很快就被杀了个大败，余部四散而逃。这种情况下，刘濞也知道没什么作为了，赶紧带着几千精锐士兵连夜逃亡。刘戊一看没戏了，干脆在军营中自杀身亡，七国叛军中规模最大的一支联军就此覆灭。刘濞一口气逃到了丹徒县（今江苏镇江市丹徒区），很快就收集了一万多残兵败将，准备依靠附近的邻居东瓯东山再起。只可惜，刘濞心目中的盟友早已弃他而去。重金收买之下，东瓯王毫不犹豫地抛弃刘濞投入了朝廷的怀抱。很快，东瓯王就派人来请刘濞出门劳军，刘濞毫不怀疑地上路了。这一去自然是有去有回，刘濞刚一到场就被东瓯王派人刺杀，砍下头颅送到了长安。

吴、楚相继败亡后，其他几国很快就撑不住了，这时候的胶西、胶东、菑川、济南四王还没有打下齐国都城临淄。齐王原本抵挡不住想向四国投降，但他之前派去长安求救的路姓中大夫带回了周亚夫率领汉军主力东进的消息，让他又犹豫了起来。就在这个时候，栾布和曹参的孙子曹奇终于率军赶到临淄，一举击溃了四国联军，四国诸侯只好各自退兵回国。在汉军的追击下，胶西王、胶东王、菑川王、济南王先后被杀。齐王刘将闾也没能逃过一劫，栾布等人听说他此前与胶西等国有所勾结，便准备出兵把他也一块灭了，逼得他只能服毒自杀。

剩下的一个赵王刘遂也没能蹦跶多久，他在汉军出击后就带人逃回了邯郸坚守，郦寄等人打了七个月也没能攻下，等栾布灭掉齐地诸王后便北上与郦寄合兵一处。他们掘开河道，放水淹城，最终破坏了邯郸的城墙，逼得刘遂不得不自杀。七国之乱自此画上了句号。

第三章 汉武雄风

马邑之谋：汉军对匈奴的反击战

建元六年（公元前 135 年），西汉朝廷展开了一场激烈的争论，争论的核心在于要不要和匈奴人和亲。

此时已经是汉武帝在位了，七国之乱仿佛耗尽了汉景帝一生的荣光，他在与匈奴平静的对峙中走完了一生，他的儿子刘彻即位为皇帝，也就是汉武帝。汉武帝的即位，代表着汉朝进入了一个新的历史阶段。西汉初年，马匹非常缺乏，皇帝出行都难以找到四种同色的马匹驾车，其他将相大臣甚至只能用牛来驾车，军队中的骑兵也非常稀少，大多以步兵为主，这正是汉朝初年面对匈奴骑兵屡屡吃亏的重要原因之一。随着汉文帝、汉景帝在位期间的发展，到汉武帝即位时，国力已经有了极大的提升。除非遇到水旱灾害，百姓们一般都能自给自足，根本不需要依赖朝廷。哪怕一个小小的县城，粮食都囤积满了仓库，除此之外，仓库里还堆满了许多布帛之类的财货。长安城就更是了不得了，库房中堆积了无数钱币，以至于很多早期存放的钱币连穿钱的绳子都朽坏了，计算数目非常困难。太仓之中的粮食堆积如山，有些被挤出仓外的粮食甚至腐坏到不能食用，就连居住在长安小巷中的普通人也不愁肉吃。马匹不再稀有，普通街巷中的百姓也能拥有，田野中的马匹更是成群结队，远远望去不计其数，以至于骑年轻母马去参加聚会都会被人鄙视，边境地区蓄养的战马更是多达三十多万匹。在这种情况下，汉朝对匈奴的态度渐渐发生了变化，汉武帝心中萌生了对匈奴人发起反击的想法。

建元六年这一年，匈奴的军臣单于再次派出使者前往长安请求和亲，汉武帝拿不定主意，便找来大臣们商议。结果大臣们产生了两种截然不同的观点：一种力主不和亲，与匈奴人开战，另一种则认为应该按照惯例继续和亲。这两种观点的代表人，分别是大行令王恢和御史大夫韩安国。

王恢是燕地人，长期在边境担任职务，直到汉武帝掌权后才受到重用，担任了大行令一职。韩安国的经历则更是不凡，他早年在梁国任职，因率领梁军抵御吴楚叛军而闻名，后因多次替梁孝王刘武消灾避祸而被汉景帝、窦太后信任。汉武帝即位后，听说了韩安国的名声后就把他提拔成了大司农。

就在这一年，闽越王驺郢忽然率军向旁边的南越国发起了进攻。南越王赵胡和闽越王一样，名义上都是汉朝的臣子，他不敢擅自出兵与闽越交战，便派人向汉武帝报告情况。汉武帝接到赵胡的奏疏后愤怒异常，这闽越国实在是太不听话了！七国之乱后，吴国太子刘驹一路跑到闽越，从此长期留居在此。在刘驹的撺掇下，闽越人越来越不老实，经常在边境上挑事。早在建元三年（公元前 138 年），驺郢就曾发兵进攻东瓯国，东瓯被迫向汉朝求援。当时汉武帝让中大夫严助征伐会稽郡的郡兵，准备渡海南下攻击闽越。驺郢一看形势不对，便赶紧撤兵，汉军也就没有再追击。这一次闽越再次闹事，汉武帝就不想轻易放过驺郢了，他立刻派出将领率军南下攻打闽越。此次派出的将领正是韩安国与王恢二人，王恢率军从豫章郡出发，韩安国则率军从会稽郡出发，两军一起夹击闽越。然而汉军还没有越过阳山岭，闽越国内部就先发生了变化。驺郢原打算出兵据守险要，与汉军决一死战，但他手下之人却不愿这样做。他们认为与汉军交手纯粹是自寻死路，于是在驺余善的率领下发动叛乱，斩杀驺郢，然后用驺郢的头颅向汉朝请降。于是征讨闽越的军事行动就这样结束了。虽然这一次双方实际上并没有开战，但毕竟是汉军多年来第一次出兵诸侯国，给了汉武帝和王恢等人极大的信心。

匈奴派人前来请求和亲时，王恢便表示反对和亲，他认为：“匈奴与汉朝和亲好多次了，但每次过不了几年匈奴就违背盟约侵犯汉朝边境。还不如不答应对方的和亲请求，直接派兵进攻匈奴，以此长保边境安宁。”韩安国立刻表示反对："兵法有言，派遣军队去千里之外的地方作战，不容易取得胜利。匈奴人兵强马壮，心肠狠厉如禽兽，迁移如同群鸟飞翔一样聚散难测，我们很难控制他们的动向。就算我们打赢了匈奴，得到他们的土地也不算开疆拓土，拥有他们的百姓也不能算是强大，因为从上古以来那些地区就不属于我们。更何况汉军到几千里外的地方去争夺利益，肯定会人马疲惫。俗话说，强弩到了最后连鲁地所产的最薄的白绢也无法射穿；从下往上刮的强风，到了最后，连吹起雁毛的力量都没有。这并不是因为他们的力量不够强，只不过是到了最后力量衰竭罢了。匈奴人却不一样，他们可以以逸待劳，一举击溃我们。所以我认为攻打匈奴是非常不明智的，不如还是依照惯例，继续与匈奴和亲。"许多大臣认为韩安国说得更有道理，因此大多数人都赞成和亲。这样一来，汉武帝无话可说，便按照惯例同意了匈奴人的和亲请求。

这一次和亲，带来的和平时光只持续了短短两年。两年后，匈奴与汉朝的局势再次发生了变化，不同以往的是，此次变化并不是由匈奴引起的，而是汉朝自身。汉朝的态度之所以发生转变，主要是因为马邑一个叫聂壹的富豪。聂壹这个人虽然名气不大，但他的后人却非常有名，那就是三国时期的名将张辽。长期以来，匈奴一直袭扰着汉朝边境，边境百姓深受其害，马邑作为汉朝北部重镇，更是匈奴人进攻的重点。聂壹对匈奴人深恶痛绝，他经过长期思考终于想出了一个能够重创匈奴的主意。不过聂壹虽然有了主意，却没办法直接上书汉武帝，于是找上了主战的王恢，通过他告诉汉武帝："匈奴刚与汉朝和亲，非常信任边境地区的官吏百姓，我们用财宝引诱他们前来，然后暗中设好伏兵袭击他们，定然能够一举击败匈奴人。"

汉武帝虽雄心壮志，但他毕竟年轻，这种与匈奴开战的大事他还无法决断，便召集大臣们商议。主战派的王恢首先发言："战国时期的赵国拥有代地全境，北面有强敌匈奴，南面有中原各诸侯国的威胁，他们仍然可以尊养老人，抚育幼童，按照季节时令种粮植树，粮仓中一直有充足的粮食储备，匈奴人根本不敢轻易南下犯边。现在天下已经统一，陛下如此神威，居然还年年让匈奴人入侵，实在是本朝的耻辱。之所以有这种情况出现，主要还是因为我们没有让匈奴人感到恐惧，现在必须出兵攻击匈奴，这才是对本朝有利的行为。”韩安国依然不赞同开战，他立刻站出来反驳道：“你不要光说以前的赵国，高祖皇帝当年被匈奴人围困在平城时，参战的匈奴士兵扔下的马鞍比城墙还高出许多。平城被围困了整整七天，到最后甚至都断粮了，至今人们还在传唱这件事。高祖皇帝脱困以后，并没有生出报复之心，这就像古书上说的那样，圣人有包容天下的气度，不因自身的私怒而破坏天下大局。所以最终高祖皇帝派刘敬作为使者前往匈奴和亲，为汉朝带来了五世的好处，我认为还是不要开战为好。”

王恢自然不同意韩安国的说法，他立刻表示反对：“根本不是你说的那样，自古有言，五帝不承袭礼法，三王不继承乐曲，这并不是因为他们想要推翻前代的举措，只不过是各自所处的时代不同而采取不同的举措罢了。高祖皇帝披坚执锐几十年，通过无数征战才最终拥有天下，他没有向匈奴人报复，并不是因为力所不及，只是出于让天下人休养生息的仁爱之心罢了。现在边境经常受到匈奴人的袭扰，受伤战死的百姓非常多，中原地区运载死去士兵的棺木不绝于途，这是让仁爱之士非常悲痛的事情，假如高祖皇帝还活着，肯定也会赞成攻打匈奴的。”

韩安国依然不同意，他又从军事角度提出了自己的看法：“我听说善于用兵的人，应该让自己的军队吃饱喝足以等待敌军开始饥饿，严明军纪以等待敌军产生混乱，安居军营以等待敌军出现疲劳。这样一来，一旦交战，就会全歼敌人；一旦进攻敌国，必定会攻破敌国。即便是安坐不动也能迫使敌人俯首听命，这就是圣人作战的方法。如果我们现在轻易对匈奴人用兵，长驱直入是很难获得成功的，而孤军深入容易受到敌军的围攻导致惨败，倘若各军齐头并进则会没有后继。进军太快会缺乏粮食给养，进军缓慢会丧失有利的战机。这样的军队走不出千里，就会人马都缺乏粮食，这还怎么去打匈奴？”王恢立刻说出了自己和聂壹想出来的策略：“我这次攻打匈奴，并不需要军队深入敌境，只想利用军臣单于的贪欲，引诱他们深入我国边境。到那时，我们挑选出骁勇的骑兵和勇士，暗中埋伏在周围伏击匈奴。我们的军队一部分攻打敌军的左翼，一部分攻打敌军的右翼，一部分阻止敌人前进，一部分断绝敌人的退路，这么四面夹击之下，匈奴岂有不败之理？我们只怕不但能击破匈奴人，还能一举擒获军臣单于，这必定是一次大胜！”汉武帝一听王恢有这么大的把握，立刻就同意了他的出兵请求。

这是白登之围后汉朝第一次对匈奴人发起主动进攻，汉武帝自然格外重视，他为了能一举击败匈奴人，派出了极为强大的阵容：以御史大夫韩安国为护军将军、卫尉李广为骁骑将军、太仆公孙贺为轻车将军、大行王恢为将屯将军、太中大夫李息为材官将军，率领战车、骑兵、步兵组成的混编部队三十多万人出击北上。大军到达马邑后，偷偷潜入附近的山谷中埋伏起来，只等匈奴人进入埋伏圈就四面出击，一举歼灭对方。同时，王恢又让聂壹偷偷溜出塞外，跑到北边去找军臣单于。到达匈奴以后，聂壹告诉军臣单于：“我想要发一笔大财，但靠我一人想做成这个事非常难，所以想请单于您与我合作，一起干一桩大事。我能想办法杀掉马邑的县令和县丞，然后将马邑城献给您。马邑城内堆积了无数的金银财宝，到那时这些全都归您所有，您只需要分给我一部分就好了。”军臣单于和聂壹做过好几次交易，对他非常信任，再加上他本人十分贪婪，见能白白拿到一堆财宝，哪还有不答应的道理，他很快就让聂壹潜回马邑，按计划行事。

聂壹回到马邑之后，立刻到牢房中找来两个犯了死刑的囚徒，将他们杀掉之后，派人将他们的头颅挂在马邑的城墙上，并送信给军臣单于，告诉他：“我已经按计划杀死了马邑的县令和县丞，你们赶快前来！要是晚了，汉军一到就什么也拿不到了！”军臣单于接到消息后大喜过望，立刻召集十万骑兵南下，他们一路越过边境，进入武州塞（今山西左云县）境内，沿途竟然没有遇到一个汉军阻挡。很快，军臣单于一行人就到达了距离马邑一百多里的地方，只见附近遍地都是牛羊，果然如聂壹所说，马邑非常富庶。想到马上就能发一笔大财了，匈奴人兴奋得两眼放光，恨不得插上翅膀飞到马邑去。与别的匈奴人不同，军臣单于这时候却发现了一些异常，大概是在汉朝边境抢劫的经验比较丰富，他发现四周竟然一个放牧人都没有，这跟以前的情况大不一样。军臣单于产生了怀疑便没有继续前进，而是攻打了附近的烽火台。雁门郡（治善无县，今山西右玉县南）的尉史正在外面巡逻视察，一看匈奴军队忽然攻打烽火台，赶紧带着手下人进入烽火台中协助守军防守。

匈奴军队来势汹汹，哪是一座小小的烽火台能够抵挡的，很快烽火台就被攻下了，协助防守的尉史也做了匈奴人的俘虏。匈奴人这么些年来俘虏的汉朝将官不少，像尉史这种小官一般都是直接杀掉了事，军臣单于便按照惯例让手下人直接将尉史拖出去砍了。尉史一看自己要死了，也顾不得保守军事机密，赶紧就把汉军在马邑附近设伏的事情告诉了军臣单于。军臣单于一听，才知道果然有问题，原来聂壹是和汉军一起想要阴自己！他不再犹豫，赶紧带着人马撤到了塞外。匈奴军队一直退到长城外，依然没有见到一个汉军，军臣单于知道自己安全了，想着马邑的埋伏，他心中后怕不已，不由得叹道：“我抓到尉史，真是天意啊！否则只怕我难以活着回来了。”为了感谢尉史，军臣单于就封了他一个“天王”的称号。

这时候的汉军在哪呢？很遗憾，韩安国等人并不知道军臣单于已经跑了，还在马邑附近的山谷中等着匈奴人进埋伏圈呢。等到边境上的烽火台报告匈奴军队已经撤退的消息，韩安国等人才知道军臣单于已经发现这是个圈套，便赶紧带着手下军队前去追击。这时候军臣单于早就跑远了，汉军哪还追得上，韩安国等人追到长城边上知道没戏了，只好班师回朝。其实汉军各部中并不是没人发现匈奴军队撤退，依照原定计划，王恢和李息两个人所部人马并没有埋伏在马邑附近，而是从代地出发，准备从后面断绝匈奴军队的退路，袭击匈奴人的后勤补给线，再与韩安国等人一起消灭掉匈奴主力。王恢等人按计划赶到匈奴军队后面时，正好撞见了军臣单于带着人往北面跑。这一下王恢傻眼了，按照他的想法，他遇到的应该是大败后的匈奴残部，而不是完好无损的十万骑兵。照理王恢应该率军攻击匈奴，但他手下只有区区三万人马，哪敢去硬扛匈奴主力，只能眼睁睁地看着军臣单于跑掉。

见王恢等人无功而返，汉武帝怒不可遏，他怎么也没想到自己苦心谋划了这么久，又调集了三十多万军队，竟然连匈奴人的影子都没有摸到。得知王恢有机会与匈奴人交战却没有发起进攻之后，汉武帝便把王恢叫来痛斥了一顿。王恢为自己辩解道："根据原本的计划，是要先引诱匈奴人进入马邑县城，然后由韩安国等人率领的汉军主力与他们交战，我则负责率军袭击他们的后勤补给线，这样一来，肯定可以大获全胜。但实际情况根本不一样，军臣单于没有到马邑县城就全军回撤，我手里就那么三万军队，肯定打不过匈奴大军，强行攻打无异于以卵击石，除了全军覆灭外没有第二个结果，白白折损了汉军的威风。我知道这么撤军回来肯定是要被杀头的，但这样却能为陛下保全三万将士，我虽死无憾。"王恢虽然为汉朝保住了三万军队，却保不住自己的命，汉武帝把他交到廷尉处审理罪行。廷尉的判决很快就下来了："王恢避敌观望，不敢出击，依律应当判处斩首。"

王恢虽然说得大义凛然，但还是存着侥幸心理，希望能够得到汉武帝的赦免。等到斩首的判决结果出来以后，王恢慌了神，赶紧找到了汉武帝的舅舅、丞相田蚡，向他贿赂了一千金，希望能够替自己开脱罪名。王恢罪名这么大，汉武帝又正在气头上，田蚡哪敢去触这个霉头，但这一千金他也想要，于是找到了自己的姐姐王太后，希望她能帮忙劝说汉武帝赦免王恢。田蚡给王太后想好了一番说辞："王恢是第一个提出在马邑诱歼匈奴主力计划的人，现在因为行动失败就要杀王恢，只怕是亲者痛仇者快，对我汉朝毫无好处，反而让匈奴人得意不已，我们等于是替他们报了仇了！昔日楚成王杀死令尹子玉而让晋文公高兴不已，秦穆公赦免大将孟明视而让晋襄公惧怕不已，这两位都是大败而回，但君主的处理方法却不相同，得到的结果也大相径庭。不如赦免王恢，让他戴罪立功。"

王太后将这番话转告给汉武帝之后，汉武帝依然不肯松口，他认为："是王恢主动提出的马邑计划，我听从了他的建议，才会调集几十万军队前往伏击匈奴。结果这么浩大的军事行动，竟然无功而返，让我如何面对汉军众将士？更何况，就算抓不到单于，王恢的军队袭击了匈奴的后勤补给，好歹也算有所收获，我也能够以此来安抚将士们。然而王恢竟然没有交战就撤了回来，这与孟明视等人的情况大不一样，孟明视等人至少是力战之后不敌才撤兵的。王恢连交战都不敢，这让我如何赦免他？如果不杀王恢，怎么向天下人谢罪？”王太后一听无话可说，只好将汉武帝的话转告给田蚡。这番话很快就传到了王恢的耳朵里，他知道自己没有机会活命了，为保留一丝尊严，他选择在狱中自杀。

马邑之谋虽然失败了，但它却预示着汉朝与匈奴即将再度展开交战。自此以后，匈奴人不再和汉朝和亲，转而大举进攻汉朝各个边境要塞，汉朝边境再也得不到安宁。年轻气盛的汉武帝通过马邑设伏了解到了匈奴这个对手的可怕，知道想凭借一场简单的诱敌战击破匈奴是不现实的，转而寻找其他与匈奴交战的机会。双方之间的战事很快将再度拉开。

关市之战：汉武帝四路讨伐匈奴

元光六年（公元前 129 年），距离马邑设伏已经过去五年了，汉武帝决定与匈奴人再次开战！与马邑设伏不同的是，这场战争并不是汉朝挑起的，而是匈奴先在边境滋事。

就在这一年，匈奴发起了大规模的入侵行动，他们攻入上谷郡（治沮阳县，今河北怀来县东南）境内，沿途烧杀抢掠，无数汉朝百姓受难。汉武帝当然不能放任不管，立即就着手准备展开反击行动。汉武帝与众臣商议一番之后，很快制订出了一个军事行动计划。这个计划与马邑之谋有些相似——汉军预先埋伏起来准备打匈奴人一个措手不及，不同之处在于：这一次并非汉朝主动引诱匈奴出击，而是在固定地点等待匈奴人进入埋伏圈。

被选中的固定地点，是汉朝与匈奴在边境进行贸易的关市。尽管马邑之谋败露后，匈奴再度与汉朝交恶，双方交战不断，但关市却一直没有关闭。匈奴自身没法造出汉朝的丝绸、瓷器等日用品，也不能单纯靠抢劫生活，根本就离不开互市。再加上军臣单于比较贪财，互市虽然得到的利润比不上劫掠，但好歹还有些赚头，自然不愿意终止互市。汉朝则希望通过互市暂时稳住匈奴，至少让他们不会轻易跑到关市捣乱，所以也没有终止互市的想法。这一次，汉武帝便是要借助关市打匈奴人一个措手不及，给他们一点教训。

对于这次军事行动，汉武帝经过一番思考后没有设置主帅，而是安排了四个将领分别埋伏在关市附近袭击匈奴。对汉武帝而言，这次军事行动不光是要打击匈奴人的嚣张气焰，更重要的一点是，为国家挑选一个优秀的将领。自刘邦称帝到汉武帝时期，朝中涌现的名将只有周亚夫一人，而周亚夫早已因绝食死于狱中，汉朝根本找不到一个能够独当一面的优秀将领，这也是多年来汉朝对抗匈奴屡屡落在下风的原因之一。这一次，被汉武帝挑选出来的将领是公孙贺、公孙敖、卫青、李广。四人的出身境遇各不相同，既有李广这样身经百战、成名在外的将领，也有卫青这样第一次参战的新秀。

当时，四人里面以李广的名气最大，他是陇西成纪（今甘肃静宁县西南）人，出身将门世家，先祖名叫李信，是战国时期秦国将领。李信最大的功劳是在秦灭燕时，率领部下一路追击燕国太子丹到衍水（今太子河），最终得到太子丹的首级。太子丹曾派荆轲前往咸阳刺杀秦始皇，还差点儿让他当场殒命，秦始皇心中对太子丹这个人自然是异常痛恨，他看李信逼死了太子丹，便对李信格外器重。从这以后，李信成了最得秦始皇信任和重用的新生代将领之一。可惜好景不长，李信很快就失宠了。秦始皇决定讨伐楚国时，秦国老将王翦表示必须要有六十万大军才能灭掉楚国。六十万大军相当于当时秦国全国的兵力，要秦始皇拿出这么多人马交到王翦手里，自然非常不放心，便没有同意王翦的请求。随后，秦始皇又将伐楚的计划告诉了李信，询问如果他是主帅，需要多少人马才能够灭掉楚国。大概是之前的胜利冲昏了李信的头脑，他一时间信心爆棚，竟然信口开河来了个二十万大军可以灭楚。秦始皇见李信豪言壮语，称只要二十万人就能干掉楚国，心中不由得感叹起来：“王将军果然是老了，打一个楚国都要六十万人，还是年轻人靠谱，二十万人就能够搞定。”很快，秦始皇就批准了李信的出征计划，还为他安排了另一个年轻将领蒙恬作为副帅，率领二十万秦军向东讨伐楚国。遗憾的是，年轻将领非常不靠谱，李信带着二十万大军竟然被楚国名将项燕杀了个大败，只得狼狈逃回关中，秦始皇不得不再次派王翦带着六十万大军出征，才最终灭掉了楚国。这件事情之后，李信便失掉了秦始皇的信任，退出了历史舞台。

因为李信的关系，他的后人世代学习骑射功夫，到李广这里，更是以射箭闻名天下，他在右北平郡（治平刚县，今内蒙古宁城县西南）担任太守时曾将草丛里的石头当成老虎，一箭射过去，竟然将箭射进了石头里，这就是著名的“李广射石”。后人多以他与养由基作为神箭手的代称，比如《水浒传》中神射手花荣便号称“小李广”。

汉文帝前元十四年（公元前 166 年），匈奴的老上单于率领十四万骑兵分别入侵朝那县和萧关两地，汉文帝为了抵御匈奴，广召士兵前往各处防备。李广这时与堂弟李蔡一起，以良家子弟的身份入伍，参与了抵抗匈奴的战斗。李广兄弟非常擅长骑射，在战场上立了不少战功，两人之后双双被任命为中郎。此后李广转任为武骑常侍，经常跟随汉文帝出行，做一些冲锋陷阵、格杀猛兽之类的事情。这一切都被汉文帝看在了眼里，他不由得感叹道：“真是太可惜了，你没有遇到好的时候，如果你生在高祖皇帝争雄天下的时代，做一个万户侯肯定是轻而易举的事。”汉文帝的感叹不是没有道理，想要封侯就得立下军功，当时天下太平，对匈奴也不可能大举进攻，想要通过军功封侯自然是千难万难。李广所需要的，便是一个合适的机会。

机会很快就来了。汉景帝前元三年（公元前 154 年），七国之乱爆发，时任骑郎将的李广被任命为骁骑都尉，率军随同名将周亚夫一起前往关东平叛。李广果然没有辜负当年汉文帝的期盼，在昌邑之战中当先杀入吴楚联军阵中，夺下敌军将旗，一战成名。然而就在这时，李广犯下了一个错误。梁王刘武一看李广勇猛过人，心头一热就赐了个梁国的将军印给李广。李广这时候也是头脑发昏，没有意识到问题所在，便接下了梁王的将军印。要知道，窦太后因为宠爱小儿子，一心想让刘武将来做皇帝，甚至闹出过逼汉景帝封刘武做皇太弟的事情。这一切都让汉景帝非常反感，他与刘武之间也越来越疏远，时刻提防着刘武夺权。在汉景帝看来，李广接下了梁国的将军印，无疑是在向刘武靠拢，这当然是他不愿意看到的，所以回到长安之后，不少参战的将领都被封为侯爵，李广却什么封赏也没有得到。此时的李广并没有什么怨言，毕竟自己还很年轻，将来有的是封侯的机会，却没有料到，这竟然是他一生中最接近封侯的时候。

七国之乱结束后，李广被外调到上谷郡担任太守。上谷郡位于汉朝边境，与匈奴接壤，属于匈奴人经常骚扰的重灾区。李广作为太守自然忍受不了匈奴人的挑衅，每次敌人一来，他就会一马当先冲出去与敌人厮杀。匈奴人来得越来越频繁，李广与敌人交锋的次数也就越来越多。最后典属国公孙昆邪坐不住了，他跑到汉景帝面前哭诉道：“李广这人的才气，可以说天下无双，他现在在上谷郡，自恃有骑射的本事，每次都要出城与敌人正面交锋，长期下去恐怕会让我朝失去这位良将。”汉景帝虽然因为李广接梁国将军印一事对他有些不满，但也知道李广是个将才，不愿让他这么白白牺牲掉，于是就将他调到匈奴人入侵不那么频繁的上郡担任太守。没想到，在上郡太守任上，李广竟然再次遭遇了险情。

在上郡，汉景帝派来一个亲信宦官跟随李广学习本领，以便将来能够用于抗击匈奴。这个宦官没有学到什么本事，倒是非常喜欢显摆，经常带着几十个骑兵跑去塞外兜风。带着几十个人兜风固然很有派头，却非常容易出事。这位宦官不久就出事了，某天他带着几十个骑兵像往常一样出行，结果在路上遇到了三个匈奴人。宦官一看对方就三个人，以为自己立功的机会来了，立刻带人追杀那三个匈奴人。让人目瞪口呆的是，三个匈奴人毫发无伤，汉军骑兵反倒差点儿全军覆灭，吓得宦官一溜烟儿跑回了上郡。李广听到宦官的报告后，立刻就判断出，他们遇到的并不是普通的匈奴人，而是匈奴人中最擅长射箭的射雕手。李广赶紧就带了一百个骑兵出城追赶那三个匈奴人。

这一追还真让李广追上了。在此前的战斗中，匈奴人虽然取得了压倒性的胜利，却把马丢了，只好靠着步行往回走，结果走了几十里路就被李广追上了。李广一看对方才三个人，他不愿意以多欺少，便下令手下骑兵左右散开，将三个人团团围住，防止他们逃跑，自己则亲自上前与三人交锋。这一次，李广终于为汉军挽回了颜面，在以一敌三的情况下，他射死了两人，生擒了一人。在对被生擒的匈奴人进行了审问后，李广终于确定自己的判断是对的，三人果然都是射雕手。

收拾完俘虏后，李广发现自己想走都走不掉了。不知道什么时候后面竟然来了几千个匈奴骑兵，这些骑兵没有发动攻势，反而跑到旁边的山上列阵，摆出了一副随时准备出击的架势。这一下汉军众骑被吓坏了，他们怎么也没想到一次简单的任务竟然也能遇上这么多匈奴骑兵，第一反应就是赶紧纵马往回跑，只要能跑回城中就安全了。李广却没有丝毫惧怕，他一看匈奴人的反应就知道对方会错意了，以为他这支汉军是诱敌部队，所以不但没有主动出击，还专门摆了个作战阵形，他赶紧拦住手下众骑，告诉他们："你们先别忙着跑，我们离城几十里远，按照现在的情况，我们只要一往回跑，匈奴骑兵肯定会立刻进行追击，我们人困马乏肯定跑不过他们。我们这一百号人，最后只能全军覆灭。眼下匈奴骑兵没有出击，那是因为他们看我们一直停留不走，以为我们是大军派出来诱敌的，自然不敢率先攻击我们。"众骑兵听完李广的话后，知道跑肯定是跑不掉的，不如留在原地赌一次，于是心头也渐渐安定了下来。

李广认为，光停留在原地无法彻底唬住匈奴骑兵，便带着手下骑兵向前推进两里路，然后令众人全部下马，并从马上解下马鞍放在地上。汉军众骑兵顿时炸了锅，原地等待已经是他们所能做到的极限了，现在居然还让他们把马鞍解下来，这还怎么跑路？于是他们纷纷劝说道："现在敌人这么多，距离我们又这么近，如果我们解下了马鞍，他们忽然发起进攻怎么办？到那时我们连逃跑都做不到了。”李广却是一笑，解释道：“敌人看到我们人少，本以为我们会逃跑，结果我们却留在了原地，他们才以为我们是在诱敌。现在我们把马鞍解下来，以表示根本不会逃走，他们不但不敢发动进攻，而且会更加坚定地认为我们在引诱他们。”众骑兵没有其他办法，只好按李广说的，解下了马鞍。

事实正如李广所料，匈奴人最终没敢发起进攻。僵持不久后，一个骑着白马的匈奴将领见一直没有动静，便跑到前方来观察情况。李广一望便知这人身份不一般，他立刻上马出击，将人射杀，然后再次退回原地。杀死了匈奴将领后，匈奴骑兵更加不敢进攻了，天色越来越暗，他们始终看不出这支汉军想要做什么。李广则让手下骑兵把马放开，让它们在周围休息。到了晚上，匈奴骑兵们开始提心吊胆，生怕汉军伏兵忽然发起进攻，最后干脆连夜撤围而去。第二天一大早，李广发现匈奴骑兵全都撤走了，赶紧带着人返回了军营。

李广虽然经常在边境作战，但所立的功劳却不多，原因很简单，这和他治军不严有关系。他行军时没有严格的队形和阵势，扎营时通常选择在水草丰美的地方直接驻扎，晚上也不安排人打更巡逻，只是远远地布置哨兵防守。这样一来，虽然士兵们感到方便，愿意跟随李广，但安全系数却下降了一大截，很容易遭到突袭。当时有一位与李广齐名的名将叫程不识，他曾评价过自己和李广的风格：“李广治军简单方便，但如果遇到敌人突袭，他就没有办法抵御了。不过这样一来李广的士兵却觉得很自在，他们都心甘情愿为他拼力死战。我的军队虽然军务烦扰，但敌人不敢侵犯我。”李广的风格注定他作战不是大胜就是大败，而在他的军事生涯中却以大败居多。到汉武帝时期，他依然作为将领屡屡参与对匈奴的作战。因而，在这次四路反击匈奴的行动中，汉武帝挑中经验丰富的李广也在情理之中。

与李广比起来，卫青的军事履历可以算是零了，而他的出身远不能和李广相比。汉武帝有个姐姐阳信公主，嫁给了曹参的曾孙平阳侯曹寿，她带去的女婢中有一个叫作卫媪的女子。卫媪有一个姓卫的丈夫，两人生下了儿子卫长君和女儿卫君孺、卫少儿、卫子夫。曹寿家中有一个平阳县的小吏叫作郑季，他与卫媪在共事过程中产生了私情。郑季回家后，卫媪却怀孕生下了一个儿子，这个儿子只能冒充卫姓，他便是卫青。

看着卫青渐渐长大，卫媪便将他送回了他的亲生父亲郑季家中。这对年幼的卫青来说，简直是一场灾难。郑季当时已有妻儿，自然不将这个忽然冒出来的儿子放在眼里，平日只让他干一些放羊的事，继母和其他兄弟也都不把他当亲人看待，经常加以责打辱骂。然而即便这样，也有人发现了卫青的才华。一个甘泉宫的囚徒曾告诉卫青："你是个贵人，将来必定会封侯。"卫青这时候只是个经常被家人责打辱骂的少年，哪会信这些话，他只笑道："我只求不被人责打辱骂就行了，哪敢想什么封侯的事。"

等卫青年龄大了以后，他便离开父亲家中，去曹寿家担任了平阳公主（阳信公主出嫁后被尊为平阳公主）的骑奴。到了建元二年（公元前 139 年）春天，卫家的地位发生了翻天覆地的变化，卫青的姐姐卫子夫因为被汉武帝看重，选入宫中。卫青也不用再做什么骑奴了，而是被安排到建章宫任职。皇后陈阿娇是汉武帝姑姑馆陶公主的女儿，这位陈皇后虽然是汉武帝青梅竹马的表妹，却有一个非常大的毛病，那就是不能生育，这在古代女子身上算得上是非常致命的问题了。虽然陈皇后和馆陶公主想尽了办法，却依然没能怀上孩子，偏偏后入宫的卫子夫很快就有了身孕，馆陶公主嫉恨之下便想报复卫子夫。由于此时的卫子夫深受汉武帝宠信，馆陶公主自然不敢明着针对她，于是就将主意打到了卫青身上。她派出手下的亲信武士杀到建章宫，将卫青一举拿下并关押起来，准备杀掉他。关键时刻，卫青的好友公孙敖收到了消息，他赶紧召集一些交好的勇士一起冲进馆陶公主府中，将卫青救了出来。汉武帝很快知道了这件事，他对馆陶公主的行径愤怒异常，但又不好明面上责罚，于是干脆就加封卫青为建章宫监、侍中。此次派卫青出击匈奴，汉武帝也是想给小舅子一次展示自己的机会。

另外两位参战的将军公孙敖和公孙贺都是义渠（今甘肃宁县）人，也都与卫青有些关系。公孙敖是卫青的好友，因救了卫青才被汉武帝看重，加入了此次反击战。公孙贺则是汉景帝在位时为李广求情的公孙昆邪之孙。公孙昆邪曾参与平定七国之乱，后被封为平曲侯。公孙贺年纪轻轻便跟随祖父的步伐进入军中，立下了不少战功。汉武帝还是太子时，他就在汉武帝手下担任舍人，汉武帝即位后，他被任命为太仆，还娶了卫子夫的姐姐卫君孺为妻，很受汉武帝恩宠。

一切准备就绪之后，汉武帝便任命卫青为车骑将军，率军从上谷郡出发；公孙敖为骑将军，率军从代国出发；公孙贺为轻车将军，率军从云中郡出发；李广为骁骑将军，率军从雁门郡出发。四人各自率领一万骑兵，专门负责收拾关市附近的匈奴骑兵。

这次出击，四人的遭遇大不相同。公孙敖出击没多久就遇到了匈奴骑兵，一番交战下来被匈奴人打得狼狈而逃，匆匆退回到代国。在代国，公孙敖点算手下人数，竟然折损了七千骑兵！公孙贺的运气就好多了，他率军出发后在塞外晃了一圈，没有遇到一个匈奴骑兵，只好带着人马返回了云中郡。

比起公孙贺，李广的运气就糟糕透了，甚至比公孙敖的运气还差，他出发不久就遇到了匈奴大军的围攻。一番交战后，李广不但全军覆灭，自己还做了俘虏。关键时刻，李广的赫赫威名救了他一命。由于名头太响，军臣单于竟然知道他，为此还特意下令：“一旦抓到了李广，一定要把他活着送到我面前。”匈奴骑兵们生擒了李广后，自然不敢大意，立刻将李广放在拴在两匹马中间的网兜中，准备一路运往漠北。李广当时受了很重的伤，心知自己落到了敌人手里，唯一能做的就是保存体力，等身体恢复一些再找机会脱身。就这么走了十多里后，李广自觉有所恢复，就躺在网兜里装死。匈奴人以为李广真的死了，对他便不再严加防备。李广发现他旁边一个匈奴少年骑着一匹好马，便立刻发难，一跃跳到匈奴少年背后，将他一把推下，自己则骑着马疯狂逃难。匈奴人自然不会眼睁睁地看着李广跑路，他们很快就出动了数百骑兵追击李广。李广一边跑一边用匈奴少年的弓箭射杀追击而来的匈奴骑兵，就这么一直跑了几十里路后，遇到了他那支遭遇重创的残部，于是带着这些人一起南逃入塞，最终摆脱了匈奴人的追击。

令所有人都没想到的是，名不见经传又是首次从军的卫青竟然立下了大功！他率军从上谷郡出发后，一路向北进发，最终深入匈奴境内，到达了匈奴人的祭天圣地龙城，斩杀和俘虏了七百多个匈奴人。龙城之战虽然没有给匈奴人造成大的伤亡，但它却是汉朝反击匈奴以来的第一场胜利。班师之后，李广和公孙敖都因兵败而被议罪，还被迫交钱赎罪，沦为庶人，只有卫青因为战功被封为关内侯。

卫青虽然只是奴仆出身，但他却非常擅长骑马和射箭，勇力远超一般人。经过龙城之战后，汉武帝意识到了他的军事才能，对他越来越看重。卫青的地位虽然得到了改变，但他对待官吏、士大夫依然以礼相待，对待手下的士兵爱护有加，因此越来越得人心。随着卫青的出现，汉朝终于拥有了一个能指挥大军作战的统帅，汉朝与匈奴的交锋也进入了一个新的阶段。

复取朔方：汉匈河南之战

元朔元年（公元前 128 年），汉武帝的第一个儿子刘据出生，生下刘据的卫子夫也被立为皇后，天下都沉浸在一派喜悦之中。然而喜悦还没有褪去，汉武帝便接到了一个令人头疼的消息——匈奴人再次从东面攻入了汉朝境内。

自汉武帝四路反击匈奴之后，匈奴人就展开了报复行动。军臣单于横行一世，屡屡攻入汉朝境内，可以说从来没有吃过大亏，这一次竟然让卫青杀到自家祭祀天地祖先的圣地龙城，简直是屈辱到家了！他自然不会善罢甘休，当年秋天便派出几千人马南下袭扰汉朝边境，以渔阳郡为首的汉朝各地深受其害。

面对这种情况，汉武帝决定派一个良将前往渔阳郡，以防匈奴人入侵，他选中的就是曾在七国之乱中坚守睢阳的韩安国。马邑伏击失败后，韩安国的老对手王恢自裁身亡，韩安国自己也霉运不断。他本来已是三公之一的御史大夫了，再往前一步就能担任朝中最大的官职——丞相。当时的丞相是汉武帝的舅舅田蚡，韩安国原本是没有机会取代田蚡的，但田蚡很快就归天了。田蚡虽然是自个儿病死的，但他之所以药石罔效与其做贼心虚不无关系。这就牵扯到魏其侯窦婴。

田蚡与窦婴都是外戚，不同的是一个是前朝的窦氏外戚，一个是本朝的王氏外戚（田蚡是汉武帝的母亲王太后的同母异父弟弟）。田蚡刚刚做官的时候，窦婴的姑母窦太皇太后还在世，手里握有大权，田蚡便整天往窦婴家里跑，像晚辈一样侍奉窦婴。后来，田蚡渐渐显贵，窦婴却没落了，他便不把窦婴放在眼里，时不时还找机会为难窦婴。窦婴知道自己失势，对田蚡的所作所为只能忍让，但这一切却让窦婴的好友灌夫万分不满。灌夫一介粗人，他调和田蚡、窦婴二人的矛盾失败后，便开始与田蚡互相攻击，双方矛盾越来越大。后来田蚡娶了燕王的女儿为妻，王太后便下诏让列侯宗室全都去田蚡府上道贺。这原本和灌夫没有什么关系，但窦婴和灌夫关系好，就带了他一起前往。结果在宴会上，灌夫多喝了几杯，竟强逼田蚡喝酒，双方矛盾就此激化，田蚡干脆让人把灌夫绑了下狱。这原本只是一件小事，但田蚡却打算趁机致灌夫于死地，原因很简单，因为灌夫掌握了田蚡的一个秘密，那就是田蚡在灞上迎接入朝的淮南王刘安时，一时信口开河，竟然告诉刘安：“皇上到现在都还没有太子，高祖皇帝的孙子里面又以大王最是贤能，如果皇上有什么意外，除了立大王，还能立谁呢？”刘安听后大喜过望，立刻送给田蚡很多金银财宝。虽然赚了不少钱，但田蚡的胡说八道却犯下了死罪，日后汉武帝知道这个事后，就曾下过判断：“如果田蚡现在还活着，也应该被灭族了。”这么一件隐秘的事情，不知道灌夫从什么渠道探听到了，田蚡自然想要除之而后快。在王太后的维护下，灌夫被定罪处死，窦婴也被牵连而死。田蚡自己也没能活多久，他很快就得了重病，嘴里老是喊一些谢罪求饶的话。巫师占卜后，得出了一个结论：是窦婴和灌夫的鬼魂来报复了。鬼神之说自然是无稽之谈，田蚡大概是病重之时做贼心虚才会胡言乱语，他听说窦婴、灌夫的冤魂来报复自己后，又惊又怕，竟然一命呜呼。

田蚡的死，给了韩安国一次高升的机会，但偏偏韩安国运气实在是差，他都已经代理丞相事务了，却在给汉武帝导引车驾时一不小心从车上掉了下去，把脚给摔伤了。汉武帝原打算任命韩安国做丞相，结果出了这档子事。他派人去韩安国家中探望，发现韩安国的脚伤非常严重。这一下韩安国不但做不了丞相，连御史大夫的职位也没了，直接被汉武帝勒令回家养伤，丞相之位则落到了薛泽身上。韩安国伤好之后，只做了一个卫尉，卫尉虽然是九卿之一，却比御史大夫差了一截。

等匈奴人入侵渔阳郡后，汉武帝又想起了韩安国，便任命他为材官将军，率军前往渔阳郡防备匈奴。到达渔阳郡之后，韩安国很快就展现出了善守的本事，数次粉碎了匈奴人的入侵。然而韩安国偏偏犯了一个大错，他无意间抓到了一个匈奴俘虏，经过审问之后，这个俘虏告诉韩安国，匈奴的主力已经远去。这个消息并没有经过确认，韩安国不知道怎么，却直接相信这是真的。当时正好是秋收的农忙时节，韩安国便上书汉武帝：“现在北面的匈奴人已经远去了，又刚好是农忙时节，我认为可以暂时停止屯兵，让士兵们回家帮忙农耕，等匈奴人再次南下后再屯兵不迟。”汉武帝不知道前线的情况，便下令边境停止屯兵。

然而罢兵一个多月后，汉武帝便接到边境的奏报：匈奴人再次入侵了！这一次匈奴人可不像之前那样小打小闹，而是出动了两万人马。汉朝边境却没有多少军队，很快辽西郡（治阳乐县，今辽宁义县西）就遭殃了，辽西太守当场战死，当地百姓惨遭抢掠。随后匈奴人杀入渔阳郡境内，渔阳太守只有一千多人，在匈奴人的攻击下没撑多久就崩溃了。韩安国手底下也只有七百多人，他虽明知不敌，但事到临头也只能硬着头皮前往救援，结果大败亏输，自己也受了伤，被迫退回营中。匈奴军队随即将韩安国重重包围在了营中，关键时刻，距离这里最近的诸侯王燕王刘定国派来了燕军增援，才使匈奴人撤围而去。

汉武帝接到前方兵败的消息后又惊又怒，他将这一切都怪到了提议停止屯兵的韩安国头上，不但派人责骂了韩安国一顿，还将他调到更东面的右北平郡去防备匈奴。先前被降了官职，韩安国已经闷闷不乐了，再看到卫青等年轻将领脱颖而出，逐渐获得汉武帝的重用，他心头更是郁郁寡欢。此次因为自己的建议导致兵败，让辽西郡、渔阳郡损失惨重，韩安国内心愧疚不已，不久竟吐血身亡。汉武帝只好再次把此前贬为庶人的李广找出来，让他在右北平郡担任太守防备匈奴。

匈奴人的不断入侵，让汉武帝下定决心对匈奴展开反击，这次他选中的不是别人，正是此前崭露头角的卫青。然而，不等卫青等人出击，匈奴人就再次入侵雁门郡，烧杀抢掠了一千多人。愤怒的汉武帝干脆就让卫青率领三万骑兵从雁门郡出发，北上寻找匈奴主力决战，同时让另一位将军李息率军从代郡出发，策应卫青攻击。卫青不负汉武帝的期望，出兵塞外后很快就与匈奴军队相遇，一场交战下来斩杀匈奴军队数千人，迫使匈奴人大败退走。卫青用胜利，再次向汉武帝展示了自己的军事才能，证明此前赢得龙城之战并非侥幸。手里有了这么一个能打的将领，汉武帝自然不愿意继续玩什么防守反击，而是想要主动出击打垮匈奴。他将目光投向了北面距离汉朝最近的河南地。

所谓“河南地”，指的是黄河以南的河套平原一带，是位于贺兰山、阴山和鄂尔多斯高原一带的一块由黄河泥沙冲积而成的平原，这里水草丰美，沃野千里，是匈奴人重要的放牧基地。同时，河南地也是匈奴人袭扰汉朝边境的桥头堡，它与云中、定襄（治成乐县，今内蒙古和林格尔县西北）等郡相邻，匈奴人随时可以从这里前往云中郡等地袭扰。对汉朝而言，河南地是一把插在心头的利剑，它距离长安仅仅八九百里，匈奴人从这里出发，两天两夜就能赶到长安城下，对长安的威胁极大。秦朝时，秦始皇就曾派名将蒙恬率军三十万北伐匈奴，将头曼单于杀得狼狈而逃，并在河南地设置了九原郡，以作为秦朝新开辟的疆土，征发大批罪犯前往戍守。头曼单于等人虽然日夜都想要夺回河南地，但慑于蒙恬的大军，根本不敢南下与秦军交锋。秦末农民起义爆发以后，接替蒙恬的大将王离率领长城军团南下参与平叛，结果在巨鹿之战中全军覆没。随着王离所部的离去，河南地逐渐变成了一块防守薄弱的空地，匈奴这时候却在冒顿单于的带领下国力越来越强。冒顿单于更是抓住机会南下，一举占领河南地。从此以后，河南地再次落入匈奴人手中，成为匈奴楼烦王、白羊王两部的地盘。由于河南地距离长安太近，随时能对汉朝的腹心构成重大威胁，所以汉武帝便将其作为出击的首要目标。

随着夺取河南地成为汉朝的首要战略目标，汉军的部署也发生了根本性的变化。原先，为了抵挡匈奴人的不断入侵，汉军主力一直在东面的渔阳郡、上谷郡、雁门郡一线驻扎。随着战略目标的改变，汉武帝将汉军的机动兵力移动到了西面的云中郡、陇西郡一带，东面则只留下了少数人马进行防守。对于汉朝战略目标的变化，军臣单于没有丝毫察觉，他依旧将打击目标放在了汉朝的东部边境上，西面的河南地则交给楼烦王和白羊王二部自己防守。

元朔二年（公元前 127 年）春季，不曾料到汉军即将在西面发起反攻的军臣单于，依然派出匈奴军队攻打东面的渔阳和上谷二郡。在兵力薄弱的东线战场上，汉军自然不是匈奴军队的对手，匈奴人大肆抢掠，杀害和掳掠了官吏、百姓一千多人，可谓满载而归。军臣单于知道按照前一年的情形，汉朝恐怕会派出大军发起反击，以报复自己的入侵，于是率军在东面严阵以待。可惜的是，军臣单于猜到了开头，却没能猜对事情的发展，汉武帝确实发起了反击，却不是在东面，而是在西面。

抓住匈奴东侵渔阳郡、上谷郡的时机，汉武帝当即派出卫青和李息两人率军从云中郡出发，向盘踞在河南地的楼烦王和白羊王发起了进攻。楼烦王和白羊王虽然号称“王”，但实际上都不是匈奴人，而是塞外胡人，其部落是在被冒顿单于吞并后才成为匈奴别部的，兵力自然远不能和匈奴诸王相比。得到汉军北伐的消息后，楼烦王和白羊王匆忙集结起两部几万骑兵南下，企图阻挡汉军北进。遗憾的是，他们再次猜错了方向。为了达到出其不意的攻击效果，卫青并没有直接北上攻打楼烦、白羊二部，而是率军北进到黄河边，然后沿着黄河向西进发到陇西郡北面，最后从北向南地发起了进攻。楼烦王和白羊王做梦也没想到，汉军会从自己背后杀出，猝不及防之下被打得大败而逃，河南地就此归属汉朝。在河南一役中，卫青和李息所部共斩杀、俘虏了数千匈奴人，还俘虏了一百多万头牛羊，赢得了一场空前绝后的胜利。更重要的是，汉朝终于踏出了向匈奴反攻的第一步。占据河南地之后，匈奴对汉朝腹心长安的威胁大大降低了，从此以后长安远离了匈奴的打击范围。与此同时，河南地可以作为汉朝向匈奴腹地发起进攻的桥头堡，这片地区有黄河作为天险，又紧靠匈奴腹地，汉军以此为依托可以快速推进到匈奴腹地，大大节省了后勤损耗。正因为河南地的重要意义，战争结束后汉武帝不但将卫青封为长平侯，还将随军出征的校尉苏建、张次公两人分别封为平陵侯和岸头侯。

有鉴于河南地的重要战略地位，主父偃向汉武帝提出："河南地这块地方，土壤肥沃，对外又有黄河作为天险屏障，当年蒙恬就是在这里修筑城池防备匈奴，才使匈奴人几十年不敢南下。在河南地建立战略基地，有两方面的好处：一方面可以节省陆路转运或漕运戍边物资的人力和物力，另一方面则可扩大我朝疆域，以此作为进攻匈奴的出发点。只有将匈奴的土地占据了，我们才能从根本上消灭匈奴。"对于主父偃的看法，众大臣觉得太过劳民伤财，纷纷表示反对。但汉武帝正宠信主父偃，又一心想灭掉匈奴成就万世基业，于是同意了主父偃的请求，在河南地设置了五原郡（九原郡更名而来，治九原县）和朔方郡（治朔方县，今内蒙古杭锦旗北什拉召一带）两个新郡。为了加强河南地的防守，汉武帝又让苏建在朔方郡修筑一个新的城池，这座城池就是朔方城。所谓"朔方"，取自于《诗经》名篇《出车》中的"出车彭彭，城彼朔方"，它描述的是周宣王时期名将南仲在朔方筑城防备猃（xiǎn）狁的故事。猃狁是西周时期匈奴的一个称呼，汉武帝用朔方命名，是希望汉军能够在北面为汉朝筑起一道坚实的屏障。

苏建接到汉武帝的命令后，征调了十多万民夫修筑朔方城，又将原先蒙恬修筑的要塞全部修缮一新。就这样，汉朝花费了上千万钱财修好朔方城，之后汉武帝从各地招募了十万百姓前往居住。从此以后，朔方便成了汉朝进攻和抵御匈奴的前沿阵地。朔方郡的设立，对汉朝而言是一个好消息，对匈奴而言则无疑是一个噩耗，它的出现意味着从此以后匈奴将直接面对汉军的威胁。气愤的匈奴人开始连年入侵代郡、雁门郡、定襄郡、上郡、朔方郡等边境郡县，烧杀抢掠了不少汉朝军民。可惜无论匈奴人怎么做，也没能收回河南地。不久，军臣单于在气愤中病死了。

军臣单于死后，匈奴发生了严重的内斗。按照匈奴人父死子继的惯例，军臣单于死后应该由他的儿子太子於单继承可汗之位，但军臣单于的弟弟、手握重兵的左谷蠡王伊稚斜对此大为不满，他觊觎可汗之位已久，便趁着哥哥刚死的机会起兵攻击於单。於单自然不是伊稚斜的对手，很快落败，这下不仅可汗之位没了，就连性命也难以保住。走投无路的於单，只得带着亲信投奔老对头汉朝。汉武帝一看匈奴太子前来投奔，自然大喜过望，不但派人将於单迎入长安，还将他封为陟安侯。遗憾的是，於单因为丢了单于之位郁闷不已，仅仅过了几个月就抑郁而终了。於单虽然死了，但他带入汉朝的匈奴人却留了下来。这些匈奴人日后在汉匈战场上作为汉军的向导，为汉朝的胜利立下了不少功劳。

於单逃走以后，伊稚斜自立为单于，这就是伊稚斜单于。伊稚斜单于即位以后，立刻展开了对汉朝的军事行动，他在这年夏天派出几万匈奴骑兵入侵代郡，杀死了代郡太守共友，抢掠了一千多人才离开。到了秋天，匈奴骑兵入侵雁门郡，杀死抢掠了一千多人。到了第二年，伊稚斜单于又派出九万骑兵分为三路入侵代郡、定襄郡、上郡，杀死抢掠了几千人。除了伊稚斜单于外，还有一个人对汉朝十分痛恨，时刻想到汉朝边境抢掠一番，这个人就是匈奴的右贤王。右贤王痛恨汉朝的原因很简单，河南地本来是他的地盘，结果汉朝不但把河南地抢了，还在这里修筑了一个朔方城抵御匈奴，自然让他气愤异常。右贤王入侵的重点也不是汉朝东部边境各郡，而是新成立的朔方郡。在右贤王的屡屡侵袭下，朔方郡的军民伤亡惨重，当地的建设受到了严重的破坏。

对于匈奴人的屡屡侵袭，汉武帝心头异常愤怒，他决心再给匈奴一点教训，而这一次的目标，就定在了屡次袭扰朔方郡的右贤王身上。为了能够一举击破右贤王所部人马，汉武帝特意集结了十多万人马，要知道在此前的关市四路反击战、雁门之战、河南地之战中汉军加起来也才出动了十万人，足见汉朝对此次反击战的重视。汉军的十万人马主要分成两路。一路以车骑将军卫青为主帅，率领三万骑兵从朔方郡的高阙（今内蒙古杭锦后旗）出塞，并以卫尉苏建为游击将军、左内史李沮为强弩将军、太仆公孙贺为骑将军、代相李蔡为轻车将军，各率所部人马跟随卫青一起出塞。该路人马全部由卫青节制，目标直指右贤王所部的主力。另一路汉军则以大行李息、岸头侯张次公两人为主，他们率军从右北平郡出塞，负责进攻匈奴左贤王所部，以牵制左贤王和伊稚斜单于，为卫青一路的胜利创造条件。

为了能够彻底击溃右贤王，卫青并没有按照以前的打法步步向前推进，而是打算利用骑兵的速度优势，长途奔袭右贤王庭。卫青所部从高阙出塞后，没有停留，一路向北而去，直奔右贤王庭。汉军到达右贤王庭附近时，已是深夜，匈奴军队一点防备都没有。这时候的右贤王在干什么呢？他以为自己的王庭距离朔方郡很远，汉军一时半会儿根本到不了，所以就放心大胆地在营中饮酒作乐，当天晚上还喝醉了。连右贤王都抱着这种想法，可想而知他手下的匈奴军队同样没有丝毫防备之心。这一切正合卫青的心意，他立刻派军队发起突袭，许多匈奴士兵在睡梦之中就被汉军一刀结果了，幸存下来的人只得四散而逃。等到右贤王从睡梦中醒来时，才发现四面八方都是汉军，此时的他没有了当初入侵朔方郡的气概，带了自己的妻妾和几百个骑兵狼狈向北逃跑，将部属全部扔给了汉军。没了主帅的匈奴军队更加难以抵挡，很快就被汉军击溃了。到了这时，卫青等人才发现右贤王早就跑路了，于是赶紧让轻骑校尉郭成率领手下骑兵前去追赶。右贤王虽然打仗不怎么样，但逃命确实是有一套，郭成等人追了几百里路，愣是没有追上右贤王，只好率军返回。

此战虽然让右贤王跑掉了，但他手下的军队基本被全歼，汉军总共俘虏了右贤王手下的小王十多人和男女部众一万五千多人。除此之外，汉军俘获的牲畜也有近百万头。这是一场空前的胜利，匈奴主力之一的右贤王所部人马几乎全军覆没，匈奴遭到了前所未有的重创。汉武帝对此大为满意，参战的众将都受到了重赏。卫青才刚刚率军入塞，就遇到了汉武帝派来的使者，使者带来的除了诏书之外还有大将军印，他在汉军军营之中代替汉武帝正式拜卫青为大将军，负责节制众将。除此之外，汉武帝还加封卫青食邑八千七百户，又封卫青的儿子卫伉为宜春侯、卫不疑为阴安侯、卫登为发干侯。忽然间受到了如此大的封赏，卫青心头万分不安，他赶紧上疏辞谢："我能够立下大功、击败右贤王，是仰仗了陛下的神威，同时这也是汉军众将士一起奋勇作战的结果。陛下已经加封了我的食邑，就不必封我三个还在襁褓之中的儿子为列侯了，他们并没有什么战功。要是封赏他们，既不能体现陛下激励将士们奋勇作战的本意，也容易让将士们心生不满，还请陛下不要加封我的三个儿子。"汉武帝这时候正宠信卫青，坚持封卫青的三个儿子为侯。

虽然卫青的请求并没有被接受，但随军出征的众将也全都获得了封赏，护军都尉公孙敖被封为合骑侯、都尉韩说被封为龙頟侯、骑将军公孙贺被封为南窌侯、轻车将军李蔡被封为乐安侯、校尉李朔被封为涉轵侯、校尉赵不虞被封为随成侯、校尉公孙戎奴被封为从平侯，将军李沮、李息和校尉豆如意也因为军功被封为关内侯。此次封赏的规模可谓空前巨大，出征的众将几乎人人得以封侯。随着右贤王所部的败退，匈奴主力遭到了重创，汉军将再次以朔方郡为基地向北面发起进攻。

两出定襄：汉匈漠南大对决

元朔六年（公元前 123 年）春天，汉武帝经过深思熟虑后，决心再次对匈奴发起新的攻势。而这一次，汉军的目标是盘踞在漠南的匈奴军队。

之所以出兵漠南，一方面是因为右贤王部的覆灭导致匈奴遭到了空前重创，另一方面也是因为伊稚斜单于太过闹腾了。元朔五年（公元前 124 年）秋天，伊稚斜单于为了报复几个月前汉军击破右贤王部，派出一万多骑兵入侵代郡。他们不仅斩杀了都尉朱英等人，还抢掠了一千多人，之后扬长而去。这一切都让汉武帝愤怒不已，他决心发起一次新的大战，一举解决掉盘踞在漠南的匈奴军队，于是将此次进军的目标直接定为伊稚斜单于的本部。漠南，即大漠以南，是匈奴人长期盘踞的地盘，匈奴人屡次袭扰汉朝边境都是从漠南出发，直达汉朝边境。如果能够击破漠南的匈奴主力，匈奴人将很难再对汉朝边境形成大的威胁。

盘踞漠南的匈奴军队是伊稚斜单于本部的主力，为了能够一举歼灭他，汉武帝这一次没有再分兵进击，而是将军队全部交到了大将军卫青的手里，希望他能够率领大军在塞外寻机歼灭伊稚斜单于所部。对于这一前所未有的军事行动，卫青不敢大意，他为这次军事行动进行了严密的部署。汉军经过近五个月的准备工作，终于完成了集结。这一次，汉军出动了十多万骑兵，阵容可谓空前豪华，几乎集中了当时所有能征善战的将领。除大将军卫青之外，军中还有六位将军，他们分别是：中将军公孙敖，左将军、太仆公孙贺，前将军赵信，右将军、卫尉苏建，后将军、郎中令李广，左内史、强弩将军李沮。这六位将军中，除了公孙敖、公孙贺、李广三位老面孔之外，其他三人的来历也都不简单。

赵信原本是匈奴的小王，在率军与汉军作战失败后，选择了投降汉朝。对于这样前来投效的人，汉武帝自然不会拒绝，他不但收留了赵信，还将他封为翕侯。此次任命赵信为前将军，是想倚仗他匈奴人的身份为汉军领路，毕竟除了他以外，汉军将士大多不知道漠南的具体情况。苏建则是卫青的老部下，他曾跟随卫青一起参加过夺取河南地之战和征讨右贤王之战，立下了许多战功，朔方城更是由其一手修建。苏建本人虽然不出名，但他的儿子却是历史上赫赫有名的人物，名气远超公孙贺、公孙敖等人，可与卫青、李广等人比肩，那就是曾经在北海牧羊十九年而不变节的苏武。另一位强弩将军李沮，名头也不大，但资历却是六位将军中除李广外最老的。早在汉景帝时期，他就已经从军了，不过一直等到汉武帝时期才有机会出征。在攻击右贤王的大战中，他因功被封为关内侯。

这一年二月，漠南之战正式拉开了序幕，卫青率领六位将军从定襄出发，一路向北直指漠南。自汉武帝即位后，汉军经常会在匈奴人入侵汉朝边境后出击塞外，以报复匈奴人的入侵。这几乎已经成了惯例，伊稚斜单于自然知道这一点，所以他提早在漠南做好了准备。虽然这一次汉军出动的时间比较晚，但匈奴人依然没有放松防备。卫青等人出发后不久，就在漠南遇到了匈奴军队。一番激战下来，汉军斩杀了几千匈奴人，却没有遇到伊稚斜单于的主力。卫青等人在塞外寻找一番后，依然没能找到伊稚斜单于本部，只好率军撤回定襄郡、云中郡、雁门郡一线休整。

制订了几个月的计划，结果十多万大军只在漠南游荡了一圈，斩杀几千人而返，这样的战绩显然不能让人满意。休整一个月后，卫青再次率军出发北上，前往漠南寻找伊稚斜单于的主力进行决战。这一次，为了防止像之前一样连伊稚斜单于的影子都见不到，卫青决定将军队分散开来，他派出一些小股部队分头向北进发，寻找伊稚斜单于。遗憾的是，卫青率领的汉军主力一番游荡下来，虽然也遇到了不少匈奴军队，斩杀敌人一万多人，却依然没有找到伊稚斜单于本部兵马。

虽然汉军主力没有找到伊稚斜单于，但有人很倒霉地撞上了伊稚斜单于率领的匈奴主力，这两个倒霉的人就是前将军赵信和右将军苏建。作为汉军的一股小部队，赵信和苏建两人率军北上寻找伊稚斜单于，结果还真就让他们找到了。但这对他们来说非常不幸，苏建和赵信两支人马合在一处也才三千骑兵，连匈奴军队的十分之一都不到。苏建和赵信知道，想靠逃跑避过匈奴军队显然是不现实的，只好硬着头皮与匈奴大军展开了激战。在苏建等人的拼死作战下，汉军居然与人多势众的匈奴军队激战了整整一天。这已经是这支汉军的极限了，随着时间的推移，苏建等人渐渐支撑不住，三千汉军骑兵越战越少。关键时刻，一件突发事件彻底将这支汉军送入了深渊——赵信叛变了！赵信本就是匈奴人，只因被汉军打败才投降了汉朝，这时候眼看汉军要完蛋了，他的心思也活络了起来。就在赵信摇摆不定之时，伊稚斜单于见久战不下，派人出来招降汉军，希望他们能够就此投降。赵信接到招降后，毫不犹豫地投降了匈奴，而且他不是自己一个人，而是带着他本部的八百多骑兵一起投降了匈奴。这一下，彻底将苏建打入了地狱。一番激战之后，苏建全军覆没，仅以身免。

赵信投降以后，立刻就得到了伊稚斜单于的重用。单于不但将他封为自次王，还将自己的姐姐嫁给了他，每次遇到军政大事，都会找赵信商量，询问他的看法。赵信没想到自己投降匈奴后居然会得到这么高的待遇，心头是又惊又喜，从此死心塌地为伊稚斜单于效力。赵信的得意建立在苏建失意的基础之上，苏建虽然一路跑回了汉军大营，但他手下的军队死了个干净，所要面临的是汉朝的军法处置。对于如何处置苏建这件事，卫青自己也拿不定主意，就将军正闳、长史安和议郎周霸等人召集起来询问道：“苏建这次全军覆没，仅以身免，我们应该怎么定他的罪呢？”周霸首先回答道：“自大将军率军出征以来，从来没有处死过自己的副将以正军法，现在苏建抛弃军队自己跑了回来，可以将他砍了，以此来向天下人展示大将军的威信。”

军正闳和长史安两人听后立刻表示反对：“你这么说肯定不对，苏建虽然有罪，但罪不至死。兵法上说过，小部队的战斗力再强，也会被大部队击败。苏建才几千人，却需要抵挡匈奴单于几万大军，抵挡不住也很正常。他是在激战了一整天，几乎全军覆没的情况下才弃军逃回的。哪怕是在这种极端不利的情况下，苏建也没有二心，他没有跟随赵信一起投降匈奴，反而逃回了汉军。如果这时候将苏建砍了，不就是明摆着告诉汉军众将，以后兵败了千万不要逃回来，回来也免不了一死，这样岂不是逼着将领战败后全都投降敌人吗？所以苏建万万杀不得。”卫青心中，也非常不愿意杀苏建，毕竟苏建是自己的老部下，跟随自己一路封侯，要是将他斩杀，实在于心不忍。经过一番思考后，卫青最后做了结论：“我本人有幸以陛下近臣的身份执掌军队，并不害怕会没有威信，周霸建议我杀死苏建以显示自己的威信，这是很不符合人臣本分的。更何况，就算我有权处置将领，但我本身作为大臣，就算身份尊贵又深受陛下宠信，也不敢擅自诛杀大将于国境之外。我觉得不如把这件事交给陛下来处理，由陛下亲自裁决，以显示我作为大臣不敢擅自专权，你们觉得如何呢？”这一番话说得军正闳、长史安和周霸三人心服口服，他们对此表示赞同。卫青便将苏建囚禁起来，押送给汉武帝处置。

随着苏建、赵信两部人马的失利，卫青所部汉军主力也无力再次寻找伊稚斜单于决战，只好率军撤回雁门郡、定襄郡等地，就此终止漠南之战。这次出征的各路人马中，除了苏建之外，还有一位失意之人，这个人就是后将军李广。自从关市四路反击战失利之后，李广便走上了下坡路，他虽然逃过一死，却失掉了官职，只好跟灌婴的孙子灌强一起隐居在蓝田，整日里在南山之中打猎为乐。就算是这样，李广依然惹了事。有一天夜里，李广带着一名随从骑马出城，与别人在田间饮酒，结果回来得晚了，走到霸陵亭附近遇到了负责守卫此地的霸陵尉。按照汉朝的制度，每天晚上都要实行宵禁，于是李广回来的时候城门已关。霸陵尉坚决不开城门让李广进城，李广的随从一看这种情况，忍不住说道：“你看清楚一点，这可是前任李将军！”不巧的是，霸陵尉也喝了酒，听后不但没有理会，反而回了一句：“就算是现任将军也不能现在通行，更何况只是一个前任将军。”李广自己也喝多了酒，两个醉鬼撞在一起自然什么都说不清楚。最终李广没能进城，被扣在霸陵亭整整一夜，直到天亮才得以进城。

这件事情虽然小，却让李广记在了心头，他既痛恨自己失去了官职，也痛恨霸陵尉狗眼看人低，心想有朝一日官复原职，再找霸陵尉算账。皇天不负苦心人，不久之后，驻守右北平郡的韩安国因为被贬郁郁寡欢，最终一命呜呼。汉武帝左思右想，也没有找到合适的人选，就重新起用李广，让他前往右北平郡担任太守。李广接到任命后的第一件事，就是请求汉武帝允许让霸陵尉随他一起前往右北平郡。这自然不是因为李广看重霸陵尉，想要提拔他一下，而是想趁机对他进行打击报复。到达右北平郡后不久，李广就找了个理由，将霸陵尉一刀砍了，以报当初被他羞辱之仇。汉武帝因爱惜李广的才能，对他杀死霸陵尉这事，睁一只眼闭一只眼，没有追究责任。李广也没辜负汉武帝的期望，他在右北平郡任太守期间，匈奴人都称他为“飞将军”，根本不敢侵犯右北平郡。后来郎中令石建病死，汉武帝便将李广调回长安担任郎中令。回到长安的李广恰巧赶上此次漠南之战，遂被汉武帝任命为后将军，跟随卫青出征。李广的运气实在是差，一年前卫青大破右贤王所部，就连负责牵制的李息、张次公也立下了战功，不少将领被封为侯爵，偏偏李广没有赶上那一战。这一回漠南之战李广倒是赶上了，结果两次出塞都没有立下什么战功，等于白跑了一趟，实在让他沮丧不已。更令李广沮丧的是，漠南之战中，一个初次参战的少年立下了让所有人都为之侧目的巨大战功，不要说李广、公孙贺等人，就连卫青的首次出征都远远比不上，这个少年就是与卫青齐名的汉代名将霍去病。

霍去病是卫青的外甥，他的出身与舅舅很相似，一样是私生子。霍去病的母亲是卫青的二姐卫少儿，她跟卫母一样，也是平阳侯府中一名普通婢女。卫少儿与在平阳侯府中当差的平阳县小吏霍仲孺日久生情，两人私通生下霍去病。霍仲孺已有家室，最终选择离开平阳侯府。虽然霍去病与卫青的出身非常相似，但两人的经历却大不相同。霍去病很小的时候，他的姨妈卫子夫就被汉武帝看中了，卫氏一门的命运因此彻底改变，卫少儿也得以嫁给詹事陈掌做妻子。霍去病虽然从小没有父亲，但有舅舅和一众亲戚的照料，他并没有经历舅舅小时候的苦难生活，反而像长安的世家子弟一般喜欢蹴鞠玩乐。与普通世家子弟不同的是，霍去病的骑射功夫特别好，他为人虽沉默寡言，却非常有气魄胆识，凡事敢作敢为。十八岁时，他就因为姨妈是皇后，在汉武帝身边担任侍中。汉武帝对这个英武不凡的年轻人格外看重，甚至想要教他孙子和吴子的兵法。所谓孙子和吴子，指的是春秋末年的兵法家孙武和战国初年的名将吴起，很多名将都曾学习两人留下的兵书。令汉武帝没想到的是，霍去病竟然拒绝学习兵法，他的理由非常简单：要打赢战争，只需要看如何制定战略战胜敌人就行了，没必要都去学古代的兵法，古时候的兵法只适合当时，拿到现在来也不见得适用。汉武帝听后惊讶不已，认为霍去病将来不会是寂寂无闻之辈，很可能是继卫青之后，汉朝又一位能够扫荡匈奴的名将。

虽然汉武帝对霍去病有很高的期望，但就算是他，也没有料到霍去病竟然这么快就能立下赫赫战功。大军开拔之前，汉武帝一方面想历练一下霍去病，另外一方面也想看看霍去病到底有多少能耐，便将他派到了卫青军中，随同大军一起出征。尽管是第一次从军，但对霍去病格外照顾的汉武帝，不但封他为票姚校尉，还特意嘱咐卫青，让他挑选一些勇士交给霍去病指挥，让他率领这些人参与作战。第一次出发前往漠南时，汉军共同进退，虽然斩杀了数千匈奴人，但霍去病也没有得到多少表现的机会。等到第二次出击漠南时，卫青改变了战术，他将手下不少将领的军队分开单独行动，终于给了霍去病一个表现的机会。

大军出塞后不久，霍去病和他手下的八百名轻骑兵单独踏上了征程，向北面寻找伊稚斜单于的主力。随着不断向北行进，霍去病所部离汉军大营越来越远，他们只有一个目标，那就是找到匈奴人，然后将其歼灭。霍去病一部虽然只有八百人，却全是汉军中的勇士，算得上是汉军中最精锐的部队。他们一路北行，斩杀了不少零散的匈奴军队，但霍去病没有停住脚步，他深信远处还有更多的匈奴人在等着他。在漠南穿行一圈后，霍去病没能找到伊稚斜单于，却有了一个意外的收获——他发现了伊稚斜单于的老巢。伊稚斜单于怎么也没想到，汉军居然能摸到自己的地盘上来，因此防守十分薄弱，根本没有多少军队。对这块送到眼前的肥肉，霍去病自然乐得笑纳，他立刻率军对匈奴人发起了突袭。留守的匈奴军队根本没料到汉军居然能跑这么远来攻击自己，猝不及防之下被打得四散而逃。一番交战下来，霍去病所部八百人竟然斩杀和俘虏了两千多名匈奴人，大大超过了自身的人数，其中还有匈奴的相国、当户等大官，就连伊稚斜单于祖父一辈的籍若侯产也被汉军斩杀，伊稚斜单于的叔父罗姑比更是做了汉军的俘虏。

漠南之战随着霍去病的回归落下了帷幕，虽然汉军斩杀俘虏了一万多匈奴人，却并没有达到预期的效果。盘踞漠南的伊稚斜单于本部依然主力尚存，并没有受到多大损失；而汉军这边，苏建和赵信两人的军队却全军覆灭。对于这样的成绩，汉武帝非常不满，因军功有限，这次就连卫青都没有增加食邑。苏建虽然没有被杀，但被迫缴纳赎金，贬为平民。要说收获，也是有的。漠南之战不但再一次打击了匈奴，还让汉武帝发现了霍去病这样一位天才将领。由于霍去病所部斩杀和俘虏的敌人数量双双位列全军第一，汉武帝就将他封为冠军侯，食邑一千六百户。汉武帝深信，在未来的日子里，年轻的霍去病将率领汉军再次创造出辉煌的战绩。

除了霍去病之外，只有两人在漠南之战后被封为侯爵。一个是上谷太守郝贤，他曾四次跟随卫青出征匈奴，算得上是劳苦功高，斩杀敌人的数量也有两千多人，因此便被汉武帝封为众利侯。另一位被封为侯爵的，则是西域的开拓者张骞。他在元朔三年（公元前 126 年）趁着匈奴内乱的机会，逃回了汉朝，这时距离他离开汉朝出使西域已经有十三年了。张骞虽然没能完成联合大月氏的任务，却带回了大量有关西域的信息，汉武帝对此非常满意，特意将张骞封为太中大夫。由于张骞曾长期在匈奴居住过，所以出征漠南时汉武帝特意将他派到军中担任向导。张骞非常熟悉塞外的水草分布和地形情况，因此汉军两度杀入漠南都没有受到水源、地形的困扰，再加上他此前的功劳，汉武帝遂将其封为博望侯。

比较幽默的是，汉军虽然没能打败盘踞漠南的匈奴势力，但伊稚斜单于却主动搬家回了漠北，这一切都得归功于赵信。赵信投降匈奴后，第一件事就是向伊稚斜单于建议：“汉朝眼下已经下定决心要对匈奴发起反击，我们继续留在漠南，只会遭到汉军接连不断的打击，不如暂时北移，穿过沙漠直达漠北。到时汉军想要来攻打我们就非常困难了，我们还可以引诱他们前来进攻，以此来使汉军疲劳。等汉军疲惫不堪时，我们再发起反击，肯定可以一举大破汉军。只要击败了汉军，汉朝的边境还不是任我们随意来去，根本不用像现在这样耗在汉朝边境上。”伊稚斜单于认为赵信所言有理，便将王庭转移到了漠北。

此后，匈奴对汉朝的态度逐渐从此前的进攻势态转为防守，汉朝则开始对匈奴进行进一步的深入打击。在卫青和霍去病两位名将的率领下，匈奴人终于走上了下坡路。

兵出河西：霍去病两破匈奴

元狩二年（公元前 121 年），经过三年的休整后，汉武帝终于决定再次向匈奴发起进攻。随着伊稚斜单于将王庭转移到漠北，匈奴对汉朝边境的威胁骤然减弱，汉军的主攻方向不再是北面的漠南，而是转移到了西面，准备向河西发起进攻。

河西地区，也就是河西走廊一带，包括黄河以西、祁连山一带的大片土地，是连接中原地区和西域的咽喉要地，战略位置十分重要。河西地区原本是大月氏的地盘，自从冒顿单于击败大月氏之后，月氏人就逐渐向西迁移，于是原本的河西故地就被匈奴占领了。匈奴人将河西地区分给了浑邪王和休屠王两人，他们占据这里，背靠着西域各国的经济与军事力量，经常袭扰汉朝的西部边境，对汉朝造成了严重的困扰。随着伊稚斜可汗和右贤王的败退，大漠以南的广大地区只剩下了东面的左贤王和西面的浑邪王、休屠王两部分人马。张骞出使西域之后，汉武帝意识到如果要继续和西域保持联系，就必须击破盘踞在河西的匈奴势力，一举打通汉朝与西域的联系通道。

张骞从匈奴回来后，曾告诉汉武帝西域地区的风土人情：“在我国正西方约一万里处，有一个国家，那就是大宛国。大宛人择地定居，他们耕种田地，多产好马，马汗像血一样红。他们也有城郭、房屋，与我国一样。大宛国东北面是乌孙国，乌孙国的东面是于阗国。于阗国往西，河水纷纷向西流入西海（今咸海）；于阗国以东，河水则向东流入盐泽（今罗布泊）。在盐泽一带，河流在地下流淌，形成暗河，再往南则是黄河源头。盐泽距长安约五千里。匈奴的西部疆界在盐泽东面，直到陇西长城；南面与羌人部落接壤，将我国通往西域的道路隔断。乌孙、康居、奄蔡、大月氏都是游牧国家，他们随牲畜逐水草而居，风俗与匈奴一样。大夏国在大宛西南方，风俗与大宛相同。我在大夏时，曾见到邛山出产的竹杖和蜀地的布。我问大夏人，这东西是从哪里得来的？大夏人说，是商人去身毒买来的。身毒在大夏东南约几千里之外，那里的人择地定居，与大夏一样。据我估计，既然大夏在我国西南一万二千里外的地方，而身毒国又在大夏东南几千里外，且有我国蜀地的东西，说明身毒距蜀地不太远。如今我国出使大夏，假如取道羌人地区，不但道路险恶，还容易遭到羌人的袭击，如果从稍北一些的地区走，又会落入匈奴人手中，而通过蜀地，应当有直路可以到达身毒，路上也没有羌人和匈奴的骚扰。”汉武帝听说大宛、大夏、安息这些国家都是大国，多产奇珍异宝，风俗与汉朝差不多。这些国家军事力量薄弱，又很喜欢汉朝的东西，很容易就能征服；其北面的大月氏、康居等国，虽兵力强盛，但也可以通过贿赂、引诱等手段使其归附汉朝。如果能够控制西域诸国，汉朝的边境将会向西延伸数千里。那时，汉武帝将成为远近国家歌颂的伟大君王，这让雄才大略的汉武帝如何不心动。正因为如此，汉武帝才将首要打击目标定为河西。汉朝一旦夺取了河西之地，不但能与西域各国建立联系，还能切断匈奴人与羌人之间的联系，这将大大削弱匈奴人的势力范围，使汉朝的国土向西扩张。

漠南之战后，汉朝之所以休整这么长时间，很大一部分原因是连年征战导致国库空虚。每次作战，除了出征前需要为粮草、军械做准备外，获胜后还要奖赏有功将士，仅这一项就耗费了二十多万斤黄金。除此之外，汉军死伤的士卒、马匹多达十多万，再加上兵器盔甲、粮草辎重的运输费用，文景以来储备充盈的国库开始日渐空虚，难以支撑起大规模的军事行动。在这种情况下，汉武帝只好下诏允许百姓出钱买官爵，并用钱为自己赎罪。为了进一步敛钱，汉武帝专门设置了一套“赏官”系统，这在当时被称为“武功爵”，仅第一级就需要十七万钱才能买到，往上则逐级递增，到最高一级甚至需要三十多万斤黄金。靠着卖官鬻爵，汉朝终于再次有了出征的资本。

除了缺钱之外，汉朝内部也不稳定，消停已久的诸侯王们又开始活动了。这一次，想要造反的是刘长的儿子淮南王刘安和衡山王刘赐两人。他们俩谋划造反也不是一天两天了，只不过慑于中央强大一直没有什么实际行动。特别是听了田蚡那一通胡说之后，刘安就陷入了魔怔之中，每次他派去长安的使者回来，如果回复“皇上没有儿子，现今朝政非常腐败”，刘安就会非常高兴，一旦使者说“皇上有了儿子，现今朝政清明”，刘安就会认为使者胡说八道，常常加以重罚。一来二去，使者们就都开始说谎话，让刘安继续自欺欺人。刘安的精神胜利法终究不能为自己带来皇位，随着汉朝对外战争的节节胜利，汉武帝的江山越来越稳固，就连淮南国内很多人都不敢跟刘安商量谋反的事，他只好将这一切按在心底，准备等将来有了机会再造反。

运气不好的是，刘安的家庭内部出了矛盾，将朝廷的目光一下子吸引到了淮南。刘安有一个长子叫刘不害，因为是庶出，王后和太子刘迁都非常讨厌他，经常找他的麻烦。刘不害对这一切是能忍则忍，他的儿子刘建却不这么看，他认为叔叔故意针对父亲，就跑到长安去告发刘迁想要刺杀朝廷中尉。汉武帝接到消息后不敢大意，立刻让廷尉审理此事。这一下，刘安慌了神，刘迁知道他想要造反的事，万一供出来那就麻烦了。胆战心惊的刘安只好硬着头皮准备谋反，甚至打算派人先去长安把卫青干掉。可惜的是，就算是刘安的同党，也有人不看好他，认为他成不了事。伍被就是其中之一，他早就劝说刘安不要谋反，但刘安却始终不听。这时候眼看刘安真的要反了，伍被怕受到牵连，干脆跑到长安把刘安告发了。就这样，还没来得及动手的刘安走投无路，只好在家中自杀。不久，他的弟弟衡山王刘赐也被牵连，被迫自杀于家中。

解决了内部的问题后，汉武帝终于能够腾出手来再次远征了，这一次派去远征河西的不是别人，正是在漠南之战中立下赫赫战功的霍去病。比起卫青的稳健，霍去病更擅长指挥骑兵长途奔袭，正是远征河西的适当人选。这年三月，汉武帝正式任命霍去病为骠骑将军，让他率领一万骑兵从陇西郡出发，向西征讨盘踞在河西的匈奴势力。如果换了其他人指挥，一万骑兵或许并不能发挥多少作用，但霍去病不一样，哪怕只有一万人，他也能在河西掀起滔天巨浪。霍去病率军从陇西郡出发后，一路快速向西推进，越过乌盭（lì）山后迅速进入匈奴遬濮部境内。河西从来没有被汉军攻打过，当地的匈奴人对汉军没有丝毫防备，在霍去病的猛攻之下，遬濮部很快就被杀得溃败而逃。解决完遬濮部后，霍去病并没有停下进攻的脚步，他率军渡过狐奴河，继续向河西腹地推进。此后的六天里，霍去病率军转战千里，一连攻破五个匈奴小部落，以摧枯拉朽之势将位处河西的匈奴各个小王打得纷纷败逃。

攻击匈奴小王并不是霍去病的目标，他更希望找到休屠王和浑邪王二部的主力，将匈奴在河西的势力一举击溃。正因为此，霍去病并没有按照以往汉军作战的习惯，抢掠匈奴的百姓和财宝牲畜，只是从匈奴人那里获得自己所需的给养，就将其余百姓全部放掉。这么做的原因只有一个，那就是继续轻装上阵保持机动性，这样才能在河西快速推进，让匈奴军队始终无法追上汉军展开合围。不久后，霍去病率军前进，一路越过了焉支山，到达了皋兰山下，在这里他终于看到了寻找已久的浑邪王、休屠王所部人马。霍去病横扫河西之时，浑邪王和休屠王也没有干坐着，他们集结起河西的匈奴大军，在皋兰山一带严阵以待，准备以逸待劳打汉军一个措手不及。在浑邪王等人看来，霍去病不来就罢了，来了必定会陷入全军覆没的悲惨境地。事实正如浑邪王等人期盼的一样，霍去病真的率军深入河西，杀到了皋兰山下。可惜的是，匈奴人猜到了开头，没有猜到结尾，他们太低估霍去病率领的汉军了。

霍去病率领的汉军骑兵可不是随便拼凑来的，他们都是汉武帝在汉军中精挑细选出来的精锐，就连武器装备也远好过其他汉军。统率这支精锐汉军的霍去病勇武善战，不但胆识过人，敢于深入敌境作战，还经常与勇士们一起在前面开路，当先与敌人展开厮杀。有这样的主帅，汉军众将士自然拼死力战，每每创造出令人咋舌的奇迹。皋兰山一战中，在汉军的奋勇冲杀下，人多势众又有主场优势的休屠王、浑邪王所部竟然被杀得大败，折兰王和卢侯王两个匈奴小王被当场斩杀，浑邪王的儿子和匈奴的相国、都尉等全都做了俘虏，就连休屠王的祭天铜人也成了霍去病的战利品。这一次河西之战，霍去病总共歼灭、俘虏了八千多名匈奴人，成功重创了河西的匈奴势力。这次河西之战原是一次试探性的出击，因此连汉武帝自己也没想到能取得这么辉煌的战果。大喜之下，他立刻加封了霍去病两千两百户封邑。

取得第一次河西之战的胜利之后，汉武帝决定乘胜出击，争取彻底歼灭河西的匈奴军队。于是经过短暂的休整之后，霍去病再次率领汉军出发了。这一次，他率领的可不只是一万骑兵了，而是有几万骑兵。除了他以外，和他一起出击的还有老将公孙敖。为了防止匈奴左贤王部西援河西，汉武帝又让李广从右北平郡出击，进攻左贤王所部，以达到牵制的目的。汉武帝还特意给李广派了一个熟悉匈奴地理的副手——张骞。

当年夏天，按照汉武帝的军事部署，霍去病与公孙敖各领数万骑从北地郡出发，分头开赴河西地区，李广和张骞也率军从右北平郡出发，直击北面的左贤王部。出发后不久，李广同样将军队分成了两部分：他自己率领四千骑兵作为先锋，走在大军前面开路；张骞则率领一万多骑兵的汉军主力跟在后面。汉军的分散给左贤王创造了一个各个击破的机会，李广率军行进了几百里后，就陷入了左贤王大军的重重包围之中。李广所部汉军只有四千人，左贤王的匈奴军队却有整整四万人，是汉军的十倍，一时间汉军众将士陷入了惊恐之中。如果是一般的汉军将领，此时恐怕已经陷入了崩溃之中，但领军的是以武力著称的李广。李广心知自己如果再不采取一些行动，只怕汉军很快就会崩溃，于是赶紧叫来儿子李敢，让他带着几十个骑兵突入匈奴阵中探查敌情。李敢是李广的第三子，同样以勇武著称，他见父亲将这么危险的任务交给自己，没有丝毫犹豫，立刻就挑选了几十个骑兵，从正面杀入匈奴阵中。

匈奴人怎么也没想到人数少的汉军居然敢率先抢攻，猝不及防下竟然让李敢一行人直接从正面杀入了阵中。李敢等人在匈奴阵中奔驰一圈后，从匈奴人的左右两翼杀出，成功返回了汉军阵中。杀出来后，李敢只说了一句话："匈奴军队非常容易对付！"被李敢的勇猛所感染的汉军众将士听到这句话后，渐渐放下心来，安心与匈奴军队交战。左贤王眼睁睁看着李敢在阵中溜了一圈后扬长而去，心头愤怒到了极点，立刻下令匈奴军队向汉军发起猛攻。李广将汉军摆成圆形军阵，将士们纷纷面朝外与匈奴人对射起来。随着时间的推移，人数较少的汉军终究吃亏，很快就在匈奴军队的猛攻下死伤大半。更糟糕的是，因为射得太猛，汉军的箭竟然快要用完了！

这下子问题严重了。汉军与匈奴人能对峙到现在，靠的就是弓箭，一旦没了箭，那等于就是给对方送人头。关键时刻，李广做出了冷静的判断，他知道汉军快要没箭的事情匈奴人并不知情，眼下最重要的就是节省箭矢，于是下令所有士兵将弓拉满，箭矢一致对着匈奴人却不射出，只遥遥震慑对方。李广知道这样肯定是唬不住匈奴人的，便拿出了他的大黄弓，纵马来到阵前，利用自己超凡的箭术对外围的匈奴将领展开射击。很快，匈奴这边就有好几个将领死在了李广的箭下。在李广神乎其技的箭术威慑下，匈奴人原本气势如虹的攻势终于被打破了。左贤王为避免伤亡下令手下人散开，只远远围住汉军，不再发动攻势。局势暂时被控制住了，但匈奴的包围不解，李广一行人依然处在危险之中。光靠李广所部肯定无法击破匈奴，他们所能指望的是张骞率领汉军主力及时赶到。随着时间的推移，天色渐渐暗了下来，张骞的主力军依然不见影子，汉军众将士心头越来越担忧，一时间面无人色。只有李广神色不变，反而加紧巡查阵地，督促士兵们调整部署。汉军众将士一看主帅都不担心，也逐渐放下心来，对李广的勇气是越来越佩服。到了第二天，张骞所部依然没有赶到，但李广还是率军与匈奴人展开了激烈的搏杀。这两天，汉军虽然自身伤亡过半，但死在他们手里的匈奴士兵更多，左贤王始终拿汉军没有一点办法。就在这时，张骞终于带人赶到了，左贤王知道自己再打下去捞不到什么便宜，赶紧带着人撤围而去。此时的汉军疲惫不堪，再也无法追击左贤王，只能不了了之。

李广一路终究只是策应，作为主攻的霍去病所部也遇到了危机。按照原本的计划，霍去病与公孙敖两路人马从北地郡分头出发后，会在河西会师，然后一起向西进兵。然而霍去病深入匈奴土地两千多里以后，依然没能等到公孙敖。霍去病估计公孙敖很可能是迷路或者出了别的事，再等下去只怕也来不了。正所谓兵贵神速，霍去病决心不再等公孙敖，独自率军向河西进发。这一次，霍去病没有像上次那样，从正面直接推进，而是选择快速迂回到匈奴的后方。他率军出发后，一路北进越过居延泽，然后转向南方，经过小月氏地区，成功到达了祁连山。浑邪王和休屠王虽然知道汉军会再次打来，但他们以为汉军会像上次一样从正面展开进攻，于是将主力部署在了焉支山一线。等到霍去病翻过祁连山，出其不意地对匈奴人发起攻击后，浑邪王等人这才反应过来，原来汉军早已绕到了自己后面。这时候再想调整部署已经来不及了，匈奴军队被霍去病杀得大败。霍去病俘虏了匈奴的相国、将军、当户、都尉六十三人，以及匈奴的单桓王、酋涂王、呼于屠王、稽且王等小王，前次侥幸逃掉的遬濮王更是被鹰击司马赵破奴所部当场斩杀。除此之外，匈奴小王的母亲、妻子和匈奴王子等五十九人也做了俘虏，另有两千五百多名匈奴人投降，三万多名匈奴人被杀、被俘，而汉军的损失只有自身的十分之三。霍去病再度取得了空前的战果！

第二次河西之战的胜利，让汉武帝惊喜异常，此战的斩俘数量甚至已经超过了前面几次大战斩俘的总数。对于获胜归来的将领们，汉武帝一一加以赏赐。除了霍去病加封五千户食邑以外，他手下的好几位将领都因功被封为侯爵：鹰击司马赵破奴被封为从骠侯，校尉高不识被封为宜冠侯，校尉仆多被封为辉渠侯。有赏就有罚，迷路的公孙敖因为没有按期会师，被判处死刑，他替自己交了赎金，最终被贬为平民；张骞也因为行军迟缓，贻误战机被迫拿钱赎罪，同样被贬为平民。两人的侯爵就这么没了。李广虽然杀伤了不少匈奴人，但他的军队伤亡太过惨重，所以也没能捞到战功，等于是白去塞外跑了一趟。

汉武帝这边是高兴了，伊稚斜单于却怎么也高兴不起来，他从未想过河西的匈奴军队竟然这么快就被汉军打败了。愤怒的伊稚斜单于，一面派人大举入侵雁门郡、代郡等地，以图报复汉朝；一面则派人去找浑邪王和休屠王的麻烦。到了这时，伊稚斜单于依然不认为是汉军能打，反而认为是浑邪王、休屠王太过无能。他想不通，这两人手里拥有那么多匈奴骑兵，竟然会被数量远少于他们的汉军屡屡打败，赔进去几万人马！伊稚斜单于想要将浑邪王和休屠王召到王庭杀掉，然后另外派人去接管两人的部落。浑邪王和休屠王都在单于王庭安排了人手，他们很快就接到了这个消息，当然不敢去王庭送死。既然不愿意送死，除了投靠汉朝之外，似乎也没有什么别的路能走了。不过汉朝和匈奴毕竟是敌人，浑邪王他们和汉朝之间又从来没有往来，怎么才能和汉朝通消息就成了一个大难题，总不能拉着大队人马到汉朝边境去大喊自己要投降吧？丢人也就算了，闹这么大动静还不知道汉朝会不会接纳自己呢。

思来想去，浑邪王他们想出了一个办法。这个办法简单粗暴到了极点，那就是派人到边境去抢掠当地汉人。等人被抢来后，浑邪王他们就将自己想要投降汉朝的消息告诉这些汉人，然后将其放回，让他们带信给汉武帝。还真别说，这么简单粗暴的办法真就把消息传递到了汉朝，不过收到消息的并不是汉武帝，而是在黄河边上筑城的大行李息。李息接到消息后不敢怠慢，立刻派人乘坐传车前往长安，将消息报告给了汉武帝。汉武帝知道浑邪王等人想要投降之后固然欣喜异常，但也担心浑邪王等人是想玩诈降计，以此让汉朝边境疏于防备，好进来大捞一笔。眼下急需要做的，就是派人前往河西了解实际情况。这个艰巨的任务，汉武帝交给了霍去病，他给霍去病的指示很简单：带兵前去迎接浑邪王和休屠王，如果他们真心实意归降，就将他们接回来，如果只是想诈降，那就再教训他们一次。霍去病接到命令后，很快就带着大军上路了。

汉军还未到达河西，匈奴这边就出现了变故，休屠王想了又想之后，觉得投靠汉朝也不靠谱，竟然反悔了，想要带着人马回到漠北。浑邪王不能容许这样的事情发生，他眼看休屠王想要反悔跑路，干脆一不做二不休，直接带人把休屠王砍了，兼并了休屠王的人马。浑邪王虽然暂时解除了分裂的危机，但部落内部极不稳定，人们惶惶不安。就在这时，汉军终于渡过黄河，到达了河西，与浑邪王的军队遥遥相对。浑邪王麾下很多人在汉军手上吃过亏，不愿投降汉朝。他们见汉军军容整肃，心里顿时慌了，生怕汉军突然发动袭击，于是疯狂地想要逃跑。原本就不稳定的匈奴军营顿时陷入了混乱之中，就连浑邪王自己也都控制不住。

看到匈奴大营失控，汉军众将第一反应就是匈奴人想要反悔，应赶紧按照汉武帝的第二套指示，冲过去将匈奴人砍了再说。霍去病却不这么看，他深知浑邪王之所以投降是因为已经走投无路了，对方断然不可能忽然反悔，此时的混乱很可能是内部有人不想投降，在军营中闹事。想到这里，霍去病做了一个惊人的决定，他留下军队严阵以待，自己孤身驰入匈奴大营，找到了浑邪王。见到浑邪王后，霍去病开门见山地说道："如果你不想归降，就赶紧出兵列阵，我们阵前决一死战；如果你真心想要归降，那就将外面叛乱的人斩杀。"浑邪王自然只能选择第二条路。在霍去病的率领下，闹事的八千多人很快就被全部斩杀，剩下的人一看来的是霍去病，也都不敢妄动。就这样，一场潜在的叛乱被消弭于无形之中。随后，霍去病让浑邪王独自一人乘坐传车前往长安面见汉武帝，他自己则率领浑邪王手下的全部人马渡过黄河，朝汉朝边境进发。这次投降的匈奴人有好几万，对外号称十万，汉武帝将这些人全部安置在了河南地，按照原本的习俗将他们分成了五个部分，这就是"五属国"。浑邪王被汉武帝封为漯阴侯，一起投降的三十二名匈奴小王同样得到了封赏，小王呼毒尼被封为下摩侯，小王鹰庇被封为辉渠侯，小王禽梨被封为河綦侯，大当户铜离被封为常乐侯，其余人等也各有封赏。

河西走廊就此落入汉朝手中，汉朝通往西域的道路畅通无阻，再也不需要经过匈奴或者羌人的地盘就能与大宛、康居等国交流。失去河西之地的匈奴遭到了沉重的打击，不仅丧失了西面的大片领土，还失去了一个繁衍生息的重要基地。匈奴原本有两大水草丰美、适合放牧的地方，分别是河南地和河西地，结果这两块地盘现在全都落到了汉朝手里，这对匈奴的打击格外沉重。匈奴人对此哀叹道:“失我焉支山,令我妇女无颜色。失我祁连山,使我六畜不蕃息。”

河西之战几年后，汉朝在河西地区设置了武威（治姑臧县，今甘肃武威市）、张掖〔治觻（lù）得县，今甘肃张掖市甘州区西北〕、酒泉（治禄福县，今甘肃酒泉市）、敦煌（治敦煌县,今甘肃敦煌市西）四郡，以作为帝国西面的屏障，这就是历史上著名的“河西四郡”。在汉军的节节进逼下，匈奴终于遭遇了前所未有的危机。

出师漠北：汉匈主力大对决

元狩四年（公元前 119 年），经过长时间的准备之后，汉武帝终于决定发动一场前所未有的大战：跨越大漠直达漠北，彻底消灭匈奴王庭。要知道，哪怕是秦朝的蒙恬也仅仅是把匈奴人打回了漠南，历史上还从未有过如此长途的远征。

汉武帝要远征漠北并不是一时兴起，而是经过了长时间的谋划。河西之战后，西部的匈奴军队基本已被打残，匈奴主力只剩下伊稚斜单于本部和左贤王所部。尽管如此，汉朝边境依然处在匈奴人的威胁之下。

伊稚斜单于虽然听从了赵信的计策，将军队全部安置在了漠北，但他依然时不时让军队南下入侵汉朝边境。就在河西之战结束后的第二年，匈奴人派出数万骑兵入侵了右北平郡和定襄郡等地，杀死抢掠了一千多人，这让汉武帝心头万分不满，遂决定来一次前所未有的北伐，一举荡平盘踞在漠北的匈奴势力。

另一方面，河西的匈奴军队被消灭后，西部陇西郡、北地郡、上郡受到的入侵大大减少，汉武帝甚至将三郡的驻军裁撤了一半，以减轻百姓的徭役负担。一旦能将伊稚斜单于和左贤王两部人马消灭，东部各郡也将不再受侵略，如此一劳永逸的事情，汉武帝自然想要干上一场。

为了能够一举荡平漠北的匈奴势力，汉朝这一次可谓精锐尽出。汉武帝准备以十万骑兵作为攻击主力，大将军卫青和骠骑将军霍去病各自率领五万人。这十万人中，勇猛善战、能够深入大漠的精锐都划给了霍去病，由他负责正面攻击伊稚斜单于的本部主力，卫青则负责对付匈奴左贤王所部人马。卫青和霍去病两人手下的将领配置也非常豪华，卫青手下有前将军李广、左将军公孙贺、右将军赵食其、后将军曹襄、中将军公孙敖等人，几乎都是汉武帝时期的百战老将，对匈奴人非常熟悉。霍去病这边虽然没有安排副将，但有从骠侯赵破奴、昌武侯赵安稽、右北平太守路博德、北地都尉邢山、校尉李敢、徐自为等人作为大校充当副将，这些都是勇猛果敢的年轻将领，正适合跟随霍去病冲锋陷阵。除此之外，还有匈奴投降过来的因淳王复陆支、楼剸王伊即靬等熟悉匈奴地形的人作为向导。为了这次出征，汉武帝还特意准备了十万匹用粟米饲养的战马，以及四万匹跟随大军驮运武器装备的马匹。大军后面，还跟着几十万步兵和负责运送粮食辎重的民夫，以保障大军的后勤补给。如此庞大的阵容，几乎是用举国之力征讨匈奴，足见汉武帝对此战的重视。

按照最初的计划，霍去病将率军从定襄出发，寻找伊稚斜单于的主力进行决战，卫青则从代郡出发，进攻匈奴左贤王所部。然而就在出发前，汉军抓到了一个匈奴俘虏，从这个俘虏口中，他们得到了一个重要消息：伊稚斜单于不在北面，而是率部转移到了东面。根据这个消息，汉军立刻调整了战略部署，改由霍去病从代郡出击，卫青从定襄出击，两路大军同时出发。

事实证明，汉军从俘虏口中得到的只是一个假消息。卫青出塞以后，就得到了新的消息：伊稚斜单于并没有去东面，而且听从赵信的计策，将粮草辎重全部转移到了漠北，正率领精兵在漠北等着汉军呢。在赵信看来，汉军只要越过大漠，必定人困马乏，到那时肯定不是养精蓄锐的匈奴军的对手，很容易就能歼灭他们。原本负责打辅助的卫青忽然间成了主攻手，他手下的军队不如霍去病的精锐，但卫青知道这时候再想重新和霍去病调换位置已经不可能了，只能继续率领大军向北进发。既然知道伊稚斜单于在哪，卫青也重新做出了战略部署：他自己率领主力跨越大漠，正面迎战匈奴主力；前将军李广和右将军赵食其则作为偏师，率军从东面迂回到伊稚斜单于侧翼，与卫青所部主力合击匈奴军队。

卫青的战略部署一出，立刻就有人跳出来反对，反对者不是别人，正是老将军李广。李广原本在朝中担任郎中令，因为年龄大了，他并不在这次出征的序列里。李广与匈奴人打了一辈子仗，眼看有和匈奴主力决战的机会，他哪肯放弃，于是再三上书汉武帝请求随军出征。汉武帝一开始是拒绝的，但架不住李广的屡屡请求，最终还是答应让他出征，并给安排了一个前将军的职务。在李广看来，东路军的路线太过迂回绕远，大军经过的地方水草匮乏，路上甚至连并队行进都很困难，所以怎么也不愿意走这条路。更何况，李广还得到了一个小道消息，那就是卫青因为好友公孙敖丢了爵位，所以想让公孙敖与自己一起立功，才想将李广调到东面，而让公孙敖与伊稚斜单于正面对决。李广不甘心任人摆布，他立刻就找到了卫青，告诉他："陛下安排给我的职务是前将军，我应该正面与匈奴交战才对，现在大将军却要我改为走东路迂回包抄，这根本不符合陛下的安排。我从年少时起就与匈奴人作战，现在好不容易等到一次能与匈奴单于决战的机会，因而请求让我作为前锋，先行与伊稚斜单于决一死战。"卫青当然不同意，他毫不犹豫地驳回了李广的请求，甚至还命长史将文书直接发到李广军中，让他按照命令赶快率军与赵食其会合，然后一起北进。

李广一看卫青不同意，心里认定卫青是因为公孙敖的缘故想要把自己支开，将功劳留给公孙敖。李广愤怒地接受了军令，不向卫青辞行，便与赵食其会合后匆忙带着军队向东面进发了。实际上，李广误会了卫青，前将军与右将军所部合并，作为偏师策应主力本就是卫青常用的战术，漠南之战中前将军赵信和右将军苏建两人也是作为偏师，辅助主力进攻，只不过两人运气不好碰上了匈奴主力，被打了个全军覆没。卫青死活不同意让李广当先锋，也不是他自己的意思，而是汉武帝的要求。一方面，汉武帝觉得李广年龄大了，作为先锋不合适；另一方面，他觉得李广这人太过晦气，几次出征都是损兵折将，他害怕远征漠北这种以倾国之力发动的大战被李广的晦气传染，所以一开始才不肯让李广随军出征。之后汉武帝虽勉强答应让李广参战，但暗中却再三告诫卫青，千万不能让李广作为先锋与匈奴主力正面对决。卫青不敢违背皇命，自然不敢将李广放到先锋的位置上。

李广和赵食其走后，卫青也率领主力出发了。出塞后行进了一千多里，跨过大漠直达漠北的卫青所部，终于遇到了严阵以待的匈奴军队。汉军远道而来，正面迎战显然难以抵挡匈奴军队，于是卫青将携带的武刚车放到最前面围成一圈，将汉军护在中间，以防匈奴人突袭。同时，卫青派出五千汉军骑兵，向匈奴军发起试探性攻击。而他自己，则一面寻找战机，一面等待李广和赵食其所部到来。伊稚斜单于见汉军发起攻势，也派出一万骑兵与汉军交锋。双方一直激战到太阳快落山依然没有分出胜负，李广和赵食其所部也没有到来。实际上，李广和赵食其所部出发后因为没有向导迷路了，这时候还在漠南瞎转悠呢，连大漠的边都没摸到。卫青要等他们两人赶来参战，显然是不可能了。卫青久等李广、赵食其不至，知道两人肯定出了状况，估计是来不了了。眼看自己这边的兵力少了一部分，卫青开始紧急思索怎么找到机会击破匈奴。

关键时刻，忽然刮起了大风，一时间飞沙走石，两军士兵面对面都看不清楚对方。这种突发情况，很考验一个统帅的能力。卫青敏锐地意识到自己的机会来了，他立刻组织士兵离开军阵，分成两队分别从左、右朝着匈奴军队包抄而去。伊稚斜单于的反应也非常灵敏，两翼的汉军还没杀到，他居然预见自己打不过，干脆找来一辆六匹骡子拉的车子，带着几百名精锐骑兵，直接杀出重围，向着西北方狂奔而去。至于匈奴其他军队的死活，伊稚斜单于已经顾不上了。在他看来，自己一万骑兵都拿不下五千汉军骑兵，而对面的汉军还非常多，看上去也是兵强马壮，于是就胆怯地逃跑了。

当时天色已晚，双方士兵都还不知道伊稚斜单于已经跑路了，直到双方都阵亡了不少人，匈奴士兵这才发现单于早跑了。这一下匈奴军队再也无心恋战，纷纷四散而逃。汉军这边，左校尉抓到一个匈奴俘虏，审问后才知道伊稚斜单于已经跑路了。卫青当然不可能就这么放过伊稚斜单于，他立刻派出汉军轻骑兵向着西北方向追赶伊稚斜单于，他自己则率领大军跟在后面。伊稚斜单于打仗不行，跑路的本事还真是厉害，汉军一直追到第二天天亮，跑了两百多里路，还是没有看到伊稚斜单于的影子。不过汉军也不是没有收获，一路上斩杀和俘虏了一万多名匈奴士兵。再往前走就到了寘（tián）颜山（今蒙古国杭爱山南面的一支），迎接汉军的是一座城池，它就是赵信投降匈奴后，修筑的赵信城（今蒙古国杭爱山南麓）。此前，在赵信的建议下，伊稚斜单于将粮食物资全部搬运到了漠北，就放在赵信城里面。不过这时赵信城里早已没有了一个匈奴人，他们在伊稚斜单于战败后就全都跑路了，汉军轻松地进入了赵信城里。赵信城里全都是匈奴人留下的粮食物资，卫青借着这些物资犒赏三军。休整了一天后，将剩下的物资一把火烧了个干净，卫青才率军班师。

卫青率军返回漠南时，终于遇到了李广和赵食其，这两位还在漠南打转呢。得知汉军大胜的消息后，没能参战的李广气愤难当，只拜见了一下卫青，就直接回到了军营之中，也不解释自己这段时间到底发生了什么。卫青作为主帅，还得向皇帝说明情况，当然不能就这么敷衍了事，只得赶紧让长史带着干粮和酒菜前去李广营中劳军，顺便询问一下他们迷路的事情。这原本只是一个例行询问，依照卫青的性子最后也不会把李广怎么样，顶多如同苏建一样交给汉武帝处理。没想到的是，气愤难平的李广竟然拒绝回答一切问题。长史这下也没办法了，只好回报给卫青。卫青也没有什么办法，李广毕竟是资历深厚的老将军，也不好逼问他什么。无奈之下，卫青只得派长史去找李广的幕僚前来说明迷路的事情。没想到这一下竟然直接让李广炸了，他不让幕僚们前去，只说道：“校尉们都没有罪，是我自己的原因才导致迷了路，我自己亲自到大将军的幕府接受审问就行了，不需要其他人前去。”

长史看李广愿意亲自去，大喜过望，立刻就带着他返回了大将军幕府，李广的部属们自发一起前往。到了大将军幕府后，李广没有第一时间进去，而是转身对着自己的部属们说道：“我自从军以来，与匈奴人大大小小打过七十多仗，这一次有幸能跟随大将军与匈奴单于进行决战，没想到大将军竟然要我率军去走迂回绕远的路线，偏偏我又迷了路，这难道不是天意吗？我现在已经六十多岁了，不能再去接受刀笔之吏的侮辱。”说完之后，李广就拔刀自杀了，他手下的将士们纷纷失声痛哭。百姓们知道这个消息后，无论认识或者不认识李广的，也都纷纷为他落泪。李广倒是死了个轻松，只留下卫青愕然以对，他只好把赵食其单独交给执法人员审问，最终赵食其被判死罪，他靠着财物赎罪，只是被贬为平民。

李广如果不死，最多也就和赵食其一样出钱赎罪、贬为平民而已，他之所以选择死亡，其实和罪行大小没有一点儿关系，更多是对自身际遇的无可奈何。李广年轻时，就被汉文帝认为在刘邦那个时代可以轻松做个万户侯，但这么多年下来，仗是打了不少，别说万户侯，就连一个小小的关内侯他都没有得到。更尴尬的是，李广的堂弟李蔡和他差不多同时起步，对方却跟随卫青奇袭右贤王立下战功，早已被封为乐安侯。公孙弘死后，李蔡又代替公孙弘担任丞相，一跃成为朝中首席文官。李广一向认为李蔡的才能不如自己，结果他自个儿不但没能封侯，就连官职最高也只做到九卿之一的郎中令，远远比不上李蔡。哪怕是李广昔日的部下，也有不少人得到了爵位，偏偏李广就是得不到。李广曾就这个问题专门询问过一个叫王朔的相士：“自从汉朝与匈奴开战以来，没有一场战争我没有参加。各军将校里面，有不少人才能不到中等，结果却能因军功封侯，我自认为能力不比其他人差，但始终无法立功封侯，这是什么原因呢？难道我的面相天生就没法封侯吗，还是说我命该如此呢？”王朔也说不出个所以然来，只好反问道：“将军自己回想一下，这一生有没有做过什么让你悔恨的事。”李广思考了一阵子，终于想到了一件事：“我做陇西太守时，羌人反叛。我诱骗他们投降，投降的总共有八百人，我将他们全都杀了。这件事，我到今天都一直很悔恨。”王朔便说道：“能让人遭受灾祸的事情，没有比杀死已投降之人更大的了，这应该就是将军至今也不能封侯的原因。”李广原本对封侯还抱有一丝期望，想通过与伊稚斜单于决战的功劳得以封侯，结果却因为迷路连敌人都没有看到。从那一刻起，李广就知道自己这一生都无法封侯了，于是选择就此结束自己的生命。

李广死后，他的儿子李敢一心认为父亲是被卫青逼死的，便把卫青当成仇家，他借着一次机会，偷偷在路上袭击了卫青。幸好卫青没有被杀死，只是受了外伤，他知道李敢的怨气从何而来，便将这件事隐瞒了下来，绝口不提自己受伤的事。卫青虽然不说，但伤势始终没法隐瞒，霍去病很快就发现舅舅受伤了，他见舅舅对伤势语焉不详，便自己派人追查了一番。结果查出来打伤卫青的不是别人，正是他手下的校尉李敢。霍去病一直都很尊敬舅舅，知道是李敢伤了卫青，自然不能就这样放过他，便想找机会收拾李敢一顿。机会很快就来了，汉武帝组织人前往甘泉宫狩猎，霍去病和李敢都在随行的队伍中。就在打猎场上，霍去病找到机会一箭将李敢射死。霍去病擅自杀人原本是大罪，但他是汉武帝最宠信的将领，汉武帝哪肯拿他治罪。在汉武帝的压制下，李敢被杀的事情就被压了下来，对外只宣称是被鹿撞死的。

再说回此次出征漠北。就在卫青从定襄出发的同时，霍去病也率军从代郡、右北平郡一线向北进发了。出塞后，他率军行进两千多里，穿越大沙漠来到漠北，终于遇上了匈奴左贤王部。这一战精彩绝伦。霍去病原本被安排正面与伊稚斜单于的主力对决，因而手下全是汉军的精锐之师，现在遇到的却是实力不及单于的左贤王，战斗根本没有一点儿悬念。在霍去病的突袭下，左贤王部很快就被杀得大败而逃，就连左贤王的近臣章渠都做了俘虏，另一位匈奴小王比车耆更是被当场斩杀。左贤王败逃后，霍去病又率军转攻匈奴左大将，左大将不敌，被当场斩杀，李敢更是夺下了左大将的军旗和战鼓。打到这里，左贤王部已经基本溃败，霍去病却没有停止前进的脚步，他继续率军向前追击，翻越离侯山后，又渡过了弓闾河。在这里，汉军再次追上了败逃中的左贤王部落。左贤王怎么也没想到汉军这么快就追了上来，吓得他赶紧带着少数亲信狼狈而逃。他这一逃，匈奴军队再也没有了抵抗的意志，纷纷四散逃命。随后的战斗就变成了一场单方面的屠杀，汉军除了捉住匈奴的屯头王、韩王等三个小王外，还俘虏了将军、相国、当户、都尉八十三人。

再往前已经没有匈奴人了，霍去病便一路率军抵达狼居胥山，在这里祭祀天神，随后又在姑衍山（今蒙古国肯特山以北）祭祀地神，一直到达瀚海才班师而回。在这次决战中，霍去病仅以汉军十分之二的损失，就斩杀和俘虏了匈奴七万零四百四十三人，可谓是一场空前的大胜。汉武帝不但加封霍去病五千八百户食邑，还将随军出征的路博德封为邳离侯、邢山封为义阳侯、复陆支封为壮侯、伊即靬封为众利侯。赵破奴和赵安稽二人也增加了食邑，就连李广的儿子李敢也获封关内侯，其余众将士各有封赏。漠北之战就此结束。

另一边，伊稚斜单于突出汉军的包围之后，因为跑得太快，竟然连部下都不知道他上哪去了。匈奴右谷蠡王一连找了十多天都没有找到伊稚斜单于，还以为他已经战死了，便自封为可汗。过了几天，伊稚斜单于忽然又回来了，吓得右谷蠡王赶紧取消了单于的称号。虽然伊稚斜单于逃过了一劫，但其所部遭到了前所未有的重创，他和左贤王部损失了绝大多数军队，再也无力南下与汉朝争雄。从此以后，匈奴远遁漠北，漠南再也找不到匈奴王庭。汉武帝抓住机会，派人渡过黄河，从朔方以西一直到令居县（今甘肃永登县），处处开通河渠、设置田官，又派五六万士卒屯垦，逐渐蚕食到了匈奴旧地以北。

汉朝虽然重创了匈奴，但自身也元气大伤，漠北之战除了战死的汉军外，马匹的损失尤为严重。卫青和霍去病两军出塞前，曾在边境检阅部队，当时官马和私马加起来共有十四万匹之多，但等到汉军回来时，马匹竟然连三万匹都不到。汉武帝虽然知道匈奴已经苟延残喘，一举将其灭亡指日可待，但因汉军缺少马匹，根本无力再次组织远征。而大败后的伊稚斜单于，在赵信的建议下派出使者前往长安，请求双方和亲修好。汉武帝将匈奴的请求交给众大臣商量，众大臣有的认为应该和亲，有的却认为应该趁机收服匈奴做臣子。最后，丞相长史任敞建议道：“匈奴刚刚被击败，正是处境困难的时候，应该让它成为我朝属国，伊稚斜单于也要到边界请求朝拜天子。”汉武帝虽然觉得匈奴不会答应这种请求，但还是抱着一试的心态让任敞出使匈奴，希望说服伊稚斜单于臣服汉朝。结果伊稚斜单于听后勃然大怒，立刻派人将任敞扣了下来，不让他回国。

任敞一去不回，朝廷对于要不要和匈奴和亲，再次陷入了争议。博士狄山认为答应和亲于国家有利，希望汉武帝能同意。汉武帝就此事询问张汤，张汤只回答了一句："这个愚笨的儒生什么都不懂。"狄山哪肯吃亏，立刻反驳道："我虽然愚笨，但我这是愚忠，不像御史大夫张汤，他那纯粹是诈忠。"汉武帝正宠信张汤，他听狄山这么说张汤，心里非常不痛快，便询问狄山道："我派你掌管一郡，你能不让匈奴进犯吗？"狄山很老实地回答道："不能。"汉武帝又说："管一个县呢？"狄山又答道："不能。"汉武帝接着说："管一个要塞呢？"狄山心知自己要是再说不能，恐怕就要被拉下去砍了，只得硬着头皮答道："能。"于是汉武帝马上下令让狄山去守要塞。只过了一个多月，匈奴人就斩下狄山的人头扬长而去。从此以后，再也没人敢提和亲这事了。

汉武帝原本还打算借着任敞事件再次攻打匈奴，甚至都已经开始在民间收集战马了。关键时刻，朝廷内部出了一件大事，少年英雄霍去病去世了！距离上一次远征漠北仅仅过去一年多，霍去病就因病去世了。霍去病的死无疑是汉朝的巨大损失，汉朝再也没能找出第二个如他一般天才的将领，汉武帝也被迫中止了对匈奴的军事行动。

此后的数年里，汉朝开始对南越、朝鲜等国发起讨伐行动，但再也没有对匈奴发起过新的军事行动。元封五年（公元前 106 年），卫青在北面的平静中病死，随着他的死去，汉武帝一朝对匈奴的打压就此结束，双方的战局再次进入新的阶段。

威震岭南：汉灭南越之战

元鼎五年（公元前 112 年），汉武帝接到一个消息，让他心中愤怒异常：他此前派去南越的韩千秋所部汉军被南越全歼！不但如此，南越国相吕嘉还将汉朝使者终军和亲附汉朝的王太后樛氏、南越王赵兴等人杀了个干净，又将汉朝使者的符节放到边境上示威。汉武帝当然不能忍受吕嘉的疯狂挑衅，立刻就决定出兵讨伐吕嘉。

可能很多人会奇怪，这个南越国是从哪儿冒出来的，它又和汉朝是什么关系？说起来，南越的历史比汉朝还要悠久。南越国的开创者名叫赵佗，是河北真定（今河北正定县）人。秦始皇灭掉六国后，派兵越过五岭南下，先后灭掉很多百越部落，并在百越旧地设置了桂林郡（治布山县，今广西桂平市西南）、象郡（治临尘县，今广西崇左市）、南海郡（治番禺县，今广州市）。后来，秦始皇把囚犯迁徙到岭南三郡，岭南逐渐开始形成汉人和百越杂居的格局。汉人将先进的文化和技术带到了这里，使岭南得到了初步的开发。赵佗就是在这个时候被朝廷派到南海郡担任龙川县令的，他到这里后不久，就赶上了秦末天下大乱。当时，南海郡尉任嚣因为得病快死了，就想找一个能够托付大事的人，找了一圈后发现只有赵佗合适，便找来赵佗，告诉他："我听说现在的皇帝秦二世昏庸无道，对天下人十分暴虐，没有人不痛恨他。又听说陈胜等人已经发动叛乱，项羽、刘邦诸人也在各自所在的郡县聚集民众、招募士兵，准备灭掉秦朝逐鹿天下。依我看，秦朝只怕免不了要灭亡，中原地区也不知道什么时候才能重新安定下来。南海郡偏僻遥远，我怕有人会打这里的主意，所以打算派人切断通往中原的大路，然后在南海郡做好防备，等待将来局势发生变化。番禺这个地方背靠险要山势，南面又有大海作为屏障，东西疆域长达几千里，只要南方的汉人肯辅佐我们，想干出一番大事还是很容易的。只可惜我已病重，只怕等不到那一天，南海郡里其他人没有谁值得我托付，所以我才把你叫来，告诉你这些事，希望你能够继承我的遗志。"随后任嚣就发布命令，让赵佗暂时代理自己在南海郡的工作。

不久，任嚣病死，赵佗便继承了他的职位，并向管辖横浦关（今梅关，位于江西大余县与广东南雄市交界处的大庾岭上）、阳山关（位于今广东阳山县东北锣寨岭上）、湟溪关（今广东英德市西南，连江注入北江处）等险关的官员传递檄文，告诉他们：“强盗已经快攻打到这里来了，你们听我的命令快点切断通往中原的道路，然后集结军队，围着南海郡设防。”南海郡各地的官吏大多是秦朝任命的，当然不可能听从赵佗的指令。对此，赵佗早在意料之中，他本就没指望能让各地官吏听命，他想要的其实是以此为借口，将秦朝任命的官吏全部杀掉，换上自己的亲信。在赵佗的操作下，南海郡很快就完全听命于他。秦朝灭亡以后，赵佗趁机利用南海郡的兵马向西攻打桂林和象郡，成功兼并了这两个地方。占据了岭南三郡之后，赵佗便自立为南越武王，称雄岭南的南越国就此建立。刘邦统一中原后，当然不会舍弃岭南三郡，不过当时中原久经战乱，天下百姓困苦不堪，实在难以承受再一次的劳师远征。再加上岭南路途遥远，地形上易守难攻，刘邦便放弃了征讨的想法，转而寻求和平解决。他派陆贾出使岭南，希望能够说服赵佗臣服汉朝。

赵佗见汉朝派来使者，就想给陆贾一个下马威。接见陆贾时，他特意换了一身岭南越人的装扮，叉开两腿而坐。陆贾心知这是给自己做戏来了，冷笑一声道：“你本是中原人，兄弟、亲戚和祖坟都还在真定，现在你却一反中原的习俗，丢掉自己的衣冠巾带，跑来学岭南这一套，真是数典忘宗！听说你打算以区区百越之地对抗汉朝，简直就是自寻死路！陛下自丰、沛起兵以来，转战天下数年，击破无数强敌，哪怕是强大的项羽都不是对手。五年时间就能平定天下，非人力能够做到，必定有上天的帮忙。你割据南越称王，不出兵帮助天下诛灭暴秦，众臣子纷纷请求朝廷出兵讨伐你，但天子体谅征战多年、百姓困苦，不愿意出兵，才派我作为使者授予你王侯之印。你如果感激天子的恩德就应该在郊外迎接使者，从此向汉朝称臣。不然的话，朝廷必定会挖掘烧毁你祖先的坟茔，夷平你的宗族，再派一名偏将带着十万大军讨伐南越。到那时恐怕不等你抵挡，南越人就会杀掉你向汉朝投降了。”赵佗听后，赶紧向陆贾谢罪，从此以后南越便成了汉朝在南面的一个藩国。

吕后当政时期，汉朝和南越的关系出现恶化，原因是吕后听从手下人的建议断绝了边境上的铁器交易。这一下可算是动了南越的命根子，他们一直以来都非常依赖汉朝的物资，现在交易断绝，简直就是不给活路。赵佗左思右想，总觉得这事不是朝廷的主意，他疑心上了旁边的邻居长沙王吴右，认为是吴右想要依靠汉朝灭掉南越国，将南越国兼并掉，才给朝廷出了这么一个主意，希望能够削弱南越的力量。愤怒的赵佗立刻起兵攻打长沙国的边境，一连洗劫了好几座县城才扬长而去。可怜吴右还没明白什么情况，就被南越打了一顿。吴右平白挨了一顿打，想报仇又没有这个本事，只好上奏朝廷请求帮助。吕后见一个小小的南越都敢跳出来闹事，愤怒之下就让隆虑侯周灶率领大军前往讨伐。岭南的天气对中原人来说简直是一场灾难，汉军连阳山岭都没有越过，就有很多人病倒了，顿时陷入了进退两难的境地。一年多以后，吕后病死，汉军这才找到机会罢兵返回。赵佗见朝廷拿自己没办法，也就不再将其放在心上，他派人贿赂闽越、西瓯和骆越等势力，让他们臣服于南越，使得南越一跃成为东西长达一万多里的大国。在这种情况下，赵佗干脆自封为南越武帝，从此与汉朝平起平坐。

汉文帝即位后，又想到了赵佗。他不仅派人重修了赵佗父母在真定的坟墓，安排了守墓人，还将赵佗的堂兄弟们召到长安，给他们安排官职。做完这些，汉文帝便任命赵佗的老熟人陆贾为太中大夫，让他再次出使南越。陆贾到达南越后，告诉了赵佗他在中原亲人的情况，然后趁机责备赵佗居然自立为帝，也没有向天子打个报告。赵佗听后神情尴尬，哪有自封皇帝还要请求另一个皇帝同意的，但他也知道这是陆贾在给自己台阶下，赶紧辩解道："我和汉朝为敌只不过是因为以前高后瞧不上南越，断绝了我们之间的贸易，我怀疑是长沙王进献谗言害的。再加上，我后来又听说高后杀尽了我在中原的亲人，挖掘焚毁我祖先的坟墓，这才在愤怒中起兵攻打长沙国。后来我见旁边的闽越、西瓯、骆越都自称为王，我怎么甘心与他们平起平坐，这才自封为帝，以示高他们一等。像这种小事，我又怎么敢去禀告天子呢？"陆贾知道赵佗说的全是鬼话，但他本意也只是想让赵佗屈服，现在对方既然已经主动认错了，他也不再多说什么，接受了赵佗的解释。随后，赵佗便在国内发布命令:“我听说两雄不俱立，两贤不并世，当今天子是圣贤的君主，我就此取消帝号。”就这样，赵佗再次向汉朝称臣，每年春秋两季都会按时派使者前往长安朝贡。不过这一切都只是表象，赵佗自己在南越国内依然是一副皇帝的做派，除了接见汉朝使者时自称为王，其他时候依然是“皇帝”，但汉朝对他也无可奈何，只得睁一只眼闭一只眼。

赵佗的寿命极长，他活了一百零三岁，统治南越长达八十一年，一直到汉武帝建元四年（公元前 137 年）才去世。赵佗死时，他的儿子赵仲始已先他一步死了，于是由他的孙子赵胡继承王位，这就是南越文王。赵胡在位时，刚好赶上闽越王驺郢闹事，他在刘濞儿子刘驹的撺掇下，发兵向西攻打南越边境。闽越和南越都是汉朝的藩国，赵胡怕朝廷责怪，也不敢擅自出兵收拾闽越，只得给汉武帝上奏。汉武帝派出大军，很快就灭掉了驺郢。赵胡感念朝廷的恩德，就将儿子赵婴齐派去长安担任宿卫。

原本赵胡还想亲自去长安朝见天子，但他手下的大臣们却不同意，认为:“汉朝发兵诛杀闽越王驺郢，其实也是在借机警告我们南越，想让我们不敢妄动。先王以前就说过，侍奉天子，我们只要不失礼就可以了，最重要的是不能听信使者的好话就跑去长安朝见天子。如果去了能回来还好，要是不能回来，南越只怕就要亡国了。”赵胡听后一阵后怕，便上书说自己得了病，没法前往朝拜天子，这件事就这么不了了之了。

十多年后，赵胡一命归天，留在长安的赵婴齐请求回国继承王位，汉武帝自然同意。赵婴齐来长安的时候是孤身一人，回南越时已经变成了一家四口，他在长安担任宿卫时娶了一名樛姓女子为妻，樛氏为他生了两个儿子——赵兴、赵次公。赵婴齐到底在长安待了这么多年，目睹了汉朝强盛的国力，就连强大的匈奴都被汉朝打得节节败退，他自然不敢像先辈那样在国内胡作非为。赵婴齐即位后，立樛氏为王后、赵兴为太子。赵婴齐，也就是南越明王，找到曾祖赵佗刻的皇帝印玺并藏了起来，一心一意做汉朝的藩王。

汉武帝原以为赵婴齐在长安混了这么多年，应该会每年老老实实来朝拜自己，怎么也没想到赵婴齐竟然一次都没有来。为了敲打敲打赵婴齐，汉武帝便派使者前去南越，委婉地劝说赵婴齐前往长安朝见天子。赵婴齐对此装聋作哑，假装不知道使者的意思。再后来，他干脆学祖父自称有病，死活不肯去长安。不过，他倒是将儿子赵次公派去长安担任宿卫。其实赵婴齐不是不想去长安，实在是不敢去，他在长安十多年，见过好几位诸侯王因为犯事被迫自杀。赵婴齐喜欢随意杀人，他害怕自己去了长安，汉武帝会要求他像中原的诸侯王一样按照汉朝的法令行事，到那时想活命都难，只好干脆装病不去长安。

赵婴齐装了几年病之后，就真的病倒了，不久就离开了人世。赵婴齐死后，他的儿子赵兴继承了王位，这就是南越哀王，樛氏也升级为王太后。南越的变动让汉武帝意识到，一举收服南越的时机到了。除了因为樛太后是汉人之外，他手里还握有一张王牌，那就是樛太后的老情人安国少季。安国少季是霸陵人，樛太后没有嫁给赵婴齐之前就跟他有过私情，两人的关系很不一般。赵婴齐死后，汉武帝就把樛太后的老情人安国少季送去南越与她相会，希望通过安国少季劝说南越像中原的诸侯国一样，国王亲自前往长安朝见天子。安国少季只能打打感情牌，要办成事自然不能依靠他，还得需要一位有能力的说客去游说樛太后才行。当时，南越对汉朝只是表面上臣服而已，汉朝根本管不了南越国内的任何事务，出使无疑是一件危险的事情，很多人都不愿意前往。但这次一个年轻人主动站出来请命，这个年轻人就是终军。

终军是中国历史上有名的少年英雄，就连王勃也在《滕王阁序》中写道，“无路请缨，等终军之弱冠”，以示自己渴望像终军一样拥有建功立业的机会。所谓“请缨”，指的就是出使南越这件事。终军，字子云，济南人，年少时就以能言善辩闻名于郡里，他十八岁被选为博士弟子，派往长安上书言事。终军路过函谷关时留下了一桩美谈。按照当时的规定，从函谷关入关，守关的关吏会给通行之人一张帛制的“繻”，以作为入关凭信，等到出关时需要将这张繻交给关吏，称之为“合符”，只有合符成功的人才会被放出关。终军第一次见到这个东西时，并不知道它有什么用途，就问关吏：“这东西是做什么用的？”关吏就回答道：“这是你回来时的凭证，需要靠这个合符成功才能出关。”终军一听，直接就将繻扔在地上，飘然而去，只留下一句：“大丈夫西游关中，终不复传还。”终军到长安后上书言事，果然被汉武帝看中，被任命为谒者巡视关东郡国。等终军作为谒者出关时，关吏目瞪口呆，没想到终军竟然真的在关中一举成名，他不由得对身边的人说道：“这个使者就是前次丢弃繻的那个人。”此后终军屡屡上书言事，深受汉武帝的重用。按照原本的计划，终军是想要出使匈奴说服伊稚斜单于和汉朝讲和的，汉武帝也因此将他提升为谏大夫，准备让他作为使者前往匈奴。不巧的是，正好赶上了伊稚斜单于去世，终军没能成行，结果不久就遇到了南越之事。

终军听说朝廷需要派人前往南越后，毫不犹豫就主动请命，他表示：“希望陛下能赐给一条长缨，我必定用它将南越王绑到长安。”汉武帝为终军的胆识所感动，当即命他出使南越。元鼎四年（公元前 113 年），汉武帝正式派出以安国少季为首的使团，前往南越慰问赵兴和樛太后。终军随行，向樛太后传达朝廷希望南越王按照中原诸侯的习俗朝见陛下的旨意，同时出行的还有一个叫魏臣的勇士。为了以策万全，汉武帝特意派卫尉路博德率军驻扎在桂阳郡（治郴县，今湖南郴州市），等待使者平安归来。安国少季到达南越之后，很快就和樛太后旧情复燃。樛太后的保密工作做得实在是差，竟然闹得南越大多数人都知道了她和安国少季通奸的事情。先王才刚刚死去，尸骨未寒，太后居然就和旧情人死灰复燃，南越的百姓对此非常不满，对樛太后越来越厌憎。樛太后知道南越人的不满情绪后，心里非常害怕，她生怕南越人会造反把自己杀掉。樛太后无计可施，希望能借助汉朝的力量，压制住南越人的不满情绪。于是樛太后开始劝说赵兴和南越的大臣们，希望他们能够答应让南越归附汉朝。同时，樛太后还让安国少季等人向汉武帝转达她的意思，希望南越王以后也能像中原的诸侯王一样，每三年前去长安朝见天子一次，同时撤去双方在边境上的要塞和军队。这本就是汉武帝所希望的，樛太后主动提出，他当然没有不答应的道理。很快，他就下诏批准了南越的请求，派人赐给南越丞相吕嘉银印，南越内史、中尉、太傅官印。同时，他要求南越按照汉朝的法律，废除黥刑和劓刑等酷刑，南越王以后也需按照中原诸侯王的做法按时到长安朝拜天子。至于安国少季和终军等人，则继续留下来镇抚南越。

樛太后见汉武帝同意她的请求，立刻就和儿子赵兴开始收拾行装，准备前往长安朝见天子。不过樛太后他们想走，还需要一个人同意，这个人就是丞相吕嘉。吕嘉是南越的三朝老臣，从赵兴的祖父赵胡开始就已经在朝中任职了，其家族在南越做官的多达七十多人，男的往往娶王女做妻子，女的纷纷嫁给王族或宗室子弟，就连南越坐镇苍梧郡（治广信县，今广西梧州市）的秦王都和他有姻亲关系。这么一个在南越国内盘根错节的庞大家族，其影响力显而易见。再加上吕嘉在南越国掌权几十年，南越人都非常信任他，比起刚登基的赵兴，南越人更愿意归附吕嘉，就连南越朝中都有很多人是他的亲信。南越彻底归附汉朝这样的大事，自然需要经过吕嘉的同意。那么吕嘉同意归附汉朝吗？很遗憾，吕嘉并不同意，他不止一次劝谏赵兴，然而赵兴并没有听从，他依照母亲的意思，想去长安朝拜天子。

吕嘉不愿割据多年的南越国彻底沦为汉朝的附庸，眼看赵兴不听自己的，心里逐渐有了想要改立他人做南越王的想法。面对汉朝使者，他屡屡称病，不肯前往面见，更不愿接受汉武帝赐给的银印。终军等人意识到了吕嘉心中的不满，他们想过先把吕嘉除掉，但因为吕嘉在南越实在太得人心了，他们担心引起南越动乱而不敢动手。还是樛太后有胆色，她害怕吕嘉率先发难，干脆摆了一个鸿门宴，用赵兴的名义同时宴请吕嘉和汉朝使者。樛太后的计划是，在宴席上借助汉朝使者的威势，一举除掉吕嘉等人。南越王派人来请，吕嘉不得不到宫中赴宴。为防万一，吕嘉特意安排自己的弟弟带兵在宫外等候。

当天宴席上，樛太后率先发难，她直接问吕嘉：“南越归附汉朝，这是对国家有利的事情，丞相却一直觉得这么做对南越不利，不知道是何理由？”她当面这么问，就是想让吕嘉触怒汉朝使者，没想到安国少季等人竟然犹豫了，根本不敢发难杀死吕嘉。吕嘉听到樛太后发问，哪还不明白她想干什么，再一看周围全是樛太后和赵兴的人，根本没有自己的亲信！一旦动起手来，必然十死无生。想到这里，吕嘉心里不由一寒，赶紧找个借口准备溜走。樛太后苦心布了这个局，自然不能让吕嘉这么跑掉，她眼看汉朝使者不动手，便想自己拿矛去捅死吕嘉。可惜的是，在场只有樛太后想要杀吕嘉。赵兴一看势头不对，连忙阻止樛太后，吕嘉这才平安离开宴会。吕嘉逃出生天以后，立刻让自己的弟弟把手下的军队分出一部分，安排在住所周围保护自己。至于赵兴和汉朝使者，吕嘉再也没有胆量去见，对外一直称病，暗地里则联络大臣们准备造反。准备好以后，吕嘉却迟迟没有动手，因为他觉得赵兴从来没有杀死自己的想法，前次在宴会上也是靠赵兴保护，自己才能够平安脱身，所以他并不想反赵兴，拖了几个月都没有动手。樛太后倒是一直想除掉吕嘉，但南越人因为她私通的事，对她非常厌憎，根本不听她的命令，她想要独自去杀掉吕嘉，又没有这个本事，南越的事情就这么僵持起来。

关键时刻，还是汉武帝添了一把火。他听说吕嘉不肯听赵兴的命令，赵兴和樛太后的力量太弱又不足以对付吕嘉，安国少季等使者既胆怯又没有决断力，根本做不了大事，便想再派一些人马去帮忙。不过汉武帝显然错估了南越的形势，他以为南越人大多愿意归附汉朝，想闹事的只有吕嘉一个人，根本不值得发兵，就想派庄参带着两千人去南越帮忙。庄参却不这么看，他认为：“如果我此行是为了和平谈判，那派几个人去就行了，如果是去跟南越动武，两千人根本不抵用，只能白白送死。”庄参坚决不肯前往，汉武帝只好免了他的官职，另外找人前往。曾经做过济北相的勇士韩千秋听说这件事后，立刻主动要求前往，他表示：“只是区区南越罢了，又有南越王和王太后做内应，一个吕嘉能干出什么事来？我请求带着两百勇士前往南越，一定可以杀死吕嘉，拿着他的头向天子报捷。”汉武帝大喜，立刻派韩千秋和樛太后的弟弟樛乐率领两千兵马前往南越。

吕嘉见汉朝派军队前来，知道自己避不过了，终于下定决心反叛。他召集南越大臣、士兵，对他们做最后的动员：“我们的国君还很年轻，太后又是汉朝人，她同汉朝使者淫乱，一心想归附汉朝。太后把先王的珍宝重器全部拿去献给汉朝，用来谄媚汉朝天子。她去长安朝拜，还想带很多随从，那是想到了长安以后，便把他们卖给汉人做僮仆。她只想得到一时的好处，没有顾及赵氏的政权，也没有为后世永久之计谋划。”吕嘉这番话，只有控告樛太后淫乱属实，后面把樛太后说成是人贩子就纯粹是造谣了，他这么做就是想激起南越人对樛太后的反感情绪。事实正如他所料，南越人听完后无不义愤填膺，想要除掉樛太后。吕嘉立刻抓住机会与弟弟一起杀入宫中，将赵兴、樛太后以及安国少季、终军等使者一起斩杀。随后，吕嘉拥立赵婴齐的长子赵建德为南越王，并派人通知苍梧秦王和南越各郡县这个消息。赵建德是赵婴齐去长安之前，和南越妻子所生的儿子，后被封为术阳侯。韩千秋一行还不知道南越发生了重大变故，依然按照原计划进入南越国境内。刚开始，韩千秋率军连续攻下了几座县城。吕嘉知道正面对付韩千秋的胜算不是太大，便让沿途的南越人全部让开道路，不再抵挡韩千秋的军队。不但如此，他还让沿途的南越人给汉军提供饭食，以此来麻痹韩千秋一行人。韩千秋等人果然上当，他们误以为已经打怕了南越，随随便便就能拿下南越的都城番禺，也就不再做任何防备了。等他们走到距离番禺四十里的地方时，吕嘉派出的大军突然发起了袭击，猝不及防的汉军顿时大败，韩千秋等人全军覆没。

汉武帝怎么也没想到吕嘉能闹出这么大的动静，立刻就着手组织兵马，准备南下讨伐南越。在此之前，汉武帝对阵亡的韩千秋等人进行了嘉奖，他认为韩千秋虽然没有成功击破吕嘉，但他敢于率军进入南越，就将他的儿子韩延年封为成安侯。由于樛太后主动提议归附汉朝，樛乐战死后，他的儿子樛广德被封为龙亢侯。随后，汉武帝向天下下达诏书，准备派出大军一举灭掉南越。

元鼎五年（公元前 112 年）秋天，汉武帝正式派出大军讨伐南越。他任命驻扎在桂阳郡的路博德为伏波将军，率军从该郡出发，沿着湟水（今连江）南下；任命主爵都尉杨仆为楼船将军，率军从豫章郡出发，沿着横浦关南下；任命南越降将归义侯严为戈船将军，率军从零陵郡（治零陵县，今广西全州县西南）沿离水（今漓江）进发；任命南越降将甲为下濑将军，率军进攻苍梧郡。各路大军都由囚犯组成。与此同时，汉武帝又调集江淮以南的十万水军参战，并让越人驰义侯何遗率领巴蜀地区的囚犯，征调夜郎国的军队，沿着牂（zāng）柯江（今北盘江）顺流而下。

讨伐南越的军事行动，还意外引发了汉朝内部的一次重大变故。得知朝廷想要讨伐南越后，时任齐国国相的卜式主动上书，请求汉武帝让他和儿子带着齐国熟悉舟船的人前往南越参战。汉武帝虽然没有同意，却封卜式为关内侯，并亲自下诏表彰。只是这么一来，汉武帝动了心思，天下列侯数以百计，竟然没有一个人主动请求随军出征，还不如一个卜式。于是他就借着酎祭活动检查列侯献来的黄金，只要重量或者成色不足，献上之人就会被免去爵位，总共有一百零六人倒了霉，这就是著名的“酎金失侯”事件。

元鼎六年（公元前 111 年）冬天，杨仆仅用两个月时间就率领军队杀入了南越境内，他先是攻下了寻狭（今广东清远市东），接着继续前进，夺下了石门（今广东番禺市西北）。在这里，杨仆缴获了一大堆南越的战船和粮食，成功解决了补给问题。随后杨仆继续向前推进，他在击破了吕嘉派来的南越军队后，便按照原定计划，带着数万大军等待路博德前来会师。吕嘉一看汉军来势汹汹，自己根本不是对手，便带着军队收缩到番禺城里，全力进行防守。一直等到原定会师的日子，路博德依然没能率军赶到。路博德心里有苦难言，他手下只有一群刚被赦免的囚犯，根本没有经过什么训练，一路上行进缓慢，再加上从桂阳过来路途遥远，一直到原定时间过了好些天后才赶来与杨仆会师。就算是这样，路博德带来的也才一千多人，其余人马还在后面没有赶到。由于已经错过了会合日期，路博德也不好继续等待后续部队，就这么带着一千多人与杨仆一起向番禺进发了。杨仆知道，路博德就一千多人，不能指望能帮上什么忙，便自己带着手下的军队在前面开路，一直打到了番禺城下。吕嘉和赵建德两人此时都在城内坚守，杨仆便选择在比较适合攻城的东南方扎营，随后率军向番禺发起了猛攻。攻城的同时，杨仆还派人顺着风势纵火烧城，很快就把守军杀得大败。

直到这个时候，路博德才率军赶到番禺，他一看杨仆已经占据了东南面，便带着军队到番禺西北面驻扎下来。就在这时，被杨仆击败的南越守军不少都跑到了西北面避难，结果一看城外有汉军，心里瞬间就凉了一截。当时正好是晚上，南越守军根本不知道路博德带了多少军队，再加上路博德一直以来在南越名头响亮，这帮败兵干脆就投降了路博德。路博德怎么也没想到自己还没动手，对面的人就主动来投降了，他立刻让人去把降兵召进大营，赐给他们印信，让他们回城去招降其他人。随着杨仆在东南面越战越勇，大火也越烧越旺，南越守军抵挡不住，纷纷跑到西北面投降了路博德。等到黎明时分，城里还活着的守军基本都投降了路博德，汉军顺利占领了番禺城。

路博德进城以后就发现了一个问题，那就是吕嘉和赵建德两人不见了，这两人都是首犯，找不到他们，肯定是交不了差的。路博德赶紧找来已经投降的南越贵族询问，才知道吕嘉早就跑了，昨夜他见形势不对，就和赵建德带着几百个部下乘船入海，准备向西逃跑。路博德知道方向以后，立刻派人追赶。吕嘉跑路的本事真是不行，他还没跑多远就被原南越国郎官都稽生擒，赵建德也被校尉司马苏弘擒获。

随着吕嘉被擒，南越大局已定。吕嘉的老朋友苍梧秦王赵光看到吕嘉被擒后，就和揭阳令史定一起投降了汉军，桂林郡监居翁也带着四十多万瓯骆人投降了汉军。这时候，戈船将军、下濑将军的部队及驰义侯率领的夜郎军都还没赶到，南越就已经平定了。为了加强对岭南的管理，汉武帝在南越故地设置了南海、苍梧、郁林（桂林郡改名而来，治布山县）、儋耳（治儋耳县，今海南儋州市西北）、珠崖（治瞫都县，今海南琼山区东南）、合浦（治徐闻县，今广东徐闻县南）、交阯（治羸娄县，今越南河内市西北）、九真（治胥浦县，今越南清化西北）、日南（治西卷县，今越南广治西北）九郡。有功的众将纷纷受到了封赏，路博德加封食邑，杨仆被封为将梁侯，苏弘被封为海常侯，都稽被封为临蔡侯。就连此前投降的南越上下也得到了封赏，赵光等人则获得了侯爵。曾经雄踞岭南的南越国就此被汉朝灭亡，从赵佗算起，共传了五代，一共九十三年时间。

浴血辽东：汉灭朝鲜之战

元封二年（公元前 109 年），刚刚祭祀泰山回来的汉武帝就得到了一个消息：东面的朝鲜竟然发兵攻打汉朝边境！

商朝末年，周武王率领诸侯一举灭掉昏庸残暴的商纣王，建立起了西周政权，商朝移民在纣王哥哥微子启的率领下归降了周武王。后来，周武王将微子启封在了宋国，用来祭祀商朝的祖先。微子启有一个叔叔叫作箕子，他与微子启、比干一起被孔子称为“殷之三仁”。商朝灭亡后，箕子不忍见故国沉沦，便离开中原，带着五千殷商移民远走辽东，周武王便顺势将他分封在辽东，定国号为“朝鲜”，这就是朝鲜半岛上最早的政权——箕子朝鲜。

在此后的数百年里，除燕国外，箕子朝鲜与中原诸侯国几乎没有联系。燕国强大起来时，一度征服箕子朝鲜，迫使它和真番作为自己的属国。燕国还在朝鲜和真番的边境任命官员，并在边境修筑起了防御要塞。秦灭燕时，箕子朝鲜因为离得太远，秦始皇并没有理会。到了汉朝初年，燕王卢绾因被发现与陈豨勾结，被迫离开燕国跑到匈奴去避难。当时燕国有一个叫卫满的人，他可能跟这件事有些关系，也选择了逃亡。不过卫满逃亡的方向并不是北面的匈奴，而是东面的箕子朝鲜。他聚集起一千多个同党，乔装一番后，向东渡过测水（今朝鲜大同江）进入朝鲜境内。当时，朝鲜国王叫箕准，他看卫满有一些才能，就将卫满安排到西面一个叫“上下障”的地方，希望他能够替自己守卫西部边境。上下障方圆一百多里，居民都是秦时从燕、赵、齐等地跑来的贫苦百姓，卫满在这里是如鱼得水。

短短几年时间，卫满就招诱、聚集了不少来自真番、朝鲜和汉朝的逃亡者，实力逐渐强大起来，他的野心也随之越来越大。不久后，卫满就给箕准送去了一条消息，称汉朝已经派出十路大军前来攻打朝鲜，希望箕准能让他率军前去保卫朝鲜。箕准不知道这只是卫满编出来的谎言，还以为汉军真的打来了，连忙让卫满率军前来防卫，结果引狼入室。没有一丝防备的箕准毫无招架之力，被打得只能狼狈逃走。自此，朝鲜被卫满占据，卫满自称朝鲜王，定都王险城（今朝鲜平壤市南），这就是卫氏朝鲜。

卫氏朝鲜建立时，汉朝正处于汉惠帝和吕后当政时期，天下初定，百姓们都不愿意继续打仗。而且，边境各郡都在承受塞外少数民族入侵之苦，根本没有多余的精力。于是，当时的辽东太守想了个办法，他派人去和卫满约定，让卫满从此作为汉朝的封臣，负责保护汉朝边塞不被入侵。如果他们到边境来骚扰抢掠，就由卫满出兵制止；但如果是来朝见天子的，则不需要制止。卫满本就不愿意和汉朝交恶，他很怕汉军真的打来，便答应了下来。不过卫满可不理会他们到边境来做什么，只管见到就打。几年下来，凭借着强大的军队，他逐渐收服了周围的小国，就连真番、临屯等国也选择了归降，朝鲜的领土面积顿时增长为方圆几千里。

到汉武帝时期，在位的朝鲜王已经是卫满的孙子卫右渠了。一直以来，朝鲜都在不停地招诱燕地的汉人前往，多年下来，被引诱去朝鲜的汉人越来越多，朝鲜却没有一点收敛的迹象，这让汉武帝非常不满。再加上卫右渠从来不去长安朝见，更是让汉武帝心头不爽。更气人的是，卫右渠自己不去朝见也就算了，他周围一些小国想要去长安朝见天子，也被拦住道路，不允许前去。元封二年，长期对朝鲜不满的汉武帝派出一个叫涉何的使者前往朝鲜，敲打一番卫右渠，希望他能就此收敛。没想到的是，卫右渠竟然根本不听汉武帝的诏命，反而派人将涉何赶了出去。

涉何离开朝鲜后，一路西行到达泂水。看着对岸的汉地，涉何却是有苦说不出，他这一趟没能完成任务，回去后该怎么向天子交代呢？涉何苦思冥想，始终没有想出一个好办法，直到他看见卫右渠派来护送他们离开的副王后，顿时眼前一亮，心头立刻涌上一条计策。他叫来自己的马车车夫，两人商量一番后，车夫趁着副王不备将他一刀砍了。涉何便带着副王的脑袋渡过汊水，一路狂奔回汉朝境内。回去之后，涉何将朝鲜副王的脑袋献给了汉武帝，声称：“朝鲜王不听诏命，我拼死杀了一位朝鲜将领才逃了回来。”汉武帝一看涉何居然能在困境中斩杀一员敌将，觉得他是个人才，不但不追究他没有完成任务的事，还将他任命为辽东东部都尉，负责为汉朝守卫边境。涉何大喜过望，他没想到一个谎言不但让自己免于受罚，还直接升了官。卫右渠就不高兴了，自己好心好意派人去送涉何一行，没想到涉何居然把副王杀了，实在是太无礼了！愤怒的卫右渠决心报复涉何，于是立刻派人突袭辽东郡。涉何说谎有一套，打仗就是外行了，他很快就打了败仗，自己也被敌军斩杀。

卫右渠算是出了一口恶气，但汉武帝这边就不痛快了，他早就对卫右渠有所不满，没想到卫右渠居然还直接派人到汉朝境内杀人，看来是欠收拾了。这一年秋天，汉武帝下诏赦免天下囚犯，要求他们前去攻打朝鲜。汉军分成水、陆两路：水路以楼船将军杨仆为主帅，率领五万大军从齐地乘船横渡渤海，直击朝鲜；陆路则以左将军荀彘为主帅，率军从辽东郡出发，向东攻入朝鲜境内。荀彘和杨仆虽然名气不大，但都是经历过大战洗礼之人。荀彘曾多次担任校尉跟随大将军卫青一起出击匈奴，立下了不少战功，杨仆更是曾与路博德一起灭掉了南越。虽然路博德招降了不少南越人，但真正卖力攻击的还是杨仆，他也因此被封为将梁侯。在汉武帝看来，以这两位资深战将，再加上汉朝的大军，足以荡平朝鲜的反动势力。

卫右渠怎么也没想到自己报个仇也能引来汉军的攻击，他知道自己正面交锋肯定不是汉军的对手，就将军队全部布置在各处险要地带，全力防御汉军的进攻。面对朝鲜的拼死防守，汉军出师不利。荀彘首先派了一个名为“多”的卒正率领辽东军队抢先向朝鲜发起了进攻。卒正多率军进入朝鲜境内后，竟被朝鲜军队杀了个人仰马翻，孤身一人逃了回来。荀彘一看此人这么不争气，立刻就将他斩杀，以正军法。随后荀彘亲自率领大军攻入朝鲜，结果在洌水西边遭到了朝鲜军队的猛烈抵抗，始终无法从正面击破敌人。从水路发起攻击的杨仆就更惨了。他率领作为先头部队的七千名齐地士兵横跨渤海来到朝鲜境内。按照原定计划，杨仆应该停下来和荀彘会师后再一起进军，但他求胜心切，直接带着手下就跑到了王险城下。结果没等他发起进攻，城里的卫右渠探听到汉军人少后，立刻率军出城抢先发起了攻击。毫无心理准备的杨仆水军被杀得丢盔弃甲，四散而逃。无可奈何的杨仆一个人跑进山里躲了起来，一直藏了十多天后，才逐渐找回四散的士兵，将军队重新聚集起来。

汉武帝看荀彘和杨仆两人这么不争气，知道不能光靠军事打击，便打算用和平手段收服朝鲜。他派卫山前去朝鲜尝试招降卫右渠。卫山到达王险城后，卫右渠马上出来迎接，他虽然小胜了汉军两次，但心头对汉军的惧怕一点儿没有减少，知道再打下去肯定不是汉军的对手，便赶紧告诉卫山："我愿意投降，只是因为害怕杨仆和荀彘两位将军用欺诈的手段骗我，所以才不敢投降。现在看到了汉朝使者的符节，我相信你们一定是真心想让我归降的，请允许我率领部下归降。"卫山没想到这么轻松就完成了任务，大喜之下立刻离开王险城，前往荀彘军中等待消息。卫右渠果然派太子前往长安向汉武帝谢罪，并献给汉朝五千匹马，同时又给在朝鲜境内的汉军送去军粮犒赏。

原本事情到这里就算圆满解决了，卫右渠认错服软之后，双方就可罢兵言和，偏偏这个时候却出了事。出事的原因让人哭笑不得，朝鲜太子去长安谢罪送东西也就算了，可他带的随从队伍实在太过庞大，竟然有一万多人，还都带着武器。卫山和荀彘一看朝鲜搞这么大阵势，心头嘀咕起来，怀疑卫右渠反悔了，想要趁机偷袭汉军，于是就阻止太子一行渡过洌水，并派人告诉太子："你们既然已经归降了，就不要摆这么大阵势，还请你们先放下武器再过河。"太子一听心里顿时害怕起来，他认为肯定是荀彘他们想要杀了自己一行人，才要求必须缴械才能过河，于是根本不敢过河，直接带着人撤回了王险城。和平解决朝鲜事件的机会就此错失，卫山无奈下只得回去向汉武帝复命。汉武帝听了卫山报告整件事后，知道事情被搞砸了，卫右渠既然被汉军吓得立刻要归降，就算是反悔顶多也就是据城坚守，哪来的胆子渡河偷袭汉军？愤怒的汉武帝干脆将卫山斩杀，同时让荀彘和杨仆继续向朝鲜发起进攻。

在荀彘的猛攻之下，汉军终于击破了防守浿水的朝鲜军队，渡河来到王险城下，将军队驻扎在王险城的西北面。杨仆看荀彘到来，赶紧率军前来会合，驻军于王险城南面。这之后，汉军一连攻打了王险城几个月，但在卫右渠的坚守下，始终没有取得任何进展。这么多汉军攻不下一个王险城，并不是因为汉军战斗力不行，而是因为主帅之间有矛盾，不能够同步作战。简单来说，就是杨仆主和，荀彘主战。导致这种差异的原因，跟两人此前的不同遭遇有关。荀彘长期以来在宫中担任侍中，深受汉武帝宠信，又曾跟随卫青出击匈奴，自然不将朝鲜放在眼里。他所率领的士兵都是燕国和代国的勇士，这些人非常凶悍，又刚刚打了胜仗，同样不把朝鲜放在眼里，希望能够一鼓作气打下王险城。杨仆那边的情况就不一样了，他率领的齐国士兵跨海远征，渡海过程中已经出现了不少非战斗减员，刚到王险城下时又被朝鲜军队打败，折损了不少人马，军心受到了重创。不光是士兵们不愿再与朝鲜交战，就连不少将领心头也是忐忑不安，根本不能集中全部力量攻城。这样一来，打仗时两边的汉军呈现出了截然不同的场面：西北面的荀彘率军拼命攻城，南面的杨仆却拿着议和的符节在城下招降朝鲜。王险城内同样出现了两幅不同的画面：在西北面，朝鲜军队拼死阻挡汉军的进攻；在南面，朝鲜大臣络绎不绝地前往杨仆军营中商讨议和之事。荀彘这边死活攻不下城，杨仆那边却已经就招降的事情和朝鲜商量得差不多了，双方经过多次会谈后，就差做出最后的决定了。

久攻不下的荀彘认为杨仆不肯出力，便屡次派人前去与杨仆约定时间一起发动进攻。杨仆这边，和谈就快实现了，他心中想的自然是尽快与朝鲜达成和约，哪肯出兵攻城，事情就这么拖了下来。进攻无果后，荀彘也开始尝试招降朝鲜，只可惜他之前打得太过生猛，朝鲜人都不相信他，根本不愿与他商讨和谈，一心想着与杨仆谈判。就这样，杨仆和荀彘两人无法协调一致，不能共同与朝鲜作战或者和谈，双方逐渐僵持了下来。荀彘进攻失利，招降无门，心里也有了一些想法，他觉得杨仆刚到王险城就吃了败仗，不敢与朝鲜交战，现在又常常接见朝鲜大臣，不知道在搞些什么。如果朝鲜想要投降，那投降自己和投降杨仆并没有区别，但朝鲜不肯投降自己，那商议的肯定就不是投降的事情了。最后，荀彘得出了一个结论：杨仆必定是和朝鲜勾结，准备一起造反！虽然心里怀疑杨仆要造反，但杨仆毕竟是汉武帝派来的一路主帅，荀彘也不敢轻举妄动，只得在城外干看着。就在荀彘进退两难之际，朝廷又有使者来了。

汉武帝见派出那么多军队都拿不下一个小小朝鲜，心里也有了一些想法。他认为，打不下朝鲜的原因是杨仆和荀彘二人无能，先前派出使者卫山去朝鲜，情况立刻就不一样了，卫右渠不但主动认罪投降，还想派太子前来长安谢罪。只不过，后来因为卫山和荀彘两个人判断失误，把好好的一桩投降搅黄了。现在，荀彘和杨仆两人围攻王险城，互相之间又不能一致行动，反而互相掣肘，这样的军队怎么能打胜仗！左思右想之下，汉武帝决定派济南太守公孙遂前往朝鲜，让他负责调和杨仆和荀彘二人。为了方便公孙遂行动，汉武帝告诉他，如果遇到合适的机会，允许他便宜行事。

公孙遂到达朝鲜以后，荀彘就告诉他："原本早就可以攻下朝鲜，之所以到现在也没能攻下，是因为杨仆不肯配合。之前我屡次派人去与杨仆约定一起进军的日期，结果杨仆不断推脱，不肯带人前来会师。我怀疑杨仆是想跟卫右渠勾结，一起反叛朝廷。我建议，我们应该趁着杨仆还不知道他准备造反的事情已经泄露，找机会把他抓了，不然以后恐怕会成为大患。到那时，杨仆不光要造反，只怕还会联合朝鲜一起消灭我们，我们想活都难了。"公孙遂顿时害怕起来，他断定荀彘所说是真，不经调查就派人用符节招杨仆前来荀彘营中议事。杨仆根本没有造反的想法，他接到公孙遂的传召后，毫无防备地动身前往。结果杨仆刚到荀彘军营，就被荀彘拿下。随后公孙遂以使者的身份让荀彘统率杨仆部下，将两军合并一处。事情办完之后，公孙遂就返回了长安，在他看来，自己已经圆满完成了任务。可汉武帝不这么看，自己说的便宜行事指的是让公孙遂找机会招降卫右渠，而不是让他与荀彘一起对付杨仆！他原本希望公孙遂能够调和两位主将的矛盾，结果不但没有调和成功，反而听信荀彘的一面之词就将杨仆抓了起来。这么一来公孙遂自然讨不到好处，很快被汉武帝下令处死。

荀彘扣押杨仆，对卫右渠来说同样是个坏消息。吞并杨仆所部兵马后，汉军的行动终于得到了统一，他们在荀彘的率领下向王险城发起了猛烈的攻击。这时候朝鲜人已经被打怕了，之前能够坚持住不过是因为荀彘和杨仆步调不一致，现在杨仆被扣，再也没有什么能抵挡荀彘了。面对汉军的猛烈攻势，王险城内人心不稳，很多人都产生了动摇，包括许多朝鲜高官。这些人中，有朝鲜“相”路人、“相”韩陶、“尼谿相”参、将军王唊，他们互相商议道:“我们开始是打算投降楼船将军的，结果楼船将军被抓，肯定不能再投降他了。城外就剩下左将军率领的军队，攻击也越来越猛烈，王险城肯定守不下去，国王又不肯投降，再这么下去我们恐怕要和国王一起完蛋，不如干脆另谋他路。”商量到最后，路人、韩陶、王唊干脆跑出城外投降了汉军，只有路人运气不好，半路上就死了。“尼谿相”参比其他三位更狠，他干脆杀掉卫右渠，带着王险城向汉军投降。可惜的是，汉军还没来得及进城，卫右渠的亲信成己又跳了出来，他杀死城中不肯跟随他造反的大臣，关上王险城抵挡汉军。荀彘一看这种情况，也没有继续带人攻打，只是将卫右渠的儿子卫长降和路人的儿子路最带到王险城下，号召城内百姓站出来杀死反叛者。成已的号召力到底比不过朝鲜王子，他很快就被城里的百姓杀死，王险城落到了汉军手里。不久，汉武帝下诏封参为澅清侯、韩陶为狄苴侯、王唊为平州侯、路最为温阳侯、卫长降为几侯，朝鲜就此平定。

朝鲜投降的众人都得到了封赏，率军出征的两个主将反而倒了大霉。荀彘和杨仆很快就被召回了长安，荀彘因为妒忌杨仆而与之争功，又违背了朝廷的作战计划，结果被判死刑。杨仆也因为没有按照原定计划等待荀彘一起进军，造成手下大量伤亡，同样被判死刑，但他靠着用钱赎罪免于一死，不过官职爵位全都没了，被直接贬成了平民。

朝鲜灭亡后，汉武帝在朝鲜故地设置乐浪（治朝鲜县，今朝鲜平壤市）、临屯（治东暆县，今朝鲜江原道江陵）、玄菟（治沃沮县，今朝鲜咸镜南道咸兴）、真番（治霅县，疑为今韩国首尔市一带）四郡，这就是历史上著名的“汉四郡”，也是中国历史上第一次在朝鲜半岛上设置管辖机构。在汉武帝的带领下，汉朝再度拓展了一大片领地。以后数百年里，朝鲜半岛北部一直是中国的一部分，直到永嘉之乱时西晋无力管辖才被后起的高句丽占据。

威服四夷：汉与四夷的交锋

汉武帝时期，在广袤的南方，除了南越国外，还有其他一些势力存在，它们中既有东瓯、闽越这样与汉朝若即若离的藩属国，也有新发现的西南地区。从建元三年（公元前138年）开始，汉朝与这些势力展开了反复的争锋，最终成功将这些地区全部纳入版图，为领土的扩张迈出了坚实的一步。

东瓯和闽越说起来有一些关系，两国的开国之君都是越王勾践的后人。越王勾践灭掉吴国后，曾一度北上迁都琅琊（今青岛市黄岛区琅琊镇），使得越国强盛一时，勾践也成了春秋时期最后一位霸主。勾践死后，越国逐渐衰落了下去，到越王无强时期因先后与齐国、楚国开战，最终被楚威王灭掉。虽然楚国灭掉了越国，但越国毕竟是江南大国，依然有很多移民存在，楚国实际能控制的只有越国浙江（今钱塘江）以北的土地，浙江以南的区域依然由越族人控制着。这些越族人并不团结，越国灭亡后就失去了向心力，他们占据着长江沿海的广大地区，各自拥立自己的首领（有的称为王，有的称为君），彼此之间互相攻伐。对此，楚国睁一只眼闭一只眼，既没有兴趣也没精力去管辖这些不毛之地，越人只需按时朝贡就行了。秦始皇统一六国之后，派出大军向南攻取越地，越人的君王们便各自去掉封号，投降了秦军。在百越的故地上，秦始皇先后设置了闽中郡（治东冶县，今福州市）、南海郡、桂林郡、象郡加以管辖。

陈胜吴广起义以后，南方的越人闻风而动。当时，勾践的两个后人，一个叫驺无诸，一个叫驺摇，各自率领部族，跳出来反抗秦朝的统治，准备复兴越国。不过光靠越人的力量肯定是不足以对抗秦朝的，他们便投靠了番阳令吴芮。吴芮当时在南方很得人心，江湖人称“番君”，就连素来桀骜不驯的英布也主动前来投奔，做了吴芮的女婿。诸侯攻秦时，吴芮虽然没有亲自率军北上，但他手下的英布、梅销等人都曾北上参战，为灭秦事业立下了赫赫战功。驺无诸和驺摇两人也跟随梅销等人一同北上，参与了灭秦战争。到项羽在戏下分封诸侯时，吴芮一系人马中，除了吴芮自己受封为衡山王外，就只有项羽手下的第一猛将英布被封为九江王。哪怕是梅销，也只得了个十万户侯的封赏，驺无诸和驺摇两人就更不用说了，于是两人转投了刘邦。

汉高祖五年（公元前 202 年），刘邦统一天下后，就将驺无诸封为闽越王，建都东冶（今福建福州市），管辖的地盘是原先的闽中郡一带。到了汉惠帝做皇帝时，他对高祖时期立下过战功的大臣一一加以封赏。当时有人提出，驺摇曾在灭秦、灭楚时立下过不少功劳，他手下的百姓也都愿意归附他，于是汉惠帝就将驺摇封为东海王，地盘大致在闽中郡北部一带，由于东海国的都城在东瓯，所以东海国一般被称为“东瓯国”。东瓯和闽越两国最初对汉朝非常恭顺，但后来就越来越不老实了。汉景帝前元三年（公元前 154 年），吴王刘濞联合其他六国发动了著名的七国之乱。为了增强自身的力量，赵王刘遂派人去北面联合匈奴出兵，刘濞自己则派人前往闽越和东瓯两国，希望两位诸侯王能与自己一起叛乱。闽越国并不同意造反，东瓯国却同意了，表示愿意出兵协助刘濞。昌邑之战后，刘濞几乎全军覆没，他带着几千残部逃到了“盟友”东瓯国，希望能够在此避难，找机会东山再起。可惜的是，东瓯王审时度势，在收到汉朝的贿赂后选择背弃同盟，干脆就在丹阳把刘濞给砍了，然后拿着他的人头向汉朝请功。因为诛杀刘濞的功劳，汉景帝并没有惩处东瓯国。

东瓯王虽然靠着斩杀刘濞成功避祸，但也为自己招来了无穷无尽的麻烦。刘濞的太子刘驹逃到了闽越境内，他没有能力找汉朝报仇，就将仇恨的目标锁定在了杀死父亲的东瓯王身上。在刘驹的煽动下，闽越开始屡屡攻打东瓯国，东瓯国远比闽越国弱小，每次都被打得惨不忍睹。汉武帝建元三年（公元前 138 年），闽越国再一次出兵攻打东瓯国。这一次，闽越出动了举国之兵，准备一举灭掉东瓯。东瓯国抵挡不住，都城东瓯很快被重重围困起来。在这种情况下，东瓯只剩下两条路可走，一条是投降闽越，一条是向宗主国汉朝求救。东瓯王早就和闽越结下了深仇，当然不愿意投降，他只能选择第二条路，派人前往长安去向汉朝求援。

对于是否出兵救援东瓯国，汉武帝特意询问了自己的舅舅、时任太尉的田蚡。田蚡不同意救援，他认为："越人之间经常互相攻击，这是很正常的事；而且越人本身反复无常，从秦朝开始中原就已经抛弃了他们，根本不拿其当属国。这样的国家，不值得我们劳师动众前去救援。"中大夫严助却不同意田蚡的看法，他是会稽人，对旁边的邻居东瓯有很深的认识，他认为必须救援东瓯。田蚡说完之后，严助就立刻反驳道："如果不出兵救援的理由是担心力量不足救不了他们，或者恩德浅薄不足以笼络他们，这是可以理解的。但现在明明我们有能力援救他们，为什么要拒绝呢？拿秦朝抛弃越人说事更是可笑，当初秦朝连首都咸阳都能没守住，更别提保住越人了。现如今我们的附属小国遇到了困难，不远万里派人来向我们求救，如果天子不肯出兵援助，他们又去哪里寻求帮助呢？如果连一个小国都不肯救援，我们以后又凭什么统治万国呢？"

严助的一番话说进了汉武帝的心坎儿里，他一向以君临万国为目标，自然不可能放弃救援东瓯。不过年轻的汉武帝刚即位不久，身为最高军事长官的田蚡既然已经公开表示反对出兵了，他也不好明着驳斥，便告诉严助："太尉的主张确实不值得商议，不过我刚即位，也不想拿虎符调集郡国的军队去打仗，只能让你去调会稽郡的兵马出战了。"最终，汉武帝只给了严助使者的符节。严助深知此行意义重大，他没有推辞，带着符节就上路了。虽然严助是会稽本地人，手里又有使者的符节，但会稽太守依然不肯出兵，最终严助杀了一个军司马才让会稽太守不得不同意出兵。得知汉朝出兵之后，闽越立刻退兵而去，这时候汉军才刚刚准备渡海前往东瓯。经过这件事之后，东瓯王深觉自己在闽越旁边实在是不安全，就请求汉武帝允许他率领全国百姓内迁到汉朝境内。汉武帝正愁没机会控制南方的几个藩属国，哪有不同意的道理，立刻就将东瓯国内迁到了江淮一带，原本的国土则归属汉朝所有。

赶跑了东瓯国之后，闽越国并没有就此消停，又将目标定在了西面的邻居南越身上，不断派兵攻打南越。南越文王赵胡，不敢擅自出兵攻打汉朝的藩属国，就派人去长安求救。汉武帝没想到这个闽越国越来越不老实，愤怒之下便让大行王恢和大农令韩安国兵分两路前往讨伐闽越。汉军还没有抵达，闽越这边就先起内讧了。闽越王驺郢本打算派兵抵挡汉军，但他的弟弟驺余善却认为与汉朝对抗是自寻死路，于是召集闽越的丞相和族人商量:“汉朝之所以出兵攻打我们，是因为我们国王没有经过天子同意就擅自出兵攻打南越国。汉朝土地辽阔、军队众多，就算我们这次侥幸战胜了他们，天子以后肯定还会派更多的军队来攻打我们，一直到把我们灭亡为止。不如我们现在把国王杀了，用他的人头向朝廷请罪。如果天子接受我们的请罪，那我们就安全了，国家也能够保全下来。如果天子不接受，我们再奋起反抗也还来得及。实在不行，大不了我们一起逃亡到海上，汉军也拿我们没有办法。”众人一合计，也觉得是这个道理，就一起干掉了驺郢，拿着他的人头向汉朝请降。王恢和韩安国一行见到驺郢人头后果然鸣金收兵，驺余善蒙对了。

驺余善猜中了开头，却没能猜中结尾。他心中其实还存着另一重打算，那就是驺郢死后，汉朝肯定会立新的闽越王。纵观闽越上下，除了他这个立下大功的宗室之外，还有谁能当得起闽越王。可惜的是，汉武帝并没有封驺余善为闽越王，反而封了驺无诸一个叫驺丑的孙子为繇王。驺丑是闽越国的繇君，平日里什么表现都没有，没想到这反而成了他的优势。汉武帝认为驺余善等人曾伙同驺郢阴谋作乱，自然不肯封这些人为王，看来看去就选中了从来不参与这些事的驺丑，让他来延续闽越的祭祀。

驺丑虽然是汉武帝封的繇王，但本身的威望并不足以号令闽越上下，反而是驺余善因为杀死驺郢，让闽越免于刀兵之祸，在国内声望暴涨。驺余善利用他在国内的声望，号召闽越百姓归属自己，暗中自封为王。驺丑虽然知道，但他没有能力管驺余善，只好置之不理。汉武帝知道这件事后，也没兴趣派人大老远去收拾驺余善，干脆将他封为东越王，让他和驺丑一起治理闽越故地。

元鼎五年（公元前 112 年），汉武帝派出五路大军讨伐南越的吕嘉。这原本跟驺余善没有什么关系，但他为表忠心，在杨仆从豫章郡南下后，主动上书请求让他也派出八千士兵跟随杨仆去教训吕嘉等人。对于送上门的军队，汉武帝自然没有拒绝的道理，他立刻答应让驺余善派兵前往。如果事情就这么发展，驺余善不但没有罪过，反而能替汉朝立下大功。偏偏这时驺余善的疑心病犯了，他派出大军以后，忽然想起自己曾自立为王，万一汉军灭掉南越后班师途中顺路把自己灭了怎么办？他听过假途伐虢的故事，越想就越觉得像自己猜测的那样，于是赶紧让派去的军队停下，不要继续向南越前进。这时候东越的军队才刚刚走到揭阳，听到驺余善的命令后便立刻停止了前进。对于朝廷，驺余善则是另一种说辞，他借口海上出现了大风巨浪，表示自己的军队无法继续前进，实际上是想骑墙观望。本着唇亡齿寒的道理，驺余善暗地里派人去和吕嘉勾结，希望能够达成对抗汉朝的统一阵线。只可惜吕嘉实在是不禁打，很快就被汉军灭掉了，驺余善与吕嘉勾结的事也就被杨仆知道了。东越军队说好一起来攻打南越，结果番禺都被打下来了还没见到人，杨仆本来就有所怀疑，现在终于明白是怎么回事了。他赶紧派人回长安报告汉武帝，请求让他率军顺路去把东越收拾掉。但汉武帝认为征战了这么久，军中将士已十分疲惫，就没有批准杨仆的请求，只是让汉军众将驻扎在豫章郡的梅岭（今江西宁都县东北）一带等候命令。

杨仆请求讨伐东越的消息很快就传到了驺余善的耳朵里，他心中害怕到了极点。得知汉军就驻扎在边境的梅岭上，随时都可能打过来，驺余善索性直接跳出来反了。驺余善反叛之后，不但派军队占据各处险要地带严加防守，还封将军驺力等为“吞汉将军”，让他们率领大军攻入汉朝的白沙（今江西鄱阳县西）、武林（今江西余干县武陵山）和梅岭。汉军没有料到东越人竟会主动出击，被打了个措手不及，驻守三地的校尉都战死了。大农令张成和山州侯刘齿率领的大军也在梅岭一带，但他们不敢向东越军队发起反击，反而退到了安全的地方驻扎了下来。

突袭带来的胜利让驺余善的信心骤然膨胀，他心里觉得汉军不过如此，便刻了一个“武帝”的印玺，自立为皇帝，号召东越的百姓随他一起抵御汉朝。汉武帝接到驺余善自立为帝的消息后愤怒异常，立刻下令处死畏敌不前的张成和刘齿，同时派出三路大军南下讨伐东越：横海将军韩说自句章（浙江余姚市）出发，渡海从东面进击；楼船将军杨仆自武林出发，从陆上进攻东越北部；中尉王温舒直接从梅岭出发，直击东越腹地。另外，汉武帝还将两个南越降将封为戈船将军和下濑将军，让他们率军从若邪（即若邪溪，今江西宜丰县境内的耶溪河）、白沙出发，攻打东越西面。

面对几路并进的汉军，驺余善赶紧派出军队占据各处险要，阻挡汉军继续进军。汉军杀入东越境内时，便被占据有利地形的东越军队抵挡住了，迟迟无法向前进发。当时占据武林的是东越的徇北将军，他先后打败了杨仆派出的几个校尉，不少汉军将领死在了他的手里。后来汉军在钱塘勇士辕终古的率领下，经过一番血战，终于拿下了武林，并成功将徇北将军斩杀。当时的各路汉军，除了走海路的韩说外，其余各路都没有什么进展，直到辕终古最先从武林实现突破。徇北将军是东越著名猛将，在国内名头非常响，他死后东越震动，人人害怕汉军随时杀到城下。在这种情况下，东越国内终于出现了变故。

这一次的变故实际上跟前次驺余善兵变差不多，只不过发起人从驺余善变成了东越的衍侯吴阳。吴阳原本一直留在长安，驺余善叛乱后，汉武帝就派他回国，希望他能劝说驺余善悔过自新。驺余善显然不可能因为吴阳的几句话就放弃反叛，吴阳只好留在东越，不再返回长安。等到韩说从东面渡海到达东越后，吴阳便立刻起兵响应，他带着自己封地里的七百人在汉阳突袭击败东越守军，以接应汉军的到来。吴阳知道光靠自己恐怕很难成事，就拉拢了建成侯驺敖和繇王驺居股，与他们一起商议道：“现在驺余善一个人叛乱，却想拉着我们一起送死，汉朝已经派出大军，我们肯定抵挡不住。与其跟驺余善一起死，不如我们先把他杀掉，用他的头向汉军投降，也许还能有一条生路。”原本徇北将军死后，驺敖和驺居股就已经慌了神，一听吴阳这个主意当然不会反对，他们很快就找机会杀入宫中，将驺余善斩杀，然后带着驺余善的人头投降了韩说。

鉴于东越所在的位置险关要隘非常多，越人又生性彪悍、反复无常，汉武帝便将东越的百姓全都迁徙到了江淮一带居住，东越就此成为一片空地。此次立功的众人，各自获得了封赏，辕终古被封为御儿侯，吴阳被封为卯石侯，驺居股被封为东成侯，驺敖被封为开陵侯，横海将军韩说被封为按道侯，横海校尉刘福被封为缭侯，东越降将多军被封为无锡侯。其余各路将领因为没能立下战功，所以都没有获得封赏。这次战争以后，汉武帝正式将闽越地区纳入了汉朝的版图。

除了搞定东瓯、闽越等诸侯国外，汉武帝还实现了对包括蜀郡、黔中郡以西的广大西南地区的统一。这里既有夜郎、滇、巂（xī）、徙、笮（zuó）、冉駹（máng）这样的大势力，也有很多小势力。这些地区对秦朝乃至汉武帝之前的汉朝来说都是不毛之地，朝廷对西南地区的了解十分有限，更谈不上什么管理。其实早在战国时期，就已经有国家打这里的主意了，这个国家就是南方的楚国。楚威王时，为了向西开拓疆土，他派大将庄蹻率领一支军队沿着长江西进，攻略巴郡、蜀郡以西的未知区域。庄蹻是楚庄王的后人，他率军一路向西进发。他们一行人走了很久，才到达了滇池附近。滇池方圆三百多里全是平原，周围几千里都是富饶肥沃的土地。庄蹻认为这就是他要为楚国开辟的新疆土，于是率军征服了居住在此的滇人，将此地据为己有。占据滇池附近的土地后，庄蹻准备派人回去报告楚威王。只可惜庄蹻出来的时间太久了，不光楚威王早已死去，就连楚国的巴郡和黔中郡也都已经被秦国占据了，道路阻隔，他根本没法再回去。无奈之下，庄蹻只好返回滇池，自己做了滇王，并按照当地的风俗习惯治理滇人，这就是滇国。

秦始皇统一六国后，曾派常颎（è）探索西南地区。常颎一路到达夜郎国后，说服了夜郎王归附秦朝，又开辟五尺道，在这里设置了夜郎和汉阳两个县。等到汉朝建立时，已经过去了十多年了，西南地区因没人理会，渐渐荒废，朝廷完全弄不清楚这里到底是什么情况。不过巴蜀两地的百姓有些是知道的，他们偷偷在边塞附近与西南各族做生意，不少人因为这个发了财。

建元六年（公元前 135 年）的时候，王恢率领汉军攻击闽越回来，派番阳令唐蒙前往南越向赵胡报捷。在赵胡宴请唐蒙的宴席上，唐蒙发现了一样奇怪的食物，名字叫作枸酱。并不是说唐蒙没见过枸酱，相反他对枸酱还有一定的认识，知道此物是蜀地特产，只不知道为什么南越会有。南越和蜀郡相隔数千里，彼此之间根本没有道路可通，不知道到底是如何交易的。于是唐蒙就这个问题询问了南越人，问他们这个枸酱是从什么地方来的。南越人的回答就更奇怪了，他们说是从西北面的牂柯江来的。在番禺城下奔腾不休的牂柯江上，经常会有商人从上游下来做交易，枸酱就是这么来的。唐蒙将这番话记在了心上，他意识到牂柯江的上游很可能通到了巴蜀地区。回到长安之后，唐蒙又找来蜀郡商人询问枸酱的情况，得知枸酱果然只有巴蜀地区才能出产。蜀郡商人又透露了一条关键信息，巴蜀地区很多人为了赚钱，经常会把枸酱拿去和夜郎国的人做交易。

唐蒙不知道夜郎国到底是个什么来路，只听商人介绍那是蜀郡往南去的一个国家，实力非常强大。更重要的是，夜郎国就在牂柯江边上。唐蒙恍然大悟，原来从巴蜀经过夜郎国就能到达南越。从南越回来后，他赶紧向汉武帝上书："南越王在国内乘坐黄屋之车，车上插着左纛（dáo）之旗，他的土地东西长达一万多里，虽然名义上是汉朝的藩臣，实际上却割据一方。从长沙和豫章郡前往南越，水路多半为其所阻，想要到达非常困难。我打听到从巴蜀经夜郎国可以直达南越。听说夜郎国拥有精兵十余万，如果他们乘船沿牂柯江而下，打南越一个措手不及，或许就能一举灭掉南越，这也是制服南越的一条奇计。我认为以汉朝的强大、巴蜀的富饶，打通前往夜郎的道路，在那里设置官吏，是非常容易的。”汉武帝听后大喜过望，立刻任命唐蒙为中郎将，让他带着一千士兵和负责运送粮食辎重的一万多人，沿蜀郡商人知道的路途，从巴符关（今四川合江县南关）进入夜郎国境内。

唐蒙到达夜郎之后，很快就见到了夜郎侯多同。多同只听说过汉朝，对汉朝的具体情况并不清楚，他甚至还问唐蒙：“汉朝与夜郎国相比，谁的土地更大？”这就是成语“夜郎自大”的由来。唐蒙趁机将汉朝的强大吹嘘了一番，又拿出钱财贿赂多同。多同得了好处，又听说汉朝强大，立刻表示臣服。唐蒙趁机提出在夜郎境内设置官吏，并承诺让多同的儿子担任相当于县令一样的职位。夜郎旁边还有不少别的民族，他们听说夜郎得了好处之后，也贪图汉朝的钱财，认为汉朝到夜郎路途遥远，就算将来反悔汉朝也无可奈何，于是纷纷派人来见唐蒙，表示愿意归属汉朝。

唐蒙没想到竟然这么顺利，大喜之下赶紧回长安报告汉武帝此行的成果。于是汉武帝在夜郎地区设置了犍为郡〔初治鳖（bì）县，今贵州遵义市西〕，以管辖夜郎及其周边地区。为了加强对犍为郡的管理，汉武帝又征发巴、蜀两郡的士兵修筑从僰（bó）到牂柯江的道路。当时受汉武帝宠信的文人司马相如，听到唐蒙因为开路被封官之后颇为心动，他是蜀郡人，对当地的情况极为了解，于是向汉武帝上书说西南地区还有邛、筰等势力，他们生活的地方也可以设置郡县。汉武帝听后大喜过望，也将司马相如封为中郎将，让他作为使者出使这些地方，赠送给当地部族钱财，以便在这些地方设置郡县、都尉加以管辖。

为了开拓通往西南地区的道路，汉朝从巴郡、蜀郡、广汉郡（初治乘乡，今四川金堂县东）、汉中郡派出了许多士兵前去开路，负责运送粮食物资的人就更多了。然而哪怕投入了这么多人力物力，想要开辟道路依旧是千难万难。几年过后，开路的士兵因为疲惫、饥饿和沿途多变的天气，死了很多人，道路却依然没有修成。再加上这里原本就是为了钱财才归降汉朝的，自然谈不上什么忠心，他们屡屡反叛朝廷，给开路增加了很大难度。由于道路难行，汉武帝虽然派出了不少军队前往讨伐，却依旧收效甚微。在这种情况下，朝堂上越来越多的声音开始反对开拓西南地区，要求停止这种无意义的开路。虽然汉武帝也知道开拓西南地区的困难，但他不甘心就此放弃，于是派公孙弘去当地亲自查探情况。公孙弘一番探查之后，认为开拓西南地区没什么好处，请求汉武帝停止开路。汉武帝尽管知道开路的事情已经不现实了，但心中依然存着万一的想法，始终不愿放弃。

河南之战后，汉朝重新夺取了河南地，汉武帝便下令让苏建征发百姓在此修筑朔方城，以抵御匈奴的入侵。公孙弘这时候已经做了御史大夫，他再次向汉武帝上书，陈说开发西南地区的害处，希望能够停止开发活动，以便集中全部力量修筑朔方城，抵御北方匈奴的入侵。比起对付匈奴，西南地区自然算不了什么，汉武帝只好停止西南地区的开发活动，转而全力经营北方。此后的几年里，汉朝的注意力一直在北方，汉军与匈奴军进行了数次交锋，再也没有精力顾及西南地区。西南地区只留下了设在夜郎国的犍为郡，汉武帝在这里设置了两个县和一个都尉进行管辖。

一直到元狩元年（公元前 122 年），开拓西南地区的计划才再次提上日程。之所以重启西南地区的开发计划，主要是张骞从西域带回了一个消息，那就是他在大夏国时曾在当地看到过蜀郡出产的布帛和邛都的竹杖。张骞心里也很好奇这些东西是怎么运到大夏的，就询问了当地人，得到的答案出乎意料：这些东西竟然是从大夏国东南面的身毒国传来的！张骞意识到，身毒肯定有和巴蜀相通的道路，他回来之后一打听，蜀郡之人果然知道邛地以西大约两千里外的地方，有一个叫身毒的国家，与蜀郡商人有时候会有交易往来。张骞便趁机告诉汉武帝："西域的大夏国对汉朝很是仰慕，只不过它与汉朝中间有匈奴阻隔，不方便与汉朝往来。如果能开通从蜀郡经身毒到达大夏的道路，那和大夏往来起来既方便距离又近，对汉朝而言有利无害。"

汉武帝没想到开拓西南地区还有这个好处，于是就派王然于、柏始昌、吕越人从蜀郡出发，前往西南地区地区寻找通往身毒的道路。王然于等人不知道身毒到底在哪，摸索了很久才走到滇国。当时的滇王尝羌热情地款待了王然于一行，他问了和夜郎王一样的问题："汉朝与我国相比，哪个更大？"在王然于等人的极力夸耀下，尝羌不由得对汉朝心生好感，主动派了十多批使者去西面寻找通往身毒的道路。就这么过了一年多，滇国派出的使者被昆明国阻拦，始终没能到达身毒。这次西南之行虽然没能找到通往身毒的道路，不过此行也有收获，那就是汉朝终于和滇国搭上了线。作为西南地区的大国，汉武帝对滇国比较上心，开始有意识地拉拢滇国。

元鼎五年（公元前 112 年），汉军讨伐南越，下令驰义侯何遗调集巴、蜀两郡的囚犯沿着牂柯江顺流而下攻击番禺，同时以犍为郡的名义征调西南地区的人马随军出征。西南地区中，有一个叫且兰的国家也在被征之列，且兰君害怕他的军队远去南越后，旁边的国家会趁机进攻且兰，不愿意派兵前往。然而去或者不去不是且兰君说了算的，于是他干脆起兵反叛汉朝，杀死了没有防备的汉朝征兵使者和犍为郡太守。且兰君的运气实在是不好，何遗率领的汉军还没来得及出发，南越就已经被平定了，汉武帝顺势将原本派去打南越的八个校尉的部队调来攻打且兰。小小的且兰哪里是汉军的对手，很快就打了败仗，且兰君被汉军斩杀，勾结且兰的邛君和筰侯也被一并斩杀。

夜郎国原本与南越有所勾结，现在南越已经完蛋了，反叛汉朝的且兰君等人也被斩杀，夜郎侯害怕汉朝秋后算账，赶紧亲自前往长安朝见汉武帝。夜郎侯毕竟是西南地区第一个来长安朝见天子的君长，汉武帝并没有为难他，反而将他封为夜郎王。剩下的冉駹一看形势不对，也赶紧派人前往长安，请求向汉朝称臣，并让汉武帝向当地派遣官吏。汉武帝自然没有拒绝的道理，他在邛地设越嶲郡（治邛都县，今四川西昌市），在筰地设沈犁郡（治筰都县，今四川汉源县），在冉駹之地设汶山郡（治汶江县，今四川茂县北），同时又将广汉郡西面的白马氐之地设武都郡（治武都县，今甘肃西和县南），正式对这些地区加以管辖。

转眼间，西南地区的大国只剩下滇国。汉武帝希望能够借助灭掉南越和且兰等国的威势让滇国臣服，便再次派王然于出使滇国，让他委婉劝说滇王前去长安朝见天子。不过滇王自认为手里有数万军队，旁边又有劳浸和靡莫两国互为声援，不愿前去长安，于是拒绝了王然于的劝说。元封二年，因劳浸和靡莫两国经常袭扰路过的汉朝使者和官吏，汉武帝便调动巴郡和蜀郡的军队前往讨伐。在汉军面前，劳浸和靡莫两国毫无抵抗之力，很快就被灭掉了，汉军随后开到滇国边境。滇王这时终于害怕了，赶紧举国向汉朝投降，并请求朝廷在当地设置官吏。不但如此，滇王还亲自前往长安朝见了汉武帝。由于滇国先前对汉朝表示过好感，又曾主动派人为汉朝探路，所以汉武帝也没有为难他，反而赐给他滇王的王印，让他继续统治滇国的百姓，汉朝则在当地设置益州郡（治滇池县，今昆明市晋宁区）加以管辖。

随着滇国的归附，整个西南地区宣告统一，实现了汉武帝整合西南地区的战略意图，为汉朝的疆域开拓打下了坚实的基础。

天马风波：汉军讨伐大宛之战

太初元年（公元前 104 年）八月，一支队伍离开长安向着遥远的西方前进，他们此行的目的与任何军事行动都没有关系，只是为了向大宛求取好马。

大宛是西域古国，距离长安一万二千五百五十里，都城叫作贵山城（今乌兹别克斯坦卡散赛），有六万户、三十万口人，其中军队就有六万人。大宛原本与汉朝并没有联系，在汉武帝之前中原也没人知道西边还有这么个国家的存在，一直到张骞出使西域才改变了这一切。张骞乃是汉中人，先是在宫中担任郎官，属于一个不起眼的小人物，直到建元二年（公元前 139 年）的一件事情改变了他的一生。

当时，一些从匈奴投降过来的降兵透露给汉朝一个消息，说在敦煌郡和祁连山之间存在过一个叫作月氏的强国，因为被冒顿单于击败才逐渐衰败下去。后来老上单于率军再次击破月氏，他不但杀死了月氏王，还把月氏王的头颅砍下来做成了饮器，幸存的月氏人被迫向西远迁。月氏人失去故土后非常怨恨匈奴，只不过力量不足，又没有人帮助才无法与匈奴开战。汉武帝当时正打算对匈奴发起反攻，自然想要联合匈奴的敌人，于是便打算派人向西寻找月氏国，与之联手对抗匈奴。张骞果断应募前往。

张骞一行人从陇西郡出发后，一路向着未知的西方前进。不过这一行人的运气实在不好，他们出塞后没多久就被匈奴人俘虏了。当时的匈奴单于还是军臣单于，他得知张骞一行人出行的目的差点儿笑破肚子："你们到底是怎么想的？月氏在匈奴北面，你们居然想越过我们去联合月氏来攻打我们，真当我们是死人吗？假如我要派人去南面联合南越，汉朝会放我的使者过去吗？"不过军臣单于并没有杀张骞等人，他甚至给张骞找了一个匈奴老婆，希望能将张骞留在匈奴。就这么过了十多年，匈奴人都渐渐忘记了张骞这个人，他却始终没有忘记出使的目的。

借着一个偶然的机会，张骞终于和部下逃了出来，他们一路向西逃亡，终于到达了第一个西域国家，也就是大宛国。大宛国王早就听说东面有一个富饶的汉朝，只不过一直没找到机会与汉朝来往，看到张骞到来简直大喜过望。他问张骞，你们不远万里来到大宛是做什么呢？张骞意识到这是一个能得到大宛帮忙的好机会，赶紧说道："我是被汉朝皇帝派来出使月氏国的，因在路上被匈奴人拦截才一路逃亡到这里，希望大王能够派人送我们前往月氏国。只要我们能到达月氏国，回到汉朝以后，汉朝皇帝一定会拿出财宝感谢你们。"大宛王本就想和汉朝往来，现在又听到还有好处拿，哪还有不接受的道理。他不但为张骞一行人指明了西行的道路，还安排了向导和翻译随同出发。有了大宛人带路之后，一切就顺利多了，他们很快到达了康居国，再经康居国到达了月氏国。

虽然张骞一行人历经千难万险终于到达了月氏国，但结果却让他们非常失望。原来月氏王被老上单于杀死后，剩下的月氏人便拥立太子为王，一路西迁到了西域地区。他们击败大夏国，夺取了对方不少土地，从此定居下来。这里土地富饶肥沃，又很少有外敌入侵，月氏人生活得很是安逸，已经没有了报复匈奴的想法。无奈之下，张骞只好从月氏国来到大夏，希望能找到办法说服月氏人。就这样过了一年多时间，张骞依然没能说服月氏人同意结盟，只得无奈东返。有了上一次的经验教训，这一次张骞没有再从北面走，而是打算沿着南山（今新疆塔里木盆地南侧的昆仑山），经过羌人居住的地区返回汉朝。张骞的运气实在是有些不好，他在路上竟然又一次被匈奴人抓到了。

军臣单于依然没有为难张骞，只是将他再一次留了下来。就这么过了一年多时间，军臣单于死了，他的弟弟伊稚斜和太子於单争位，在匈奴王庭大打出手，一时间匈奴内部陷入了混乱之中。张骞抓住机会，带着老婆孩子与部下堂邑父一起逃回了汉朝，这时距离他离开长安已经过去十三年了。张骞一行人从长安出发时有一百多人，回来的只有他和堂邑父两人。虽然此行没能达成联合月氏的目的，却为汉朝打开了通往西域的门户，让汉朝人对西域各国有了初步了解，汉武帝遂封张骞为太中大夫、堂邑父为封使君。

元鼎二年（公元前 115 年），汉朝联络西域的计划又一次提上了日程。之所以再次派人出使西域，主要有两方面的原因：其一是，自漠北之战后，匈奴远遁漠北，盐泽以东不见匈奴人踪迹，汉朝通往西域的道路已经打通，想要前往西域不再是难事；其二是张骞自身的意愿，他配合李广出击匈奴左贤王所部时，没能及时赶到导致汉军伤亡惨重，因此丢了侯爵，便希望靠出使匈奴再次换取爵位。当时，汉武帝正好问起大夏国那边的情况，张骞就顺势向汉武帝说起了乌孙国：“我在匈奴时，曾听说西面有一个叫乌孙的大国，乌孙王名叫昆莫。昆莫的父亲难兜靡在位时，乌孙与大月氏都位于敦煌郡和祁连山之间。后来大月氏人进攻乌孙，杀死了难兜靡，将乌孙的地盘全部占了，幸存下来的乌孙人只好去投奔匈奴。那时昆莫才刚刚出生，因傅父布就翎侯带着他逃亡才逃过一劫。后来布就翎侯为了寻找食物，就将小昆莫藏在草丛里，自己独自外出。结果他回来时，看到了惊人的一幕：一只母狼正为昆莫哺乳，不一会儿又见一只乌鸦口衔一块肉在昆莫旁边飞翔。惊奇的布就翎侯立刻认为这个小孩是天神下凡，于是就带着他投奔了匈奴。当时的匈奴单于听说了昆莫的事情后非常惊奇，就将他当成自己的儿子一样对待。等到昆莫长大后，单于又把投奔来的乌孙人全部还给了他，让他统领这些人。昆莫带着人马为匈奴立下了好几次战功，单于越来越器重他。也就在这个时候，昆莫提出要攻打大月氏为自己的父亲报仇。当时的月氏国已经被匈奴人打败，被迫向西迁徙。月氏人在西边击败了塞王，迫使塞王向南远迁，他们自己则占据了塞王的故地生活。在昆莫的进攻下，大月氏很快被打得狼狈而逃，西迁到了现在的大夏国土地上。乌孙本已沦为匈奴的藩属，但昆莫击破月氏后就没有回去，而是留在了当地慢慢发展。后来乌孙的兵力渐渐强大起来，就不肯再侍奉匈奴了。匈奴也曾派人去讨伐过乌孙，但没能取胜，只得放任不理。如今伊稚斜单于受到我朝的沉重打击，而过去的浑邪王故地又空旷无人，那里原是乌孙的故地。他们依恋故地，又贪图我朝的财物，如果现在我们用丰厚的礼物拉拢乌孙，让他们东迁回来，到浑邪王辖地居住，与我朝结为兄弟之国，他们势将听从我朝的调遣，这样一来就等于断了匈奴的右臂。不但如此，我们一旦与乌孙结盟，乌孙西面的大夏等国肯定也能招来成为我朝的藩属。”

汉武帝听后大为意动，立刻就同意派张骞再次出使。这一次，张骞的队伍比前一次壮观多了。汉武帝不但将他封为中郎将，还派给他一支三百人的队伍，并且为这三百人每人准备了两匹马。不但如此，汉武帝还让张骞带去了数以万计的牛羊和价值千万的珍宝，并在队伍中设置了许多副使，以便张骞能派这些副使分道出使各国。没有了拦路的匈奴人，张骞一行很顺利地到达了乌孙。遗憾的是，张骞此行依然没能完成任务。他见到昆莫以后，告诉昆莫：“如果乌孙愿意迁回故土居住，那么汉朝愿意将公主嫁给您做夫人，两国就此结为兄弟之邦。到那时两国一起对付匈奴，不怕不能灭掉它。”当时的乌孙距离汉朝非常遥远，国内也没人去过汉朝，根本就不知道汉朝是大是小，哪里敢轻易结盟。再加上乌孙做了匈奴多年的藩属国，国内大臣非常害怕匈奴，根本不愿意东迁回去与匈奴人为敌。张骞等了很久，依然没能说服昆莫，只好派副使分别出使大宛、康居、大月氏、大夏、安息、身毒、于阗等国进行联络，而他自己则先行东返长安复命。昆莫虽然没有答应张骞东迁的要求，但对汉朝产生了浓厚的兴趣，不但派出翻译、向导一路送张骞回国，还派出使者带着良马一起前往长安，见识见识汉朝到底是个什么样的国家。张骞派去各国的副使大多也带着其他国家的使者返回，西域各国就此与汉朝开始往来。

张骞的成功，为汉朝掀起了一股西域热，很多想要做官或者想要发财的人纷纷请求出使西域，以便能够在西域建功。汉武帝十分喜欢好马，他曾用《易经》算过一卦，得出一个结论："神马当从西北来。"看到乌孙献上的马后，汉武帝认为这就是"神马"，于是将乌孙马命名为"天马"。不久后，汉武帝又得到了大宛马，发现大宛马比乌孙马更好，于是就将乌孙马改名"西极马"，将"天马"的称号给了大宛马。为了求取好马，去大宛的使者络绎不绝。

汉朝派去出使外国的使团，大的数百人，小的一百多人，所带礼物与张骞出使时差不多，后来随着对西域情况的日益熟悉，使团人员及携带之物才逐渐减少。一年之中，汉朝派往西域各国的使者，多时十余批，少时五六批，其中路远的要八九年才能回来，比较近的也要好几年后才能回来。

汉朝使者在西域，行动颇为困难，他们不拿出布帛财物就得不到饮食，不买牲畜就得不到坐骑。之所以出现这种情况，是因为汉朝遥远且富有，西域诸国少有畏惧之心。若是换了匈奴使者，情况就大不一样了，各国纷纷送上饮食，以期对方赶紧离开。匈奴临近这里，实力又非常强大，有了大月氏、乌孙的前车之鉴，西域诸国都十分畏惧匈奴，害怕被其侵略，因而畏惧匈奴使者甚于汉朝使者。

另一方面，汉使的素质参差不齐，有些人仗着天高皇帝远，在西域违法犯罪，使汉朝名声为其所累。究其原因，是西域路途遥远，一般人根本不愿意前往，于是汉武帝对使者的招募要求极低。只要有人愿意去，无论这个人是什么样的出身，朝廷都会任命其为使者。这些人本就抱着升官发财的想法去西域的，自然难免做出一些偷盗礼品或者违反法纪的行为。汉武帝对违法之事不会宽待，犯罪的使者都会受到处罚，但由于肯去西域的人太少，使者们被惩罚一通后往往还是被派去重新出使西域。随着时间的推移，这些使者觉得犯法也就是那么回事，反正也不会死，便开始在西域为非作歹，闹得西域各国对汉朝非常不满，不少国家甚至连沿途的补给都不愿意给汉使提供。

“求马事件”就是这些使者搞出来的。他们中有人从西域回来，为了夸耀自己的功劳，就告诉汉武帝：“大宛国还有好马，就藏在贰师城（今吉尔吉斯斯坦奥什市西部的马尔哈马特）里，但他们却不肯献给陛下。”汉武帝一听说有好马大为意动，大宛人既然不愿意献马，那就换好了。至于用什么东西换，汉武帝也想好了，他命人用金子铸造了一匹金马，准备用金马来换取大宛的好马。金马铸造好以后，汉武帝以勇士车令为使者，让他带着千斤黄金和金马一起前往大宛，用这些东西与大宛交换好马。

汉朝使者口中的好马实际上就是大宛的汗血马，它因为长途奔跑后流出的汗如同血一样，所以被称为汗血马。汗血马是大宛的国宝，当地人认为这是天马的后代，数量极为稀少，大宛人自然不愿意将这种宝贝送给汉朝。然而汉朝国力强盛，一旦惹怒了汉武帝，后果极难预料。大宛王毋寡一时间不敢做决断，只好召集大臣们商议应该怎么办。众大臣一番讨论之后，觉得根本不用惧怕汉朝。原因很简单，汉朝距离大宛非常遥远，从盐泽过来的道路难以通行，行人屡有死伤，更别提大军通行了。如果汉军选择走北面，那就更好了，北面有匈奴人，汉军想要到大宛还得先跟匈奴人干上一架。如果汉军走南面，南边缺乏水草，沿途往往连一个小城都找不到，根本就无法支撑大军的补给。大宛的大臣们这么认为也是有根据的，汉朝派了几百个使者来大宛，路上因为缺乏粮食，真正到达的最多只有一半。在这种条件下，汉朝想派大军过来肯定是不现实的。既然不用惧怕汉朝，那又凭什么把自家的宝马献给汉武帝？于是毋寡拒绝了车令等人换马的请求。

车令实在是个狠人，他一看大宛王这么不配合，心头愤怒异常。既然换不到马，金马也就不用再拉回去了，车令干脆就用铁锥将金马打得粉碎，然后大骂大宛一番扬长而去。车令走得潇洒，只留下了一堆目瞪口呆的大宛贵族，他们心头亦是愤怒万分，车令不过是个小小的使者，竟然敢这么瞧不上他们。大宛人立刻做了一个决定：假意放车令等人离开贵山城，然后偷偷令守卫东部边境的郁成王发动突袭，一举将车令等人全部斩杀。车令一行人被杀后，携带的金银财宝自然就落入了郁成王手里。

车令身死的消息很快就传回了汉朝，汉武帝一听当场就火了。他怎么也没想到，自己派人去换马，大宛不换也就算了，居然还敢当强盗，直接把汉使杀了抢夺财宝，再不教训教训，汉朝在西域还怎么立足？汉武帝下定决心，要立刻派军队前去收拾大宛。至于统率军队出征的将领，汉武帝也挑好了，这个人就是李广利。

李广利是个什么人呢？他这会儿还只是一个无名小卒，不过他的妹妹却非常出名，那就是汉武帝宠信的李夫人。汉代有这样一首称颂美人的歌曲："北方有佳人，绝世而独立，一顾倾人城，再顾倾人国，宁不知倾城与倾国，佳人难再得。"这首歌的名字叫《李延年歌》，赞颂的美人是李延年的妹妹李夫人。汉武帝听到这首歌后，对歌中描述的美人非常好奇，于是将李夫人召入宫中。当时的汉朝，名将霍去病与卫青已先后谢世，汉武帝急需一位出色的军事统帅。大约之前从外戚身上尝到了甜头，汉武帝将目光再次看向了外戚集团，一番寻找之后，他锁定了李广利。汉武帝宠信李夫人，想将她的家人封侯，但汉高祖刘邦曾留下白马之盟："非刘氏不得封王，非有功不得封侯。"哪怕是猖獗一时的吕氏家族，违背白马之盟后，也被周勃等人除掉。到汉景帝、汉武帝时期，虽然封侯的条件放宽了，但总得有些功劳才行，再不济也得做过丞相。然而李夫人的兄弟什么都没有，只能在军功上做文章。汉武帝认为大宛很容易对付，就想趁机将李广利派出去历练一番，顺便捞点功劳。

之所以认为大宛容易打，是因为汉武帝听信了姚定汉的话。姚定汉曾出使西域，到过大宛国，他告诉汉武帝：“大宛的军事力量非常薄弱，只要派出三千汉军，让他们携带强弩攻击大宛，必定可以很轻松地将之灭国。”光凭姚定汉的一面之词，汉武帝不可能深信，但他还有其他论据，那就是浞野侯赵破奴攻打楼兰时，只用了作为先头部队的七百骑兵就轻松地灭掉了楼兰。大宛和楼兰一样，同是西域小国，自然谈不上什么强大的军力。为了能够一举成功，汉武帝特意征发了六千名附属国骑兵和数万名各郡国品行恶劣的青年，让他们跟随李广利出征大宛。在汉武帝看来，这么强大的人马，灭掉一个小小的大宛自然不在话下，他还特意将李广利封为“贰师将军”，期待李广利能顺利从贰师城取回好马。毕竟不是人人都是卫青、霍去病一样的天才将领，汉武帝也不指望李广利能够在初战中表现出多大的能耐，他专门给李广利搭建了一套班子：赵始成担任军正，负责军中律法；曾出使过西域的浩侯王恢担任向导，负责给大军引路；李哆担任校尉，负责具体的军事指挥；至于李广利，负责立功就行了。

事情的发展却远不如汉武帝想象的那般顺利。正如大宛人所想，汉军想要到达大宛简直困难重重。即便有王恢这匹识途老马，汉军也费尽了力气才越过西面的盐泽，但补给问题却没有得到解决。汉使多年来的胡作非为，早已弄得西域天怒人怨，各国对他们异常反感。看到汉军到来后，沿途各国不但不派人迎接，反而据城自守，不肯供应给汉军粮食。李广利等人没办法，只好攻打这些小国，以图获取粮食。这样一来，汉朝在西域的名声被败了个干净。然而即便发起了攻击，汉军也不一定就能攻破这些小国，他们往往失利而去。如果攻下来还好，粮食暂时不用发愁，攻不下来就惨了，李广利等人只得强忍着饥饿继续上路。等一行人好不容易到达郁成城（今吉尔吉斯斯坦奥什市）时，出发时的几万人竟然只剩下了几千，还都是饥饿疲惫的残兵！靠这种军队想要攻下城池，自然是做梦，他们很快就被郁成城的守军杀得大败，伤亡十分惨重。

李广利知道再打下去只能全军覆没，他赶紧找来李哆、赵始成等商量起来：

“我们现在连郁成城都攻不下来，更别提大宛的国都贵山城了。再这么下去，我们只怕要全军覆灭，不如就此回去，大家也能保全性命。”李哆等人早就不想打了，现在既然有李广利挑头，他们哪还有不答应的道理，于是众人很快就都同意了撤兵。然而撤军也不是那么容易的，汉军经历了千难万险，才最终到达敦煌郡。这时候距离他们出师已经差不多过了两年时间，回来的人却只有十之一二。损失这么大，又没有一点儿收获，李广利自然不敢回长安，他在敦煌郡向汉武帝上书道：“到大宛的道路十分遥远，沿途又缺乏粮食，将士们虽不惧战斗，但实在是饥饿难忍，更何况我军人数太少，根本不足以攻下大宛。希望能暂且罢兵回去，等以后调集更多的军队再前往征讨。”

事实证明，李广利颇有几分先见之明。汉武帝接到奏报后当场震怒，他虽然知道李广利没什么本事，但也没想到他竟然这么无能，几万人马不但没有打下大宛，还败得这么惨，居然还有脸要求罢兵回来。愤怒的汉武帝干脆派出使者去玉门关阻拦，同时下令：“有军队胆敢退入玉门关的，一律斩首。”这一下李广利回不去了，只好在敦煌郡驻扎下来。

就在这一年夏天，匈奴左大都尉想要叛乱，希望得到汉朝的援助。能打击到死对头匈奴，汉武帝立刻答应派人前去接应。当时距离匈奴最近的受降城（今内蒙古巴彦淖尔市乌拉特中旗）也离匈奴非常遥远，根本起不到接应的作用，汉武帝就派赵破奴率领两万骑兵从朔方郡出塞，一路到浚稽山（今蒙古国境内阿尔泰山中段）一带接应左大都尉。遗憾的是，左大都尉还没来得及动手就已经被儿单于发觉，当场被诛。解决了左大都尉后，儿单于没有放过汉军，立刻派出八万大军前去攻打赵破奴。赵破奴一军本就人少，很快就被匈奴人重重包围。更糟糕的是，赵破奴独自外出寻找水源，被匈奴人抓住了！失去主帅的汉军全军覆没。作为汉朝威名赫赫的战将，赵破奴在北疆立下了无数功劳，他的全军覆没让整个长安都震动了。公卿大臣们借着这个事，上疏请求汉武帝停止讨伐大宛，全力与匈奴作战。

汉武帝当然不肯就此罢休，他认为现在既然已经出兵攻打大宛了，肯定要打赢才能停下。要是汉朝连一个小小的大宛国都打不下来，西域像大夏、乌孙这样的大国肯定会瞧不起汉朝。到那时，汉朝不但得不到大宛的好马，使者们还会遭到乌孙、轮台等国的攻击，汉朝就成了天下人的笑话！这显然是汉武帝不愿意看到的。为了顾全面子，汉武帝不但处罚了认为征讨大宛不利的邓光等人，还重新为李广利增添了援兵。此后一年多里，汉武帝征发正在服刑的囚徒、品行恶劣的青年和边塞地区的骑兵共计六万多人，又从各地调来校尉军官五十余人，把他们派到敦煌郡增援李广利。除此之外，随军出征的还有无数未计算在内的后勤人员。汉武帝征调了十万头牛、三万匹马以及数以万计的驴、骆驼等，来为汉军运送粮食和兵器。一时之间，天下震动。为了展示必胜的信心，汉武帝还任命两名了解马匹的人充当执马校尉和驱马校尉，准备在攻破大宛后挑选好马。因大宛城中没有井，平时用水还得靠汲引城外河水，于是汉武帝特意派遣水工随军前往，准备将大宛城外河水引向别处，利用水道挖洞攻城。与此同时，他又在边境上增调十八万戍卒进驻酒泉郡、张掖郡以北地区，并在居延（今内蒙古额济纳旗东南）、休屠（今甘肃武威市北）两地屯兵以护卫酒泉郡，防备匈奴人进攻。为了招募军队，汉武帝特意下令：犯罪的官吏、逃亡者、入赘妇家的男子、商人、原属商人户籍者、父母或祖父母属商人户籍者，一律谪罚为兵。随着汉军的集结，各路人马源源不断地从中原开赴边境，运送粮食、辎重的车辆和民夫不绝于途。

李广利在人力物力上获得了巨大的支援后，终于鼓起勇气再次率军西征。由于汉军人数太多，全都走一条路线，沿途小国根本供应不起，李广利便将军队分成好几路，分别从南、北两道向大宛进发。这一次的情况与之前大不相同，因汉军人多势众，沿途的小国看到后惧怕不已，再也不敢据城阻挡汉军，反而主动打开城门迎接汉军入内，并为汉军提供粮食补给。但也不是没有不识时务的国家，轮台就是其中之一，后果是被汉军打了下来，全城被屠。有了轮台这个活生生的例子之后，西域各国再也不敢阻挡汉军，李广利一行很快就到达了大宛境内。这一次活着到达大宛的汉军有三万多人，存活比例远超第一次。原本按照李广利的意思，应该先攻打东面的郁成城，但他之前在郁成城下吃过大亏，害怕攻不下来，反而让大宛人有了准备，于是就舍弃郁成城，率军直攻大宛的都城贵山城。

有了前一次的胜利，大宛军队根本没有把汉军放在眼里，他们不但没有集中全力防守，反而派军队出城，主动迎战汉军。这一回倒真像姚定汉说的那样，在汉军的弩箭面前，大宛军队毫无还手之力，很快就伤亡惨重，残部只得退回贵山城内。之后李广利按照汉武帝的计划，命人挖开贵山城的护城河，将水源引到别的地方，然后通过河道直接攻城。就这么围攻了四十多天以后，贵山城的局势越来越困难，很快连外城都被攻陷了，大宛勇将煎靡也做了俘虏。一时之间，贵山城里人心浮动，大家都争相埋怨起了大宛王："我们之所以被汉军攻打，全都怪毋寡。"这种情况下，城里的大宛贵族们心里有了其他想法，他们一起商议道："因为大王毋寡藏匿好马不肯献给汉朝，又将前来交换汗血马的汉朝使者杀了，汉朝皇帝才会派大军来攻打大宛，我们只要杀掉大王再将汗血马献给汉朝，他们肯定会退兵。如果汉军不退，那时我们再拼死力战也还不迟。"之前一致反对毋寡与汉朝做交易的贵族大臣们现在都成了哑巴，转而赞同杀死毋寡向汉朝求和。

毋寡对这一切全不知情，于是毫无防备地被大宛贵族们杀死了。随后，大宛人将毋寡的人头送去汉军军营交给李广利，告诉他："只要汉军不再攻打我们，我们就将好马全部拿出来，随便你们挑选，还会给汉军回师提供粮食。如果你们不肯和解，我们就会杀掉所有好马，与你们拼死力战到底。我国与康居国历来交好，他们的援兵已经在路上了，相信很快就能到达大宛。到那时，我们坚守在内，康居援兵在外，再与汉军决战，您觉得胜算能有多少？"李广利仔细盘算了一下。他听说贵山城里招募到了汉人，而这些人已经成功挖出了水井，断绝贵山城水源的计划再也行不通了。再加上城里粮食还多，想攻下也不是一时半会儿可以办到的。如果攻不下贵山城，康居的救兵又来了，内外夹击之下汉军很可能会被击溃。更何况，此行的目的本来就是杀死大宛王毋寡和取回汗血马，现在既然毋寡已死，大宛人又愿意交出汗血马，任务已经完成了，何必再冒险打下去呢？李广利和众将商议，众将都认为再打下去风险太大，便同意了大宛的求和条件。其实李广利等人被大宛骗了，康居国的确派出了援兵，但他们看到汉军人多势众，不敢前来救援，大宛和康居内外夹击根本不可能实现。

议和达成后，大宛人便按照之前的约定，将汗血马全部拿了出来，让汉军随意挑选，并拿出大批粮食供给汉军。汉武帝任命的执马校尉和驱马校尉终于派上了用场，他们一番挑选之后，选出了几十匹好马，又挑选了中等及以下的雌、雄马三千余匹，总算是完成了取马的任务。随后李广利扶植大宛贵人中亲近汉朝的昧蔡担任大宛王，又与大宛订立盟约，这才准备撤兵回朝。

就在撤兵前，几名残兵突然逃至李广利军中。原来，他们正是此前分兵的一路人马，由校尉王申生和鸿胪寺卿壶充国两人率领，这支一千多人的汉军也到达了大宛。不过王申生等人没有去贵山城，而是去了二百里外的郁成城。王申生认为汉军主力就在前面，自己有所依仗，因而不将郁成城放在眼里，向其索要粮食。然而郁成城比他想象的更有胆气，不但不肯给，还窥视汉军。城内人知道王申生的军队逐日减少，于是在某个清晨郁成王派出三千人出城攻打汉军。王申生等人战败被杀，只有几人逃脱，投奔李广利军中。

李广利没想到郁成城又跳出来给自己找麻烦，赶紧让搜粟都尉上官桀带着军队前去攻打郁成城。在汉军的猛攻之下，郁成人也效法贵山城，选择向汉军投降。郁成王倒是跑得快，抢先一步逃了出去，一溜烟儿跑到了康居。上官桀没有就此止步，而是率军追至康居。康居王已经知道大宛投降的消息了，哪敢为了郁成王与汉朝为敌，赶紧将郁成王交给了上官桀。上官桀派了四个骑兵负责将郁成王押送给李广利，但途中上邽（今甘肃天水市）骑兵赵弟怕郁成王逃跑，干脆直接把他砍了，将他的人头带回给了李广利。

完成任务后，李广利终于启程返回长安，随他一起前往长安的还有很多西域贵族子弟。这些贵族子弟都是汉军途经的西域小国的王族，它们一听大宛被汉军攻破，便赶紧派出王室子弟跟着李广利到长安朝贡，以防成为第二个大宛。这些人拜见汉武帝之后也没有再回去，而是留在了长安充当人质。相比起来，攻打大宛的收效实在是太小了，除了大宛王毋寡和郁成王两颗人头之外，带回的汗血马一路死去，到玉门关时已经只剩下了一千多匹，而汉军却为这些付出了巨大的伤亡。第二次讨伐大宛时，沿途并没有缺乏粮食，战死的人也不多，但因为将领们不爱惜士卒，一路虐待，导致很多人死在了路上。就算是这样，汉武帝依然没有计较得失，强行将李广利封为海西侯，还将斩杀郁成王的赵弟也封为新畤侯。除此之外，赵始成被封为光禄大夫，上官桀被封为少府，李哆被封为上党太守。其他军官，被封为九卿的有三人，出任诸侯国相、郡太守、二千石官职的有一百多人，任一千石及以下官职的有一千余人。凡自愿随军出征的人，都得到了远超自己期望的官职，而因罪谪罚出征的人，虽不计算功劳，但也被免除了服刑，可以说是皆大欢喜，人人都得到了自己想要的。随后汉武帝又拿出四万钱，专门犒赏参与西征的将士们。

大宛之战后，西域震动，各国都知道了汉朝的强大实力，再也不敢打汉使们的主意了。很长时间里，出使的汉使都没有受到袭扰。汉朝也在从敦煌郡到盐泽的广大地区建立起了一系列烽火台，并派兵驻守，用于保护往来的各国使者。

形势一片大好，大宛新王昧蔡却没有活多久，他虽然是李广利拥立起来的，但因为一心想讨好汉朝而让大宛贵族们非常不满。一年多以后，大宛贵族们再次联合发动叛乱，他们杀死昧蔡，拥立毋寡的弟弟蝉封为新王。虽然立了新王，大宛人依然不敢和汉朝对着干，他们将蝉封的儿子派去长安做人质，并承诺每年献给汉朝两匹汗血马。汉武帝自然不可能为了一个昧蔡就与大宛开战，于是转而扶植起了蝉封，大宛与汉朝的争端也到此结束。

名将悲歌：李陵兵败浚稽山

天汉二年（公元前 99 年），汉朝与匈奴再次开战，这一次匈奴挑事在先，匈奴的且鞮侯单于将汉武帝派去示好的使者苏武等人全部扣押，使得汉武帝下定决心再次对匈奴开战。

自从漠北决战以后，汉朝与匈奴之间已经有差不多二十年没有发生过大规模战争了，这其中既有漠北之战后汉朝缺马，无力发动大规模远征的原因，也有匈奴遭受沉重打击后实力削弱的原因。更何况，匈奴自身内乱不断，根本无力对汉朝发起攻势。伊稚斜单于死后，他的儿子乌维单于继承了可汗的位置。这时候的匈奴面对汉朝已经处于下风，汉武帝曾派公孙贺和赵破奴等人在漠南寻找匈奴军队，结果出塞逛了一圈，连一个匈奴人都没有看到，甚至一个小小的汉朝使者郭吉都有底气嘲笑匈奴躲在漠北做缩头乌龟。乌维单于能做的仅仅是将郭吉流放到北海，根本不敢到汉朝边境去闹事。不但如此，乌维单于甚至还派使者到汉朝请求和亲，希望双方能够达成和解。

汉武帝当然知道乌维单于的和解根本没有丝毫诚意，只不过是想拖延时间，以便能让匈奴休养生息。为了进一步试探匈奴的情况，汉武帝派了一个叫王乌的人作为使者，前去拜见乌维单于。乌维单于见到王乌以后，玩起了欺诈手段，声称自己要与汉朝讲和，还要把太子派去长安做人质，只希望汉朝能同意和亲。当然这事也就嘴上说说，王乌回去后好几年，都没见匈奴这边有什么动静。

就在匈奴装㞞的这些年，天下局势发生了翻天覆地的变化，南面的南越、东面的朝鲜先后被汉朝灭掉，西域各国也开始和汉朝往来。汉武帝甚至将宗室女细君公主嫁到乌孙，以联合乌孙共同对付匈奴。恰好此时赵信病亡，汉朝众臣认为让匈奴臣服的时候到了，于是汉武帝就派杨信作为使者前往匈奴。当时匈奴有这么一个规定：汉朝使者必须先除去符节，以墨黥面，才可以进入可汗的穹庐拜见可汗。这在匈奴强大、汉朝弱小的时候当然不是事，但随着汉朝的强大，一切都变了。早前的王乌因为熟悉匈奴的习俗，一切都按照匈奴的习惯做了。但到了杨信这里，他却不肯除去旄节。如果这是在匈奴强大的时候，乌维单于肯定先把杨信砍了再说，但现在形势不由人，他只好坐到穹庐外面接见杨信。

杨信来匈奴，其实还是为了之前匈奴要求的和亲一事，他转达了汉朝的要求："如果要和亲，必须先把匈奴太子派去长安做人质，不然一切免谈。"乌维单于当然不同意，他认为："这跟以前的盟约完全不同，按照之前的盟约，是汉朝送公主过来跟我们和亲，我们不再入侵边境。现在却完全不依照旧规矩，我如果把太子送去了长安，那我国中就没有继承人了。"杨信却是一声冷笑，匈奴人居然还在翻老皇历，别的不说，匈奴人现在想要寇略汉朝边境，也得有这个能耐才行，汉军正愁在漠南找不到匈奴人呢。双方各持己见，最后不欢而散。

杨信回去后，汉武帝另派王乌再次出使匈奴。这一次乌维单于更能忽悠了，他竟然声称自己要亲自去朝见天子，还要跟汉武帝结拜为兄弟。这自然是信口开河，等汉朝在长安给他修好宅邸之后，他又不肯去了，只派了一个匈奴贵族去长安装装样子。不巧的是，这个匈奴贵族到了长安后，因为水土不服竟然病倒了，并且很快就病死了。汉武帝只好派路充国作为使者，将这名匈奴贵族的尸体送回去，一同带去的还有赠送给乌维单于的礼物。没想到，乌维单于见到尸体后立马翻脸，坚持认为是汉朝人杀死了使者，于是将路充国扣押下来，不肯将他放回去。此后，他开始不断派遣小股部队袭扰汉朝边境，逼得汉武帝只能让拔胡将军郭昌和赵破奴一起率军驻守在朔方郡东面，以防匈奴人袭扰。匈奴势力再度抬头，左贤王部在东面直逼云中郡，右贤王部也在西面威胁酒泉、敦煌两郡，西北一带再度成为匈奴人的天下。

乌维单于没能闹腾多久，就一命呜呼了，他的儿子詹师庐继承了可汗之位。由于詹师庐成为单于时年纪尚小，因此也被称为"儿单于"。汉武帝听到消息后，立刻派遣使者以吊唁为名前往匈奴。汉武帝玩了个手段，他派了两位使者，一人去儿单于面前吊唁，一人去右贤王面前吊唁，想以此使两人互相猜忌。右贤王没有反，但左大都尉却有了反心，他甚至准备联合汉朝一举叛乱。只可惜左大都尉还没来得及行动就被儿单于杀死了，就连前去接应的赵破奴所部也都全军覆没。获胜之后，儿单于甚至想要亲自率军攻打汉朝在北部修筑的迎接左大都尉的要塞——受降城，结果还没到达就先病死了。

儿单于这一死就便宜了右贤王，右贤王是乌维单于的弟弟，他被匈奴人拥立为新可汗，这就是呴犁湖单于。呴犁湖单于刚刚上位，就开始不断袭扰汉朝边境。汉武帝为了加强防御，派遣光禄勋徐自为在五原郡北面修筑城塞，另让强弩都尉路博德在居延泽上修筑城塞，于是就有了光禄塞（今内蒙古乌拉特前旗东北）和居延塞（今内蒙古额济纳旗东南）。呴犁湖单于没闹腾多久，汉朝就把大宛给打服了。这一下，匈奴人又㞞了，再也不敢南下犯边。呴犁湖单于郁闷之下，竟然一命呜呼了！呴犁湖单于死后，他的弟弟继承了可汗之位，这就是且鞮侯单于。

见匈奴又起变故，汉武帝再次萌生了出兵讨伐的想法，他甚至在国内下诏："高祖皇帝在平城被围，此仇朕不能忘记；高后掌权时，单于所致书信极其卑鄙下流，朕亦不能忘记。昔日齐襄公报了九世之仇，《春秋》对他大为称颂。"言外之意是，自己要找匈奴人一雪前耻。且鞮侯单于害怕汉朝派兵攻打，很快就做了一件事来讨好汉朝，那就是把之前扣押的汉朝使者中不愿投降的路充国等人全部释放。从伊稚斜单于开始，汉朝与匈奴之间虽然不断通使，但双方从未有过真正的和平，于是匈奴历任单于喜欢扣押汉朝使者，汉武帝也因此把匈奴使者全部扣押起来。这么多年下来，双方扣押了不少使者，且鞮侯单于主动释放使者，对双方而言都是一件好事。且鞮侯单于甚至还对外宣称："我就是一个刚即位的小孩子，汉朝天子是我的老前辈，我怎么敢和他相提并论呢？"

汉武帝一看且鞮侯单于这么识趣，心里舒坦，于是也释放了扣押的匈奴使者，并派中郎将苏武携带礼物，亲自将人送回，以此来答谢且鞮侯单于的好意。苏武就是汉朝大将苏建的儿子，此时他还只是一个小人物，但他怎么也没想到，自己这一去将会名垂青史。与苏武一起前往匈奴的，还有副使张胜和临时充作使团官员的常惠等人。他们到达匈奴之后，才发现且鞮侯单于之前的表现全都是装出来的，他对待汉使傲慢无礼，根本不是汉武帝所想的那样。

就在这时，匈奴内部再次出现变故。当时匈奴有两个将领，分别叫缑王和虞常，这两人以前都投降过汉朝，后来因为“卫律叛逃事件”才不得不再次投降匈奴。卫律是长水胡人，但从小在汉朝长大，与当时深受汉武帝宠信的协律都尉李延年是好友。经李延年的推荐，卫律被汉武帝派遣出使匈奴。然而等卫律将要返回复命时，汉朝发生了变故，因李延年的弟弟李季和宫女私通，李氏一族受到株连，除李夫人和远在大宛作战的李广利外全部被杀。卫律是李延年的好友，自然害怕受到牵连，于是干脆带着人投降了匈奴。卫律这个人能说会道，弄得匈奴单于非常喜欢他，不但经常和他讨论军国大事，还将他封为丁灵王。

卫律自己死心塌地留在了匈奴，但被他带着一起投降的汉人却不愿意。缑王、虞常等人打算联合起来，找机会劫持且鞮侯单于的母亲，带着她一起返回汉朝。这件事本来与汉朝使团扯不上什么关系，但因为虞常在汉朝时与张胜关系非常好，他就找到张胜商量：“我听说汉朝天子非常怨恨卫律，我可以在兵变时暗中埋伏弓弩手将他射死。我自己不知道能不能逃过一劫，也不求什么赏赐，但我的母亲和弟弟都在汉朝，如果我成功了，希望你能代我向陛下请求奖赏他们。”如果能杀死卫律，对张胜而言是一桩大功，他毫不犹豫地就答应了虞常的请求，还送给他许多财宝，希望能助他成事。张胜怕有人分功，竟然没有将这件事告诉使团的其他人，苏武等人根本不知道一场动乱即将到来。

一个多月后的一天，且鞮侯单于按照往常的习惯带着部下外出打猎，将他的母亲和部分贵族子弟留在了王庭。虞常等人心知机会来了，立刻纠集了七十多个人，准备趁乱突袭王庭，一举将且鞮侯单于的母亲绑了。如果能发起突袭，虞常等人还是有很大的成功机会，但可惜的是，就在他们动手之前，有一个参与举事的人忽然反悔了，他连夜逃走并将虞常等人的计划捅了出去。这一下不但突袭不成，虞常等人连命都保不住了。在匈奴军队的围攻下，缑王等当场战死，虞常更是惨被生擒。且鞮侯单于知道这件事后，就把卫律找了来，让他审问虞常，看看能否查出主使之人。

虞常被生擒后，张胜慌了神，他非常害怕虞常将自己供出来，于是把整件事告诉了苏武等人。苏武这时候才知道张胜竟然在背地里参与了这次事变，他心知不能免祸，便叹息道："现在出了这样的事，肯定会牵连到我们头上，与其被查出后受到匈奴的羞辱，不如现在就死，也不辜负国家的恩德。"说完，他就打算自杀。张胜和常惠心存侥幸，觉得远没有到需要自杀的地步，赶紧就把苏武拦了下来，不让他自杀。正所谓怕什么来什么，就像张胜担心的一样，虞常果然非常不讲义气地把他供了出来，事情一下子就牵连到了汉朝使团身上。且鞮侯单于非常愤怒，他召集贵族们商量一番之后，打算将苏武等人全部杀掉。匈奴的左伊秩訾王大约和卫律关系不好，他立刻跳出来唱反调："汉使和虞常他们想要杀的只不过是卫律，如果谋杀卫律都要算死罪，那以后有人想要谋害单于，又该怎么处置？我觉得应该让他们全部归降。"

且鞮侯单于听后无话可说，便让卫律去给苏武等人传话，让他们归降匈奴。苏武一听就知道事情跟自己想的一样糟糕，他对常惠等人说："我们要是卑躬屈膝，那就有辱我们的使命，就算能活下来，又有什么面目再回汉朝去呢？"说完，他就拔出佩刀刺入自己身体里，准备以死殉节。苏武的举动把卫律吓了一大跳，他赶紧上前将苏武抱住，找来匈奴医生救治。匈奴医生还真是有一套，他在地上挖了一个土洞，在里面点起炭火，然后将苏武放在洞上，用脚踩他的后背，总算将瘀血逼了出来。半天后，苏武苏醒过来，被常惠等人抬回了驻地。苏武虽然没有死，但他的行为却让且鞮侯单于和卫律非常佩服。且鞮侯单于有感于苏武的气节，不但每天早晚派人前来问候伤情，还没有为难使团中的其他人，只是将参与事变的张胜抓走了。

随着苏武伤势好转，且鞮侯单于再次派人前来劝说，希望苏武能够归降。为了招降苏武，卫律还特意演了一出好戏，他将已被定为死罪的虞常抓到苏武面前，一刀将他砍死，随后又将张胜带了出来。卫律告诉张胜："你涉嫌谋害单于的亲信大臣，按罪当斩，但单于顾念上天有好生之德，只要你肯归降，就赦免你的死罪。"张胜听后立马表示愿意归降匈奴。处置完张胜以后，卫律便找上苏武，告诉他："汉朝使团的副使有罪，你作为正使，也应一同株连。"苏武立刻就反驳道："我根本就没有参与过这件事，跟张胜又不是什么亲戚，凭什么要受到株连？"卫律见说不通就拿着剑作势要砍，想以此来威胁苏武归降。令卫律错愕的是，不管他怎么威逼，苏武始终不为所动。

既然硬的不行，那就只能来软的了。卫律拿自己现身说法："以前在汉朝时，我只是一个不起眼的小角色，后来有幸归顺了匈奴。单于不但对我信任有加，还将我封为丁灵王，使我拥有数万部众和漫山遍野的牛羊。只要你肯归降，必定也能像我一样获得富贵，何必白白送死？而且就算是死了，也没人知道你的功劳。"苏武听后依然不理。卫律继续说道："如果你能听我的话，就此归降匈奴，那我和你以后就像是兄弟一样；如果你不听我的话，只怕难逃一死，就算侥幸不死，你以后再想要见我，恐怕就不容易了。"听到这里，苏武再也忍不住了，他大声骂道："你身为汉朝臣子，竟然不顾朝廷恩德，投降了蛮夷异族。你这样的人，我还要见你做什么？更何况，单于那么信任你，让你来决定别人的生死，你不但不公平处置，还想挑拨两国相互争斗，怕不是想在一旁坐观成败！以前南越国杀死汉朝使者，其国土今已成了汉朝的九郡；大宛王杀死汉朝使者，后来头颅被挂在长安的北门上；朝鲜杀死汉朝使者，立刻招来了灭国之祸。算来算去，也就剩下匈奴还没干过杀使者的事。你明明知道我不可能投降，却还想着借此来挑起匈奴和汉朝的争端！我一死不要紧，只怕匈奴的灾祸也要开始了。"一番话说得卫律面红耳赤，他知道苏武不会归降，只好向且鞮侯单于汇报。

且鞮侯单于看到苏武这么忠心，心里反而更想让苏武归降。他想了一个办法，将苏武囚禁在一个地窖里，不提供食物和饮水，希望苏武能够坚持不下去选择归降。当时正好下着大雪，苏武靠着吞食雪水和衣服上的毡毛活了下来，过了几天都没有死。这一下匈奴人全都震惊了，他们以为苏武之所以不死是因为有神灵庇护，于是再也不敢加害苏武。不过且鞮侯单于并不打算放苏武回去，他将苏武流放到北海附近的荒芜之地，让他放牧一群公羊，并向他保证道："等到公羊能产出羊奶，你就可以回国了。"这显然是不可能发生的事情，且鞮侯单于明摆着要把苏武扣留一辈子。至于常惠等其他不肯投降的使者，也被分别扣押到了其他地方。

苏武等人被扣押的消息传回汉朝后，汉武帝愤怒异常，他原本就打算教训且鞮侯单于一番，这时候就更不想放过他了。这一次，汉军的进攻重点依然是盘踞在西北的匈奴右贤王所部。汉武帝希望能够一举击破右贤王，以保证与西域之间的道路畅通。在这种作战思路的指导下，汉武帝将汉军分成了两个部分：一部分是由贰师将军李广利率领的三万骑兵，他们将从酒泉郡出发，寻找右贤王部进行决战；一部分则以因杅将军公孙敖的部队为主，他们会从西河郡（治平定县，今内蒙古鄂尔多斯境内）出发，牵制且鞮侯单于本部。作战计划刚刚制订出来，就有一位年轻将军主动请战，他不是别人，正是"飞将军"李广的孙子李陵。

李陵是李广长子李当户的儿子。李当户担任郎官时，有一次看到和汉武帝戏耍的弄臣韩嫣举动有些无礼，便上前暴打韩嫣，吓得韩嫣当场逃跑。这件事后，汉武帝不但没有怪罪李当户，反而觉得他非常勇敢。遗憾的是，李当户很早的时候就死了，只留下了一个遗腹子李陵。李陵长大后，便被汉武帝任命为侍中、建章监。因李陵擅长骑射，爱护士卒，对待贤士谦恭，汉武帝认为他身上很有祖父李广的风采，让他一直留在宫中实在有些屈才，便让他带着八百骑兵，远出塞外探查情报。李陵深入匈奴境内两千多里，在居延泽附近查看地形，途中没有遇到匈奴人，完成任务后便率军返回了。这次之后，汉武帝没有再把李陵留在宫中，而是将他任命为骑都尉，让他带着丹阳、楚地的五千勇士，在酒泉郡、张掖郡一带驻扎，一边练习箭术，一边防备匈奴。

李广利第二次出征大宛时，汉武帝曾让李陵率领宿卫的五校兵作为增援部队，不过李陵等人还没有出塞，李广利就已经获胜了，因而没能派上用场。这一次讨伐匈奴，汉武帝也给李陵安排了任务，让他为李广利押送辎重。李陵素来心高气傲，哪会甘心看着其他人打前锋，自己却给李广利管后勤，于是便主动找到了汉武帝，请求道："我所率领的部下，全都是荆楚地区的勇武之士和奇才剑客，论力量他们能够手扼猛虎，论箭术他们堪称百发百中，这样的精锐之师用来押送辎重实在是太浪费了。希望陛下能让我带一队人马，前往兰干山以南，牵制匈奴的兵力，使他们不能全力对付贰师将军的军队。"汉武帝明白李陵的意思，他非常为难地告诉李陵："我知道你不愿意做别人的部下，但我这次调动的军队实在太多了，抽不出马匹分配给你。"李陵一听原来汉武帝担心的是马匹问题，便保证道："我不需要一匹马就可以以少敌众，请陛下看我率领五千步兵直捣匈奴王庭。"汉武帝虽然没有抱太大希望，但还是很赞赏李陵的豪情壮志，便同意了他的请求。但汉武帝不敢放李陵一队步兵独自出塞，为以策万全，他又安排了强弩都尉路博德率军在半路上接应李陵。

论资历，路博德可比李陵老多了，他不仅曾跟随霍去病击破匈奴，还曾率军荡平南越，担任过伏波将军，只是后来因为渎职而被免职。相比起来，李陵除了家世外，没有什么拿得出手的战绩。路博德自然不愿意给李陵打下手，于是就上奏道："如今正是秋高马肥之际，不宜在此时出塞与匈奴人交战，希望陛下能够让李陵少安毋躁，等到明年春天我与他各自率领五千人分别从酒泉郡、张掖郡出发，一起在浚稽山夹击匈奴，必定可以大获全胜。"汉武帝接到奏疏后，第一反应是李陵反悔不敢出发了，才让路博德上了这么一道奏疏，于是便告诉路博德："我原本是想给李陵马匹的，他自己却说要以寡敌众。眼下西河郡那边也有匈奴入侵，你也不用再支援李陵了，直接率军从西河郡出发与公孙敖会师。"路博德一听大喜过望，立刻就带着人出发了。汉武帝终究是上了老兵油子的当。

送走路博德后，汉武帝立刻让李陵率军从居延塞出发，深入东浚稽山南面的龙勒水附近查探敌情，如果没有发现敌人的踪迹，可以从赵破奴留下的故道返回受降城驻扎。最后，汉武帝还专门下旨问了李陵一句：“你到底跟路博德说过些什么？赶快据实报来。”一头雾水的李陵感到莫名其妙，他此时还没有准备完毕，但因有皇命在身，便立刻率领五千步兵从居延塞一路向北进发。就这么过了三十天，李陵终于率军到达了浚稽山。他在这里驻扎下来，命人将沿途所过之地的山川地形全部绘制成图，然后让陈步乐送回长安呈献给汉武帝。汉武帝一看李陵这么快就有汇报，心头高兴异常，不但亲自召见了陈步乐，还当场将他封为郎官。

而在浚稽山的李陵所部，不久就遭遇了一场严峻的考验——他们遇到了匈奴军队，这不是一般的匈奴军队，而是且鞮侯单于率领的本部精锐！且鞮侯单于一看遇到的只是一队汉军步兵，便没有将李陵等人放在心上，直接派了三万骑兵前去围攻汉军。李陵看到匈奴人到场，心里也是万分激动，他立刻将军队驻扎在东、西浚稽山之间，用大车围成一圈作为营地，他自己则率领军队在营外列阵迎战匈奴骑兵。这支汉军分为两个部分：前排的士兵手持戟、盾，负责防备匈奴骑兵的冲击，后排的士兵则手持弓弩，负责射杀匈奴人。匈奴人看到汉军人少，便存了轻视之心，策马直逼汉军阵前，准备将这股汉军一举歼灭。然而事情的发展却大出匈奴人的意料，在李陵的迎击之下，前排汉军与匈奴人展开了殊死搏斗，后排汉军则趁机施放弓弩射杀匈奴骑兵。李陵教授的高超箭术这时得到了体现，匈奴骑兵纷纷应弦而倒，余部只得仓皇后退。在李陵等人的追击下，匈奴人抛下几千具尸体才得以逃回单于本阵。

且鞮侯单于怎么也没想到自己的三万骑兵竟然连几千汉军步兵都打不过，大惊之下赶紧将左右两翼的八万骑兵全部召了回来，让他们一起去围攻李陵。随着匈奴军队越来越多，李陵也意识到自己遇到的只怕不是小股匈奴部队，而是匈奴主力，他知道再打下去肯定不是匈奴人的对手，便率军一路且战且退，向着南面撤退。且鞮侯单于当然不会就这么放李陵离开，于是率军一路追击汉军南下。几天后，汉军在一座山谷中被匈奴人重重围困。经过连日的交战，汉军虽然杀伤了不少匈奴人，但自己这边大多数人都受了箭伤，于是撤退的阵形变成了：受伤三处的人坐在车上，受伤两处的人负责驾车，受伤一处的人依然拿着武器坚持与敌人作战。按理说汉军已经足够勇敢了，但李陵心头却有怀疑，他很奇怪："我军的士气怎么看都不如以前，而且再怎么鼓舞都得不到提升，不知道是什么原因，难道军中有女人？"还真让李陵猜对了，军中果然有女人。按照汉朝法律，关东盗贼犯法被捕后，妻女会被流放到边塞，李陵所部长期在边塞驻扎，自然有人跟这些女子暗中结合，让她们做自己的妻子。这一次出征，不少人偷偷将妻子藏在车中，随军一起到达前线。李陵很快把搜查出来的女人全部杀掉，汉军的士气果然大振。第二天，李陵再度率军与匈奴作战，士气大振的汉军一口气斩杀了二千多匈奴人。

借着这一刻的获胜，李陵带人向东南方突围，沿着故道向汉朝边塞进发。这么走了四五天之后，汉军来到了一片长满芦苇的沼泽中。匈奴人以为机会来了，就在上风处放火，企图一举烧死汉军。李陵自有对策，他让部下先放火烧光了周围的芦苇，这样一来火蔓延不进来，火攻自然无效。之后，汉军继续向南进发。眼看越走越往南，且鞮侯单于心头万分忐忑，他犯起了嘀咕："这支步兵肯定是汉朝的精兵，所以我们猛攻之下也不能将他们消灭，他们一直在引着我们往南边走，莫非南面有汉军主力埋伏着，想要伏击我们？"且鞮侯单于越想越觉得是这么回事，便想就此撤退。没想到匈奴众将都不同意，他们表示："单于亲自率领几万骑兵攻打汉军几千人都不能将他们消灭，这件事传出去后，单于还凭什么号令各部？而汉朝只会更加轻视匈奴！再往前还有四五十里才会到平原地区，我们可以抓住机会与汉军打上一场，如果不能获胜再返回不迟。"且鞮侯单于听后不再迟疑，继续率军南下追击汉军。很快，汉军就到达了一座山下，且鞮侯单于心知机会不多了，便在南山上让他的儿子亲自率领骑兵向汉军发起了进攻。汉军在李陵的率领下，利用步战的优势在森林中辗转作战，再度斩杀几千匈奴人。汉军甚至用连弩机射击且鞮侯单于，逼得他不得不下山躲避。然而遗憾的是，这一回汉军没能摆脱匈奴人，双方在路上缠斗不休。

随着时间的推移，战局对汉军越来越不利了，匈奴仗着自己人多，每天都要发动几十次进攻。在这种情况下，汉军依然奋力作战，杀伤了两千多名匈奴人，但他们自身同样伤亡惨重。且鞮侯单于见怎么打也拿不下汉军，心头再次打起了退堂鼓，准备就此撤退。偏偏在这时，汉军中出了叛徒，一个叫管敢的军候因为受到了校尉的欺辱，一怒之下竟然逃到匈奴军中投降，并将汉军的虚实全部告诉了且鞮侯单于："这支汉军的统帅叫李陵，所部没有任何后援，不但大多数将士受伤，而且箭矢也快用完了。目前还有战斗力的只有李陵和校尉成安侯韩延年各自率领的八百人，他们带着这些人在前面开路，用黄旗和白旗作为标志，只要集中精锐骑兵射杀前部人马，汉军立刻就会被击破。"

且鞮侯单于这才知道汉军根本没有什么埋伏，李陵所部就是一支孤军，他大喜之下再也不提撤退，而是让手下骑兵赶紧一起向汉军发起猛攻。匈奴人一边作战还一边大喊："李陵、韩延年赶快投降！"匈奴还分出一部分人马截断汉军退路，将汉军围困在了山谷之中。匈奴骑兵站在山上，从四面八方向汉军射箭，一时间箭如雨下，汉军伤亡惨重。在这种局势下，李陵依然带着军队拼死向南突围，向着鞮汗山（在今蒙古国南戈壁省境内）进发。糟糕的是，汉军的箭矢用完了！在匈奴人的狂攻之下，汉军一天之内竟然用完了五十万支箭矢，李陵无奈之下只得抛弃辎重车辆，继续向南撤退。这时候汉军还有三千多人，但极度缺乏武器，不少人甚至只能砍下车辆的辐条作为武器，就连军中的文职人员也被迫拿起短刀加入了作战行列。

再次向南进发后不久，汉军终于被逼进了死胡同里，他们被匈奴军队重重围困在了一条狭长的山谷之中。且鞮侯单于亲自率军截断了汉军的退路，又让人将山上的巨石推入谷中。多如雨点的巨石从天而下，汉军伤亡惨重，再也不能继续前进了。当天晚上，李陵独自一人穿着便服离开军营，不让其他人跟随，他告诉他们："你们不要跟着我了，我要独自一人前去生擒且鞮侯单于。”直到这时，李陵依然想靠一己之力来个擒贼先擒王，一举扭转败局。只可惜他始终没有找到机会，只得黯然返回军营。李陵终于放弃了，他心知自己已经兵败，无力回天，便让人将军中的旌旗全部砍倒，与珍宝一起埋进了地下。汉军之中有人劝李陵:“将军此战威震匈奴，陛下一定不愿意看着您这么死去，既然这次上天不帮忙，不如暂时投降匈奴，就像以前的浞野侯一样，之后再找机会逃回汉朝。陛下对浞野侯尚且礼遇有加，更何况是将军这样一直深受宠信的人呢？”李陵却不肯投降，他赶紧阻止道:“你别说了，我要是不战死此地，实在算不上壮士。”

即便到了这时，李陵心头依旧不甘，他告诉部下:“如果能再有几十支箭，就足够我们逃脱了。只可惜，现在没有任何武器能够再战，等到天亮后，我们就只能束手就擒，不如就此各自逃命，也许还有人能够侥幸逃脱回去报告天子。”说完，他分给每个士兵二升干粮和一片冰，约定在遮虏障（即居延塞）会合。半夜时分，汉军进行了最后一次集合，李陵原本想敲响战鼓集结将士，但战鼓早已破损，根本敲不响。李陵吩咐汉军分头突围，他自己则和韩延寿带着十几个人独走一路突围。匈奴人发现后，立刻分出几千骑兵前往追击。在匈奴人的追击下，韩延寿战死。韩延寿就是曾主动请命出击南越的勇士韩千秋的儿子，不想竟然跟父亲一样殒命他乡。韩延寿死后，李陵忽然不走了，他叹息一声:“我已无面目再去见皇帝陛下。”说完之后，他就转身投降了匈奴。李陵所部人马中，有四百多人成功突围返回了边塞。

李陵最终还是选择了此前部下建议的方法，暂时投降匈奴，希望以后能像赵破奴一样找到机会返回汉朝。可惜的是，造化弄人，他的诈降竟然阴差阳错地变成了“真降”。李陵走投无路的地方，距离汉朝边塞只有一百多里，他战败的消息很快就传到了长安。汉武帝听闻李陵战死后，心里非常难过，赶紧派人前往抚慰李陵的母亲和妻子。结果有人发现李陵母亲和妻子的面相并不像有亲人死去，认为此事必有蹊跷。汉武帝听说后赶紧派人前去调查，果然发现李陵没有死，而是投降了匈奴。愤怒的汉武帝将陈步乐找来责问，陈步乐无话可说，只得选择自杀。在这种情况下，满朝文武都认为李陵有罪，只有太史令司马迁站出来为李陵说话，他认为："李陵对父母孝顺，对士人守信，他常常奋不顾身，赴国家急难，颇有国士风范。这一次出征不幸战败，那些保全自身性命和妻子儿女的臣子就跟着捏造他的短处，实在令人痛心。更何况李陵率领五千步兵，深入满是战马的匈奴腹地，抵挡了数万敌军；匈奴被打得连伤者都来不及救治，将全国所有能拉弓射箭之人全部调来围攻李陵。李陵率部转战千里，在箭矢用尽、无路可走的情况下，将士们依然拿着没有箭的空弩机，拼死与敌人作战。能够得到部下这样的拼死效力，即便是古代的名将，也不过如此。李陵虽然兵败，但他对匈奴的打击足以使他名扬天下。我认为李陵之所以没有死节，应当是想找机会报效国家。"

司马迁这一番猜测合情合理，只可惜说话的时机不大对：李广利又战败了！李广利率军出发后，一路向北到达天山。在这里，他与右贤王部展开激战，最终一举将匈奴人击败，斩杀了一万多敌人才班师而回。如果没有后面的事，汉军算得上是打了一场大胜仗，只可惜在回来的路上，李广利被匈奴主力重重围困，还是靠军中代理司马赵充国带着一百多名勇士在前面开路，才得以杀出重围。这一次汉军的伤亡十分惨重，竟然有十之六七的人战死。至于公孙敖和路博德一路，则完全没有起到什么作用，两人根本就是白跑了一趟：在涿邪山（今蒙古国戈壁阿尔泰省东南额德伦金山）附近晃荡了一圈，连一个敌人都没看到就回来了。司马迁本是为李陵辩驳的话，在汉武帝听来就成了批评李广利，嘲讽自己用人不当，于是气愤之下直接对司马迁施以宫刑。过了一段时间后，汉武帝渐渐消气了，他也意识到自己对李陵太过苛责，李陵之所以会孤立无援，纯粹是自己上了路博德的当，根本不是李陵的错。于是他开始派人对李陵逃回来的余部厚加抚慰，并派人四处打听李陵的消息。

然而，更悲剧的事情还在后面。李陵投降匈奴一年多以后，汉武帝派遣公孙敖率军深入匈奴以图迎接李陵回来。公孙敖出塞跑了一圈，无功而返，但他不敢就这么回去，只好在塞外徘徊。直到听到一个消息之后，公孙敖才敢率军返回，然后报告汉武帝：“我听抓到的俘虏说，李陵在训练匈奴人对付汉军，不肯回来，所以我这次才会无功而返。”汉武帝一听再次愤怒了，自己努力想要接回李陵，没想到李陵竟然真的投降了！无法平息怒火的汉武帝，下令诛灭李陵全家。消息传出之后，李氏家乡陇西郡的人全都以李氏为耻。实际上，这是一个天大的误会，替匈奴练兵的人根本不是李陵，而是一个叫李绪的降将。听闻家族出事，痛苦的李陵找到机会杀死了李绪，可惜他自己却再也无法返回汉朝了。

在此后的岁月中，李陵娶了且鞮侯单于的女儿为妻，就这样留在了匈奴。在匈奴，李陵见到了昔日的好友苏武，他为苏武带来了他家人的消息，还赠送给了苏武不少牛羊。然而两人的不同遭遇注定了不同的结局，最终李陵只得与苏武洒泪挥别。到了汉昭帝在位时，掌权的霍光和上官桀等人都是李陵以前的好友，他们再次派出李陵的朋友任立政前往匈奴，希望能够让他返回汉朝。李陵心中虽然依然想念着汉朝，但他在那里的家已经破灭、亲人已经死亡，终究是无法再回去了，最终拒绝了霍光等人的邀请，老死在了匈奴。李陵死后，他的后人一直居住在北方，后世子孙李穆一族曾在隋朝荣宠一时。更有甚者，曾在蒙古草原和中亚地区盛极一时的黠戛斯汗国也自称是李陵的后人，还与自称为李广后人的李唐皇族攀过亲戚。

贰师末路：李广利兵败匈奴

天山之战中，汉军面对匈奴可谓是全方位失利，不但折损了李陵的那支精兵，作为主攻部队的李广利所部同样损失惨重。汉武帝对这一切非常不满，急需找匈奴人复仇。就在天汉四年（公元前 97 年），天山之战仅仅过去一年多，汉武帝便迫不及待地又一次发动了对匈奴的大战。有鉴于天山之战中，两路汉军都是被匈奴以多击少杀败的，这一次汉武帝派出了大批人马，征发天下

“七科谪”（即讨伐大宛时曾征发过的犯罪的官吏、逃亡者、入赘妇家的男子、商人、原属商人户籍者、其父母或祖父母属商人户籍者这七种人）和勇士，拼凑起了步骑兵共计二十一万多人，对匈奴发动了浩浩荡荡的远征。

此次汉军总共分为四路人马，依然以贰师将军李广利为主将，他负责率领六万骑兵、七万步兵总计十三万人从朔方郡出发，一路向北寻找匈奴主力决战。强弩都尉路博德率领一万多人作为偏师，从居延塞出发，向北与李广利会师。为牵制匈奴军队、策应李广利行动，游击将军韩说率领三万多步兵从五原郡出兵北上，因杅将军公孙敖率领一万骑兵、三万步兵从雁门郡出塞。与此同时，公孙敖一军还负有另一项任务，那就是进入匈奴境内，找机会把李陵接回来。

面对来势汹汹的汉军，且鞮侯单于首先将老幼妇孺以及财物辎重全部转移到余吾水（今蒙古国土拉河）北面，自己则率领十万精锐骑兵在余吾水南面等待汉军到来。李广利进入匈奴境内后，一直没有遇到匈奴军队，直到与路博德会合后他才知道匈奴军队全在余吾水一带，于是赶紧带着人向余吾水进发。面对以逸待劳的匈奴军队，李广利毕竟不是卫青，他带着十四万人与且鞮侯单于连续大战十多天，依然无法分出胜负。随着时间的推移，长途远征的汉军补给渐渐开始跟不上了，再打下去只能是全军覆灭，无奈之下李广利只得撤军而回。至于其他两路人马，韩说出塞后根本就没有遇到敌人，在塞外转悠了一圈就撤回来了。公孙敖倒是遇到了匈奴左贤王部，但他不是对手，大败而回。

要说收获倒也是有的，只可惜是负面收获。公孙敖作战失利后，为了推卸责任，就向汉武帝上书说：“据我俘虏的匈奴人说，李陵在教匈奴人制造兵器，并为他们训练军队，以用来对付汉军，现在匈奴人深悉我军虚实，所以我才打不过左贤王。”当初漠北之战时，李广便与公孙敖有嫌隙，他认为卫青之所以安排自己去偏师，是为了帮助公孙敖捞取战功。那一战，李广因迷路延误战机，最终选择自杀。如果说那一次是误会，那么这一次公孙敖实实在在害惨了李陵。替匈奴人练兵的将领哪是什么李陵，而是一个叫作李绪的降将！公孙敖不辨真伪就将事情报了上去，想以此掩盖自己失利的责任。公孙敖自己是没事了，却害得李氏满门被杀，李陵终生徘徊塞外。谎报军情的公孙敖最终也没落得个好下场，一年之后他就因为妻子深陷巫蛊案而被腰斩。

征和三年（公元前 90 年），匈奴人再次入侵五原、酒泉两郡，斩下两地的都尉后扬长而去，愤怒的汉武帝决定再次对匈奴开战。自从上一次与匈奴交战之后，他已经等待了太长的时间，迫切需要击破逐渐恢复元气的匈奴人。经过七年的休整，汉军已有所恢复，这也是汉武帝再次发动大战的底气。另一方面，匈奴这边也发生了重大变故。此时的单于已经不是且鞮侯单于了，他在余吾水之战的第二年就病死了。且鞮侯单于的长子被封为左贤王，次子被封为左大将。按照匈奴人的习惯，左贤王就相当于太子，以后会继承单于的位置。且鞮侯单于临死前还留有遗言，自己死后传位给左贤王。然而且鞮侯单于去世的时候，左贤王并不在王庭，而是领兵在外。在他回来前，匈奴的贵族们认为左大将更适合成为继任者，就一起拥立他做了单于。左贤王这时候已经在回来的路上了，一听弟弟被拥立为单于，立刻吓得不敢再继续前进。然而左大将自己根本不想做单于，他不但推脱了贵族们的请求，还派人去迎接左贤王回来即位。左贤王以为左大将是在故意试探他，不敢回去送死，于是借口有病再三拒绝了左大将派来的人。左大将却是铁了心要让位，他表示："你先回来做单于，等你死了再传给我也是一样的。"这一下左贤王没法推辞了，他意识到弟弟是真心相让，便回到王庭继承了单于之位，这就是狐鹿姑单于。狐鹿姑单于即位以后，为了感谢弟弟，就将他立为左贤王，表示自己将来要传位给他。没想到左贤王运气不好，没两年竟然病死了，他这一死，狐鹿姑单于就将自己的儿子立为左贤王，弟弟的儿子先贤掸则只做了一个日逐王。这件事，成了日后匈奴分裂的重要原因。当然，这都是后话了。

汉武帝派去征讨匈奴的主将依然是贰师将军李广利，这是他第三次领兵讨伐匈奴，也将是最后一次。只怕李广利也没想到，他这一去竟然再也回不了长安，很多事情都在这之后发生了重大变化。按照汉武帝的部署，这一次汉军依然是兵分三路向匈奴境内挺进：李广利作为主力，率领七万军队从五原郡出发，向着北面前进，以寻找匈奴主力决战；御史大夫商丘成率领三万人从西河郡出发，作为偏师牵制匈奴军队；重合侯马通则率领四万骑兵从酒泉郡出发，作为机动部队策应其余两路。得知汉军发动进攻的消息后，狐鹿姑单于随即进行了战略部署。说是战略部署，其实还是赵信当年提议的老一套战术。按照这种思路，狐鹿姑单于将辎重全部搬到赵信城北面的郅居水（今蒙古国色楞格河）一带，左贤王也率领所部百姓渡过余吾水，向北面迁徙了六七百里，居住到了兜衔山一带。狐鹿姑单于自己则率领精兵驻扎在姑且水（今蒙古国图音河）一带等待汉军的到来。

商丘成率军出发后，一路走捷径向北面挺进，结果连一个匈奴人都没有碰到，只得撤军而回。没想到的是，商丘成这一撤，匈奴人竟然出现了。狐鹿姑单于一看商丘成退了，立刻让手下大将和李陵带着三万多骑兵南下追击汉军。商丘成退到浚稽山时，最终被李陵追上。然而李陵率领的匈奴骑兵不但没有将汉军消灭掉，反而自身伤亡惨重。商丘成一路且战且走，在蒲奴水（今蒙古国翁金河）再次大败匈奴军，逼得李陵不得不率军退走。另一路的马通就更加顺利了，他率军北上直达天山，原本狐鹿姑单于派了大将偃渠和左、右呼知王带着两万多骑兵在这里等待汉军，没想到他们一看到汉军人多势众，竟然吓得立刻跑路了。这么一来，马通连个敌人都没看到，就退回来了。最倒霉还是车师国，因为它亲附匈奴，汉武帝怕它袭扰马通，就让闿陵侯成娩率领楼兰、尉犁、危须等西域六国军队一起灭了车师，将车师国王和百姓俘虏了回来。

作为主力的李广利，这一次总算是有所斩获。他出塞以后，在夫羊句山的狭道上遇到了等候已久的匈奴军队。这支匈奴军队是由右大都尉与卫律两人率领的五千骑兵，想要借助地形的优势阻挡汉军一阵。李广利虽然打仗不行，但手下人多势众，一番激战下来很快就将卫律等人击退，乘胜追击到了范夫人城（今属蒙古国南戈壁省）。卫律等人一路败退，根本阻挡不了汉军。这时候，只要李广利乘胜收兵，这一战将成为他出击匈奴以来最大的胜仗。偏偏就在他想要退兵之时，后方传来了一个重大消息：丞相刘屈氂（máo）

被杀了！接到消息的李广利大惊失色，不知道该怎么办才好。

李广利和刘屈氂之间有什么样的联系呢？这事还得从戾太子刘据说起。汉武帝到了二十九岁才有了第一个儿子，也就是卫子夫所生的刘据。对于这个儿子，汉武帝宠爱有加，立刻就将他立为太子，再加上当时卫青、霍去病两人位高权重，太子的地位稳如泰山。然而到了后来，随着太子的年龄越来越大，汉武帝开始越来越不喜欢这个儿子了。太子仁慈宽厚、温和谨慎，很得百姓拥戴，但汉武帝却觉得太子身上少了精明干练的气质，所以对他非常不喜。再加上汉武帝的儿子越来越多，对卫子夫和刘据两人也越来越不重视，弄得他们越发不安起来。汉武帝察觉到这事后，曾专门告诉过卫青："我朝很多事业还处于草创阶段，周围的各族也对我国侵扰不断。如果不变更制度，后代将会失去准则依据；如果不出师征伐敌人，天下就不能安定，所以现在才不能不让百姓们劳苦。我的后代却不能这么做，不然肯定会重蹈秦朝的覆辙。太子性格沉稳好静，正适合安抚天下。如果要找一个能以文治国的君主，没有谁比太子更合适。"听了这番话以后，卫子夫和刘据才渐渐放下心来。每次刘据劝阻汉武帝征战时，汉武帝总会说："由我来做这些艰难的事，把安逸留给你，这不挺好吗？"

此时的汉武帝对太子非常信任，每次出巡总是让太子监国，宫中的事则一律交由卫子夫处理。寻常事情全由卫子夫和刘据两人裁决，汉武帝回来后根本不会多问。只不过汉武帝执法严苛，喜欢用一些酷吏，偏偏刘据是一个宽厚之人，经常会进行劝阻，一来二去之下让很多酷吏对刘据非常不满，经常联合起来攻击他。卫青还在时，对刘据不满的大臣还不敢妄动，但卫青死了以后，这些人就以为太子的靠山倒了，纷纷跳出来攻击太子。

当时有一个小黄门名叫苏文，他就非常喜欢攻击刘据，甚至还告诉汉武帝太子喜欢调戏宫女。汉武帝并没有责怪太子，反而将太子宫中的宫女增加到了两百人。只是这么一来，刘据就恨上了苏文。苏文知道太子恨自己，就与另外两个小黄门常融、王弼一起老是找太子的错处，然后添油加醋说给汉武帝听。卫子夫知道以后，就让刘据将事情告诉汉武帝，但刘据为人宽厚，觉得自己只要不做错事就不必怕其他人胡说，对此毫不理会。哪怕太子不说，苏文等人还是倒了霉。正所谓久走夜路终会碰见鬼，苏文等人诬陷多了，最终还是让汉武帝发现了。有一次汉武帝生了病，就让常融去召太子前来。常融回来后告诉汉武帝，太子知道他生病后面有喜色，结果等太子到了时，他却发现太子脸上还有泪痕，显然是强颜欢笑。汉武帝哪还看不出来问题，他立刻派人前去查证，果然查出是常融诬告太子。常融被汉武帝处死后，苏文等人才开始有所收敛。

当时长安巫蛊之术盛行。所谓“巫蛊”，说白了就是在土里埋进木头人，诅咒对方。宫中不少人为了争宠，非常喜欢诬告他人用巫蛊诅咒皇帝，这些人无一例外都被汉武帝处死了。有一天，汉武帝睡觉时忽然梦见一堆木头人袭击自己，惊醒之后身体就逐渐开始不太好了。他一心认为是有人用巫蛊之术诅咒自己，便安排了一个叫江充的人负责查证此事。巫蛊之事牵连极广，很多人都因为被人告发而死。丞相公孙贺和儿子公孙敬声就因为被阳陵大侠朱安世告发，两人双双被处死。牵连被杀的还有阳石公主、诸邑公主以及卫青的长子卫伉。巫蛊事件原本只涉及宫外，与刘据毫无关系，偏偏负责此事的江充与刘据有过节。

某天，刘据的一个家臣坐着马车在驰道上行走，这不符合规定，被江充抓了。刘据为这个事向江充求情，江充却毫不给面子，径自报告给了汉武帝。因为这件事，江充赢得了汉武帝的信任，却得罪了太子。害怕太子以后报复，他便想趁着查巫蛊的机会将太子除掉。

江充借着汉武帝的疑惧心理，偷偷让胡人巫师檀何告诉汉武帝：“宫中有巫蛊之气，如果不将这巫蛊之气散掉，陛下的病是不会好的。”汉武帝信以为真，就让江充进宫查找巫蛊的源头，并安排按道侯韩说、御史章赣和苏文一起协助他。江充是个狠人，他在宫中大肆挖掘，搞得皇后和太子甚至连放床的地方都没有了，他对外则宣称在太子宫中找出了很多木头人，这就是巫蛊的源头。刘据根本就没有干过这些事，他惧怕之下只好问计于老师石德。石德是万石君石奋的孙子、丞相石庆的儿子，身上却没有父祖那一份小心谨慎。一听到消息，石德就被吓住了，生怕这事会牵连到自己头上，就建议刘据假传圣旨先把江充等人诛杀了再说。刘据原本不敢这么干，但江充逼迫得越来越急，搞得他只能铤而走险，派人假传圣旨将江充杀死，一同被杀的还有韩说，只有苏文和章赣两人跑了出来。

汉武帝得知后怒不可遏，在他看来，太子这是要造反，于是立刻让刘屈氂等人组织兵力平叛。太子也打开武库将兵器分发给囚徒和跟随自己的百姓，将他们武装起来与汉军对抗。马通和商丘成等人先后率领军队赶到长安增援刘屈氂，太子却没有任何外援，他原本指望卫青昔日的门客、时任北军护军使者的任安能出兵帮忙，但任安认为太子造反，不肯派兵援助。最终刘据一方寡不敌众，激战五天后终于溃败，一时间长安城血流成河，皇后卫子夫也被迫自杀。刘据虽然靠着暴胜之和田仁放行逃出长安，但很快就在湖县被杀。这就是西汉历史上著名的巫蛊之祸，也是汉武帝晚年影响最深远的政治事件，受牵连被杀或者被流放的人不计其数。但也有人在这场动荡中加官晋爵，商丘成、马通等人就因为平叛有功纷纷被封侯。

巫蛊之祸本身与李广利并没有什么关系，跟他有关系的是太子之位。刘据死后，太子的位置就空了出来。当时，汉武帝次子、王夫人所生的齐王刘闳已经死去，剩下的还有李姬所生的第三子燕王刘旦、第四子广陵王刘胥、李夫人所生的第五子刘髆以及钩弋夫人所生的幼子刘弗陵四人。这里面以刘旦的年纪最大，按照立长的规矩就应该立他为太子。就连刘旦自己也这么认为，结果不小心坏了事，他以为太子之位非自己莫属，就直接上书汉武帝，请求让他入宫担任宿卫。汉武帝哪还不明白刘旦是什么意思，他觉得刘旦这么急不可耐地谋夺太子之位，肯定不是什么好货色，于是不但没有把他立为太子，还把他派去的使者扔进了监狱。刘旦算是完了，除去出生不久的刘弗陵外，剩下的只有广陵王刘胥和昌邑王刘髆两人了。此时李夫人早已死去，自然是指望不上，李广利这个做舅舅的就得为外甥谋划了，而他找上的盟友就是刘屈氂。

刘屈氂乃宗室出身，他的父亲就是汉武帝的哥哥中山靖王刘胜。公孙贺因巫蛊事件被杀后，刘屈氂就代替他担任了丞相。不过刘屈氂的丞相之路非常不顺，上任没多久就赶上刘据起兵，刘屈氂吓得狼狈逃出长安，甚至连自己的印玺都丢了。后因率兵击破刘据，夺回长安城，他才没有被降罪。刘屈氂之所以愿意帮李广利，是因为他的儿子娶了李广利的女儿为妻，两人是儿女亲家，算得上是天然的政治盟友，而且一旦拥立有功，对刘屈氂自己也有莫大的好处。李广利出征时，刘屈氂曾一路送行到渭桥，李广利告诉他："希望您能早日想办法请皇上立昌邑王为太子，如果昌邑王能继承帝位，您以后还有什么可忧虑的呢？"刘屈氂当场允诺。

刘屈氂有没有想办法不得而知，但他的夫人倒是想出了办法，只可惜这个办法实在是拙劣至极，那就是找人诅咒汉武帝早点死。明知道汉武帝憎恶巫蛊之术，还跑来玩这一套，简直是自寻死路。更惨的是，这件事还被人知道了，内者令郭穰直接将此事报告给了汉武帝，而且还牵连出了刘屈氂与李广利勾结想要立昌邑王的事。经查证属实后，汉武帝将刘屈氂夫妇一起处死，李广利的妻儿也被全部关押进了监牢。在这种情况下，李广利哪还敢回长安自投罗网。

当时李广利手下有一个叫胡亚夫的人，这人因犯罪被迫从军，希望能立下军功获得赦免。如果就此退兵，胡亚夫就没有什么功劳，但他急迫地想要立功。听到李广利一家出事后，胡亚夫觉得机会来了，他赶紧找到李广利，告诉他："将军您的夫人和家属都已被逮捕下狱，如果现在回去，等于自投罗网，那时候您还能再看到郅居水以北的土地吗？"

李广利明白胡亚夫的意思，也想继续深入匈奴境内，要是能立下大功，说不定汉武帝还能回心转意放自己一马。正是在这种侥幸心理下，数万汉军将士踏上了不归路。李广利率军一路北上，很快就到达了郅居水边，这时匈奴人早已退走，他便下令让护军带着两万骑兵渡过郅居水追击匈奴人。匈奴的左贤王和左大将此时正带着两万骑兵在北面晃悠，正好遇上汉军。双方激战了整整一天后，匈奴大败，死伤惨重，就连左大将都被汉军斩杀。这原本是汉军继续进军的好机会，可惜的是汉军自己却先乱了。乱的原因非常简单，李广利全家出事的消息终于在军中传开了！长史和决眭都尉辉渠侯仆多商量道："贰师将军本应该退兵，却因为家人出事不肯撤退。他肯定怀有二心，想要挣得更多的功劳，却将全军置于危险的境地。如此下去，肯定要失败，不如我们先下手为强，将他拿下。"可惜他们还没来得及行动，就被李广利知道了，李广利立刻将两人斩杀。不过这么一来汉军军心大乱，再也不可能向前了，李广利只好率军撤退到燕然山（今蒙古国杭爱山）。狐鹿姑单于一看汉军撤退，虽不知道具体情况，但也猜到汉军必定疲惫不堪，就亲自率领着五万骑兵追击李广利。双方在燕然山一带大战一场，死伤惨重。当天夜里，狐鹿姑单于暗中派人在汉军回师路上挖了一条深达数尺的壕沟，然后从汉军后方发起突袭。进退两难的汉军顿时大乱，被匈奴人杀得丢盔弃甲。走投无路之下，李广利只好向狐鹿姑单于投降。

李广利的投降，让狐鹿姑单于大喜过望，立刻将女儿嫁给了他。汉武帝听到李广利投降匈奴的消息后，下令将其全家处死。李广利在匈奴并没能逍遥多久，由于狐鹿姑单于对他的宠信在卫律之上，结果惹得卫律嫉恨非常。一年多以后，卫律借着单于母亲生病的机会，指使胡人巫师告诉狐鹿姑单于："您母亲之所以生病是因为您的父亲生气了，老单于传下话来，'早先时候，我们匈奴人在出征前的祭祀上经常许诺说，如果能生擒李广利，就要用他来祭祀土地之神。现在既然生擒了他，为什么不这么做？'"狐鹿姑单于自然不敢违背父亲的意思，只好命人将李广利逮捕处死。李广利死前不断叫骂："我死之后，化作厉鬼也要灭掉匈奴！"

李广利兵败投降，对汉朝而言是巨大的损失，不但失去了一位大将军，还葬送了数万大军。自此以后，汉武帝一直到死也无力发动新的远征。

第四章
西境争雄

东西联合：汉与乌孙共取匈奴

本始二年（公元前 72 年），汉宣帝即位不久，就收到解忧公主的求救信，希望汉朝能发兵帮助乌孙国一块干掉匈奴。匈奴之所以要打乌孙，原因让人哭笑不得：并不是想争夺什么地盘，而是想抢解忧公主。

匈奴之所以要到乌孙抢汉朝公主，实在是被形势所逼。燕然山之战后没几年，汉武帝就死了，汉朝一时间无法对匈奴发起进攻。即便没了汉朝的攻击，匈奴人的日子依然不好过。真被李广利言中，他死后匈奴国运维艰，竟然遇到了大雪灾！牲畜大批死亡，百姓们也因为瘟疫死伤无数，甚至种到地里的庄稼也不能成熟。就连狐鹿姑单于也因此疑神疑鬼，怀疑是李广利的鬼魂作祟，赶紧让人设庙祭祀李广利。这之后匈奴的国力越来越弱，哪怕是匈奴贵族也觉得以前跟汉朝和亲的日子更舒坦，狐鹿姑单于也是这么想的，只可惜他还没来得及去找汉朝和亲，自己就先死了。狐鹿姑单于的死，成了匈奴内乱的开端，而挑事的就是他的颛渠阏氏（相当于汉朝的皇后）。

狐鹿姑单于有一个异母弟弟任左大都尉，此人颇为贤能，很受匈奴人的拥戴。颛渠阏氏害怕狐鹿姑单于不立他的儿子而立左大都尉为继承人，就暗中派人把左大都尉干掉了。因为这件事，左大都尉的同母兄弟都不肯再去王庭。狐鹿姑单于觉得这事做得不地道，只好放任。狐鹿姑单于死时，儿子年龄还小，他特意留下遗言："我的儿子年龄还小，不能够治理国家，希望能立我弟弟右谷蠡王为单于。"结果狐鹿姑单于死后，颛渠阏氏就和卫律等人商量，假传狐鹿姑单于的遗命，将狐鹿姑单于的儿子左谷蠡王立为单于，这就是壶衍鞮单于。壶衍鞮单于即位以后，匈奴内乱越来越严重，左贤王和右谷蠡王都因为没有被立为单于而心生怨恨，他们甚至想要南下归附汉朝。到后来，左贤王与右谷蠡王怨恨之下便想攻击壶衍鞮单于，但他们担心自己的力量不够，又威胁卢屠王，想让他一起投奔乌孙，然后联合乌孙攻打匈奴。卢屠王不愿意，他干脆跑到王庭将此事报告给了壶衍鞮单于。壶衍鞮单于派人审问左贤王和右谷蠡王，两人自然不认账。壶衍鞮单于认为卢屠王是诬告，便直接将卢屠王砍了。匈奴人都知道卢屠王是冤枉的，内心对壶衍鞮单于越来越反感。左贤王和右谷蠡王虽然得了好处，但依然我行我素，甚至连龙城都不肯去了。

随着匈奴内部的分裂日益严重，匈奴人害怕起了汉朝的进攻。在卫律的谋划下，匈奴开始修筑堡垒，囤积粮食，以防汉朝进攻。然而城堡还没修好，就有人说匈奴人根本不会守城，修城堡只会白白给汉人送粮食，卫律一听只好停止工程，转而释放此前扣留的苏武等人，以向汉朝示好。没过几年，卫律也死了，他生前曾屡次建议匈奴主动向汉朝请求和亲，但匈奴人高傲惯了，始终不听。卫律死后，匈奴越发虚弱，更多的人逐渐认识到和亲的好处。只可惜汉朝不同意和亲，这不怪汉朝不肯，实在是匈奴太不像话，屡次派人骚扰汉朝边境。这么一来，汉朝哪可能与匈奴和亲？令人忍俊不禁的是，匈奴入寇汉朝边境反而自己经常吃亏，不光获利极少，还常常被汉朝边军杀得大败，根本得不到什么好处。

匈奴不光跟汉朝有矛盾，还跟东面的乌桓打起来了。乌桓一族本是东胡的一支，被冒顿单于打败后，逃到了乌桓山（今内蒙古阿鲁科尔沁旗以北的大兴安岭山脉）一带，因此被人称为“乌桓”。乌桓人跟匈奴打起来，主要是因为乌桓人把匈奴单于的墓给挖了。虽然匈奴最终打败了乌桓，但自己也损失惨重，再也不敢总去汉朝边境骚扰了。另一方面，因汉朝不肯和亲，壶衍鞮单于便开始重赏到来的汉朝使者，希望他们能替自己说话。汉朝巴不得匈奴人别来骚扰边境，于是也对匈奴加以笼络，但对和亲一事绝口不提。

元凤三年（公元前 78 年），壶衍鞮单于派出两万骑兵攻打乌桓，双方再次大干一场。当时掌权的大将军霍光觉得机会难得，就让度辽将军范明友率领两万骑兵从辽东郡出发，想要坐收渔翁之利。等范明友赶到时，匈奴人已经跑了，只苦了刚刚被匈奴暴打的乌桓人，没有还手之力的他们被汉军打得溃不成军，六千多人被杀，其中更有三个乌桓小王。匈奴人虽然跑得快，但也后怕不已，他们眼看找汉朝和亲不成，就想起乌孙有汉朝公主，便派人去乌孙强抢公主。

乌孙人与汉朝和亲已经很多年了，这得从张骞出使西域说起。张骞出使西域虽然没能说服月氏人和汉朝结盟，但他却向汉武帝提出了另一种建议，那就是跟西域的乌孙国结盟。当时乌孙的昆莫名叫猎骄靡，他虽然与匈奴时有冲突，但毕竟受过匈奴的恩德，一时间没有想与匈奴开战。更何况，张骞不知道的是，这时乌孙内部的矛盾已经非常严重了。猎骄靡有十多个儿子，其中最强的一个儿子叫作大禄，他非常善于打仗，率领一万多骑兵自成一体。但太子不是大禄，而是他的一个哥哥。太子的儿子叫军须靡，因担任岑陬一职，所以被称为“岑陬”。太子早死，死前曾请求父亲，希望能立自己的儿子做继承人，猎骄靡答应了。大禄认为自己应该是继承人，于是将兄弟们全部抓了起来，然后举旗叛乱，准备攻打岑陬。猎骄靡这时年龄已经大了，再也没有击败大禄的气魄，只好给了岑陬一万多骑兵，让他用来自卫。所以此时的乌孙虽然名义上是一个完整的国家，但实际上已经分成了三个部分。猎骄靡无法做出决断，最终拒绝了张骞提出的东迁以及与汉朝和亲的请求，只让张骞带回了几十匹马献给汉武帝，以作为答谢。

乌孙与汉朝联盟的计划原本就这么结束了，但很快却在阴差阳错下成功了，而促成两国结盟的推手竟然是想要一起对付的匈奴！匈奴听说乌孙和汉朝交好后，气愤之下便想攻打乌孙，他们甚至派人来了一次军事示威，军队从乌孙南面穿过，一直到达大宛和月氏境内。乌孙原本没有和汉朝结盟的想法，但一看匈奴军队都到家门口了，惊慌之下便想找汉朝帮忙，于是主动派使者前往汉朝献马，请求与汉朝通婚，结为兄弟之国。

这本就是汉朝所希望的，汉武帝自然答应，他很快就挑选出江都王刘建的女儿刘细君，让她作为公主远嫁给乌孙。匈奴一看乌孙与汉朝和亲了，也顾不得什么武力威胁，赶紧送了个匈奴公主给猎骄靡。猎骄靡本着两头都不得罪的原则，将细君公主封为右夫人，将匈奴公主封为左夫人。

猎骄靡因为自己年龄非常大了，细君公主还很年轻，于是死前想让细君公主嫁给岑陬。按照汉朝的习俗，女子是不能嫁给自己名义上的孙子的，细君公主自然不同意，甚至上书向汉武帝申诉。不过此时的汉朝还需要借助乌孙的力量对付匈奴，汉武帝便让细君公主按照乌孙的习俗嫁给了岑陬，以实现对抗匈奴的大业。细君公主无奈之下只得嫁给岑陬为妻。很快猎骄靡就死了，岑陬继承了乌孙王位。也正是从他开始，乌孙王号从“昆莫”改成了“昆弥”。细君公主在乌孙居住几年后，就病死在了乌孙，汉武帝再次封楚王刘戊的孙女刘解忧为公主，远嫁乌孙和亲，匈奴所要抢的公主就是这位解忧公主。

解忧公主嫁过去没几年，岑陬也病死了，他只有与胡人妻子生下的一个幼子泥靡，这时候年龄还太小。岑陬只能将王位传给大禄的儿子翁归靡，并提出了一个要求：“等泥靡年龄大了，你必须将王位传给他。”翁归靡即位以后，对外号称“肥王”，他娶解忧公主为妻，公主生了三个儿子（元贵靡、万年、大乐）和两个女儿。也就是在肥王时期，匈奴人打上了乌孙的主意，想要把解忧公主抢到手。乌孙虽然在肥王时期再次实现了统一，但依然不是匈奴的对手。在匈奴人的打压下，乌孙的车延和恶师先后被匈奴占据，无奈之下乌孙只好向汉朝求救。不久，解忧公主的上书就传到了长安：“匈奴人联合车师国一起进犯乌孙，希望汉朝天子能出兵救援。”此时的皇帝还是汉昭帝，他接到信后不敢独断，立刻召集群臣商议如何处理。按照大将军霍光等人的意思，匈奴侵犯汉朝的盟友，自然要派人前去救援。汉昭帝深以为然，他甚至已经打算集结军队远征西域了。遗憾的是，汉昭帝还没有付诸行动就去世了，出征一事就此搁置。

此后几年里，汉朝内部一直不稳定，经过昌邑王刘贺的短暂闹剧后，戾太子刘据的孙子刘病已继承了皇位，朝局终于再一次稳定下来，刘病已就是汉宣帝。汉宣帝刚刚即位，乌孙的求救信就再一次到来，这一次求救的已不单单是解忧公主，而是翁归靡和公主的联合上书：“匈奴人一而再再而三地入侵乌孙，声称要劫持公主而去，这样做无非是想断绝我国与汉朝之间的友好关系。我们乌孙肯定不会交出公主，现在我国的车延和恶师等地都已被匈奴抢走，国内受到的损失十分严重，希望天子能够尽快派出大军前来救援。我国愿意组织国内一半精兵，组建一支五万人的骑兵部队，与汉军一起合击匈奴，只请天子出兵救援我国。”汉宣帝对此非常重视，乌孙毕竟是汉朝长期以来的盟友，匈奴人又是冲着解忧公主而去，汉朝不出兵实在说不过去。更何况，这几年匈奴人屡屡入寇汉朝边境，汉宣帝早就想收拾匈奴了，难得乌孙肯出兵，自然不能错过这一打垮匈奴的大好机会。

本始二年，汉宣帝正式派兵出击匈奴。他命人在关东地区征召勇猛之士，又挑选各郡国三百石以下擅长骑射功夫的官吏一起从军，很快就凑齐了一支十六万余人的精锐部队。此次出兵的汉军共分为五路：以御史大夫田广明为祁连将军，率领四万多骑兵从西河郡出发，向匈奴进击；度辽将军范明友率领三万多骑兵从张掖郡出发，向匈奴进击；前将军韩增率领三万多骑兵从云中郡出发，向匈奴进击；以后将军赵充国为蒲类将军，率领三万多骑兵从酒泉郡出发，向匈奴进击；以云中太守田顺为虎牙将军，率领三万多骑兵从五原郡出发，向匈奴进击。除此之外，汉宣帝还让校尉常惠携带符节前往乌孙，敦促乌孙出兵，乌孙的昆弥亲自率领翕侯以下的骑兵五万多人从西面杀入匈奴境内。六路大军，总共二十多万人。按照汉宣帝的计划，他们必须出塞两千多里，然后分进合击，以图一举击溃匈奴的主力。

汉朝出兵的消息很快就传到了匈奴，壶衍鞮单于听到消息后大为惊恐，他出兵乌孙本就是为了避免和汉朝开战，怎么也没想到竟然惹得汉军大举来袭，而且一次性就出动了二十多万骑兵。要知道，汉朝自从漠北之战以后就再也没有出动过十万以上的骑兵部队，经过这些年的休养，竟然再度派出了这么多骑兵，壶衍鞮单于哪还敢抵挡，赶紧就带着老幼，驱赶着牲畜向着远方逃去。虽然匈奴以往也经常用转移老幼辎重、主力精锐以逸待劳的战术对付汉军，但这一次的情况却大不一样。匈奴每况愈下，壶衍鞮单于早就吓破了胆，根本不敢与汉军交手。结果等到汉军出塞之时，一路上竟然连匈奴人的影子都看不到。

度辽将军范明友率军出塞一千二百多里，到达北面的蒲离候水，没有遇到匈奴主力，只斩首、捕获了七百多个匈奴人，获得了马、牛、羊一万多头。前将军韩增出塞一千二百多里，一路到达乌员，没有遇到匈奴主力，只斩首、捕获了一百多个匈奴人，获得了马、牛、羊两千多头。按计划，蒲类将军赵充国一部需要和乌孙会师以后，一起进攻匈奴的蒲类泽（今新疆巴里坤湖）。但因乌孙人提前出发，会师已不现实，赵充国只好改变计划，他率军出塞一千八百多里，一直向西到达候山，斩首、捕获了壶衍鞮单于的使者蒲阴王等三百多人，获得了马、牛、羊九千多头。这三路人马都听说了匈奴人远逃的消息，知道遇不到匈奴主力，只好率军返回。

比起这三路，汉军另外两路就有点意思了。曾平定过益州夷民叛乱的田广明的表现无疑是最让人失望的，他出塞一千六百多里到达鸡秩山，一路上斩杀、捕获了十九个匈奴人，获得了马、牛、羊两百多头。但就在这时，一个立大功的机会降临到了田广明头上，此前出使匈奴的汉朝使者冉弘从匈奴回来，正好遇到了田广明的大军，他告诉田广明鸡秩山以西的地方有很多匈奴军队，只要出击就能立下大功。没想到的是，田广明竟然退缩了，他害怕自己被匈奴人打败，不但不想着出击，反而威胁冉弘等人，让他们告诉别人附近根本没有匈奴人。威胁朝廷使者，也亏田广明想得出来，就算冉弘被迫答应，回到长安后肯定也会告发他。就连田广明的部下公孙益寿都觉得这么退兵实在没法向皇帝交代，赶紧劝阻田广明。只可惜田广明是铁了心要走人，无论怎么劝说都没有用，他坚持带着大军打道回府。另一路的虎牙将军田顺也玩了个无厘头，他率军出塞走了八百多里，到达丹余吾水就退了回来，然后上报朝廷，声称自己斩首、捕获了一千九百多名匈奴人，获得了马、牛、羊七万多头。光看战绩，田顺无疑是五路大军之中最亮眼的，所获甚至已经超过了其他四路军队的总和，只可惜这一切都是假的，他纯粹是为了退兵谎报战功。很快汉宣帝就查到了二田所干的破事儿：田顺没有按计划进军，反而谎报战功；田广明明知敌人就在前面，却不敢前进。两人都被勒令自杀，只有劝阻田广明的公孙益寿因功被封为侍御史。

如果单看汉军这边，这次出击无疑是失败的，根本就是去塞外白跑了一趟。但这一次打辅助的乌孙军队却立下了大功！常惠与乌孙军队出发后，一路杀入了匈奴右谷蠡王的王庭。右谷蠡王怎么也没想到乌孙竟然能够这么快找上自己，猝不及防之下很快就被杀得大败。经此一战，右谷蠡王所部遭到了毁灭性打击，乌孙俘虏单于父辈贵族及单于之嫂、公主、名王、犁污都尉、千长、骑将及以下者共三万九千多人。除此之外，乌孙还得到了马、牛、羊、驴、骆驼七十余万头，昆弥将这些俘虏和牲畜全部留为己用，越来越强大。由于其他五位将军都没有什么战功，只有常惠跟着乌孙立下大功，汉宣帝便将常惠封为长罗侯。

表面上看，匈奴这次虽然损失了右谷蠡王所部，整体损失却不是很大；然而事实上，匈奴承受了很大的损失，这个损失发生在转移的过程中。由于转移得太过匆忙，跑的地方又特别远，一路上匈奴百姓死伤和逃亡的人非常多，病死在路上的牲畜更是不计其数。自此以后，匈奴再度衰落下去，壶衍鞮单于将这一切算在了乌孙头上，认为若不是乌孙找上汉朝，汉军根本就不会出塞，自己也不会蒙受这么大的损失。这一年冬天，壶衍鞮单于亲自率领数万精锐骑兵杀入乌孙，以报复乌孙此前的进攻。乌孙战败，不少百姓牲畜都被匈奴虏获。可惜的是，壶衍鞮单于的运气实在是差，回军途中竟然遇到了百年难遇的大雪天气，一日之间地上的雪就深达一丈多厚。结果匈奴人和牲畜死伤惨重，能够跟随壶衍鞮单于返回的竟然连十分之一都不到。

看到匈奴遭受巨大损失，乌孙意识到一举击破匈奴的机会来了，于是联合丁零、乌桓这两个与匈奴有仇的国家一起进攻匈奴。不久后，丁零从北面杀入匈奴境内，乌桓从东面杀入匈奴境内，乌孙从西面杀入匈奴境内，无力抵挡的壶衍鞮单于再次大败。三国总共斩杀了匈奴部众数万人，还获得了数万匹战马和大量牛羊。加上饿死的人，匈奴这一次竟然损失了十分之三的人口和一半的牲畜。从此以后，匈奴更加衰弱，原本臣服于它的西域各国全部叛变，开始不断出兵攻击匈奴。汉宣帝一看有机可乘，也派出三千多骑兵分三路杀入匈奴境内。要是在以前，这三千多人等于是去送死，但今时不同往日，汉军这么点人便俘虏了数千匈奴人，并且顺利返回。匈奴对此却丝毫不敢进行报复，他们已经无力与汉朝开战了，所想的只是能与汉朝和亲通好。

随着匈奴的衰落，汉朝在北部边境上的战事大大减少，再也不需要在边境屯聚重兵了。与此同时，汉朝西面却再次动荡起来。

西羌之乱：赵充国屯田破敌

元康四年（公元前 62 年），汉宣帝忽然接到一个消息：羌人中实力最强的先零部落与其他羌人部落的首领共两百多人忽然举行集会，他们互相约定解除各部落之前的仇恨，并彼此交换人质，宣读盟誓结为同盟。汉宣帝敏锐地意识到这是一个不正常的信号，西面可能再度发生动乱。

羌族是一个历史悠久的古老民族，早在上古时期就已经存在了，现在仍是我国五十六个民族之一。据说羌人本是三苗部落的一支，属于姜姓部落的别种，原本居住在衡山一带，后来舜帝流放四凶时，羌人迁徙到了三危一带。所谓“三危”，就是汉朝的敦煌郡一带。在这里定居下来的羌人，分成了许多部落，他们没有统一的首领，不种植五谷，只逐水草而居，往往以父母的姓氏作为种族的名号。羌人所在的地区绵延数千里，北面与匈奴接壤，南面与巴蜀等地相邻，西北则连接西域的龟兹、车师等国，战略位置十分重要。因此，中原王朝与羌人之间屡次发生大战。

商朝时期，羌方是商朝西面最重要的敌人之一。为了能够一举击败羌方，商朝前期发动了很多次战争，直到武丁统治时期才真正击败羌方，逼得羌人不得不前来朝贡。商周交替之际，羌人倒向了周朝一边，并跟随周武王在牧野之战中击败商朝大军，此后一直臣服于周朝的统治之下。不过在周穆王时期，随着周朝渐渐走下坡路，羌人再次反叛，他们不再向周朝朝贡，转而屡次与周朝开战，双方互有胜负，整体上来说却是谁也奈何不了谁。到了春秋时期，羌人中出现了一个重要领袖，他的名字叫爰剑，又被称为“无弋爰剑”。所谓“无戈”，在羌语中是“奴隶”的意思。传说中，爰剑不知道是何种族的人，他在秦厉公时期被秦国俘虏做了奴隶，后来终于抓住机会逃了出来。在逃跑途中，因秦军追得太急，爰剑便躲到了一个洞穴里面，最终成功避开了秦人。根据羌人的描述，爰剑藏在山洞时，秦军曾放火想要将他烧死在洞中，但忽然间出现了猛虎形状的云雾，将火阻隔在外面，爰剑因此才没有死掉。爰剑出来之后，当地的羌人认为连火都烧不死他，他肯定有神灵保佑，于是将他奉为领袖。爰剑将他所知道的农牧业知识全部教给了羌人，而在此之前，羌人以游牧打猎为生。从此以后，河湟地区的农业和畜牧业得到了很大的发展，羌人各部落也都争相归顺爰剑。

爰剑死后，他的子孙接替了首领的位置。到了其曾孙忍这一代时，随着秦国的强大，秦献公开始经营西面，于是派军灭掉了许多民族政权。羌人畏惧秦国，不少部落选择归顺，他们被秦国安置在各处，形成了越嶲羌、广汉羌、武都羌等各个羌族。忍和弟弟舞则留在了河湟地区。后来，忍的九个儿子和舞的十七个儿子分别掌控了不同的羌族部落。正是从此时开始，羌族逐渐强大起来。冒顿单于击破东胡和月氏国统一草原后，羌人迫于无奈，依附于匈奴。从此以后，羌人就成了汉朝在西部的一个大敌，他们与匈奴一起形成了阻隔汉朝与西域联系的屏障，让汉朝头疼不已。张骞从西域回来时，想经过羌人的地盘返回，结果被抓住送到了匈奴人手里。

浑邪王、休屠王投靠汉朝以后，汉朝西部边境的局面终于发生了变化：河西一带再也没有匈奴人出没，羌人与匈奴之间终于出现了空隙。雄才大略的汉武帝自然不可能放过这等良机，他立刻派兵进入河湟地区，将诸羌驱逐，在河西地区设置了河西四郡，又修筑令居塞（今甘肃永登县城附近）加强防守，终于将羌人与匈奴隔绝开来。羌人自然不甘心自己的地盘被汉朝插入一脚，于是当时诸羌中最强大的先零羌就和其他几支羌人结成同盟，组建了一支十多万人的大军，又联合北面的匈奴，对汉朝的令居塞和安故县（今甘肃临洮县南）发起了进攻，随后还包围了枹（fú）罕（今甘肃临夏市）。汉武帝当然不会纵容羌人的这种挑衅行为，他立刻派将军李息和郎中令徐自为两人率领十万大军西征。此时的汉朝正处于巅峰时期，就连匈奴人正面开打都不是汉军的对手，更何况羌人。一场大战下来，羌人大败亏输，被迫离开湟中一带，在西海（今青海湖）附近重新定居下来。也就是从这时开始，汉朝开始设置护羌校尉，负责管辖周围的羌人。随着羌人的迁徙，河西一带彻底空了出来，汉武帝便将内地的百姓迁移到这一带居住，使这里逐渐成了汉人的聚居区。羌人虽然远走湟中，但并未就此死心，他们依然渴望夺回故土，这一次各部羌人举行会盟正是为了这一目标。汉宣帝知道这件事之后，便找来赵充国询问情况。

赵充国是汉朝中期难得的名将，他本是陇西上邽人，后来迁移到了金城郡（治允吾县，今青海民和县南）一带居住。汉武帝后期，随着战争越来越频繁，朝廷不得不大规模募兵，赵充国正是在这时以六郡良家子弟的身份从军担任骑士，后因擅长骑射功夫被补为羽林卫士。他稳重勇敢、胸有谋略，年轻时就钦慕将帅的气节，不但学习兵法，还通晓四夷之事。

天汉二年，汉朝又一次与匈奴开战，年轻的赵充国以假司马（即代理司马）的名义参加了这场大战。在这次大战中，人们耳熟能详的是初次参战的李陵如何悲壮地兵败，却很少有人注意到同样是初次上阵的赵充国表现得多么出彩。赵充国是跟随贰师将军李广利一起出征的，他们按照原计划从酒泉郡出发，向北攻击右贤王所部，发动了著名的天山之战。天山之战初期，汉军曾大破右贤王所部，斩杀一万多名匈奴人，但随着且鞮侯单于率领主力赶到，仅仅三万骑兵的汉军陷入了匈奴人的重围之中。李广利本就没有多少将帅才能，一下子就慌了神，根本拿不出任何解决办法，汉军断粮好几天，全军死伤无数。眼看就要全军覆灭，关键时刻还是赵充国挺身而出，他率领一百多名勇士作为先锋，拼死杀出了匈奴的重围，李广利率领大军跟随在后，这才得以脱身。突围之后，赵充国就倒下了，他身上共有二十多处创伤，再也无法坚持。李广利倒也没有抢功的意思，他将突围的情形据实报告给了汉武帝。汉武帝听说赵充国受伤之后，不但派遣医生为他治疗，还将他召到宫中亲自慰问。查看了赵充国身上的创伤之后，汉武帝叹息良久，立刻将他拜为郎中，随后将他提拔为车骑将军长史。

到了汉昭帝时期，随着汉武帝时期老将的逐渐凋零，赵充国越来越受重用。武都郡的羌人反叛时，赵充国以大将军护军都尉的身份奉命指挥军队平叛。叛乱平定之后，赵充国升为中郎将，率军驻守上谷郡。不久后他被调回长安，担任水衡都尉。等到汉宣帝即位后，赵充国更是因为拥立之功被封为营平侯。本始二年汉宣帝五路讨伐匈奴时，赵充国担任蒲类将军，率领其中一路出击匈奴。汉宣帝之所以找赵充国询问羌人之事，不仅是因为信任赵充国，还因为赵充国对羌人早有看法。汉宣帝即位之初，就曾派光禄大夫义渠安国前往巡视羌人各部。先零部的羌人首领抓住机会向义渠安国提出："我们这里缺乏可以放牧的土地，希望天使（天子使臣）能够允许我们时常北渡湟水，到湟中没有耕地的地方进行放牧。"义渠安国觉得这是一件小事，立马就答应了下来，并上奏给朝廷说明情况。赵充国听到消息后气愤异常，义渠安国只是一个前往巡视的使者，竟敢擅自做出这种决定！要知道汉武帝此前为了将羌人赶出湟中可是派出了十万大军，义渠安国一句话竟然又让羌人搬了回去！赵充国立即上奏朝廷弹劾义渠安国，只可惜除了赵充国之外，其他人并没有意识到这件事的坏处，汉宣帝对义渠安国并没有惩处，这件事就这么不了了之了。此后几年，羌人打着朝廷使者同意的旗号，大张旗鼓地渡过湟水，迁移到了湟水地区，当地郡县无法制止。

到羌人结盟时，汉宣帝才意识到情况不对，终于想起了赵充国，询问他对这件事的看法。赵充国胸有成竹，回答道："以前羌人之所以容易对付，在于羌人部族各有首领，彼此之间常常互相攻伐，很难实现统一。三十多年前，羌人背叛朝廷时，也是先化解内部的仇恨，然后才组织联军进攻令居等地的。而朝廷派出十万大军，用了五六年时间才将他们镇压下来。征和五年（公元前 88 年），先零羌首领封煎等人派遣使者出使匈奴通好，匈奴趁机派人到小月氏传话羌人各部，'汉朝的贰师将军率领十多万大军投降了匈奴，汉朝已经衰败了。羌人被汉朝奴役得这么苦，张掖郡、酒泉郡以前都是我们匈奴的地盘，那里土地肥沃，你们何不与我们一起攻击汉人，然后居住在那里。'由此可见，匈奴与羌人之间的往来并非只是一代，双方早就有了共击汉朝的心思。这些年来，匈奴每况愈下，西部边境经常受到西域各国的袭扰，我怀疑他们派了使者到羌中与羌人达成同盟协议。如果真的是这样，那事情肯定就不会这么简单了，要叛乱的只怕不只是羌人，还有其他部落，我们应该提前做好准备才对。"

仅仅一个多月后，汉朝这边还没来得及进行准备，西边就再次传来消息：羌人首领——羌侯狼何派人前往匈奴借兵，想要击破鄯善国和敦煌郡，以断绝西域与汉朝之间的通道。汉宣帝得到消息后，再次询问赵充国。赵充国断言道："狼何的部落属于小月氏，一直以来都在阳关西南，他是不可能单独想出这条计策的。我怀疑匈奴的使者已经到了羌中，所以先零等部落才会解开彼此之间的仇恨，形成同盟。我敢断言，他们正在等待时机。待秋高马肥之际，西面必定发生变故。我建议先派使者前往巡视边境守军，提前做好防备，同时预先备好敕令，设法阻止羌人各部落解除仇恨，以此瓦解他们的联盟，揭露他们的阴谋。"赵充国还推荐了一个适合的巡视人选，那就是时任酒泉太守的辛武贤。汉宣帝与丞相、御史等人商议后，确定下来的使者不是别人，正是之前惹出事端的义渠安国。

义渠安国到达羌中后，吸取了上一次的教训，再也不相信任何羌人。他先将先零部落的首领三十多人全部召集起来，然后将桀骜狡猾之人全部杀死，随后又派兵袭击先零部落，斩杀了一千多人。义渠安国满心以为自己这样做就能解决问题了，却不料问题非但没有解决，反而越来越严重。他的冲动行为让很多一心归附汉朝的羌人部落感到恐慌，他们纷纷脱离汉朝独立。就连归义羌侯杨玉等人也在惊惧中反叛了汉朝，他们认为汉朝已不再信任自己，就出兵抢掠小部落，攻打汉朝边境城池，杀死地方官吏。一时间，西面的羌人因为义渠安国的鲁莽举动全面叛乱。无奈之下，汉宣帝只好让义渠安国以骑都尉的身份率领三千骑兵驻扎在边境一带，防备羌人进攻。义渠安国实在是不争气，他带人走到浩亹（今甘肃永登县西南，亹念作 mén）一带就遭到了羌人的突袭，结果死伤无数，兵器辎重等全部丢给了羌人，义渠安国自己却独自跑回了令居。

经过这一败之后，汉宣帝知道义渠安国难当大任，想要平定羌人还是得派一位有能力的将领才行。在汉宣帝心中，最合适的人选无疑是赵充国，然而赵充国已经七十多岁了，这个年龄再让他率军远征羌人实在是有些强人所难。汉宣帝一时间无法找到合适的人选，无奈之下只好派御史大夫丙吉前往询问赵充国，看看他有没有推荐之人。赵充国听明来意之后，立刻回答道："如果要说合适的将领，恐怕没有一人比我更合适了。"汉宣帝一听赵充国愿意出征，心头大喜过望，立刻再次派人前往询问："你觉得羌人现在的形势怎么样，如果要平定他们需要多少军队？"赵充国意识到汉宣帝太过心急了，便回复道："正所谓百闻不如一见，战争在远方是难以估计的，我现在在长安无法判断出具体形势，希望能尽快赶到金城郡。等我了解清楚当地的形势后，必定将地形图和作战计划呈上。羌人不过是小敌而已，他们违背天意反叛汉朝，要灭掉他们用不了多长时间，还请陛下把此事放心交给我，不要太过担心。"有了赵充国的保证，汉宣帝自然放心，他立刻下令让赵充国赶到前线统一负责对羌人的战事，并让金城郡的军队全部由赵充国指挥。

赵充国到达金城郡后，立刻着手集结军队。等召集到一万骑兵后，赵充国便开始着手制订下一步的作战计划。当时的羌人主要集结在湟水流域一带，赵充国想要击破羌人，首先要做的就是渡过黄河。然而渡河时很容易遭到截击，一旦渡河时中了埋伏，只怕等待汉军的就是一场大败。他先派出三校骑兵连夜衔枚渡过黄河，然后在黄河岸边列阵扎营。等第二天天亮时，汉军早已在对岸设置起了坚固的营垒，再也不怕敌人突袭了。之后，赵充国率领全军依次渡过黄河。

等汉军全部到达对岸以后，羌人骑兵才姗姗来迟，而且来的还不是大批骑兵，只是几十上百人的小股部队。他们人虽少，胆子却不小，竟然跑到汉军阵前溜达起来。汉军众将一看羌人如此猖獗，立刻想要出营收拾他们。没想到赵充国竟然不同意，他认为："我们才刚刚渡过河，战士和马匹都非常疲惫，这时候就不要出营去追逐敌人了。我看这些都是骁勇善战的羌人骑兵，一时间恐怕难以制伏，而且这很可能是敌人的诱敌之计。更何况，我们打仗都是以消灭敌人为首要目标，这种小利根本不值得贪取。"在他的严令下，汉军对羌人的挑衅毫不理睬，始终按兵不动。

接下来，汉军需要面对的是以险要著称的四望狭（今青海乐都县西），此地极容易遭到敌人的袭击，赵充国遂提前派出斥候前往查探。斥候回报的消息让赵充国大喜过望，四望狭中竟然连一个敌人都没有！他连忙召集军队，连夜通过四望狭，一直赶到了落都（今青海乐都县）。直到这时，赵充国才长出了一口气，他召集各军的司马，告诉他们："我就知道羌人根本不会用兵，如果他们能派几千人守在四望狭，我们哪里能够通过？现在我们既然已经通过了四望狭，羌人的败亡也就不远了。"赵充国老成持重，爱护士卒，每次作战前必定先制订好计划，然后再进行战斗。出征时，他常常向远处派出侦察兵；行军时，他必定做好战斗准备；扎营时，他必定使营垒坚固。所以一直以来，他很少打败仗。等他率军到达西部都尉府（今青海民和县南）以后，就不再继续前进了，而是留在当地坚守不出，每天只是犒赏士卒，使他们全部乐于为己所用。

见赵充国按兵不动，羌人每天都派人前往西部都尉府进行挑战，赵充国对此毫不理睬，只是坚守不出。随着时间的推移，羌人内部逐渐产生了变化，很多人开始后悔当初的反叛了。汉军从抓到的羌人俘虏口中得知，羌人各部的首领之间都在互相责怪："告诉你们不要造反了，现在汉朝天子派了赵将军前来讨伐我们。赵将军虽然已经八九十岁了，但他非常善于用兵，我们现在想同他决一死战，又怎么能够办到呢？"无计可施的羌人很快又想出了一个办法对付坚守不出的汉军，那就是派人袭击并断绝汉军的粮道，只要没有粮食补给，赵充国想坚守不出也是办不到的。遗憾的是，羌人的运气实在太差了点，他们断绝粮道的消息竟然传到了赵充国的儿子赵卬耳朵里。担任右曹中郎将的赵卬，此次出征负责率领期门佽飞、羽林孤儿、胡越骑作为侧翼部队，这时候刚好到达令居。赵卬接到消息后不敢大意，立刻派人向朝廷报告了这一最新情况。汉宣帝索性让赵卬率领八校尉与骁骑都尉、金城太守一起搜捕沿途山中的小股敌人。羌人派来断绝粮道的小股部队很快就被全歼，粮道再一次恢复了畅通。

赵充国虽然坚守不出，但这并不代表他什么事都没做。其实，他一直在暗中做一件事，那就是招降与分化羌人。诸羌叛乱之前，罕、开两羌的首领靡当儿曾派弟弟雕库前来西部都尉府向都尉报告先零羌打算反叛的消息，只可惜都尉不肯相信。没想到几天以后，先零人果真反了。按理说雕库先行向朝廷报告消息应该算有功之臣才对，但都尉却不这么看，他认为雕库有很多族人跟随先零羌一起反叛了，雕库本人肯定也脱不了关系，于是就将他扣押在了西部都尉府。赵充国了解到这一情况后，认为雕库没有罪，于是将他放了回去。同时赵充国还让雕库给羌人各部首领带去了一个消息："汉军此次出征只诛杀有罪之人，有罪还是无罪自然会分得清清楚楚，千万不要跟着别人反叛，以免自取灭亡。天子让我转告各位，犯法之人可以捕杀其他犯法之人，以此来消除自己的罪行。不但如此，如果能杀死反叛的羌人还有赏赐。杀死有罪的大首领一人赏钱四十万、有罪的中等首领一人赏钱十五万、有罪的小首领一人赏钱二万，杀死壮年男子一人赏钱三千，杀死女人、老人、孩子一人赏钱一千。同时，被他杀死之人的妻子、儿女、财产也全部归他所有。”

赵充国的计划是：先招降羌人之中想要投降的那部分首领，让他们与反叛者相互攻伐，以此瓦解羌人同盟。等到羌人疲惫之后，他再率军出击，就可一举荡平羌人。赵充国能等，但朝廷已经等不及了。当时，汉宣帝赦免三辅、太常的犯人，将其编入军队，又征调驻守在三河（河内、河南、河东三郡）、颍川郡、淮阳郡、沛郡（治相县，今安徽淮北市西北）、汝南郡（治上蔡县，今河南上蔡县西南）等地的军官以及金城郡、陇西郡、北地郡、上郡、天水郡（治平襄县，今甘肃通渭县）、安定郡（治高平县，今宁夏固原市）等地的骑兵，再加上驻守在武威郡、张掖郡、酒泉郡等地的守军，前线汉军的人数达到了六万。这么多军队在前线，对羌人固然是一种威慑，但对汉朝而言，庞大的补给是一个令人头疼的难题。酒泉太守辛武贤也意识到了这一问题，于是上奏朝廷：“现在各郡的部队都驻扎在南山，北面的防备十分空虚，这种形势肯定不能长久下去。我听说朝廷中有人认为等到秋冬再进军才最合适，但是他们没想过这种策略只适合敌人完全在境外的情况。现在显然不适合用这种策略，敌人不时在边境骚扰，再加上当地的天气十分寒冷，汉军的马匹无法支撑过冬。目前驻守在武威郡、张掖郡、酒泉郡的部队超过了一万骑兵，但他们的马全都非常瘦弱，等到冬天到来将很难出击。依我之见，不如先增加马匹的口粮，然后在七月上旬命令各部汉军带着三十天的粮食，分别从张掖郡、酒泉郡两地同时出兵，一起进攻聚居在鲜水（今青海湖）边上的罕、开等部羌人。敌人一贯视牲畜如命，我们将军队分成几路出发，即便不能将敌人全部消灭，也可以将敌人冲散，趁机夺取他们的牲畜、俘虏他们的妻儿。等到获胜之后，我们就可以原路返回。到那时，我们手里有了羌人的牲畜物资，自然可以等到冬天再发动进攻。在我军的频繁攻击下，羌人各部必定会受到震慑，最终瓦解。”汉宣帝接到上书后，并没有立刻做出决断，毕竟他已经将对付羌人的战事交给了赵充国，还需要询问赵充国的意见。于是他将辛武贤的奏章送到赵充国手里，让他与其他了解羌人情况的校尉、士兵一起讨论这个计划是否可行。

赵充国很快就回复了汉宣帝，他的答案是“不行”。他和长史董通年等人都认为:“看辛武贤的意思，他是想带着一万骑兵轻装简从，分别从张掖郡、酒泉郡出发，一起袭击羌人军队。然而他没有估算过，这一条奇袭路线因迂回长达一千多里，一匹马除了载着骑士本人外，还需驮着骑士和马三十天的口粮，也就是二斛四斗米和八斛麦子，再加上盔甲、兵器等装备，如此负重还想要追击敌人实在是太困难了。哪怕最后汉军千辛万苦赶到了目的地，羌人恐怕也已得到了消息，他们只要立刻退去，逃进山林里面，等待汉军的又是进退两难的局面。如果退兵，等于是劳师动众白跑一趟；如果追击，又必须跟着敌人深入山林。到那时，只要羌人占据险要地形，不让汉军继续前进，然后分兵切断其后方的咽喉要道，断绝汉军的粮道，那么汉军必定会陷入危险境地，别说是消灭敌人了，只怕反而会被嘲笑，这等耻辱就算再等一千年恐怕都不可能报复回来。辛武贤所说的夺取敌人的牲畜、俘虏他们的妻儿，只是一句空话而已，并不是什么好计策。更何况，武威县（今甘肃民勤县东北）和张掖郡的日勒县（今甘肃永昌县西）正好面对北面要塞，它们与要塞之间有贯通的山谷和丰美的水草，一旦敌人从这里入侵，后果不堪设想。我还是担心匈奴人和羌人之间有什么阴谋，他们可能会大举进犯，想要一举占据张掖郡和酒泉郡，以断绝我朝与西域之间的通道，因此张掖郡和酒泉郡的守军千万不能调动。更何况，诸羌之中只有先零人最先叛乱，其他部落都是被挟持叛乱的。所以，我认为我们的计策应该是先不追究罕、开诸羌的罪过，而是派兵讨伐先零羌。只要先零羌一灭，罕、开诸羌受到震动后必然会就此悔过。我们便可以趁机赦免他们的罪行，选择懂得他们习俗的官员前往治理安抚。这才是既能够避免军队伤亡又能够稳操胜券、安定边防的策略。”

汉宣帝将赵充国和辛武贤两人的计策全都拿出来，交给朝廷的公卿们讨论，结果大家都认为：“先零羌现在兵力强盛，又有罕、开诸羌从旁帮助，如果不先消灭掉它的羽翼罕、开诸羌，根本就没法攻打先零羌。”汉宣帝看公卿们更赞同辛武贤的方案，便正式下令让侍中、乐成侯许延寿担任强弩将军，又派使者到酒泉郡拜辛武贤为破羌将军，准备按照他的计划分两路进攻羌人。同时，汉宣帝还特意写了一封信去责备赵充国：“按将军的意思，是计划等到正月以后才出兵攻打羌人，到那时羌人应该早已收获了麦子，带着自己的妻儿躲避到了远方，同时将精兵集中起来打算侵犯酒泉郡、敦煌郡。现在边境守军人数太少，百姓们参加防守后就没有时间种地。如今张掖郡以东的地方，粮食已经贵到每石一百多钱，甚至连牲畜的草料都已经卖到了每捆几十钱。在这种情况下，各处都要向前方输送军粮，百姓不堪其扰。将军你率领一万多人的军队，不尽早趁着秋天水草丰足夺取敌人的畜产粮食，难道还想等到冬天再发动进攻吗？到那时只怕敌人靠着囤积的粮食，躲藏在山中，依仗险要的地势，阻挡汉军前进的道路。而汉军的官兵则必须忍受严寒，只怕连手足都会被冻裂，这样的军队又怎么去打仗呢？将军根本没有考虑过国家的花费，想要通过许多时间来换取一场微小的胜利，如果都像这样打仗，只怕没有哪一个将军会不高兴。现在我已经下令让破羌将军辛武贤率领六千一百人，敦煌太守快率兵两千人，长水校尉富昌、酒泉侯冯奉世率领婼国和月氏兵四千人，共约一万两千人携带三十天的口粮，在七月二十日进攻罕羌。按照计划，他们需要沿着鲜水北岸进军，此处距离酒泉郡八百里，距离将军一千二百里左右。还请将军率军选择有利的路线向西并进，就算不能够会师，也要让敌人听到东面、北面大军一起出动的消息，以此来分散他们的注意力，使得他们内部自行瓦解。这样一来就算不能消灭他们，也应该会瓦解掉敌人的联盟。我已命令中郎将赵印带着胡越佽飞射士、步兵两校赶来与将军会师，以加强你的兵力。为了这次战争，我已经找人卜算过了，目前五星出现在东方上空，这是中原大利、羌人大败之象。太白星出现的位置很高，这象征着深入敢战之人吉利，不敢战之人凶险。还请将军赶快出发，趁着有利的天时消灭敌人，一定会攻无不克、战无不胜。”

赵充国虽然受了责备，但并不打算放弃自己的想法。在他看来，只要对国家有利，该坚守时选择坚守，该进攻时选择进攻，不能因为皇命就做出对国家不利的举动。于是他借着上奏告罪的机会，再次陈述了自己的观点：“陛下在上次发给我的书信中曾言，打算派人劝谕罕部羌人，汉朝的确会派大军过去，但出兵目的并不是要征讨他们，而是要瓦解羌人联合叛汉的计划。于是我派罕羌首领雕库去宣示天子盛德，罕、开两部羌人都已听到了天子的明诏。先零羌首领杨玉借着险要的地形阻挡汉军，又不断出兵骚扰汉朝边境，这才是我们该对付的敌人，如果先去攻打无辜的罕羌，那等于是逼他们叛乱，这有违陛下之前的计划。兵法上说，‘不足以发起进攻的力量，用于防守却绰绰有余’，‘善于打仗的人，能主动引诱敌人，而不被敌人引诱’。羌人本就打算进犯敦煌郡、酒泉郡，我们需要做的是加强这里的防守，等待敌人到来。敦煌郡、酒泉郡两地唯恐兵力不足，如今居然计划抽调这里的士兵发起进攻，主动放弃引诱敌人的战术，反而被敌人引诱导致防御力下降，这是非常不利的。先零羌原本就打算背叛汉朝，所以才跟罕、开诸羌化解仇恨，以防他们在汉军到来时背叛自己。如果我们先攻打罕羌，那先零羌必定会援助他们。羌人兵强马壮，攻打他们恐怕不会给对方造成任何伤害，反而会让先零羌有机会施恩于罕羌，以此来巩固自己的联盟。等先零羌巩固了联盟之后，会威胁其他弱小的部落一起反叛。随着归附者越来越多，再想对付羌人就难了。只怕那时想要平定羌人就不是两三年了，而是要以十年来计算。现在进兵实在看不出有什么好处，还请陛下按照我之前说的办。”

汉宣帝考虑良久，最终决定放弃辛武贤的计划，转而支持赵充国。过了一段时间，赵充国意识到出兵的时机到了，便率军出其不意地到达了先零羌的营地附近。先零羌在这里驻扎了很长时间，一直没有汉军到来，所以早就放松了戒备，现在一看汉军杀到，立刻阵脚大乱。他们来不及组织起有效的抵抗便争相逃命，一路上不断抛弃车马辎重，希望能够渡过湟水逃命。赵充国率军缓缓跟在羌人后面，也不急于追击。汉军中有人劝赵充国：“如果我们想要取得战果，推进的速度就应该要快，不能像现在这么迟缓。”赵充国笑道：“这是走投无路的敌军，我们不能够逼迫太急。如果缓慢追击，他们只逃跑不回头；一旦逼迫太急，他们就会回头死战。”众将一听都觉得非常有道理，便不再多言，只跟随赵充国缓慢向前进军。

汉军虽然没有穷追不舍，但羌人自身的混乱造成的损失颇为惨重，光是掉到湟水里淹死的就有几百人，被汉军俘虏和斩杀的也有五百多人。除此之外，先零羌的十万多头马、牛、羊和四千多辆车也全部丢弃给了汉军。汉军追至罕羌境内后，赵充国下令不得焚烧羌人村落，不得在羌人耕地中牧马。罕羌见状，知道汉军不会攻打他们，便在首领靡忘的率领下投降了赵充国，并请求让他们回到自己原先居住的地方。赵充国答应了靡忘的请求，并上奏朝廷，请求让靡忘将功赎罪，罕羌就此安定下来。随着罕羌的投降，越来越多的羌人开始投降赵充国，很快就有一万多人投降。

就在这时，汉宣帝下诏让辛武贤与许延寿两人率军与赵充国会合，一起进攻先零羌。赵充国却另有想法，他认为羌人的败亡已不可避免，所以想停止用兵，只留下步兵在当地屯田，以等待羌人自己败亡。然而朝廷进攻的命令已经下达，如果不进兵就等于是违背皇命，就连赵印都觉得害怕，赶紧找人劝自己的父亲，希望他能够按照朝廷的命令出兵，毕竟出不出兵都能获胜，无非是一个利弊的问题而已。赵充国却不同意，他认为只要对国家有利，拼死也得坚守自己的观点，而且屯田一旦施行，就可以制约羌人不敢再次叛乱，远不是一次出兵讨伐可以相比的。于是他再次上书，请求只留下步兵一万二百八十一人用来在湟水开垦耕地屯田，同时征调郡国和各属国的胡人骑兵各一千人充当警卫，其他军队则全部罢除。

汉宣帝接到赵充国的上书后，再次提出了自己的疑问，询问何为解决羌人之乱的最佳方案。赵充国由此提出了著名的“屯田十二利，出兵十二失”：

一、九校共计一万多名步兵留在此地屯田，不但可以备战、耕田，还能够威慑当地的羌人；

二、借屯田挤占反叛羌人的土地，使他们无法回到肥沃的土地上，这会使他们越来越贫穷破败，从而促成羌人之间相互背叛的趋势；

三、当地居民可以和汉军一起耕种土地，屯田不会破坏当地的农业；

四、骑兵和战马一个月的花费可以维持屯田士兵一年的需求，撤除骑兵可以节省大量费用；

五、每年春天来临之际，可以调集士兵，沿着黄河和湟水将粮食运到临羌（今青海湟源县东南），以此向羌人展示汉军的神威，这是留给后世御敌的资本；

六、农闲之时，可以将屯田时砍伐的木材运到河西修缮驿站，将多余物资运送到金城郡；

七、如果现在出兵，不但要冒很大的风险，还没有必胜的把握。但要是暂时不出兵，则会使羌人流窜到风寒之地，遭受霜露、瘟疫、冻伤之灾，我们可以坐等其败亡；

八、不出兵可以避免险隘遇伏、深入追击时造成的死伤；

九、屯田，对内可以不让朝廷的威望受到损害，对外可以不让羌人获得可乘之机；

十、不出兵就不会惊动黄河南岸的其他羌人部落，使他们产生新的变故；

十一、利用屯田修建湟水中的桥梁，使道路可以畅通到达鲜水，以此来控制西域，扬威于万里之外，以后汉军从这里经过就好像经过自家的床头一般容易；

十二、既然节省了大量费用，便可不再征发徭役，从而防止出现其他意想不到的变故。

为了强调自己观点的正确性，赵充国还特意声明：他只需要一年时间就可以平定羌患，根本不需要消耗太多的时间。赵充国的计划虽然对朝廷有很多好处，但终究风险太大，朝中很多大臣担心一旦撤兵，羌人若是突然发起进攻，只靠屯田的步兵和两千骑兵根本无法抵挡。到那时，汉朝边境受到的威胁只怕会更大。赵充国据此反复上书与朝中大臣们辩论，最初赞同赵充国意见的大臣只有十分之三，到后来慢慢增加为十分之五，最后竟然变成了十分之八。就连一贯要求严苛的丞相魏相也叹息道：“我对军事上的利害关系完全不了解，但听了将军赵充国反复陈述军事方略，也有了大致了解。他此前曾多次出谋划策，所提的意见都是正确的，我担保这一次肯定也可以行得通。”汉宣帝看朝廷大臣都同意了，便正式批准了赵充国的计划。

就在赵充国与朝廷反复辩论的时候，辛武贤等人并没有停止进兵，最终许延寿招降了四千多羌人，辛武贤斩杀了两千多名叛乱的羌人，赵印也斩杀和招降了两千多人，赵充国自己则招降了五千多人。汉宣帝下令停止进兵后，除赵充国留在当地屯田外，其余众人一概罢兵而回。到了第二年五月，屯田的进展出人意料地顺利，赵充国意识到羌人已无力再度反叛，便再次上奏道：“羌人的部众和军队本来约有五万人，前后被斩杀了七千六百多人，投降了三万一千二百人，在黄河、湟水中淹死以及饿死的还有五六千人。这么算下来，目前还跟着煎巩羌、黄羝羌一起逃亡的不过四千多人。已经投降的羌人首领靡忘等人保证自己可以收拾掉这些人戴罪立功，我请求就此罢除屯田的部队。”经汉宣帝批准后，赵充国便班师而回了。羌人是平定了，但功劳该给谁却是一大难题。赵充国的好友浩星赐在迎接他时曾劝道：“大家都认为许延寿和辛武贤两人率军出击，多有斩获和俘虏才让羌人败亡。但有见识的人都知道羌人早已穷途末路，就算他们不出击，很快就会自行投降。不过我觉得将军应该将功劳归在他们两位身上，表示自己不能与他们相比，这样做对您并没有什么损失。”赵充国当然明白浩星赐是什么意思，但他却不同意这么做，他认为自己应该为皇上分析军事上的利害，而不是欺骗皇上，于是依然照实奏报了上去。汉宣帝免除了辛武贤破羌将军的职务，依然让他回去担任酒泉太守，赵充国则恢复了后将军的职位。

这一年秋天，羌人若零、离留、且种、皃（mào）库等人一起斩杀了先零羌的首领犹非、杨玉，羌人各部首领弟泽、阳雕、良皃、靡忘各自率领四千煎巩羌、黄羝羌部属投降了汉朝。汉宣帝封若零、弟泽二人为帅众王，离留、且种二人为侯，皃库为君，阳雕为言兵侯，良皃为君，靡忘为献牛君。同时，他在金城郡设置属国，用来安置归降的羌人。就这样，在赵充国的谋划下，汉朝以极少的损失平定了羌人叛乱。

虽远必诛：汉军灭郅支单于之战

建昭三年（公元前 36 年），一行人离开长安向着遥远的西方前进。这样的队伍并不罕见，自从张骞通西域以来，前往西域的队伍就屡见不鲜，他们或是作为使者前往西域谋取升官发财的机会，或是前往西域寻求建功立业的机会。而在这支西出长安的队伍中，有一个人将凭借自己的能力名扬天下，这个人就是陈汤。

陈汤，字子公，山阳瑕丘人（今山东济宁市兖州区），从小喜欢读书，见识非常广博，很会写文章。然而因为家境贫寒，他甚至需要向别人借贷为生，所以在当地没有什么好的名声。后来陈汤一路西行到长安，终于得到了一个太官献食丞的小官。在长安，陈汤遇到了第一个赏识他的人，那就是富平侯张勃，他是汉宣帝时的名臣张安世的孙子，在朝中有些话语权。张勃意识到陈汤能力非凡，便有了找机会推荐他的想法。机会很快就来了，初元二年（公元前 47 年），汉元帝下诏求访人才，张勃便趁机推荐了陈汤。然而就在陈汤等待升官的时候，他却犯下了一个大错。他的父亲恰巧在这时去世了，按照惯例他必须回家奔丧才行。然而陈汤不愿意放弃好不容易得到的升迁机会，死活不肯回家。因为这件事，陈汤被人弹劾不孝父母，这在当时无疑是不容于社会的，更何况在位的是深好儒家思想的汉元帝。最终陈汤不但丢了官，还被关进了监狱，就连张勃也被牵连削去了两百户食邑。即便后来陈汤再次被人推荐为郎官，但他也意识到在朝中想要升迁基本是没什么指望了，于是就将目光放到了遥远的西域。

张骞出使西域归来后，西域就成了很多人的发家之地，前往寻求升迁和财富的人不计其数。但西域并不太平，自从赵破奴袭破车师、楼兰，俘虏了楼兰王后，这些年来汉朝在西域与匈奴展开了反复的争夺。本始三年（公元前 71 年），常惠奉汉宣帝之命持金币赏赐击匈奴有功的乌孙贵族。因汉昭帝在位时，龟兹杀死汉朝校尉赖丹，常惠上奏请求顺道惩罚龟兹，汉宣帝没有答应，大将军霍光默许常惠便宜行事。于是常惠返回时调集西域各国军队约五万人出击龟兹。龟兹王见状，将唆使前任龟兹王杀死赖丹的贵人姑翼缚送给常惠，才平息了此次风波。同样是在汉宣帝时期，因车师勾结匈奴，屡屡袭击路过的汉朝使者，汉宣帝派遣侍郎郑吉和校尉司马憙两人征发西域各国军队一万多人和屯田士兵一千五百多人向车师发起了进攻。经过两次讨伐，车师前国和车师后国纷纷投降汉朝。汉宣帝在乌垒（今新疆轮台县以东的小野云沟附近）设置西域都护府，正式管辖西域，而郑吉被任命为第一任西域都护；在车师故地设置戊己校尉，受西域都护节制。之所以设西域都护府，一方面是为了在当地屯田，实现粮食自给自足，另一方面则是为了从军事上威慑西域诸国。

陈汤曾多次出使西域，但这一次前往西域与以往不同，他不再是使者，而是作为西域副校尉，与西域都护甘延寿一起前往镇守西域。甘延寿与陈汤不一样，他是正经的羽林卫士出身，因擅长骑射早年间以良家子弟的身份进入羽林军中。除了骑射功夫很好外，甘延寿还有一样本事，那就是非常擅长掷石头，他掷出的石头远远超过同伴，据说可以越过羽林军驻扎的亭楼，因此被升为郎官。后因深受汉元帝的赏识，甘延寿被任命为辽东太守，但他在任期间犯了事而被免官，这次是经过车骑将军许嘉的推荐，才得以前往西域担任西域都护。

虽然两个人都是因为犯了过错不得不去西域打拼，但陈汤并没有放弃对未来的希望，他心中有一个意欲效仿的对象，那就是傅介子。傅介子是汉昭帝时期的功臣，当时龟兹、楼兰勾结匈奴，他便主动请求出使楼兰。到达楼兰后，傅介子以财物引诱楼兰王与自己单独谈话，趁机刺杀了楼兰王。傅介子一战成名，被汉昭帝封为义阳侯。陈汤心目中同样有一个“楼兰王”人选，那就是躲在西域的郅支单于。这位郅支单于可不是什么西域小国首领，而是匈奴单于，更准确地说是北匈奴单于。这个北匈奴是怎么回事？郅支单于又为什么躲到西域去？说起来真是匈奴的一把辛酸泪。

自从乌孙和汉朝一起出兵攻打匈奴后，匈奴的形势可以说每况愈下。地节二年（公元前 68 年），当政十七年的壶衍鞮单于病死，他的弟弟左贤王继承单于之位，这就是虚闾权渠单于。他即位后就干了一件大事，那就是将本该由他一并继承的壶衍鞮单于的颛渠阏氏废掉，转而立右大将的女儿为大阏氏，惹得颛渠阏氏的父亲左大且渠对他非常怨恨。左大且渠为了报复虚闾权渠单于，不惜破坏匈奴想和汉朝和亲的计划。而虚闾权渠单于的运气也实在是差，即位没多久就赶上了大饥荒，百姓和牲畜死了十之六七。此后，匈奴不但无力袭扰汉朝边境，反而需要驻军边境防备汉军进攻。

虚闾权渠单于当政时期，匈奴在西域的属国车师国也被弄丢了。虽然匈奴曾出兵救援，想要报复乌孙和驻扎在西域的汉军，但可惜此时的匈奴实力不济，反而吃了败仗。无奈之下，虚闾权渠单于只好将亲附匈奴的车师人全部迁移到东面，将车师故地留给了汉朝。祸不单行，匈奴北面的丁零人也不断侵扰，抢掠了很多匈奴百姓，虚闾权渠单于派了一万多骑兵前往追击，结果却连丁零人的影子都没有见到。在接二连三的失败打击下，虚闾权渠单于终于撑不住了，他生病呕血，不久就病死了。虚闾权渠单于这一死，将匈奴推入了万劫不复之地。壶衍鞮单于的颛渠阏氏因为被虚闾权渠单于废黜，转头便与右贤王私通。虚闾权渠单于快要病死时，原本右贤王是要前往龙城的，但颛渠阏氏却暗中传递消息让他不要走远，以便虚闾权渠单于死后回来抢夺单于之位。虚闾权渠单于死后，他的亲信郝宿王刑未央派人召集匈奴诸王赶来王庭。颛渠阏氏和弟弟都隆奇合谋，将最先到达的右贤王立为单于，这就是握衍朐鞮单于。

握衍朐鞮单于即位后，匈奴内部的矛盾不但没有减小，反而愈演愈烈，这一切都和他的所作所为有很大关系。他即位后将虚闾权渠单于宠信的刑未央等人全部杀掉，转而重用都隆奇，又将虚闾权渠单于的亲戚子弟全部免职，改用自家的亲戚子弟。如此一来，就让虚闾权渠单于的儿子稽侯珊（shān）万分不满，他本就不忿单于位置被握衍朐鞮单于抢去，现在眼看自己在匈奴就要混不下去了，干脆一气之下跑去投奔了岳父乌禅幕。乌禅幕原本居住在乌孙和康居之间，因经常被两个国家欺凌，干脆就带着几千人投降了匈奴。当时在位的狐鹿姑单于将侄女，也就是日逐王的姐姐嫁给了乌禅幕，并让他率领部众驻守在右贤王管辖下的右地。日逐王先贤掸，就是曾让位给狐鹿姑单于的那位弟弟的儿子，按照当初的承诺，日逐王也有资格继承单于的位置，再加上他本身就与握衍朐鞮单于有一些过节，气愤之下干脆就带着几万骑兵投降了汉朝，并被汉朝封为归德侯。日逐王这一走，握衍朐鞮单于便顺势将自己的堂兄薄胥堂立为日逐王。

先贤掸跑路以后，握衍朐鞮单于就将他的两个弟弟杀掉泄愤，乌禅幕因姻亲关系曾向握衍朐鞮单于求情，结果未被听从，因此心里也开始对握衍朐鞮单于愤恨起来。左奥鞬王死后，按照规矩应立他的亲人接替王位，但握衍朐鞮单于却没有遵从，反而将自己的小儿子立为了奥鞬王。奥鞬族人不肯依从，自发拥立左奥鞬王的儿子为新王，并脱离匈奴向东迁徙。握衍朐鞮单于派出一万骑兵前往追击，竟然没能获胜，反而损失了好几千人。握衍朐鞮单于的太子和左贤王数次谗言诋毁左贤王所辖左地内的贵族，惹得左地贵族都非常讨厌他们。

神爵四年（公元前 58 年），乌桓再次从东面向匈奴发起了进攻，这一次吃亏的是匈奴驻守东部边境的姑夕王，他手底下不少百姓牲畜都被乌桓抢走了，惹得握衍朐鞮单于愤怒不已。惧怕的姑夕王干脆联合乌禅幕以及左地的其他匈奴贵族一起拥立稽侯狦为单于，这就是呼韩邪单于。被拥立为单于后，呼韩邪立刻组织起四五万大军向西进攻握衍朐鞮单于。握衍朐鞮单于不得人心，双方在姑且水北面相遇后，还没来得及交锋，他手下的军队就争相逃跑。无奈之下，握衍朐鞮单于只好向自己的弟弟右贤王请求援兵，令他没想到的是，右贤王竟然拒绝了他，理由是他平时喜欢乱杀人，这会儿被人打就是活该。走投无路的握衍朐鞮单于自杀身亡，失去靠山的都隆奇直接跑去投奔了右贤王。

握衍朐鞮单于一死，他手下的百姓便被呼韩邪单于全都接管。然而匈奴的内讧并没有就此结束，反而愈演愈烈，原因在于呼韩邪单于想要将右贤王干掉。右贤王自然不甘心坐以待毙，他干脆与都隆奇一起拥立日逐王为新单于，这就是屠耆单于。屠耆单于发兵击败呼韩邪单于后占据了王庭，但屁股还没坐热，又出现了一个新的“单于”。当时居于西方的呼揭王与唯犁当户密谋，诬陷右贤王想要自立为乌藉单于。屠耆单于不辨真伪，直接下令将右贤王父子处死，后来他发现是唯犁当户搞的鬼，就将唯犁当户杀死替右贤王报仇。这一下呼揭王害怕了，他干脆抢先自立为呼揭单于。原先被屠耆单于任命为乌藉都尉的右奥鞬王也自立为车犁单于，另一个乌藉都尉也自立为乌藉单于，一时间草原上竟然出现了五个匈奴单于。此后的数年里，五位单于争斗不休，最终胜出的是呼韩邪单于。然而屠耆单于的堂弟休旬王却不服气，他自立为闰振单于；呼韩邪单于的哥哥左贤王呼屠吾斯也自立为郅支骨都侯单于，也就是郅支单于。郅支单于虽然是后起之秀，却吞并了闰振单于，又打得呼韩邪单于不得不向南归降汉朝。从此以后，匈奴便分裂为两部分，一部分是以呼韩邪单于为首的南匈奴，另一部分则是以郅支单于为首的北匈奴，这使匈奴的力量更加衰弱。呼韩邪单于和郅支单于势单力孤，不得不派遣质子前往长安，与汉朝通好。

甘露三年（公元前 51 年），随着呼韩邪单于入朝，汉朝正式决定出兵护送呼韩邪单于返回王庭。有了汉朝帮助呼韩邪单于，郅支单于觉得自己不是对手，赶紧跑到西域投奔了乌孙的小昆弥乌就屠。乌就屠这时候已经知道汉朝想要帮助呼韩邪单于，哪肯帮郅支单于，他甚至打算假装派兵迎接，然后趁机干掉郅支单于。只可惜郅支单于反应实在太快，他瞧出风头不对抢先打败乌就屠，然后向北击破乌揭国，又击破丁零和坚昆，占据这三国的土地居住下来。郅支单于虽然跑远了，但他依然记挂着一件事，那就是自己的儿子还在长安做人质。

初元四年（公元前 45 年），郅支单于派遣使者前往长安朝贡，趁机提出了一个请求，希望汉朝能将自己的儿子送回，并表示自己愿意从此内附汉朝。御史大夫贡禹和匡衡都认为不能答应这种不讲道理的国家的请求，而且路途遥远，顶多把人送到边塞就可以了。卫司马谷吉却认为既然要笼络匈奴，就应该亲自把人送到才对，而且汉朝强大，郅支单于根本不敢有什么动作。为了表明对此行有把握，谷吉自己更是亲自请求护送郅支单于的儿子。贡禹等人依然反对，他们认定谷吉此行必定会出事，汉元帝在征询了右将军冯奉世的意见后，觉得可以派人前往，于是就让谷吉作为使者前往。事实证明，谷吉终究是看错了郅支单于，他这一去就走上了不归路，当场就被郅支单于杀掉。

杀掉汉朝使者后，郅支单于知道得罪了汉朝，再加上呼韩邪单于越来越强大，于是再也不敢留在当地，直接一路向西跑到了康居国境内。康居王对郅支单于的到来十分欢迎，他希望能够借助郅支单于的名头威迫西域其他国家，于是将自己的女儿嫁给了郅支单于，而郅支单于也将女儿嫁给了康居王。在康居定居后，郅支单于再次攻打乌孙，一直攻打到乌孙首都赤谷城才返回。乌孙不敢追赶，只能将西部将近一千里的土地全部抛弃掉，不敢让人居住。郅支单于又派使者前往阖苏和大宛等国，逼它们按时向自己朝贡。汉元帝在得知了郅支单于的下落之后，曾先后三次派遣使者到康居向他索要谷吉等人的遗体。郅支单于不但不给，还困辱使者，拒不接受汉元帝的诏书，只通过西域都护向朝廷上书：“我现在居住的环境非常差，想要归属强大的汉朝，我愿意派一个儿子去长安当人质。”这一番话当然只是说说而已，他根本就没有丝毫行动的意思。汉元帝也知道这只是郅支单于的敷衍之词，但要攻打又觉得路途太远，事情就这么搁置了下来。

陈汤到了西域之后，才发现郅支单于早就将西域折腾得天怒人怨，就连他的亲家康居王对他都非常不满。原来，郅支单于觉得自己好歹是个声名远播的大国君主，自然就该受到其他国家的尊重，再加上他到西域之后一系列军事上的胜利让他的心态空前膨胀起来，于是开始对康居王不怎么礼貌起来，甚至还因为生气杀掉了康居王的女儿和其他贵族、百姓几百人。这些人的尸体全都被他截断四肢扔到了都赖水（今哈萨克斯坦塔拉斯河）里。郅支单于对自己在康居的住所不满，便想修筑一座郅支城（今哈萨克斯坦江布尔城）给自己居住，于是就强迫康居人为自己修城，每天都有五百名工匠前往施工，一直修了两年时间才完成，康居人对此苦不堪言。

经过一番仔细思考后，陈汤向甘延寿建议道：“边境各族畏惧匈奴，这是他们的天性。更何况西域各国，原本都属匈奴管辖，如今郅支单于在西域威名远播，又不断侵略乌孙和大宛，企图让两国归顺自己。如果把这两国征服，只要几年时间，郅支单于就能统一西域。郅支单于性情剽悍，喜好战争，日子一久，必将成为西域的灾难。虽然他现在身处遥远，但没有坚固的城堡和强劲的弓弩，根本无法固守。如果我们征发屯田军队，再征调乌孙军队突袭郅支城，他将欲逃没地方可逃，欲守也没有足够的兵力可守，我们只需一个上午就能完成千载难逢的功业。”甘延寿认为他说的很对，就想上奏朝廷允许自己出兵。陈汤却不同意，他认为：“皇上接到消息后肯定会召集公卿大臣商议，这种远大的策略，哪里是那些朝中大臣可以理解的，他们肯定不会同意。”不上奏朝廷，那就要矫诏出兵，如果能立功还好，一旦不能立功就完蛋了。甘延寿一时间犹豫了起来，不肯出兵。

说来也巧，之后几天甘延寿生病卧床，陈汤便自己假传圣旨，征调西域各国的军队以及车师境内屯田的戊己校尉军队。甘延寿听说这件事后大惊失色，病立刻就好了，他想阻止陈汤，陈汤却直接手按剑柄呵斥道："西征大军已开始集结了，你是想要阻止吗？"甘延寿一听不敢再多说什么，只好同意陈汤的计划。很快，汉军与西域各国的军队集结完毕，总共有四万多人。这时，甘延寿和陈汤开始准备上奏弹劾自己假传圣旨，并陈述如此做的理由。奏章发出的当天，甘延寿和陈汤就率领大军出发了。他们将军队分成六路，其中三路沿着南道越过葱岭，再穿过大宛国到达康居。另外三路则由甘延寿亲自率领，从温宿国出发，沿着北道经过乌孙国境内到达康居。六路大军很快就按照预定计划到达康居边境，并一直向西挺进到阗池（今吉尔吉斯斯坦境内的伊塞克湖）西岸。眼看汉军来了，康居自然不可能坐视不理，但正面抵挡肯定挡不住，于是康居副王抱阗就带着几千名骑兵绕到赤谷城东面。他先是攻击乌孙大昆弥的地盘，屠杀和俘虏了几千乌孙人，又抢走牛、羊、马等大批牲畜，这才从后面追赶汉军，想要攻击汉军后面的辎重部队，迫使汉军退兵。

陈汤接到消息之后，立刻下令西域军队转身迎战。一场交战下来，抱阗被杀得大败，四百六十名康居士兵被斩，康居将领伊奴毒更是当场被擒，他此前抢掠的乌孙百姓四百七十人也全部被夺了回去。陈汤将这些人全部交还给乌孙大昆弥，至于牛、羊、马这些牲畜则不归还，正好用来充作汉军的补给。汉军进入康居国东面国境后，陈汤严格约束手下士兵，不允许他们烧杀抢掠，又秘密将康居国内对郅支单于颇有意见的贵族屠墨找来，向他展示汉朝此战的决心，并与他订立盟约才将他送回去。汉军随后继续前进，一直到距离郅支城六十里的地方才停了下来。在这里，陈汤又得到了一个帮手，那就是屠墨的舅父贝色子男开牟。他也非常讨厌郅支单于，所以主动前来给汉军带路。

通过这些对郅支单于不满的康居人，陈汤终于掌握了郅支单于的情况，对这次作战有了更大的把握。第二天，汉军继续前进，一直到距离郅支城三十里的地方才停下来扎营。这个时候，郅支单于终于反应过来，汉军已经来攻打自己了！郅支单于的第一反应就是赶紧离开郅支城跑路，但接着一想汉军能这么顺利地到达这里，只怕康居国已经暗中向汉朝倒戈了。他越想越觉得是这个推测是真的，康居王一直都对自己非常怨恨，他必定已与汉朝勾结，想要里应外合对付自己，要是现在逃跑，只怕反而会陷入圈套之中。于是郅支单于硬着头皮派使者去询问甘延寿和陈汤等人："汉朝军队大老远跑这里来，有什么目的呢？"汉军中的官员回答道："你们单于曾传书给我们天子，说自己居住的环境太过恶劣，愿意归降汉朝，亲自到长安朝见。我们天子怜悯单于放弃广大的国土，委屈地住在康居，所以派遣都护率领大军前来迎接单于及妻子儿女。因担心惊动单于身边的人，我们才没有直接来到城下。"双方使者就这么往来几次之后，郅支单于始终没有给个说法，甘延寿和陈汤便亲自出面，责备郅支单于的使者："我们为了单于，不远万里来到此地，然而到了现在，他也没有派出任何一位名王或显贵出来拜见都护将军，商量单于前往长安的事情。为什么单于对这种大事这么疏忽呢，一点主人对待客人的礼节都不讲吗？我们从那么远的地方来到这里，早已人困马乏，粮草也快用完了，恐怕连回程都不能够，还请单于早做决断。"

郅支单于当然不愿意去长安，所谓的决断自然不可能给出。甘延寿和陈汤第二天就带着大军挺进到都赖水边上，在距离郅支城三里外的地方扎营，构筑起了坚固的阵地。在这里，已经可以看到郅支城的景象了，只见城头上五色旗帜迎风飘扬，数百名全副武装的匈奴人正在城楼上警戒守备。不久后，一支一百多人的骑兵队伍从城里冲了出来，绕着郅支城来回奔驰。紧接着，又有一百多名匈奴步兵出城，在城门两侧结成鱼鳞阵，开始进行演习。城头的守军不嫌事大，还朝汉军大喊："你们出来打啊！"闹腾一阵过后，那一队骑兵竟然直冲汉军大营，一副要踹营的样子。陈汤自然知道这一切都是匈奴人的试探，因而毫不理会，只下令汉军大营拉满强弩，箭矢对准外面的匈奴人。匈奴骑兵一看这种情形，立马就输了气势，赶紧往后撤退。然而他们想要退走却不那么容易，在汉军强弩的射击之下，骑兵和城下演习的步兵全都伤亡惨重，不得不退入城内。匈奴军队示威不成，反而白白遭受了巨大的损失。

不久后，汉军正式下达总攻命令：“晚上听到鼓声之后，全军一起直扑城下，从四面将城重重包围。各军记住自己分配到的位置，该凿洞穴的凿洞穴，该堵射击孔的堵射击孔。盾牌手在前面做掩护，弓弩手在后面仰射城头上的守军。”总攻开始以后，在汉军强弩的射击下，城楼上的匈奴守军抵挡不住，纷纷败退而走。攻破城墙的汉军一拥而入，不料城里还有一座由两层木墙筑成的木城，匈奴人就躲在木城上向下射击，猝不及防的汉军有不少人被射倒了。陈汤一边让人顺风放火焚烧木城，一边指挥军队一次又一次地击溃城头的防守。当天夜里，城里有几百个匈奴骑兵觉得守城没什么前途，便想突围而走，结果刚刚出城就遭到了汉军的迎头痛击，很快就覆没了。趁着那股匈奴骑兵吸引了汉军的注意力，郅支单于带着人从另一边逃了出去。然而郅支单于出城后却发现自己没地方可去，康居王就不用说了，乌孙等十五国也都派了军队来帮助汉军，肯定是一个都去不了。左思右想后，郅支单于还是觉得不如坚守郅支城，在他看来汉军万里远征不可能长时间作战，等到他们粮食耗尽，自然就会退兵，于是他又回到了郅支城。

郅支单于这一回去，就再也出不去了。随着汉军的攻势越来越猛，城里的匈奴守军就快支撑不住了。无奈之下，郅支单于只好全副武装，亲自登上城楼指挥作战，他的几十个阏氏、夫人也跟着一起到城楼上，拿着弓箭射击城外的汉军。双方一番对射之后，郅支单于的夫人不少都中箭而死，就连郅支单于的鼻子也被汉军的弩箭射中。负伤的郅支单于从城上退了下来，他这一退，匈奴人就真的坚持不住了。午夜过后，木城被攻破，匈奴军队只好退入里面的土城继续防守。就在这时，康居王派来救援郅支单于的一万多骑兵到达了郅支城附近，他们分成十多个部分，分别环绕在城池的各个方向，与城里的匈奴守军相互呼应，借着夜色不断朝汉军的营地发起冲锋。面对康居和匈奴的夹击，汉军岿然不动，镇定地结成阵形不断击退敌人的进攻。屡攻不下的康居军队，士气逐渐低落，很多人开始萌生退意。天快亮的时候，陈汤下令各处汉军燃起火把，借着火势向着敌人呐喊冲锋，一时间钲鼓之声惊天动地，吓得康居军队赶紧逃遁而去。康居人一撤，城里的匈奴人再也无力抵挡，汉军很快就攻入了土城之中。郅支单于只得率领剩下的匈奴男女一百多人，逃进王宫之中躲避。随后，汉军纵火焚烧王宫，蜂拥而入。郅支单于在抵挡中当场被杀，被军候假丞杜勋砍下了头颅。搜寻王宫之后，陈汤等人找到了汉朝使者的两枚符节和谷吉等人当初携带的书信。为了犒赏士兵，甘延寿和陈汤下令：所抢的财物全部归抢掠者所有。此战中，汉军总共斩杀了匈奴的阏氏、太子、名王及以下者一千五百一十八人，生擒一百四十五人。除此之外，还有一千多人选择投降，陈汤将这些俘虏全部分给了此次出兵的西域十五国国王。

战争结束之后，甘延寿和陈汤便将郅支单于的人头送回长安，并上奏朝廷请功。在送出的奏疏中，他们喊出了千古以来令无数人热血沸腾的口号：“明犯强汉者，虽远必诛！”然而甘延寿和陈汤终究是矫诏出兵，石显、匡衡等人甚至还想将他们治罪，幸好刘向站出来替他们说情，汉元帝才将甘延寿封为义成侯，陈汤封为关内侯。

随着郅支单于的败亡，北匈奴衰落了下去。南匈奴的呼韩邪单于惧怕不已，连忙向汉朝请求和亲，汉元帝很快选出宫女王嫱远嫁塞外，这就是“昭君出塞”的故事。自此以后，直到西汉灭亡，匈奴再没有在边境生事。

第五章 汉末交兵

宗室反击：王莽平定刘崇之乱

居摄元年（公元 6 年），在南阳郡一个叫安众（今河南邓州市东）的小地方，一群人正在谋划一场重大行动：他们想要依靠自己的力量，将当朝执政的安汉公王莽推翻，重新建立刘氏政权。这群人不是别人，正是安众侯刘崇和他的侯相张绍等人。

刘崇等人之所以要起兵反抗，实在是不得已。王莽这些年的做法，已经越来越明显地表示出他想要取代刘氏称帝，如果再没有人抗争，那刘氏天下迟早要落入他的手中。作为刘氏的宗室子弟，刘崇等人自然是责无旁贷。王莽这个人想必大家都很熟悉，但他到底是如何一步一步掌握朝政大权的呢？

王莽，字巨君，是汉元帝皇后王政君的侄子。在汉元帝、汉成帝两朝期间，王氏一族极为显贵，一家之中竟然出了九个侯爵、五个大司马。最多的时候，王凤兄弟五人全部被封为侯，当时人称“五侯”，可谓显赫一时。而王莽因为父亲王曼早死，家中没有人封侯。正因为这样，王莽从小就和其他堂兄弟不同，其他人沉溺于声色犬马时，他却在埋头苦读，并拜了大儒陈参为师，跟着他苦修儒学。伯父大将军王凤病重时，王莽赶到王凤家中亲自照顾他的饮食起居，喂药时总是自己先尝。在照顾王凤的一个多月里，王莽衣不解带，整个人蓬头垢面，连洗漱都顾不上。王莽所做的一切虽然没有挽救王凤的生命，却让他感动不已，死前特意恳请王政君和汉成帝，让他们一定要好好照顾王莽。

有了王凤的临终遗言，王莽在朝中的地位扶摇直上，很快就拜为黄门侍郎，不久又升迁为射声校尉。这还不算完，一个更大的好处正等着王莽。由于他一直以来表现得谦恭有礼，照顾自己的母亲和寡嫂，抚育兄长的遗子，言行非常让人敬佩，因而声名远播。再加上他对待自己的叔伯相当用心，于是他的叔父成都侯王商请求将自己的封地割让一部分给王莽，将他也封为侯爵。当时很多名士都与王莽有往来，在他们的交口称赞下，汉成帝也认为王莽是个贤能之人，于是将他封为新都侯。

随着五侯的渐渐故去，王氏的权势逐渐转移到了下一代身上。因王氏一族显赫日久，下一代多为纨绔子弟，于是权势之争主要集中在了王莽和淳于长两人身上。淳于长是王政君的外甥，他发迹远在王莽之前，因擅长溜须拍马，在赵飞燕被立为皇后一事上立有大功，所以早就官至九卿，地位在王莽之上。然而淳于长没有王莽身上的小心谨慎，随着权势越来越大，他也越来越骄横，最后竟因贪图钱财答应被废的许皇后，要帮她重新登上皇后之位。虽然这一切都只是淳于长在忽悠许皇后，但终究惹得汉成帝不快。王莽敏锐地察觉到了这一点，便将这些事告诉了当时执政的伯父王根。王根听后大吃一惊，他怎么也没想到淳于长竟然胆大妄为到了这等地步，居然将骗钱的主意打到了许皇后身上。许皇后虽然只是废后，但好歹是汉成帝的第一任妻子，这事一旦揭发出去，王氏一族都要倒霉。王根索性联合王政君将这件事告诉了汉成帝。汉成帝非常信任淳于长，原本并不相信此事，只是迫于母亲的压力才不得不将淳于长免职回家。然而不久后，淳于长因贿赂王立为自己说情引起了汉成帝的怀疑，最终坐实罪名，被赐死在了狱中。

淳于长一死，王莽就成了王氏一族下一代领军人物的不二人选。绥和元年（公元前 8 年），王根病重将死时，推荐王莽代替自己担任大司马一职，出任王氏在朝中的代言人。执政以后，王莽越发地谦恭起来，他不但招贤纳士，还将自己所受的赏赐全都拿出来款待名士，一时间天下交口称赞。可惜王莽的道路注定不能一帆风顺，短短两年后汉成帝就病死了，他的死意味着王氏一族迎来了空前的危机。

王氏一族能够在汉成帝一朝长期掌权，依仗的就是外戚身份，然而汉成帝自己并没有儿子，他所立的太子是弟弟刘康的儿子刘欣。汉成帝去世以后，刘欣继承皇位，这就是汉哀帝。随着汉哀帝的即位，他的祖母傅太皇太后和母亲丁太后的家族开始得势。由于刘康曾跟汉成帝争夺过皇位，当时还是傅昭仪的傅太皇太后与王氏一族之间自然产生了许多不愉快。后来，双方的过节虽然在傅太皇太后的特意拉拢下有所缓解，但她心中始终没有忘记受过的屈辱，所以掌权后开始大肆排挤王政君。作为王氏一族在朝中的代表，王莽自然也遭到了排挤，为了避免继续发生冲突，他索性来了一招以退为进，抢先上书请求辞去大司马的职务，随后返回封地新都闭门不出。

当时，王莽在世人心中风评极高，这么一位大才枯坐家中，自然让很多人非常不满。从王莽去职开始，就不断有人上书为王莽鸣不平，希望朝廷能够让他再度出山。汉哀帝迫于舆论压力，不得不将王莽重新召回长安。不过汉哀帝始终防着王莽，他虽然召回了王莽，却仅仅允许他在长安居住，并没有恢复他的官职。就这么过了一年多以后，好运终于降临到了王莽身上，此前一直打压王氏家族的傅太皇太后和丁太后先后病死，就连年轻的汉哀帝也因病一命归阴。他这一死，权力再次出现真空，主动权回到了王政君手中。王政君掌权以后，做的第一件事就是清理掉大司马董贤，让大臣们举荐有才能的人担任大司马。不出意料，大司马的位置再次落到了王莽身上。

王莽与大臣们一番商议之后，决定立汉元帝的孙子、中山王刘兴的儿子刘衎（kàn）为帝。不久后，王莽将自己的堂弟、安阳侯王舜任命为车骑将军，让他迎接刘衎到长安即位，这就是汉平帝。也就是从这时候起，王莽的野心逐渐暴露了出来，他开始排斥异己，将与自己有矛盾的人全部赶走，就连他的叔叔红阳侯王立都没能逃过一劫，被王莽赶出了长安。之前曾反对王莽担任大司马的何武和公孙禄两人也被王莽弹劾，被迫免职而去。与此同时，王莽开始大肆培植亲信，他任用王舜、王邑为心腹，让甄丰、甄邯主持狱讼，并安排平晏执掌机密，刘歆管理文书，孙建充当爪牙，将朝政大权牢牢握在手中。平日里，王莽总是一副神色严厉、举止有方的样子，但他需要办什么事情时，只需略微示意一下，手下的党羽就会按照他的意思上奏皇帝。等到皇帝同意以后，王莽又会装出一副感激涕零的样子，再三推辞。这样一来，王莽对上欺骗了王太皇太后，对下则在百姓们面前装出忠心为国的模样，以此掩盖自己的野心。

元始元年（公元 1 年），汉平帝即位不久，王莽的党羽就开始为他歌功颂德。在他们的吹捧中，王莽的功劳与汉宣帝时大将军霍光的定策之功相差无几，简直可以与周公旦辅佐周成王的功绩相比，请求王政君对王莽进行加封。经过好一番推让后，王莽才“勉强”接受了“安汉公”的封号。要知道，自汉朝开国以来，除了最早那几位异姓王之外，其他异姓撑破天也就封个侯而已，王莽竟然直接得了个公爵，可谓是开国以来的头一遭。这还不算完，为了防止再出现傅氏、丁氏这种来夺权的外戚家族，王莽干脆将汉平帝母亲所属的卫氏一族全都封到了中山国。表面上看，卫氏一族算得上是一夜满门富贵，但实际上王莽根本不让他们去长安，明摆着不想让他们夺权。

王莽这件事做得太狠，就连他的儿子王宇都觉得不靠谱，等以后汉平帝掌权，看到母族被这么对待，还不报复王家？王宇想不到办法说服父亲，干脆玩了一套“上天降罪”的手段。他让小舅子吕宽偷偷将狗血泼到王家门口，然后告诉王莽，这是因为他做的事情已经遭到老天爷的厌恶，所以才会降下如此异象，还是趁早把权力交给卫氏一族才能够及时免祸。王莽是一个迷信之人，听完之后心头非常忐忑，结果派人一查，才发现是自己儿子搞的鬼，愤怒之下他竟然将王宇下狱毒杀。为了彻底解决掉卫氏这个麻烦，王莽干脆借着王宇一案将卫氏牵连在内，把卫氏全族杀了个干净。与此同时，他还把自己一直以来非常讨厌的汉元帝之妹敬武长公主、叔父红阳侯王立、平阿侯王仁等全部逼死，被牵连而死者多达数百人。更可笑的是，王莽干了这么狠辣的事，却找人对外宣传自己是大义灭亲，将自己的行为粉饰成周公旦诛杀管叔鲜、蔡叔度那般光辉。说起来，这已经是王莽逼死的第二个儿子了，早在几年前，他的次子王获就因为杀死奴仆坏了他的名声，而被他逼着自杀。

处理完王宇的事情之后，王莽也开始认真考虑起来，眼下汉平帝年龄还小，自然没有什么事，等以后他年龄大了，没准儿真会报复自己。王莽想来想去干脆把自己的女儿嫁给汉平帝做皇后，这样自己就成了汉平帝的岳父，有了这层关系，就多了道保障。只可惜人算不如天算，汉平帝竟然很快就病死了，年仅十四岁。平帝这一死可谓是一石激起千层浪，民间都传言是王莽将他毒死的。据说汉平帝渐渐长大，从母亲卫太后那里知道自己母舅一族被王莽残害的事情，心头愤愤不平。王莽惧怕之下干脆先下手为强，借着腊日向汉平帝进献椒酒的机会，在椒酒中下毒将其毒死。

不管汉平帝的死因是什么，他终究是死了，因为没有子嗣，摆在王莽面前的首要问题是立一个新的继承人。随着汉平帝的死去，汉元帝的子孙已全部死绝，只能从汉宣帝的子孙中挑选。当时，汉宣帝的曾孙里面有五个诸侯王、四十八个列侯，但这些人在王莽看来都有一个很严重的问题，那就是年龄太大了。对王莽而言，他想要掌权就不能立年长的君王，只能找一些年纪小容易受控制的小孩子做皇帝，所以他干脆跳过汉宣帝曾孙这一代人，直接从其玄孙里面挑选继承人。

王莽想要代汉的心思越来越明显，明眼人对此是心知肚明。武功县令孟通为巴结王莽，干脆找了一块上圆下方的白色石头，在上面写上“告安汉公莽为皇帝”八个大字，对外宣称是挖井时挖出来的。这几个字的意思非常明显，就是王莽将要做皇帝。王莽接到这个消息后大喜过望，赶紧让人奏报给王政君，并让王舜等人上书请求让王莽当皇帝。王政君不允许这种事情发生，她此时已看出王莽的野心，却无可奈何，王莽羽翼已丰，根本不是她能制裁得了的。到最后，王莽虽然没做上皇帝，却取得了犹如周公旦辅佐年幼的周成王那般的摄政权力。王莽自己则身穿皇帝的冕服到南郊祭天，对外自称“假皇帝”，出入车驾和皇帝差不多。

居摄元年，王莽终于选定了新皇帝，那就是汉宣帝曾孙广戚侯刘显的儿子刘婴，此时年仅两岁，他就是西汉最后一个皇帝孺子婴。虽然王莽是看中刘婴年龄小才选的他，但对外却不能这么说，他声称这是占卜的结果，刘婴做皇帝最为吉利，所以才立他为天子。实际上刘婴并没有坐上皇帝的位置，他被王莽立为皇太子，朝政全由王莽这个“假皇帝”一手把持。到了这时，天下人都已看出王莽篡位的野心了，刘崇正是在这样的情势下做出了起兵反抗的打算。

刘崇是汉景帝的八世孙，也是长沙定王刘发的后人，他对王莽的专横早就非常不满了。元始五年（公元5年）正月，为了在新落成的明堂祫（xiá）祭，王莽遍邀诸侯王二十八人、列侯一百二十人、宗室子弟九百余人参加助祭，刘崇也在这一行人中。看到王莽在长安的一系列举动后，刘崇心头不安，便对族弟春陵侯刘敞说道：“安汉公独揽朝政，朝中大臣莫不为其党羽，只怕国家将要被他倾覆。现在王太皇太后已经老了，平帝又很年幼，当初高祖皇帝分封刘氏子弟镇守天下，就是为了今天啊。”刘敞当然明白刘崇是什么意思，但此时王莽位高权重，他根本不敢有所表示，只好默不作声。

虽然没能得到刘敞的回应，但刘崇并没有因此气馁，反而坚定了护卫刘氏江山的决心。随着汉平帝的死去，刘崇心头的愤怒再次爆发，他找到侯相张绍，告诉他：“安汉公王莽将来肯定要危害刘氏江山，天下人没有不非议他的。然而就算到了这种地步，依然没有人敢站出来反抗他，这实在是我们宗室子弟的耻辱。我决定首先率领同族之人起兵反抗王莽，相信只要登高一呼，天下的刘氏子弟必定会群起响应。”张绍同意他的说法，下决心与他一起举事。不久后，刘崇和堂弟刘礼、张绍等人一起带着一百多个人，想要攻下南阳郡，结果很快就失败了，所有人都被官军擒获。

事实证明，刘崇实在太天真了，别说是响应了，还有人想借这个事讨好王莽呢。张绍的堂弟张竦和刘崇的叔父刘嘉直接跑到长安向王莽告发此事，两人甚至还表示甘愿为王莽前往南阳郡收拾叛贼。王莽大喜之下立刻将刘嘉封为率礼侯，并将他的七个儿子全都封为关内侯，而张竦也被封为淑德侯。

因为这件事，长安人还编了一个段子嘲笑他们："欲求封，过张伯松。力战斗，不如巧为奏。"

刘崇的举事虽然没有掀起多大的浪花，但他却是第一个站出来反抗王莽之人，此次起兵也是整个西汉时期刘氏宗室发起的最早的抵抗运动。其他刘氏子弟没有站出来响应，最大的原因是实力有限。自从七国之乱后，朝廷对诸侯王的削弱越来越严重。汉武帝推行推恩令后，被分封的宗室子弟越来越多，但相应的，诸侯王的地盘也越来越少，全国封地逐渐变成了若干个小的侯国。这样一来，诸侯们再也无力跟朝廷叫板，遇到了王莽这种情况，他们想要站出来制衡也没有实力。当初诸吕企图夺权时，除了内部的汉朝功臣周勃等人以外，外部齐哀王刘襄等人率领的讨伐大军也起到了极为重要的作用。不得不说，这也是推恩令造成的严重后果之一。

刘崇虽然失败了，但天下人武力对抗王莽的行动却没有停止，刘氏子弟不会就此屈服。多年后，刘氏子弟将从南阳郡蜂拥而出，再次席卷天下。这之中，就有刘崇起事中唯一一个幸存者——刘礼的儿子刘隆，他将作为开国功臣，辅佐同样出身于南阳郡的光武帝刘秀重建汉朝。

义兵群起：王莽与汉末义军交锋

居摄元年（公元 6 年），众安侯刘崇刚刚起兵就宣布失败，本人也一命归天。在距离南阳郡不远处的东郡，有一个人接到消息后，发出了深深的叹息，刘崇起兵实在是太过仓促了，竟然没有联合他一起举事。这个人不是别人，正是前丞相翟方进的儿子翟义。

说起翟方进这个人的经历，简直就是一部平民发家奋斗史。他十二三岁的时候，父亲就去世了，为了谋生，他不得不到太守府中担任小吏。由于生性迟钝，他办事不太利索，经常被其他人责骂。小翟方进伤心之下，便去找汝南郡一个叫蔡父的相士，询问自己到底适合干什么样的工作。蔡父大概是觉得他年少可怜，就告诉他："我看你的面相将来是要封侯的，你以后当以经学获得成功，现在应该努力去研究诸子学问。"翟方进听后大喜过望，他本就不想做什么小吏，于是干脆称病回家，然后向自己的继母辞别，想要西行长安求学。继母觉得翟方进年龄还小，一个人前往长安她不放心，就一路跟随到了长安，靠着纺布做鞋供翟方进读书。

翟方进到了长安后，就跟随博士学习《春秋》，一直学了十多年，精通经学研究，声望日重，果以经学入仕。在其后的岁月里，他屡有升迁，并在永始二年（公元前 15 年）登上丞相之位。翟方进因博学多识、精通律法、处理政务十分妥当，被时人称为"通明相"，深受汉成帝的重用。不过翟方进依然遇到了一次危机，那就是淳于长一案。翟方进与淳于长是好友，淳于长下狱之后牵连了不少往日的朋友，翟方进心头不安，赶紧上书请求辞去丞相之位。汉成帝这时候正宠信翟方进，根本就没有要牵连翟方进的想法，哪里肯放他走。翟方进一看皇帝没有要自己走人的意思，也就不再提辞职这事了。只可惜，他没有料到的是，他现在没有走，很快就走不了了，一场更大的灾难正等着他。

绥和二年（公元前 7 年）春天，长安上空出现了一个奇特的天文景象，火星与天蝎座的恒星心宿二在天空中连成了一线，这就是古人所谓的"荧惑守心"。在现代人看来，这只是一种天文现象而已，但古人却不这么看，他们将一切的天文现象与人间的事情相对应，认为"荧惑守心"象征着天下将有大乱，君主将会受到危害。第一个发现这一现象的是丞相府的议曹李寻，他告诉翟方进："现在天象有变，只怕上天的斥责将要来了，还请您赶快在府中挑选合适的人与您一起尽节，如此方可转移灾祸。"翟方进思来想去也想不出个解决办法，只好先放在一边。

就在翟方进不知所措之际，汉成帝也得到了消息。一个叫贲丽的郎官精通天象，他告诉汉成帝："现在天象有变，只怕对陛下有所危害，如果要转移灾祸，就必须找一个合适的大臣代替自己承担灾祸。"这个合适的大臣是谁，汉成帝心中已有人选，他认为选中的大臣自然是身份越尊贵越好，而除了皇帝之外最尊贵的大臣就是丞相，所以便找上了翟方进。皇帝让你替他避祸，不接受肯定是不行的，翟方进无奈之下只好选择了自杀。好笑的是，汉成帝以为翟方进替自己背了锅，自己肯定就没事了，于是就开始放飞自我，结果不久后就去陪翟方进了。

翟义是翟方进的第二个儿子，年少时因父亲的关系出任郎官，二十岁时已是南阳都尉。当时的宛县县令刘立是州郡里的知名人士，又与曲阳侯王根是姻亲，他见翟义年龄小，就非常瞧不起他。有一次翟义代替太守出巡，途中正好经过宛县。正好丞相长史到达传舍，刘立就亲自携带酒菜来拜见长史。两人才刚喝了几杯，翟义也到了门口。外面守门的人赶紧进来报告刘立，说是都尉到了，原本按照礼节刘立应该出去迎接才对，没想到他因为看不起翟义，竟纹丝不动。翟义在外面等了一会儿后，干脆直接进入传舍，刘立这时才出来接见。翟义很愤怒，就借着刘立抓捕贼寇不利，命令部掾夏恢将他直接绑了，关入邓县监狱。

刘立的家人接到消息后，赶紧派人赶往长安，向亲家王根报告了这件事情，王根便将此事捅到了汉成帝那里。汉成帝自然不会管这种小事，他便找来翟方进，问起了这件事情。皇帝都问起来了，翟方进自然不敢大意，他赶紧派人前往南阳郡，让翟义把刘立放了出来。等到手下人回报之后，翟方进才明白事情的经过，不由得叹息道："小孩子还是不懂做官的道理，以为入狱就会被处死。"不久后，翟义就因为犯事被免官。后来翟义再次被起用为弘农太守，在此后几年里屡有升迁，因很有父亲昔日的风范，所以在任职的地方都非常有名望。到王莽执政时，翟义已经官至东郡太守，他对王莽的行径非常反感，不由对外甥陈丰说道："现在新都侯王莽代理皇帝，向着全国发号施令。为了保住自己手里的权势，他特意在皇族之中选了一个年幼的孩子来做皇帝，称之为'孺子'。王莽现在假托周公旦辅佐周成王，不过是在试探天下人的反应罢了，他将来必定会取代汉室，这种迹象已清晰可见了。如今皇室衰弱，长安以外又没有强大的封国，天下人不得不顺从王莽，没有人能站出来挽救国家。我有幸是前任丞相的儿子，自己又是一个大郡的太守，可以说父子两代都深受汉朝的厚恩，我有义务为国家讨伐叛贼，使汉家再次得到安定。我打算组织军队西进，诛杀掉王莽，另外再推举并辅佐一位皇族子弟做皇帝。这件事情即便不能成功，能为国而死，不但能够名声长存，也能让我无愧于先帝，你愿意跟随我一起行动吗？”陈丰这时候只有十八岁，为人勇猛强健，听了翟义一番话后热血沸腾，立刻就答应了下来。

计议已定，翟义便与东郡都尉刘宇、严乡侯刘信、刘信的弟弟武平侯刘璜等人合谋，打算趁着九月份检阅军队的日子斩杀掉观县县令，然后举兵反叛。东郡有一个叫王孙庆的人，一向很有谋略，又通晓兵法，正是做大事的好人选。只可惜王孙庆当时不在东郡，他被征召到了长安，翟义便借口王孙庆有罪，将他从长安抓回了东郡一起举事。等到阅兵那天，翟义等人突然发难，一举将观县县令斩杀，然后控制了当地的战车、骑兵、弓箭手，又征召郡里的勇士，部署将帅，起兵反抗王莽。刘信的儿子刘匡，当时是东平王，也带着东平国的军队赶来会合。众人拥立刘信为皇帝，翟义则自称大司马、柱天大将军，并由东平王的老师苏隆担任丞相，中尉皋丹担任御史大夫。随后，翟义向天下各郡国传递檄文，号召大家一起反抗王莽，他在檄文中指出："王莽用鸩酒毒死孝平皇帝，做了假皇帝，目的在于夺取汉朝的江山，现在新天子已经即位，当代天惩罚逆贼。"原本人们就怀疑汉平帝的死因，翟义一捅出来，天下顿时震动，沿途百姓纷纷响应。等翟义大军到达山阳郡（治昌邑县，今山东巨野县）时，已经有十多万人了。

王莽接到翟义起兵的消息后大惊失色，连饭都吃不下了。为了自证清白，王莽赶紧把当初在平帝生病时祈祷上天愿代皇帝而死的策文翻了出来，向天下人表示自己愿意代平帝而死，并没有谋害平帝。这还不能让王莽安心，他又抱着孺子婴前往宗庙，日夜祈祷，请求汉朝的列祖列宗能够帮他平叛。随后他又仿照周公旦的《大诰》写了一篇文章，表示自己这个假皇帝只是暂时的，将来肯定会把皇位还给孺子婴，并让大夫桓谭等人四处宣传。光靠这些手段肯定是阻挡不了叛军的，关键时刻还得靠军事行动。王莽将自己的党羽全部拉了出来，任命轻车将军、成武侯孙建为奋武将军，光禄勋、成都侯王邑为虎牙将军，明义侯王骏为强弩将军，春王城门校尉王况为震威将军，宗伯、忠孝侯刘宏为奋冲将军，中少府、建威侯王昌为中坚将军，中郎将、震羌侯窦况为奋威将军，让他们七人在关西地区挑选人才担任校尉和军吏，率领关东士兵前往平叛。光这样还不够，王莽甚至将汉朝应急时才征发的各郡奔命兵（应急出战的部队）也召集起来，让他们跟随前往关东平叛。因害怕孙建等人不敌，王莽又命令太仆武让担任积弩将军驻扎在函谷关，将作大匠、蒙乡侯逯并担任横野将军驻扎在武关，羲和（王莽新朝时，将大司农更名为羲和）、红休侯刘歆担任扬武将军驻扎在宛城，以防翟义等人西进，同时防止其他意外事件发生。

事实证明，王莽的戒备有几分先见之明，长安附近的三辅地区（治理长安京畿地区的三位官员京兆尹、左冯翊、右扶风管辖的三个地方）得知翟义起兵的消息后，纷纷起兵响应。自茂陵以西，二十三县的盗贼也出来闹事了，他们以槐里人赵朋、霍鸿为首，全都自称将军，一路向东攻击焚毁官府，杀死右辅都尉以及斄（tái）县（今陕西武功县西南）县令等人。而下一步，赵朋等人打算直接攻打长安，他们认为王莽已经将朝中大将和精兵全都调去东征翟义去了，长安的守备肯定非常空虚，很容易就能攻打下来。随着赵朋等人向东进发，沿途百姓纷纷前来投奔，很快就聚集了十多万人。不久，就连未央宫前殿都可以远远看到火光了，王莽赶紧将卫尉王级任命为虎贲将军，大鸿胪、望乡侯阎迁任命为折冲将军，让他们率军向西进攻赵朋等人。他又让太保后丞、丞阳侯甄邯担任大将军驻扎在灞上，常乡侯王恽担任车骑将军驻扎在平乐馆，骑都尉王晏担任建威将军驻扎在长安城北面，城门校尉赵恢担任城门将军负责守卫城门，各路大军都进入了紧急戒备状态，以防备关中出现意外情况。

翟义等人虽看似人多势众，但终究只是临时聚集起来的一盘散沙，根本不是汉朝正规军的对手。孙建等人东征以后，很快就在陈留遇到了翟义的义军。一场大战下来，翟义大败而逃，刘璜更是被当场斩杀。消息传回长安后，王莽大喜过望，长期以来的担忧终于可以放下了，他连忙将有功的车骑都尉孙贤等五十五人全部封为列侯，并派人立刻赶往军中册封。随后，孙建等人继续进兵，将翟义的义军重重围困在圉（yǔ）城（今河南杞县圉镇）。不久后，圉城被攻破，翟义和刘信弃军而逃。最终，翟义在固始县（今河南太康县南）境内被捕，押往陈县处死。刘信的运气就好得多了，他成功逃脱，自此不知所踪。王邑等人班师以后，再次率军西进，与王级等人合兵攻打赵朋率领的乌合之众。赵朋等人本就是想趁火打劫，战斗力还不如翟义呢，他们哪能抵挡得了官军，很快就被镇压了。

灭掉翟义以后，王莽以为自己得了天命，天下人根本无力反抗自己，便加快了篡位的步伐。初始元年（公元 8 年），王莽去除汉朝国号，改国号为“新”，正式建立起新朝，这就是历史上的新莽政权。随后王莽将儿子王临立为太子，孺子婴则被抛到了九霄云外。事实证明，王莽实在是有些高估了自己，自汉朝中期以来，土地兼并非常严重，很多百姓都失去了土地。而关东地区连年干旱，很多活不下去的百姓只能跑到山野里做盗贼。从汉元帝开始，关东就不断有人跳出来反叛朝廷，不过都只是小股人马，很快就被平定了。王莽执掌朝政以后，开始对政治、经济各方面进行改革。遗憾的是，王莽的改革并没有切合社会实际，非但没能解决问题，反而加剧了社会矛盾。再加上各级官吏的层层剥削，百姓们的收入竟然连交税都不够。这种情况下，人们除了起义之外，再也没有别的活路了。

与此同时，王莽好大喜功，与边境的匈奴、高句丽、西域等势力大战不断，不但没能将这些地区彻底征服，反而使得百姓流离失所，不少人战死他乡。天凤四年（公元 17 年），临淮郡（治徐县，今江苏泗洪县南）人瓜田仪跳了出来，在会稽郡起兵反叛，由此揭开了汉末农民起义的序幕。随后，琅琊人吕母也起兵响应。吕母之所以反叛完全是被官府逼的，她的儿子吕育原本在海曲县（今山东日照市）官府担任小吏，却被县令冤杀。愤怒的吕母散尽家财，招募穷苦百姓，拉起了一支几百人的队伍。随后吕母就带着这些人攻下了海曲县，斩杀了诬陷吕育的海曲县令，之后乘船出海做了海盗。沿海地区生活不下去的百姓纷纷投奔吕母，很快她就聚集起了一支一万多人的队伍。

就在这一年，荆州发生饥荒，无法生存的百姓逃入了山野沼泽，挖掘荸荠为食。人多了，自然容易起争端，这些人为了争抢食物经常打架，死伤了不少人。后来，一对新市（今湖北京山市东北）来的兄弟在百姓中为人打架排解纠纷，还组织众人分配食物，因此被推为首领。这对兄弟就是王匡和王凤，他们的名声很快就传开了，不少亡命之人如马武、王常、成丹、刘玄等纷纷前来投奔。人多了以后，王匡等人便开始寻找根据地，他们最终选中了绿林山（今湖北大洪山），他们手下的部属就是最初的绿林军。进入绿林山后，前来投奔的人就更多了，很快就有了七八千人。与此同时，南郡（治江陵县，今湖北江陵县）的张霸、江夏郡（治西陵县，今湖北新洲区西）的羊牧等人也纷纷起兵，他们各自拥有一万多部属，全都与朝廷对着干。

第二年，琅琊山的樊崇也聚集了一百多号人在莒县（今山东莒县）起兵，他带着这些人马逃进了泰山。周围不少人听说了樊崇的勇猛名声后，纷纷带着手下的人马前来投奔，其中比较出名的有逄安、徐宣、谢禄、杨音等人。很快，樊崇就聚集起了一支几万人的部队，他带着这些人转战青州、徐州，到处劫掠百姓，官军拿他们毫无办法，这就是日后的赤眉军。

随着绿林、赤眉两大农民起义军的形成，起义运动逐渐推向了高潮。地皇三年（公元 22 年），位于南阳郡舂陵（今湖南宁远县北）的刘氏子弟刘縯、刘秀兄弟联合绿林军，展开了声势浩大的起义运动。而刘秀，汉高祖刘邦的九世孙，未来的东汉开国皇帝，将拉开新朝灭亡的序幕，带来另一个王朝的战争故事……

大事记

公元前 221 年，秦始皇二十六年

· 秦灭齐，统一天下，嬴政立号为皇帝。

公元前 210 年，秦始皇三十七年

· 秦始皇病死沙丘。赵高、李斯合谋立胡亥为二世皇帝，杀扶苏、蒙恬。

公元前 209 年，秦二世元年

· 七月，陈胜大泽乡起义。

· 八月，武臣自立为赵王。

· 九月，刘邦起兵于沛，项梁、项羽起兵于吴。

公元前 208 年，秦二世二年

· 十一月，陈胜大将周文兵败自杀。田臧假传陈胜命令害死吴广。

· 十二月，陈胜车夫庄贾杀陈胜降秦。赵歇被立为赵王。

· 一月，秦嘉立景驹为楚王。

· 六月，项梁立熊心为楚怀王。魏咎兵败自杀。

· 七月，田假被立为齐王。

· 八月，田荣立田市为齐王。李斯被腰斩。

· 九月，定陶之战爆发，项梁兵败被杀。楚怀王迁都彭城。

· 后九月，章邯军围巨鹿。楚怀王以宋义为上将军出兵救赵，令沛公刘邦向西略地入关。

公元前 207 年，秦二世三年

· 十一月，项羽杀宋义，破釜沉舟解巨鹿之围，十二月大破秦军。

· 七月，章邯投降项羽，项羽立章邯为雍王。

· 八月，沛公攻武关，入秦。赵高杀秦二世。

· 九月，赵高立子婴为秦王。子婴杀赵高。

公元前 206 年，秦王子婴元年 / 汉高祖元年

· 十月，沛公兵至灞上，子婴降沛公，秦亡。

· 十一月，沛公与秦百姓约法三章。

· 十二月，鸿门宴。

· 正月，项羽尊楚怀王为义帝，自立为西楚霸王，分封诸侯。沛公刘邦被封为汉王。

· 四月，诸侯就封。

· 五月，田荣攻打齐王田都，尽并齐王之地。

· 七月，项羽杀韩王韩成。

· 八月，刘邦还定三秦。燕王臧荼杀辽东王韩广。

公元前 205 年，汉高祖二年

· 十月，张耳降汉，陈余为代王。

· 十一月，汉王都栎阳，项羽北击田荣。

· 正月，田荣被杀。

· 四月，田横立田广为齐王。彭城之战爆发，项羽大破刘邦。

· 五月，章邯兵败自杀。

· 八月至后九月，韩信定魏、破代、击赵。

公元前 204 年，汉高祖三年

· 十月，韩信破赵。

· 十二月，英布归汉。项羽围刘邦于荥阳。

· 四月，亚父范增病亡。

公元前 203 年，汉高祖四年

· 十月，韩信破齐。

· 十一月，刘邦立张耳为赵王。

· 二月，刘邦立韩信为齐王。

· 七月，刘邦立英布为淮南王。

· 八月，楚汉以鸿沟为界中分天下。

公元前 202 年，汉高祖五年

· 十二月，刘邦围项羽于垓下。项羽自刎乌江。

· 正月，改立韩信为楚王，立彭越为梁王。

· 二月，刘邦称帝，立吴芮为长沙王。

· 七月，燕王臧荼谋反。

· 九月，平燕王臧荼之乱，立卢绾为燕王。

公元前 201 年，汉高祖六年

· 十二月，改封韩信为淮阴侯，封功臣曹参等人为侯。

· 正月，封荆王刘贾、代王刘喜、齐王刘肥。

· 九月，韩王信投降匈奴。

公元前 200 年，汉高祖七年

· 十月，白登之围。

· 二月，自栎阳迁都长安。

公元前 198 年，汉高祖九年

· 十月，首与匈奴和亲。

· 正月，废赵王张敖。

公元前 197 年，汉高祖十年

· 九月，陈豨反，自立为代王。

公元前 196 年，汉高祖十一年

· 正月，斩淮阴侯韩信。韩王信入侵汉境，被将军柴武斩杀。立刘恒为代王。

· 三月，诛杀彭越。立刘恢为梁王，刘友为淮阳王。

· 五月，立赵佗为南粤王。

· 七月，英布反，刘邦亲征。立刘长为淮南王。

公元前 195 年，汉高祖十二年

· 十月，破英布。周勃斩陈豨。立刘濞为吴王。

· 二月，樊哙、周勃出兵攻打卢绾。

· 四月，刘邦病逝，卢绾逃亡匈奴。

公元前 194 年，汉惠帝元年

· 吕后残害赵王刘如意、戚夫人，惠帝刘盈不问政事。

公元前 192 年，汉惠帝三年

· 以宗室女为公主，再与匈奴和亲。

公元前 188 年，汉惠帝七年

· 汉惠帝卒，诸吕用事，吕后临朝称制。

公元前 181 年，汉高后七年

· 十二月，匈奴寇狄道。

公元前 180 年，汉高后八年

· 七月，吕后死，诸吕意图作乱。

· 九月，周勃入北军，平诸吕之乱。

· 后九月，代王刘恒至长安，立为天子，是为汉文帝。

公元前 179 年，汉文帝元年

· 正月，立刘启为太子。

· 三月，立窦氏为皇后。

公元前 177 年，汉文帝三年

· 五月，匈奴入寇北地郡、河南郡，遣灌婴击匈奴。刘兴居造反。

· 八月，刘兴居兵败自杀。

公元前 174 年，汉文帝六年

· 淮南王刘长谋反，死于雍。匈奴冒顿单于死，老上单于立。中行说降匈奴。

公元前 169 年，汉文帝十一年

· 匈奴寇边，晁错上书言制御匈奴事。文帝从之，招募百姓迁徙塞下。

公元前 166 年，汉文帝十四年

· 匈奴十四万骑寇朝那、萧关，杀北地都尉卬。文帝大发车骑北逐匈奴。

公元前 161 年，汉文帝后元三年

· 老上单于死，子军臣单于立。

公元前 157 年，汉文帝后元七年

· 六月，文帝崩。刘启即位为帝，是为汉景帝。

公元前 154 年，汉景帝三年

· 七国之乱爆发。遣太尉周亚夫领三十六将军，往击吴楚；遣曲周侯郦寄击赵，遣将军栾布击齐。

公元前 150 年，汉景帝七年

· 正月，废皇太子刘荣为临江王。

· 四月，立胶东王刘彻为太子。

公元前 148 年，汉景帝中元二年

· 临江王刘荣自杀。

公元前 142 年，汉景帝后元二年

· 匈奴入侵雁门郡，太守冯敬战死。

公元前 141 年，汉景帝后元三年

· 汉景帝崩于长乐宫，刘彻即位为天子，是为汉武帝。

公元前 138 年，汉武帝建元三年

· 闽粤发兵围东瓯，汉武帝派严助发会稽郡兵往救之。

公元前 135 年，汉武帝建元六年

· 闽粤击南粤，汉武帝遣大行王恢、大司农韩安国出会稽郡，发兵击之。

公元前 133 年，汉武帝元光二年

· 马邑之谋失败，此后匈奴拒绝和亲，汉匈关系趋于紧张。

公元前 129 年，汉武帝元光六年

· 匈奴入侵上谷郡。遣车骑将军卫青出上谷郡、骑将军公孙敖出代郡、轻车将军公孙贺出云中郡、骁骑将军李广出雁门郡，北击匈奴。卫青至龙城，获首虏七百级。

公元前 128 年，汉武帝元朔元年

· 立卫子夫为皇后。匈奴入侵辽西郡，杀太守；又入渔阳郡、雁门郡，杀掠百姓。遣卫青出雁门郡、将军李息出代郡击匈奴，获首虏数千级。

公元前 127 年，汉武帝元朔二年

· 颁布推恩令。匈奴入上谷郡、渔阳郡，汉武帝遣卫青、李息出云中郡，收河南地，置朔方郡、五原郡。

公元前 126 年，汉武帝元朔三年

· 匈奴军臣单于死，弟伊稚斜自立为单于。是年夏，匈奴入侵代郡；秋，又入侵雁门郡。张骞自匈奴亡归汉。

公元前 124 年，汉武帝元朔五年

· 卫青率六将军（卫尉苏建、左内史李沮、太仆公孙贺、代相李蔡、大行李息、岸头侯张次公）、十余万人出击匈奴，围右贤王庭，获男女万五千余人、畜数十百万。汉武帝军中拜卫青为大将军。

公元前 123 年，汉武帝元朔六年

· 二月，卫青率六将军（合骑侯公孙敖、太仆公孙贺、翕侯赵信、卫尉苏建、郎中令李广、左内史李沮）、十余万骑出定襄郡击匈奴，斩首三千余级。

· 四月，卫青再率六将军兵出征，赵信军败，投降匈奴，右将军苏建独自逃回。

· 这一年，霍去病率轻骑八百随卫青出击，受封冠军侯。

公元前 122 年，汉武帝元狩元年

· 十一月，淮南王刘安、衡山王刘赐谋反被诛。

· 四月，立刘据为太子。

公元前 121 年，汉武帝元狩二年

· 春，骠骑大将军霍去病率军出陇西郡击匈奴，杀匈奴折兰王、卢侯王。

· 夏，霍去病与公孙敖出北地郡，张骞、李广出右北平郡，北击匈奴。李广所部被匈奴左贤王率数万骑包围，张骞救援不力，被贬为庶人。霍去病兵至祁连山，斩获颇多。

· 秋，匈奴昆邪王、休屠王相约投降汉朝。事到临头，休屠王反悔，昆邪王遂杀休屠王，并其部众降汉。

公元前 119 年，汉武帝元狩四年

· 卫青出定襄郡，霍去病出代郡，击匈奴，匈奴远遁漠北。李广因为迷路无功，不堪受辱自杀。

· 是年，置大司马，卫青、霍去病皆为大司马。

公元前 112 年，汉武帝元鼎五年

· 南越国臣相吕嘉造反，杀汉使及其王、王太后。汉武帝遣路博德出击南越。

· 是年，列侯坐酎金失侯者百余人。

· 先零羌与匈奴暗通款曲，合兵十余万叛汉。

公元前 111 年，汉武帝元鼎六年

· 遣将军李息、郎中令徐自为出兵平定西羌之乱，置护羌校尉。

· 灭南越，置儋耳、珠崖、南海、苍梧、郁林、合浦、交阯、九真、日南九郡。

· 秋，东越王余善叛汉。遣横海将军韩说、中尉王温舒出会稽郡、楼船将军杨仆出豫章郡，击之。

公元前 110 年，汉武帝元封元年

· 东越杀余善降汉。

公元前 109 年，汉武帝元封二年

· 朝鲜王派军杀辽东都尉。

· 秋，遣楼船将军杨仆等讨伐朝鲜。

· 滇王降汉，以其国土为益州郡。

公元前 108 年，汉武帝元封三年

· 朝鲜斩其王右渠，降汉。以朝鲜地为乐浪、临屯、玄菟、真番四郡。

公元前 105 年，汉武帝元封六年

· 益州、昆明叛汉，遣拔胡将军郭昌击之。

· 匈奴乌维单于去世，子詹师庐被立为儿单于。

公元前 104 年，汉武帝太初元年

· 五月，造太初历，自此以正月为岁首。

· 秋八月，遣贰师将军李广利西征大宛。

公元前 101 年，汉武帝太初四年

· 春，贰师将军李广利斩大宛王，获汗血马。

公元前 100 年，汉武帝天汉元年

· 苏武出使匈奴，被扣留。

公元前 99 年，汉武帝天汉二年

· 五月，贰师将军李广利率三万骑出酒泉郡，与右贤王战于天山，斩首虏万余。

· 骑都尉李陵率步兵五千人，出击匈奴。匈奴单于率三万骑围李陵军，李陵苦战不得脱，遂降匈奴。

公元前 97 年，汉武帝天汉四年

· 贰师将军李广利与匈奴单于战于余吾水。

公元前 91 年，汉武帝征和二年

· 巫蛊之乱爆发，戾太子刘据自杀。

公元前 90 年，汉武帝征和三年

· 匈奴入侵五原郡、酒泉郡。汉武帝遣贰师将军李广利出五原郡、御史大夫商丘成出西河郡、重合侯马通出酒泉郡，与匈奴战。商丘成与匈奴战于浚稽山，斩首颇多。马通兵至天山，车师降。

公元前 87 年，汉武帝后元二年

· 汉武帝崩，太子刘弗陵即位为帝，是为汉昭帝。

公元前 86 年，汉昭帝始元元年

· 齐王刘泽谋反，伏诛。

公元前 80 年，汉昭帝元凤元年

· 鄂邑长公主、燕王旦与上官桀、上官安、桑弘羊等谋反，伏诛。

公元前 78 年，汉昭帝元凤三年

· 辽东乌桓反，以中郎将范明友为度辽将军，率二千骑击之。

公元前 77 年，汉昭帝元凤四年

· 傅介子持节斩楼兰王，更楼兰国国名为"鄯善"。

公元前 74 年，汉昭帝元平元年

· 四月，汉昭帝卒，昌邑王刘贺即位。刘贺无道，霍光废之。

· 七月，武帝曾孙刘病已即位，是为汉宣帝。

公元前 72 年，汉宣帝本始二年

· 应乌孙国解忧公主之请，遣五将军（祁连将军田广明、蒲类将军赵充国、虎牙将军田顺、度辽将军范明友、前将军韩增）发兵十五万骑击匈奴。

公元前 66 年，汉宣帝地节四年

· 大司马霍禹谋反，伏诛。皇后霍氏被废。

公元前 61 年，汉宣帝神爵元年

· 三月，西羌反，遣后将军赵充国、强弩将军许延寿击之。

公元前 60 年，汉宣帝神爵二年

· 诸羌降服，置金城属国以处降羌。

· 匈奴日逐王先贤掸降汉。

· 初置西域都护府。

公元前 49 年，汉宣帝黄龙元年

· 汉宣帝崩，太子即位，即汉元帝。

公元前 42 年，汉元帝永光二年

· 西羌反，右将军冯奉世将兵击之。

公元前 33 年，汉元帝竟宁元年

· 正月，王昭君与匈奴呼韩邪单于和亲。

· 五月，汉元帝崩，太子刘骜即位，即汉成帝。

公元前 27 年，汉成帝河平二年

· 夜郎王兴、钩町王禹、漏卧侯俞举兵相攻，汉遣使平之。

公元前 14 年，汉成帝永始三年

· 尉氏县男子樊并等十三人谋反，杀陈留太守，自称将军，伏诛。

· 山阳铁官徒苏令等谋反，伏诛。

公元前 7 年，汉成帝绥和二年

· 汉成帝崩，刘欣即位，是为汉哀帝。

公元前 1 年，汉哀帝元寿二年

· 汉哀帝崩，刘珩即位，是为汉平帝。

公元 5 年，汉平帝元始五年

· 汉平帝崩，王莽自称“假皇帝”。

公元 6 年，汉孺子婴居摄元年

· 王莽立刘婴为太子，号曰“孺子”。

· 安众侯刘崇不满王莽起兵，败亡。

公元 7 年，汉孺子婴居摄二年

· 东郡太守翟义不满王莽起兵，败亡。

公元 8 年，汉孺子婴居摄三年 / 初始元年

· 王莽称天子，定国号“新”。

参考文献

史料

[1] 司马迁 . 史记（点校本二十四史修订本）[M]. 北京 : 中华书局 ,2014.
[2] 班固 . 汉书（点校本二十四史精装版）[M]. 北京 : 中华书局 ,2013.
[3] 范晔 . 后汉书（点校本二十四史精装版）[M]. 北京 : 中华书局 ,2012.
[4] 司马光 . 资治通鉴（中华国学文库本）[M]. 北京 : 中华书局 ,2013.
[5] 徐天麟 . 历代会要汇编：西汉会要 [M]. 上海 : 上海古籍出版社 ,2012.
[6] 向宗鲁 . 说苑校证 [M]. 北京 : 中华书局 ,2009.
[7] 荀悦 , 袁宏 . 两汉纪 [M]. 北京 : 中华书局 ,2017.
[8] 马端临 . 文献通考 [M]. 北京 : 中华书局 ,2011.
[9] 杜佑 . 通典 [M]. 杭州 : 浙江古籍出版社 ,2007.
[10] 孙武 . 新编诸子集成：十一家注孙子校理 [M]. 曹操 , 等 , 注 . 北京 : 中华书局 ,2018.
[11] 贾谊 . 新编诸子集成：新书校注 [M]. 阎振益 , 钟夏 , 校 . 北京 : 中华书局 ,2018.
[12] 王利器 , 等 . 新编诸子集成：新语校注 [M]. 北京 : 中华书局 ,2018.
[13] 张震泽 . 新编诸子集成：孙膑兵法校理 [M]. 北京 : 中华书局 ,2018.
[14] 何宁 . 新编诸子集成：淮南子集释 [M]. 北京 : 中华书局 ,2018.
[15] 王利器 . 新编诸子集成：盐铁论校注 [M]. 北京 : 中华书局 ,2018.
[16] 黄晖 . 新编诸子集成：论衡校释 [M]. 论衡 , 校 . 北京 : 中华书局 ,2018.
[17] 陈立 . 新编诸子集成：白虎通疏证 [M]. 吴则虞 , 校 . 北京 : 中华书局 ,2018.
[18] 岑仲勉 . 新编诸子集成：墨子城守各篇简注 [M]. 北京 : 中华书局 ,2018.
[19] 苏舆 . 新编诸子集成：春秋繁露义证 [M]. 钟哲 , 校 . 北京 : 中华书局 ,2018.
[20] 王符 . 新编诸子集成：潜夫论笺校正 [M]. 彭铎 , 校 . 北京 : 中华书局 ,2018.

著作

[1] 王云度 . 秦汉史编年 [M]. 南京 : 凤凰出版社 ,2011.

[2] 谭其骧 , 主编 . 中国历史地图集第 2 册 : 秦、西汉、东汉时期 [M]. 北京 : 中国地图出版社 ,1982.

[3] 军事科学院 , 主编 . 中国军事通史第 4 卷：秦朝军事史 [M]. 北京 : 军事科学出版社 ,1998.

[4] 军事科学院 , 主编 . 中国军事通史第 5 卷：西汉军事史 [M]. 北京 : 军事科学出版社 ,1998.

[5] 吕思勉 . 吕思勉全集 4：秦汉史 [M]. 上海 : 上海古籍出版社 ,2016.

[6] 林剑鸣 . 秦汉史 [M]. 上海 : 上海人民出版社 ,2003.

[7] 林剑鸣 . 秦史稿 [M]. 北京 : 中国人民大学出版社 ,2009.

[8] 马非百 . 秦集史 [M]. 北京 : 中华书局 ,1982.

[9] 武国卿 , 慕中岳 . 中国战争史第一卷：西周、春秋战国时期、秦、西汉（汉）时期 [M]. 北京 : 人民出版社 ,2016.

[10] 张大可 , 朱枝富 , 编 . 史记人物系列：西汉盛世文帝景帝 [M]. 北京 : 商务印书馆 ,2018.

[11] 张大可 , 王明信 , 编 . 史记人物系列：千古一帝秦始皇 [M]. 北京 : 商务印书馆 ,2018.

[12] 台湾三军大学 , 编著 . 中国历代战争史第 2 册 [M]. 北京 : 中信出版社 ,2012.

[13] 台湾三军大学 , 编著 . 中国历代战争史第 3 册 [M]. 北京 : 中信出版社 ,2012.

[14] 李德龙 . 汉初军事史研究 [M]. 北京 : 民族出版社 ,2001.

[15] 宋超 , 孙家洲 . 秦直道与汉匈战争 [M]. 西安 : 陕西师范大学出版总社 ,2018.

[16] 司马光 , 柏杨 . 柏杨白话版资治通鉴 2：楚汉相争、匈奴崛起 [M]. 沈阳 : 万卷出版公司 ,2011.

[17] 司马光 , 柏杨 . 柏杨白话版资治通鉴 3：黄老之治、开疆拓土 [M]. 沈阳 : 万卷出版公司 ,2011.

[18] 司马光 , 柏杨 . 柏杨白话版资治通鉴 4：宫廷斗争、万里诛杀 [M]. 沈阳 : 万卷出版公司 ,2011.

[19] 辛德勇 . 制造汉武帝 [M]. 北京 : 生活 · 读书 · 新知三联书店 ,2018.
[20] 安作璋 , 孟祥才 . 汉高帝大传 [M]. 北京 : 中华书局 ,2006.
[21] 安作璋 , 刘德增 . 汉武帝大传 [M]. 北京 : 中华书局 ,2005.
[22] 李开元 . 秦崩 [M]. 北京 : 生活 · 读书 · 新知三联书店 ,2015.
[23] 李开元 . 楚亡 [M]. 北京 : 生活 · 读书 · 新知三联书店 ,2015.
[24] 李开元 . 汉帝国的建立与刘邦集团：军功受益阶层研究 [M]. 北京 : 生活 · 读书 · 新知三联书店 ,2000.
[25] 孟祥才 . 汉代的星空 [M]. 北京 : 九州出版社 ,2016.
[26] 孟祥才 . 中国历史 秦汉史 [M]. 北京 : 人民出版社 ,2009.
[27] 孟祥才 . 汉朝开国六十年 [M]. 济南 : 齐鲁书社 ,2009.
[28] 孟祥才 . 秦汉人物散论 [M]. 上海 : 上海古籍出版社 ,2005.
[29] 张大可 . 论项羽 [M]. 北京 : 商务印书馆 ,2014.
[30] 张大可 , 徐日辉 . 张良萧何韩信评传 [M]. 武汉 : 华中科技大学出版社 ,2018.
[31] 马孟龙 . 西汉侯国地理 [M]. 上海 : 上海古籍出版社 ,2013.
[32] 李峰 . 巫蛊之祸：西汉中期政坛秘辛 [M]. 开封 : 河南大学出版社 ,2015.
[33] 陈序经 . 匈奴史稿 [M]. 北京 : 北京联合出版公司 ,2018.
[34] 陈序经 . 匈奴通史 [M]. 北京 : 新世界出版社 ,2017.
[35] 林干 . 匈奴通史 [M]. 北京 : 人民出版社 ,1986.
[36] 林干 . 匈奴史料汇编 [M]. 北京 : 中华书局 ,1988.
[37] 王子今 . 匈奴经营西域研究 [M]. 北京 : 中国社会科学出版社 ,2016.
[38] 王子今 . 秦汉交通考古 [M]. 北京 : 中国社会科学出版社 ,2015.
[39] 黄今言 . 秦汉史丛考 [M]. 北京 : 经济日报出版社 ,2008.
[40] 黄今言 . 秦汉军制史论 [M]. 南昌 : 江西人民出版社 ,1993.
[41] 黄今言 . 秦汉赋役制度研究 [M]. 南昌 : 江西教育出版社 ,1988.
[42] 冯立鳌 . 天启汉光：西汉开国六十年 [M]. 北京 : 生活 · 读书 · 新知三联书店 ,2009.
[43] 岳南 . 西汉孤魂：长沙马王堆汉墓发掘记（修订版）[M]. 北京 : 商务印书馆 ,2012.